동아시아 인구정책 비교연구
-한·중·일 출산정책을 중심으로-

동아시아 인구정책 비교연구
-한·중·일 출산정책을 중심으로-

김 범 송 著

역락

한국의 지하철에는 저출산·고령화의 심각화를 반영하는 인상 깊은 '광고그림'이 있다. 즉 짧은 '노약자석'에는 어린이 2~3명이 '외롭게' 앉아 있고, 일반석을 차지하고 있는 많은 노인들이 '근심스럽게' 노약자석의 어린이들을 바라보는 그림이다. '노약자석 어린이'는 2001년에 초저출산 사회에 진입하여 현재 세계 최저 수준(2009년 1.15명)의 출산율을 가진 한국의 저출산 현황을 상징하는 것이며, 미래 인구감소의 한국사회 모습을 예고한 것이다. 또한 '일반석 노인'들은 2000년 고령화 사회(7%)에 진입했고, 2026년 초고령사회(20%)에 진입해 '노인천하'가 될 미래의 한국사회 모습을 보여준 것이다. 한편 이 '광고그림'은 2006년 초고령사회에 진입했고, 이미 인구감소가 시작된 불원간의 일본사회 미래모습이다. 또한 1.25억의 (65세 이상)노인인구를 갖고 있고, 현재 도시 저출산화가 심각한 미래의 중국사회 모습이기도 하다.

21세기 진입 후 한국사회의 중요한 인구문제는 초저출산 현상의 고착화와 빠른 고령화가 동시에 진행되고 있는 것이다. 저출산·고령화의 심화는 구미 선진국들이 20세기에 겪은 사회현상이며, 1990년대 이후 한국·일본 등 동아시아국가들도 겪고 있는 심각한 사회문제이다. 현재 1.1대의 출산율과 함께 초저출산 현상이 고착화되고 있는 한국은 2010년부터 노동시장의 중핵 취업연령인 25~54세 인구가 본격적으로 감소될 전망이다. 따라서 전문가들은 이러한 초저출산 현상이 지속된다면 2100년에는 한민족의 총인구는 2010년 인구의 50.5%에 불과한 2,468만 명으로 축소되고, 2500년에는 인구가 33만 명으로 감소되어 '민족의 소멸'을 우려하고 있다.

본 연구에서는 20세기 중·후반 한·중·일 출산정책의 공통점과 차이점에 비교연구의 초점을 맞추었다. 즉 이들 삼국은 20세기 중·후반 선후하여 출산억제의 인구정책을 추진하였으며, 국가역할의 정책적 요인이 출산율 저하에 중요한 작용을 했다는 공통점을 갖고 있다. 한편 출산정책의 '정책효과'에 따른 소자녀관 고착화와 함께 1990년대 이후 '저출산 사회문제'에 봉착하여 출산율 제고의 저출산 정책과 정책조정을 실시하고 있다. 또한 저출산 요인으로서의 인구학적 요인과 사회경제적 요인 및 가치관 변화 등의 여러 가지 측면에서 공통점과 차이점을 갖고 있다. 이러한 '공통점·차이점'의 존재는 저자가 한·중·일 출산정책을 중심으로 비교연구를 시작한 계기이다.

현재 한·중·일 삼국은 다양한 가족 수용과 이민 수용성이 낮고, 혼외출산율이 낮은 공통점을 갖고 있다. 이는 전통적으로 '유교국가'에 속하는 한·중·일 삼국이 합법혼인과 결혼전제의 출산을 사회제도로 규정했고, 그것이 도덕규범으로 강하게 작용하고 있기 때문이다. 최근 일본학자들은 동아시아 저출산 국가와 OECD '고출산 국가'의 출산력 차이는 정부정책보다 문화유형의 차이에서 찾아야 한다고 주장하고 있다. 현재 한·일 양국의 저조한 혼외출산율(2%)은 유럽 '고출산 국가'의 40~50%와 극명한 대조를 이루고 있다. 따라서 일본학자들은 동아시아국가의 낮은 혼외출산율을 저출산의 사회문화적 요인으로 지적하며, 이를 국가정책의 한계점으로 인식하고 있다. 이러한 사회문화적 요인을 정책적 요인과 함께 본 연구에서는 중점적으로 취급했다.

한편 중국의 출산정책에 대한 연구에서 외국학자들이 간과한 것이 있다. 즉 중국의 계획생육정책에 대한 기존 연구들은 1980년대 '강제성' 특징에 초점이 맞춰져 있고, '1자녀 위주'의 출산억제정책을 실시하고 있는 중국에서 1990년대 이후 출산율이 1.8대의 '고출산율'을 유지하는 원인과 정책변화 평가가 결여되어 있다. 또한 1990년대 일본의 소자화 대책은 정책효과가 '미미하다'는 이유로, 정책의 비효율성이 지적되고 있다. 그러나 2006년부터 일본의 합계출산율은 1.3~1.4대로, 초저출산에서 벗어나고 있는 상황은 간과되어 있다. 따라서 일본정부가 15년간 꾸준하게 추진해온 저출산 정책효과에 대한 구체적 분석과 소자화 대책 평가가 좀 더 객관적으로 이뤄질 필요가 있다.

2000년대 이후 한국에서는 일·가족 양립정책이 출산율 제고를 위한 중·장기적 저출산 정책대응으로 추진되고 있다. 특히 저출산(소자화) 사회문제를 안고 있는 한국과 일본에서 출산율 제고를 위한 저출산 대응책으로, 일·가족(생활) 양립(균형)지원을 국가차원에서 적극적으로 추진하고 있다는 점에 주목할 필요가 있다. 또한 '양립·균형정책'은 고령화에 대비하는 여성인력의 투자정책이며, 장기적 안목에서 저출산 문제를 해결하는 중요한 정책대안으로 각국의 중시를 받고 있다. 이것이 본 연구에서 저출산 대책으로서의 일·가족 양립을 중요한 내용으로 취급한 이유이다.

한편 중국이 반세기 동안 추진해온 남녀평등의 정책효과로, 성역할 변화와 여성의 높은 경제참여율 확보 및 직장·가정 양립이 가능해졌다. 이는 중국정부가 양성평등을 기본국책으로 책정·실시했기 때문이다. 반면 한국·일본 등 '유교권 국가'는 가부장적 가족제도와 성별분업 유지 및 여성의 가사전담 등으로, 일·가족 양립이 어렵다. 즉 사회제도와 시대에 따라 다르게 나타나는 국가역할이 출산정책 제정·실시와 정책효과 및 출산율 변화에 미친 영향력을 비교분석하는 것이 본 연구의 핵심과제이다.

본 연구는 몇 가지 한계를 갖고 있다. 우선 한·중·일 출산정책 비교연구에 관한 문헌자료의 한정으로, 삼국 간의 출산정책 비교에 대한 선행연구가 충분하게 이뤄지지 못했다. 현재 한·중·일 삼국은 (도시)저출산화와 고령화가 동시에 진행되고 있으며, 한국·일본 등 동아시아국가는 저출산·고령화에 대한 국가적 정책대응을 공동 추진하고 있다. 본 연구의 특성상 고령화 정책연구가 거의 진행되지 못한 상태이며, 각국의 출산정책에 대한 심층적인 분석과 체계적인 비교연구가 결여되어 있다. 그 외, 동아시아 국가정책과 유럽의 정책사례를 전면적으로 비교하지 못한 제약이 있다.

본 저서는 본인의 박사논문을 수정·보완한 것으로, 결코 저자만의 연구결과물이 아니라는 점을 강조하고 싶다. 특히 박사논문 집필 중 저자에게 연구방법과 구체적인 지도를 해주신 지도교수 김경일 선생님의 시종일관 지지와 격려는 학위논문을 완성할 수 있는 중요한 동기부여가 되었다. 또한 원내 심사위원으로 큰 관심과 지지를 보내주신 김복수 교수님과 서호철 교수에게도 이 기회에 머리 숙여 감사의 인사를 드린다. 그 외, 원외 심사위원으로 논문의 완성도를 높여주신 서울대 은기수 교수님과 여성정책연구원 박수미 연구위원에게 진심으로 되는 감사의 말씀을 드린다.

본 연구에 필요한 자료제공 등을 사심 없이 도와준 일본 아시아경제연구소 유경재(劉京宰) 소장, 중국사회과학원 정신철 교수, (북경)중화서국 정인갑 선생님, 대만 국립정치대학 뚱원쥔(董文君) 교수, 청화대학 김준 박사, 한국 보건사회연구원 박종서 박사에게도 깊은 감사를 드린다. 또한 이 책의 출간을 허락해준 역락 출판사의 이대현 사장님께 감사의 인사를 드린다. 그리고 책의 기획·편집을 맡아 수고해준 이홍주 국장, 이태곤 본부장과 권분옥 편집장, 박선주 대리에게도 고마움과 감사의 마음을 함께 전해드린다.

그동안 논문집필로 저자가 힘들고 지쳤을 때마다 초지일관으로 물심양면에서 아낌없는 성원을 보내준 '인생의 동반자' 梁順姬 氏에게도 고마움을 전한다.

마지막으로 이 책을 읽어주는 전문가와 독자 여러분께 '지식의 빈곤'으로 인한 천박한 견해, '연구의 한계'에서 오는 미숙한 관점에 대해 아정(雅正)을 삼가 부탁드린다.

2010년 11월
저자 김범송

차 례

표차례

그림차례

제1장 서론

제1절 문제 제기

21세기 진입 이후 동아시아국가들은 선후하여 초저출산 사회에 진입하였다. 2005년에는 홍콩(0.95)·한국(1.08)·대만(1.12)·일본(1.25) 순으로 세계적으로도 가장 낮은 초저출산율(1.30 이하)을 기록했다. 한편 1990년대 진입 후 일본정부는 출산율 제고의 소자화(少子化) 대책을 추진했고, 2000년 초반부터 한국정부도 저출산 정책을 본격적으로 추진하고 있다. 21세기 진입 후 중국정부는 계획생육정책을 조정하여 '둘째자녀' 출산조건을 완화하고 있다. 따라서 한국의 저출산 정책과 중국의 정책조정 및 일본의 소자화 대책의 추진 현황과 정책특징을 비교분석하고, 정책시사점과 정책적 함의를 도출할 필요성이 제기된다.

1990년대 후반 한국사회는 저출산 현상이 고착화되었고, 2000년대 초반에는 초저출산 국가로 전락했다. 이에 따라 한국정부는 2004년 저출산·고령화대책위원회를 발족했고, 2006년 저출산·고령화에 대응하기 위한 국가전략으로 새로마지플랜2010[1]이란 종합적 국가정책을 출범하기에 이르렀다. 또한 중국에서도 국가가 추진한 강력한 계획생육정책으로 인해 1990년대 이후 도시 저출산 현상이 고착화되고 있다. 따라서 중국정부는 2000년대 초반 기존 '1자녀' 위주의 계획생육정책과 관련법을 수정하고, 지방정부는 새로운 조례(條例)를 발표하는 등 정책변화를 시도하고 있다. 한편 일본정부는 1990년대 이후 육아지원을 위한 보육정책과 일·가정 양립지원 등의 일련의 소자화 대책을 추진하였지만, 정책의 비효율성으로 출산율 제고에는 큰 효과를 거두지 못하고 있는 실정이다.

최근 한·중·일 삼국은 저출산·고령화 심화와 국가정책의 비효율성 등 각국 나름대로의 사회문제를 안고 있다. 산업화에 따른 도시 핵가족화로 가정구조 변화와 함께 부모에 의한 양육의존도가 낮아지고 있고, 여성의 경제참여율이 증가되면서 공보육과 국가의 육아지원책에 대한 의존도가 갈수록 높아지고 있다. 이것이 이들 국가가 보육지원을 강화하고 가족친화적 고용환경 및 일과 가정의 양립지원에 정부정책의 초점을 맞추게 된 직접적 이유이다. 최근 세계적 경제위기 등 사회경제적 여건 변화로 맞벌이부부가 늘어나면서 가족 내 돌봄기능이 약화되고 있다. 따라서 기업의 육아지원 제도화와 일과 가사·육아를 병행할 수 있는 가족친화적 기업문화 조성 등의 국가역할 중요성이 더욱 부각되고 있다.

한편 20세기 후반 강력한 출산억제정책에 힘입어 출산율 억제에 '성공'했다고 평가받는 한중(韓中) 출산정책은 공통점과 차이점을 갖고 있다. 즉 계획생육정책은 국가의 강력한 정책으로 출산율 억제에 성공했다는 점에서, 가족계획사업과 '공통점'을 갖고 있다. 그러나 가족계획사업은 35년 동안 점진적으로 진행된 반면, 1950~1960년대 출산장

---

1) 새로마지는 '새로 맞는다'는 뜻으로, "희망이 가득하고 행복한 사회를 새로 맞이한다는 의미"가 담겨져 있다. 이는 새로운 저출산 정책을 통해 저출산을 극복하려는 한국정부의 의지를 표명한 것이다.

려정책과 정치운동으로 인해 압축성·강제성의 특징을 지닌 계획생육 정책은 1970~1980년대 20년간 강력하게 추진되었다. 반면 일본의 출산억제정책은 '짧은' 10년간 산아제한정책의 성공적 실시로, 1950년대 후반에 출산율이 인구대체수준으로 저하되었다. 또한 일본은 1940년대 후반과 1970년대 초반 2차례 베이비붐시기(세대)를 갖고 있으며, 2006년 초고령사회에 진입한 일본사회의 심각한 고령화 현상은 저출산 정책효과에 절대적 영향을 미치고 있다.

한·중·일 삼국의 출산율 변동추이를 살펴보면, 정부의 출산(억제·장려)정책과 사회경제적 환경변화 및 국가역할과 밀접한 연관이 있다. 한국의 경우 1980년대 초반 출산율이 인구대체수준으로 급락되었고, 1990년대 저출산 현상의 고착화 및 2000년대 초반 초저출산 사회에 진입했다. 반면 일본은 1950년대 후반 출산율이 인구대체수준으로 하락, 1990년대 1.5 수준에서 2000년대 초반 초저출산율을 기록했다. 중국의 경우 1970~1980년대의 강력한 계획생육정책 추진으로, 1990년대 이후 합계출산율은 1.8 정도를 유지하면서 저출산·저성장의 인구전환을 실현했다. 한국의 초저출산 현상은 1990년대 후반의 경제위기와 크게 관련되며, 1990년대 일본의 저출산 현상은 급속한 고령화와 밀접히 연관된다. 1970년대 이후 중국의 출산율 급락은 사회경제발전과 가치관 변화에서도 기인되지만, 피임과 인공임신중절 및 경제적 처벌을 동반한 강력한 출산억제정책이 주요인이다.

출산율 저하에 미친 결정적 영향 요인으로 각국의 산아조절을 꼽을 수 있다. 즉 피임법의 보급정도에 따라 출산력은 상당히 다르게 나타나며, 일반적으로 피임법의 사용정도는 출산율과 반비례된다. 20세기 중·후반 심각한 인구문제에 봉착한 동아시아국가에서는 가족계획을 국가정책으로 채택하고, 산아조절의 일환으로 피임법을 널리 보급했다 (이희연, 2003: 268). 개발도상국의 경우 정부가 피임서비스의 비용을 전부 부담하면서 피임법을 보급했으며, 출생률이 높은 개발도상국에서는 피임의 보급과 확산을 통한 출산통제로 인구조절을 달성하게 된다. 따라서 국가역할에 기인되는 피임의 활용과 인공인신중절 합법화가 한·중·일 삼국의 출산율 변화에 미친 역할을 구체적으로 분석할 필요가 있다.

현재 합계출산율이 1.1대의 초저출산 국가인 한국과 1.3~1.4 수준인 일본, 도시에서의 출산율이 '세계 최저'[2] 수준인 중국에서의 저출산 요인으로서의 인구학적 요인과 사회경제적 요인 및 가치관의 변화 등은 여러 가지 측면에서 유사점과 차이점을 갖고 있다.

한·중·일 삼국은 최근 세계적인 경제적 위기와 함께 여성의 경제참여율이 높아지면서 결혼연령이 늦어지고(晩婚), 고령출산(晩産)이 보편화되고 있다. 한국과 일본의 경우 만혼·만산의 보편화는 일과 가정 양립의 어려움과 성별분업의 유지 및 양성불평등의 직장·가족문화에 기인한다. 반면 중국의 경우 장기간의 계획생육정책에 따른 정책적 요인 및 사회경제적 원인이 복합적 작용에 기인한다. 2000년대 진입 후 한·일 양국의 (超)저출산 현상의 장기화는 사회경제적 환경 변화로 여성의 경제참여율이 높아지고 있지만, 일과 자녀양육을 병행할 수 있는 사회적 환경의 미비와 가족친화적 고용정책의 부재 및 노동시장의 유연화가 이뤄지지 못했기 때문으로 볼 수 있다. 이 또한 한·일 양국이 최근 저출산(소자화) 대책으로 일과 가정의 양립지원에 정책초점을 맞추고 있는 이유이다.

한·중·일 삼국은 유럽 선진국에 비해 다양한 가족의 수용성과 이민 수용성이 낮고, 혼외출산율이 낮은 공통점을 갖고 있다. 이는 전통

---

2) 「2008년 세계인구현황보고서」에 의하면 출산율이 세계에서 가장 낮은 지구는 중국의 특별행정구인 홍콩이다. 또한 2000년대 이후 중국의 베이징·상하이 등 대도시 합계출산율은 1.0~1.1로 세계 최저 수준이다.

적으로 유교국가에 속하는 한·중·일 삼국이 합법혼인과 결혼전제의 출산을 사회제도로 규정했고, 그것이 도덕규범으로 강하게 작용하기 있기 때문이다. 한편 일본학자 스즈키 토루(鈴木透, 2006)는 동아시아 저 출산 국가와 OECD '고출산 국가'의 출산력 차이는 정부정책보다 문화유형의 차이에서 찾아야 한다고 주장했다. 그의 주장에 따르면 OECD '고출산 국가'에서는 다양한 가족 수용에 기인한 높은 혼외출산율(40~50%)이 '고출산율'을 유지하는 주요인이다. 반면 동아시아국가의 낮은 혼외출산율은 다양한 가족 비수용과 혼인 전제의 출산을 사회적 규범으로 여기는 사회문화적 요인에서 기인되며, 이는 출산율 제고의 저해요인으로 작용한다는 것이다.

한국의 가족계획사업이 '정책효과'를 거두게 된 것은 국가시책 책정, 관련법 제정·개정, 피임·불임시술 보급 및 국가적 홍보·교육, 경제보상과 제도적 규제 등의 정책적 요인이 중요했다. 또한 국가가 '개인영역'인 출산에 간섭했지만, 경제발전을 위한 출산억제(국가이익)와 국가발전으로 부유해지려는 가족이해가 공유되었기에 가능했다(이재경, 2006). 한편 이러한 국가역할이 긍정적인 것만은 아니었다. 1980년대 강행된 출산억제정책은 소자녀 가치관 고착화 및 저출산 사회 진입을 앞당겼다. 1980년대 후반 한국사회는 출산율 1.6대의 저출산 사회에 진입했음에도 저출산 대책의 부재(정책적 요인), 1990년대 후반의 IMF 외환위기(경제적 요인) 등의 복합작용으로 2000년대 초반 초저 출산 사회에 진입했다. 이러한 정책적 요인과 경제적 요인이 저출산 현상에 미친 상호 작용을 살펴볼 필요가 있다.

출산율 변화에 미친 한·중·일 삼국의 국가역할은 공통점과 차이점이 병존한다. 즉 3국의 20세기 출산억제정책에서는 국가역할이 주효한 반면, 21세기 출산율 제고에서의 국가역할은 크게 약화되었다. 또한 1970~1980년대 출산억제정책에서 한·중 양국의 정책적 요인과 국가역할은 절대적인 반면, 1950년대 출산장려정책과 21세기 출산장려정책에서의 국가역할은 큰 차이를 보이고 있다. 한편 21세기 저출산정책에서는 한·일 양국의 국가정책 비효율성은 저출산 요인이 되고 있는 반면, 2000년대 다원화 정책 실시와 정책조정으로 1.8 정도의 출산수준을 유지하고 있는 중국의 국가역할은 여전히 매우 중요하다. 이는 상이한 사회제도의 정책시스템과 출산수준 차이 및 국가 권력구조의 특징에서 기인된다.

2000년대 초반 도시 저출산화가 부각되면서 중국정부는 기존의 출산억제정책을 수정하고, 도시에서의 '둘째자녀' 출산조건을 대폭 완화하였다. 중국정부는 13억의 방대한 인구규모와 불균형적 인구분포 및 지역·성향 간 상이한 인구상황과 경제발전수준을 갖고 있는 본국의 실정에 부합되는 출산정책을 실시하고 있다(喬曉春 외, 2000). 한편 계획생육정책 평가와 중국의 출산정책에 대한 연구에서 국내외의 학자들이 간과한 것이 있다. 즉 '1자녀 위주'의 출산억제정책을 실시하고 있는 중국에서 1990년대 이후 출산율이 1.8대의 '고출산율'을 유지하는 원인과 정책배경 평가가 결여되어 있다는 점이다. 지금까지 중국의 계획생육정책에 대한 기존 연구들은 1980년대 '강제성' 특징에 초점이 맞춰져 있다.

일본정부는 1950년대 대규모적 산아제한정책을 실시해 출산율 저하에 성공했고, 1960년대에는 인구자질향상정책을 추진해왔다. 1970년대 중반 이후 고령화 문제가 대두되어 고령화 정책에 초점이 맞춰졌다. 그러나 1990년 1.57쇼크를 계기로 저출산에 대한 사회적 공감대가 형성되었고, 일련의 '소자화 대책'을 추진하기 시작했다(阿藤誠, 2000). 그러나 1990년대 육아지원 중심의 엔젤플랜이 출산율 제고에 성공하지 못했으며, 정책효과가 미미하여 2000년대 초반 초저출산 사회 진입 후 정책의 비효율성이 지적되고 있다. 한편 2005년 이후 정책패러다임 전환되면서 일본의 합계출산율은 1.3~1.4 수준으로, 초저출산 국가에서 벗어나고 있다. 따라서 일본정부가 15년간 꾸준하게 추진해 온 저출산 정책효과에 대한 구체적 분석과 일본의 소자화 대책에 대한 정확한 평가가 이뤄질 필요가 있다.

IMF 외환위기 후 한국사회는 기혼여성의 경제활동참여 증가로 맞벌이 가족모델로 이전되었고, 기존의 남성중심적 제도와 가족문화 속에서 가족기능의 약화 및 초저출산 고착화 등 사회문제에 직면하고 있다. 최근 한국에서는 일·가족 양립정책이 출산율 제고를 위한 중·장기적 저출산 정책대응으로 추진되고 있다. 특히 2000년대 이후 일·가족(생활) 양립(균형)정책이 저출산(소자화) 문제를 안고 있는 한국과 일본에서 출산율 제고를 위한 저출산 대응책으로 국가적 차원에서 적극적으로 추진되고 있다는 점에 주목할 필요가 있다. 또한 '양립·균형정책'은 고령화에 대비하는 여성인력의 투자정책이며, 어린이 건강한 성장을 위한 아동정책 성격의 종합대책으로 평가된다. 따라서 일·가족 양립정책은 장기적 안목에서 저출산 문제를 해결하는 중요한 정책대안으로 저출산 국가들의 중시를 받고 있다. 이것이 본 연구에서 이를 중요한 내용으로 취급하는 이유이다. 본 연구에서는 일·가족 양립정책이 저출산 대책으로 부상한 원인을 규명하고, 가족 가치관 변화와 노동시장에서의 여성 차별화, 남성의 장시간근무관행으로 인한 가사·육아의 낮은 참여율 등이 일과 가정의 양립 및 초저출산 고착화에 미치는 영향관계를 5장에서 구체적으로 분석하고자 한다.

최근 여성들의 경제활동참여 증가와 함께 취업 및 가족에 대한 가치관은 크게 변화되었다. 즉 여성들은 취업을 독립적 생애과업으로 수용하지만, 사회는 여전히 출산·양육의 책임과 부담을 여성과 개별가족에게 부과하고 있다. 이러한 현실에서 여성들의 선택은 결혼기피와 출산연기로 이어진다(이삼식 외, 2007). 최근 한국사회는 여성의 경제활동참여 증가와 핵가족화 진전으로 가족기능은 더욱 한계를 나타나고 있다. 한편 최근 일과 육아의 양립이 어려운 일본에서는 출산여성 70%가 노동시장을 퇴출하고, 여성의 비정규직 증가와 정규·비정규 간 처우 격차 등의 사회문제가 발생하고 있다(上川陽子, 2008). 이는 일본의 장시간노동관행과 가족친화적 기업문화의 미정착에 기인한다. 따라서 한·일 양국의 비슷한 사회구조와 저출산의 사회경제·문화적 요인을 비교분석하고, 그 원인을 정확히 규명하는 것이 효과적인 저출산 정책의 제정·실시에 큰 도움이 될 것으로 생각한다.

한국에서는 1987년 남녀고용평등법이 시행되면서 성차별 금지와 여성고용 촉진 등의 성과를 거두었지만, 출산·육아여성의 경력단절과 성별분업은 지속되고 있다. 그동안 한국정부는 양성평등의 법·제도를 구축해 성평등 정책기틀을 마련했지만, 실질적 남녀평등 달성도는 미흡하다(박선영 외, 2009). 한편 일본정부는 1990년대 육아·개호휴직 제도화와 남녀공동참획사회기본법(1999) 제정 및 2006년 남녀고용기회균등법 등으로 여성의 고용차별과 임신·출산여성 지원을 강화했지만, 직장·가정의 양성평등 수준은 여전히 낮다. 반면 중국에서는 장기간 양성평등이 기본국책으로 추진된 결과, 성역할 변화와 여성의 높은 경제참여율 및 직장과 가정의 양립이 가능해졌다(魏國英, 2007). 따라서 양성평등(정책)이 일·가정 양립 및 출산율 제고에 미치는 영향력을 구체적으로 살펴볼 필요가 있다.

한편 구미 선진국 '고출산 국가'들이 출산율 회복에 성공한 요인으로, 양성평등 사회문화와 제도의 보편화, 다양한 가족 및 이민자에 대한 수용성을 높이는 등 사회문화적 기반 확립, 일과 가정의 양립을 지원하는 사회경제적 시스템 확립, 공보육 중심의 육아인프라 발달과 육아부담 사회화, 유연한 노동시장 구조 등이 지적된다. 반면 동아시아 저출산 국가들은 가부장적 유교문화 속에서 일·가정 양립의 곤란, 자녀의 높은 양육비용 및 가족 내 가사·육아부담 공유의 미흡, 정책의 비효율성 등으로 출산율이 급격히 하락되어 초저출산 사회에 진입했다. 따라서 기혼여성의 경제활동참여를 지원할 수 있는 공보육 중심의 육아지원, 일·가정 양립 기반의 사회제도 구축, 양성평등적인 가족·사회문화의 조성, 자녀양육부담 경감 등의 사회경제 전반에 걸친 종합대책의 실효성을 검토할 필요가 있다.

이상의 문제제기를 바탕으로 본 연구의 주제를 다음의 몇 가지로 제시한다. 첫째, 각국의 국가정책이 출산율 변화에 미치는 영향 요인을 살펴본다. 둘째, 각국의 출산정책과 정책효과를 비교분석한다. 셋째, 각국의 저출산 요인과 출산율 변화의 영향 요인을 비교분석한다. 넷째, 한·일 양국의 일·가정 양립정책을 저출산 대책으로 추진하고 있는 이유를 살펴본다. 다섯째, 일·가정 양립 및 양성평등 정책이 출산율 제고의 저출산 정책과의 상관관계를 분석한다. 여섯째, 정책시사점과 정책적 함의를 도출하고 정책대응을 제언한다.

제2절 선행연구 검토

출산수준 및 출산행위는 인구학적·사회경제적·문화적 요인들의 복합적 영향력에 의해 결정되며, 이들 영향 요인들은 국가정책과 시기에 따라 상이하게 작용한다. 따라서 출산율 변화에 대한 영향 요인에 대한 분석이 선행되어야 한다. 출산행위는 가족제도와 사회적 규범과 밀접한 관계가 있지만, 출산수준은 사회경제적 변화와 정책적 요인의 영향을 크게 받는다(이희연, 2003: 263). 한편 김두섭(2007)은 1980년대 이전에는 국가에 의해 추진된 출산억제정책의 정책적 요인이 출산율 변화(저하)에 미치는 중요한 영향 요인으로 작용했지만, 1980년대 이후에는 사회경제적 요인과 인구학적 요인 및 정책적 요인 등 다양한 요인이 출산율 변화에 영향을 미쳤다고 주장하였다. 특히 한국의 경우 1990년대 후반 IMF 외환위기 등 사회경제적 요인이 출산율 변화에 큰 영향을 미쳤다고 지적했다.

한·중·일 삼국의 많은 인구·사회학자들은 1950~1980년대 출산율 저하에 미친 가장 중요한 영향 요인으로, 국가의 강력한 출산억제정책의 정책적 요인을 강조하고 있다.

이희연(2003)은 동아시아국가 중 강력한 출산억제정책을 실시하여 출산율 저하에 성공한 대표적 국가로 한국과 중국·싱가포르를 꼽았다. 한국의 경우 1962년 국가시책으로 도입된 가족계획사업의 정책효과로 1980년대 초반 합계출산율이 인구대체수준(2.1)으로 저하되었지만, 1980년대까지 출산억제의 정책기조는 크게 변화되지 않았다. 한편 1980년의 출산율은 1975년 4.28에서 2.83으로 하락되었고, 1990년에는 1.59까지 떨어졌다. 국가가 추진한 강력한 출산억제정책에 기인한 출산율의 급감으로, 한국의 가족계획사업은 출산억제정책의 성공사례로 자주 거론되었다(김한곤, 1991; 이희연, 2003).

1970~1980년대 국가에 의해 강력하게 추진된 중국의 계획생육정책은 세계에서도 '유례가 없을' 정도의 강력한 출산억제정책으로 지적된다. 1950년대 출산장려정책과 3년 대약진운동·자연재해 및 1960년대 후반 문화대혁명으로 인한 출산정책 부재로, 1971년 합계출산율은 6.5, 1969년 총인구는 8억을 돌파했다. 그러나 1970년대 계획생육정책의 성공적 추진으로 합계출산율은 1970년 5.81에서 1980년 2.24로 급락했다(湯兆云, 2005). 한편 1980년 도시의 합계출산율은 1.13으로 저하되었지만, 농촌의 합계출산율은 2.49로 도농(都農) 간 출산수준 차이를 보여주었다(喬曉春 외, 2000). 이러한 출산율 급락은 1970~1980년대 국가에 의해 강력하게 추진된 출산억제정책의 정책적 요인에서 기인된다.

1950년대 후반 일본의 합계출산율이 인구대체수준으로 하락된 것은 일본정부가 추진한 대규모적 산아제한정책과 관련된다. 일본의 출산율은 제1차 베이비붐시기(1947~1949년) 4.3수준이었지만, 1957년에 인구대체수준(2.04)으로 하락되었다(조혜종, 2006). 한편 정책적 요인의 구체적인 영향 요인으로 인공임신중절 합법화가 거론된다. 일본에서는 1948년 우생보호법 제정 및 인공임신중절 합법화로, 1950년대 후반 제1차 베이비붐시기보다 출산율이 40% 하락되었다. 1950~1960년대 수태조절과 피임법 개발 등의 산아제한정책으로, 일본의 출산율은 크게 저하되었다(松谷, 2005). 전문가들은 "출산율 하락이 실제의 인구감소로 나타나려면 적어도 30년이 걸린다"다고 지적한다. 실제로 일본에서는 1970년대 중반 인구감소를 의미하는 '합계출산율 2.0 붕괴'를 기록했다. 또한 자연인구가 처음으로 감소되고 출산율이 1.25까지 하락한 것은 2005년부터이다(日本經濟新聞社, 2008: 54~55).

한·일 양국의 출산율 변화에 대한 (선행)비교연구를 살펴보면, '정책적 요인'이 출산율 변화에 미친 중요성을 확인할 수 있다. 일본의 합계출산율은 1957년 인구대체수준(2.04)으로 낮아졌지만, 한국은 1960년대 강력한 출산억제정책으로 1983년 대체수준(2.08)에 도달했다. 한편 1984년(1.76)부터 한국의 출산율이 일본(1.81)보다 더 낮은 역현상이 나타났지만, 한국정부가 각종 산아제한정책을 축소·폐지하면서 출산율은 1990년 1.59에서 1992년 1.78로 증가했다(김태헌, 1993: 2006: 147). 그러나 1998년 이후 한국의 출산율은 급감되어 2001년 1.30으로 일본(1.33)보다 낮아졌다. 이는 일본은 1995년부터 출산율 제고를 위한 소자화 대책을 추진한 반면, 한국은 장기간의 출산억제정책 여파와 경제위기로 인해 감소속도가 더욱 빨라졌기 때문이다(김두섭, 2007). 한편 2000년 일본의 출산율(1.36)은 한국(1.47)보다 약간 낮았으나, 2002년에는 한국(1.17)이 일본(1.32)보다 더 낮은 수준으로 역전되었다(小島宏,

2006). 코지마 히로시(小島宏)는 2006년부터 일본이 점차 초저출산 국가에서 벗어나고 있는 것은 1990년대 이후 소자화 대책과 관련된다고 주장했다.

한편 한·중·일 삼국의 인구학자들은 1980년대까지 출산율 변화에 미친 구체적인 영향 요인으로, 피임법과 불임시술 및 인공유산 등 산아조절의 중요성을 지적하고 있다.

박승희 외(2008)는 국가역할에 기인된 피임과 인공유산 등의 인위적 산아제한은 자연출산력을 억제함으로써 출산율 저하에 기여했다고 지적했다. 한편 전광희(2002)는 1970년대 전반까지는 혼인연령과 인공유산의 증가가 출산력 변천을 주도했으나, 1975년 이후 출산율 저하는 피임실천의 효과에 기인했다고 지적했다(박경숙, 2005: 123). 한편 기혼여성의 피임실천은 1971년 25%에서 1979년에 55%로 증가했고, 1985년에는 70%로 상승하여 30세 이상 부인의 피임실천율은 85%에 달했다(김두섭, 2007). 즉 1980년대 초 한국의 출산율이 저하된 중요한 영향 요인으로 높은 피임실천율을 꼽을 수 있다는 것이다.

1980년대 한국의 출산율 급락한 또 다른 요인으로, 1973년의 인공임신중절 합법화가 지적된다. 인구학자 이성용은 출산율 변화에 미친 인공임신중절 역할은 강조하고 있다. 그의 연구에 따르면 1000명 출생아의 인공임신중절 비율은 1964년 77에서 1969년 175, 1974년 277로 급증되었다. 만일 1984년까지 인공임신중절이 한국에서 유용되지 않았다면, 한국의 합계출산율은 1976년 3.2에서 4.4, 1978년 2.7에서 4.0, 1984년 2.1에서 2.7로 증가되었을 것이다(이성용, 2006). 한편 1960년대 가족계획사업이 출범하기 전 도시지역에서는 인공유산이 산아제한의 수단으로 광범하게 시행되었다(권태환·김두섭, 2002).

또한 피임과 인공임신중절은 남아선호와 이상자녀수 등의 자녀 가치관의 영향을 받는다. 피임은 원치 않은 임신을 예방하고, 인공임신중절은 원치 않은 자녀의 출산을 예방한다. 예컨대 이상자녀수를 가진 후에는 피임가능성이 높아지고, 원치 않은 아이를 임신했을 경우 임신중절을 할 가능성이 높다(은기수, 2001). 한편 한국과 같이 남아선호의 '유교국가'에서는 딸 가진 여성은 아들을 낳기 위해 피임사용을 줄이고, 인공임신중절은 강한 남아선호 혹은 성감별 인공유산과 결합되어 높은 출생성비를 유발할 수 있다(이삼식, 1998). 또한 자녀의 성비와 남아선호는 현존 자녀수에 의해 제한을 받을 수 있다(이성용, 2003).

한편 인공유산과 피임효과는 정부의 정책에 따라 출산율 변화에 미치는 영향력도 다르게 나타나고 있다. 1950년대 중국정부는 여성건강보호를 이유로 인공유산과 절육(節育)을 금지하고, 1952년 '절육·인공유산 금지법'을 제정하여 절육수술 규정·처벌을 확정했다. 즉 '절육·인공유산 금지법'은 35세 이상 결혼여성이 자녀가 6명이면 절육이 가능하며, 불법절육과 인공유산을 한 자는 법적 처벌을 받는다고 규정했다(湯兆云, 2005). 중국정부의 절육·인공유산에 대한 법적 조치는 1950년대 중국의 인구급증에 크게 기여하였다. 그러나 1970~1980년대 피임도구와 절육수술 무료화 등의 피임보급을 위한 국가적 지원은 출산율 저하에 크게 기여했다. 중국에서 1980~1989년 유효한 피임으로 인해 감소·출산된 인구는 1.76억이며, 피임효과는 79.4%에 달했다(魏津生 외, 1996). 이와 같이 피임과 인공유산은 중국정부의 출산정책에 따라 출산율 변화(급증·급감)에 큰 기여를 했다는 것이다.

그러나 일본에서 피임법은 인공임신중절에 비해 늦게 개발되었으며, 피임이 출산율 저하에 미친 영향력도 한국에 비해 상대적으로 낮게 평가되고 있다(佐藤龍三郎, 2006). 일본에서는 피임법의 사용자가 1950년 20%에서 1970년대 초반 60%까지 증가되었지만, 1994년 59%에서 2004년에는 52%로 감소했다(김승권 외, 2006). 한편 스즈키 토루(鈴木透, 2006)는 최근 출산율 저하에 피임이 한국에서는 중요한 역할을 했지만,

일본은 '그렇지 않다'고 주장했다. 그의 주장에 의하면 최근 일본에서는 인공임신중절과 사산(死産)이 줄곧 감소된 반면, 성교빈도 및 불임증 등이 출산율 감소에 크게 기여하였다는 것이다.

김한곤(1993)은 저출산의 '거시적 요인'으로 사회경제발전과 가치관 변화 및 출산억제정책 등이 포함되며, 이들의 복합적 작용으로 출산율이 저하되었다고 주장했다. 이인국(2005)은 '미시적 요인'으로 여성의 교육수준 제고와 경제참여 증가 및 만혼화를 지적했고, 박승희·김사현(2008)은 개인의 소득수준과 자녀양육비용 등 경제적 요인도 저출산 요인이라고 지적했다. 한편 사회경제발전에 따른 도시화와 가족구조 변화는 출산율 저하에 일조했으며, 이는 출산억제정책으로 더욱 가속화되었다(김두섭, 2007). 제1차 저출산고령사회기본계획(2006)은 저출산 요인으로, ①자녀양육과 교육비 부담 및 경기침체에 따른 고용·소득 불안정 등의 경제적 요인 ②육아인프라 부족과 가족친화적 기업문화 미정착에 기인한 일·가정 양립 곤란 등의 사회적 요인 ③결혼·자녀관의 가치관 변화를 꼽았다.

1990년대 후반의 저출산 요인과 여성들의 결혼·출산을 미루고 기피하는 가장 중요한 원인으로 사회경제적 요인이 지목되고 있다. 1960~1980년대까지의 출산율 하락은 출산억제정책과 개인의 선택이 맞물린 결과(이재경, 2006)이지만, 1990년대 후반의 출산율 하락은 고용불안정, 소득구조의 양극화, 자녀양육의 고비용 구조, 경제위기에 따른 실업증가와 미래불안정 등 사회경제적 요인이 개인의 출산·양육에 대한 선택권을 제약한 결과이다(이삼식 외, 2005). 즉 21세기 저출산의 주요인으로 양성평등에 대한 여성의식 변화, 여성의 경제참여율 증가, 높은 사교육비와 자녀양육부담, 청년층의 실업과 고용불안, 육아인프라 부족, 가치관 변화에 따른 자녀·결혼관 약화 등 사회경제적 요인들이 포함된다.

한편 출산율 하락을 직접적으로 주도하는 인구학적 요인에는 만혼화·만산화·미혼화가 포함된다(전광희, 2002; 阿藤誠, 2006). 또한 여성들이 결혼과 출산을 지연 및 포기하는 사회적 배경으로 경기침체와 경제위기에 기인하는 경제적 요인, 성별분업 유지와 직장·가족 내 양성불평등 등의 사회문화적 요인, 소자녀 가치관의 고착화 및 국가정책의 비효율성 등 정책적 요인 등이 지적된다. 따라서 상술한 인구학적·경제적 요인과 사회문화적·정책적 요인이 복합적으로 작용하여 저출산요인 구조를 형성했다고 할 수 있다.

최근 한·일 양국의 학자들이 주장하고 있는 미혼화와 만혼화 및 만산화의 인구학적 요인, 경기침체에 따른 실업증가와 소득·고용 불안정, 직장·가정 내의 양성불평등과 성병분업의 지속 및 여성의 가사전담, 출산·가족친화적 기업문화 미정착에 따른 일·가정 양립의 곤란 등의 저출산의 사회경제적 요인은 별 차이가 없다. 이는 한·일 양국이 비슷한 사회경제구조와 전통문화를 갖고 있기 때문이다. 한편 스즈키 토루(鈴木透, 2006) 등 일본학자들은 저출산의 사회문화적 요인을 강조하고 있으며, '문화결정론'[3]을 주장하고 있다. 반면 한국학자들이 사회경제적 요인에 주목하고 있는 것은 IMF 경제위기가 사회경제에 미친 파급효과 및 그에 따른 출산율 하락을 저출산의 주요인으로 보고 있기 때문이다.

출산율 하락은 사회경제발전에 따른 경제성장과 반비례되며, 경제적

---

3) 최근 일본학자들이 주장하고 있는 저출산의 사회문화적 요인, 즉 '문화결정론'이 전하는 메시지를 두 가지로 분석할 수 있다. ①일본 등 동아시아 '유교국가'의 낮은 혼외출산율(2% 미만)은 결혼을 전제로 하는 출산문화의 보편화와 사회규범에 따른 혼외동거·미혼모 등 다양한 가족에 대한 비수용 등의 사회문화·제도에 대한 인식전환의 필요성 ②한국·일본 등 동아시아국가의 가부장적 가족제도와 남성중심의 사회문화로 인한 직장과 가족 내의 양성불평이 저출산의 사회문화적 요인이며, 이는 일본에서 추진하고 있는 양성평등과 일·생활 균형정책의 중요성을 간접적으로 시사해준다.

수입이 높고 현대화 수준이 제고될수록 소자녀관이 형성되어 소자화 선호 경향이 두드러진다(査瑞傳, 1996). 도시화와 경제발전은 더욱 많은 여성들로 하여금 시간과 정력을 경제활동에 투입하게 하며, 생활수준이 향상됨에 따라 자녀양육비용과 사회적 비용이 대폭 상승되어 많은 여성들이 경제적 이유로 소자녀의 핵가족을 선호하게 된다(蔣正華, 1986). 또한 여성의 교육수준 제고는 많은 여성들로 하여금 자아가치 실현을 위한 사회경제활동의 적극적 참여를 유도하며, 이는 결과적으로 만혼과 소생(少生)에 기여한다(李建新, 2005). 장기간의 출산억제정책과 사회경제발전에 따른 문화·교육수준의 제고는 도시의 젊은 여성층을 중심으로 핵가족 선호 및 소자녀 가치관을 고착화시켰다(朱向東, 2006). 즉 중국의 (도시)저출산 요인은 계획생육정책과 사회경제적 요인의 '공동작용'에 기인한다는 것이 중국학자들의 주장이다.

한국사회에서 '사적 영역'인 출산·양육지원에 대한 국가개입은 1960년대 출산억제정책과 관련된다. 1961년 경제개발 5개년계획 실현을 위한 일환으로 출산억제정책이 추진되면서 가족에 대한 국가개입이 시작되었다(이삼식 외, 2007). 1983년 합계출산율이 2.08로 낮아진 후 1980년대 후반 1.6대의 저출산 사회로 진입했지만, 출산억제정책의 관성지속과 저출산에 대한 정책대응 미흡 및 사회적 관심이 부족했다. 특히 1990년대 이후 저출산 현상에 대한 적극적 대응정책이 필요했지만, 저출산 현상에 대한 국가차원의 대응이 소홀했다(이삼식 외, 2005; 윤홍식, 2006). 1996년 출산억제정책이 폐지된 후에도 출산율이 계속 감소되었지만, 한국정부는 출산장려정책 전환에 신속하지 못했다(小島宏, 2006). 이는 1990년대 저출산의 사회문제를 인식하고, 저출산 정책을 추진한 일본과 비교된다.

1980년대 이후 중국사회의 높은 여아사망률과 심각한 성비불균형은 강력한 출산억제정책과 남아선호사상에 기인한다(Sen, 2004: 220). 한편

중국정부는 수십 년 전부터 '1자녀 정책'에 여지를 만들어놓기도 했
다. 대부분의 농촌가정은 첫째가 딸일 경우 둘째아이를 낳도록 허용하
고, 지방정부는 2000년 이후 '2자녀' 출산조건을 대폭 완화했다. 최근
대도시에서는 자녀 한명만 원하거나 무자녀 딩크족이 늘어나면서 도
시의 저출산화가 심각한 수준이다(Melinda, 2008). 중국사회과학원 정전
전(鄭眞眞) 박사에 따르면 베이징과 상하이 등 대도시의 합계출산율은
1.0 정도의 초저출산 수준이지만, 대부분의 농촌·농민들은 노후 사회
보장의 미비4)로 가족에 의존하면서 많은 자녀를 원한다. 또한 대도시
에서 농촌의 노동력을 흡수하기 때문에 농촌의 고령화가 더욱 심각하
다(日本經濟新聞社, 2008: 24-25).

한국정부는 2006년 7월 종합적인 저출산 대책으로 '저출산고령사회
기본계획'을 발표했다. 정부는 육아비용 경감을 위해 양육비와 세제
혜택을 지원한다고 했지만, 문제는 당사자인 젊은이들이 정부의 대책
에 무관심하다는 데 있다. 정부가 5년 동안 33조 826억원을 투입하는
커다란 국책사업이지만, 혜택의 당사자들인 젊은이들은 전혀 무관심하
다(日本經濟新聞社, 2008). 한편 일본정부는 1990년 1.57쇼크 이후 출산율
저하와 출산은 개인의 프라이버시와 깊게 관련되는 문제라는 것을 전
제로, 보육서비스 강화 및 일과 육아의 양립을 위한 소자화 대책을 추
진하였다(阿藤誠, 2006). 그러나 기존의 미혼화와 만혼화 및 정책의 비효
율성으로, 일본은 2000년대 초반 초저출산 사회에 진입했다(岩澤美帆,
2002).

일본은 1990년 1.57쇼크를 계기로 출산율 감소를 사회문제로 인식하

---

4) 현재 한국·일본 등 외국학자들이 중국의 사회보장제도에 대해 중요한 '문제점'으
로 지적하고 있는 '농촌의 사회보장제도 미비'는 1980년대 중국의 도농(都) 간 출
산수준 격차의 주요인이며, 농민들이 '노후 준비'로 여전히 다산을 선호하는 중요
한 원인이기도 하다. 이 또한 중국정부가 21세기 진입 후에도 '농촌 위주'의 계획
생육정책을 지속적으로 추진하고 있는 중요한 이유로 볼 수 있다.

고, 국가적 차원에서 저출산 대응책을 추진하기 시작했다(阿藤誠, 2000). 2005년부터 총인구가 감소되고 합계출산율도 1.26명으로 하락된 후, 일본정부는 기존의 보육정책 중심에서 벗어나 종합적인 저출산 정책과 일·생활 균형정책을 병행하여 실시하고 있다(신윤정, 2009). 한편 2006년부터 일본의 합계출산율은 1.3~1.4 수준으로, 최근 출산율이 상승추세를 보이는 것은 그동안 일본정부가 추진해온 소자화 대책과 관련된다(小島宏, 2007). 그러나 1990년대 추진된 소자화 대책이 큰 효과를 거두지 못하고, 2000년대 초반 초저출산 사회에 진입하면서 한국학자들은 일본의 저출산 관련 정책을 '실패한 정책'으로 평가하고 있다.

최근 일본에서는 출산가정에게 세금공제에 중점을 둔 경제지원5)이 추진되고 있지만, 그 혜택이 기타 선진국에 비해 적다. 예컨대 자녀를 출산한 가정지원 경우 일본은 평균 임금의 4.2%(2003, 한국 0.6%)로, 선진국 중에서 가장 낮은 수준이다. 1998년 아동수당의 지급비율은 8.8%(스웨덴 81.4%)에 불과하며, 지급금액도 선진국 중 가장 낮다(최숙희·김정우, 2006: 9-10). 삼성경제연구소(2006)는 일본의 소자화 대책이 큰 효과를 거두지 못하고 있는 원인과 시사점을 두 가지로 지적했다. 첫째, 일과 양육을 병행할 수 없는 사회적 원인은 일본사회에 뿌리 깊은 성역할 구분과 성별분업 유지에 기인한다. 둘째, 일본의 부모휴가 중 남성의 사용률이 저조하고, 남성의 가사참여율이 낮은 것은 휴가를 자유롭게 사용할 수 없는 사회분위기와 장시간근로관행에서 비롯된다. 즉 일본의 정책사례는 기업이 육아지원을 적극 시행할 수 있는 인센티브 부여 등 법적 제도 뒷받침의 중요성을 시사해준다.

---

5) 최근 일본에서는 산모나 배우자가 가입한 건강보험조합 등 공적 의료보험에서 '출산·육아일시금'으로 30만엔을 지급하고 있다. 또한 출산을 장려하기 위해 '일시금'을 2006년 10월부터 35만엔으로 상향 조정하였다. 한편 2006년 4월부터 도쿄 지요타(千代田)구는 관내 주민을 대상으로, 임신 5개월 태아에서 고등학교를 졸업하는 18세까지 아동수당을 지급하고 있다(삼성경제연구소, 2006).

2000년대 이후 여성의 역할과 가족기능 및 사회경제적 변화 대응책으로 일·가정 양립지원이 추진되고 있지만, 일과 남성중심의 사회제도 및 '자녀양육자' 여성과 '생계부양자' 남성의 이분법적 성역할 구조가 크게 변화되지 않고 있다(김혜영, 2007). 따라서 출산·양육으로 인한 노동시장의 여성차별과 남성의 제한적 가사·육아참여로 인한 가족 내 양성불평등의 근본변화 및 자녀양육에 대한 사회적 책임이 강화되어야 한다(홍승아 외, 2008). 한편 일·가족 양립정책이 발달된 국가들은 저출산에서 점차 벗어나고 있는 반면, 양립정책이 미흡한 국가들은 여성취업과 출산율이 모두 낮다(阿藤誠, 2006; 김태홍 외, 2009). 현재 한·일 양국의 일·가정 양립이 어려운 근본원인은 사회·가족 내 양성불평등과 성별분업 유지 및 출산·육아의 책임을 여성이 전담하는 사회제도에 있다고 할 수 있다.

최근 이탈리아 등 전통적 가족모델이 지배적인 유럽사회 저출산 현상은, 여성의 사회진출이 증가되고 전 사회적으로 양성평등 수준은 제고된 반면에 직장·가족문화와 사회제도의 지속적 '양성불평등'에 의해 야기되고 있다(McDonald, 2000). 한편 초저출산 국가 한국의 직장·가족 내의 성별분업이 지속되고 있다는 점에도 주목할 필요가 있다. 한국여성개발원(2004)의 조사결과에 의하면 총 가사시간은 비맞벌이가구 경우 부인의 가사소모 시간은 남편의 6배이며, 맞벌이가구 경우도 부인이 3.5배 시간을 소모하는 것으로 나타났다(최은영, 2006: 342). 또한 한국의 임금근로자 고용환경은 임신·출산가족에게 필요한 서비스와 지원을 보장해주지 않고 있다. 여성근로자에 대한 정책과 법적 근거를 갖고 있지만, 실제 노동시장에서는 정책실효성을 확보하지 못하고 있다(박종서, 2009: 109).

일본학자 아키야마 요코(秋山洋子, 2010)는 중국의 혼인법과 여성권익보장법에 대해 '남녀평등'보다 '여성보호' 성격이 강하다고 지적했다.

반면 중국학자들은 여성정책 제정과 법적 확립을 통해 여성의 노동권과 정치권리 및 사회・가정 내 성역할 변화와 사회지위를 향상시켰으며, '여성보호'에서 '양성평등' 전환을 달성했다고 주장하고 있다. 즉 중국정부는 남녀평등을 기본국책으로 책정하고 여성권익 보호와 여성 우대정책을 지속 추진했고, 젠더평등의 법률규범화와 여성권익 보장을 강화했다(舒丹 외, 2005)는 것이다. 특히 1950년대와 1980년대 혼입법과 헌법의 반포・개정, 1990년대 여성권익보장법, 노동법, 기업직공생육보험시행법, 2001년 인구와계획생육법, 2005년 여성권익보장법(개정) 등 일련의 입법과정을 통해 양성평등의 법률체계를 마련했다(李傲, 2009)는 점을 강조하고 있다.

최근 일본의 보육정책은 점차 재택보육의 지원으로 전개되고 있고, 보육시설 민영화 등의 보육시장화 추세로 전환되고 있다(相馬直子, 2008). 한편 남녀고용기회균등법 등 법률이 정비되면서 여성의 가사・육아부담을 줄이려면 남성의 육아참여가 효과적이라는 인식이 널리 확산되었다. 또한 2007년부터 육아・개호를 남녀근로자의 공통과제로 인정하고, 사업주의 노력의무를 규정했다(오쿠쓰 마리, 2007). 2008년부터 남녀공동참획추진본부는 일・생활 균형을 위한 정책을 정부와 기업차원에서 본격적으로 추진하고 있다(上川陽子, 2008). 그러나 경제지위에 비해 일본의 가족정책 지원수준은 유럽의 복지국가에 훨씬 못 미치며, 일・가정 양립을 위한 기업의 정책지원은 미흡한 수준이다(신윤정, 2009).

한편 일본 등 동아시아 저출산 국가들은 유럽의 '고출산 국가'에 비해 결혼제도에 대한 강한 집념과 여성에 의한 양육・가사전담의 전통적 성역할 강조, 기혼여성의 취업에 대한 관용도가 낮다. 따라서 전통적 성별분업에서 벗어나 양성평등의 가치관을 확산시키고, 일과 생활의 균형정책을 중요한 사회정책으로 추진해야 한다(阿藤誠, 2006). 한편 남편의 자녀양육과 가사참여 증가는 고령출산에 기여하는 것으로 나타나는데, 이는 출산율 제고에 양성평등의 가족문화가 도움이 된다는 반증이 된다. 따라서 조기(早期)출산 홍보계몽과 함께 양성평등의 정책을 지속 추진할 필요가 있을 것이다(김승권 외, 2006: 184).

상술한 기존 연구의 분석과 경향에는 몇 가지 특징·보완점이 있다. 첫째, 저출산 요인에서 한국학자들은 사회경제적 요인에 치중하는 반면에 일본학자들은 사회문화적 요인, 중국학자들은 정책적 요인과 사회경제적 요인의 '공동작용'을 강조하고 있다. 둘째, 출산정책에서의 국가역할은 간과되어 있고, 국가정책 비효율성에 대한 원인분석이 결여되어 있다. 셋째, 일본의 소자화 정책에 대한 비판적 견해가 우세한 반면, 정책효과 분석이 부족하다. 넷째, 중국의 계획생육정책에 대한 '강제성'이 부각되었지만, 최근의 정책조정과 1.8대 '고출산율' 유지의 원인분석이 결여되어 있다. 다섯째, 일·가정 양립의 중요성은 강조되었지만, 양성평등이 '양립·균형정책'과 출산율 제고에 미치는 상관관계 분석이 결여되어 있다.

제3절 분석틀 및 연구내용

길버트(Gibert)에 의하면 능력개발국가6)는 기존 복지국가보다 시민생활에 대한 국가개입을 줄이며, 개입의 형태도 변화된다. 그는 뒤르케임의 근대사회에서 유기적 연대를 가져오는 중요한 기제로 지목했었던 직업집단의 역할에 주목했다. 즉 보편주의적 성격의 복지국가 쇠퇴에 따라 국가를 매개로 한 사회연대성이 약화되며, 사회복지기능은 민

---

6) 길버트(Gibert)의 주장에 의하면 능력개발국가에서 국가의 일차적 과제는 개인생활 보장을 위한 금전적 지원이 아니라, 개인의 시장지위 향상 또는 개인생활에 대한 책임능력 향상에 있다는 것이다.

간기업과 시민사회로 이전된다(조영훈, 2003: 64-65). 한국사회에서 출산·양육에 대한 국가의 개입수준은 Esping-Andersen의 자유주의 복지국가와 유사하다(이삼식 외, 2007). 국가는 가족을 자녀양육의 일차적 책임자로 규정하고, 국가의 개입을 최소화하고 있다. 또한 가족의 양육에 대한 기업의 역할은 미흡하며, 기업의 육아지원은 소극적이다. 이는 여성의 일과 가족의 양립을 어렵게 하는 주요인이다. 따라서 여성의 출산·양육에 대한 국가역할과 기업의 적극적 지원은 일·가정 양립 및 출산율 제고의 중요한 사회보장이 된다.

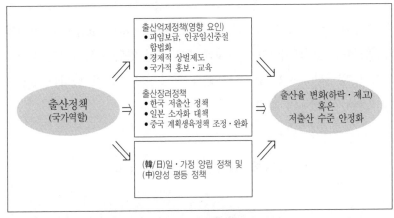

〈그림 1〉 분석틀

한국사회에서 가족의 출산·양육에 대한 국가개입은 출산억제정책과 관련된다. 1960년대 이후 정부주도의 가족계획정책과 고도성장을 배경으로, 한국의 가족구조·기능과 가족 가치관은 많은 변화가 있었다(이혜경, 1996). 20세기 후반 산업화·도시화 진척에 따른 핵가족화와 여성의 노동시장 진출에 따라 가족의 양육기능은 크게 약화되었다. 출산·양육의 가족기능이 사회경제환경 변화로 역할수행에 한계를 느낄 때 국가역할은 더욱 중요해지며, 국가역할은 시대와 사회제도에 따라 다르게 나타난다(이삼식 외, 2007). 한편 일본의 인구정책은 1970~1990년까지 주로 고령화 대책이 추진되었고, 1990년 1.57쇼크를 계기로 저출산 정책성격이 강화되었다(阿藤誠, 2006). 반면 중국에서는 1950~1960년대에 주로 출산장려정책이 실시되었지만, 1970년대부터 국가주도의 계획생육정책이 강행되었다. 2000년대에는 국가역할에 기인한 정책조정으로, 1.8대의 '고출산율'이 유지되고 있다.

한·일 양국의 출산행위는 가족제도와 전통문화 및 사회적 규범의 영향을 많이 받는 반면, 중국의 경우 사회경제발전의 사회경제적 요인과 출산에 대한 국가정책의 영향을 크게 받고 있다. 따라서 한·중·일 삼국의 출산정책의 공통점과 차이점을 비교분석하고, 출산율 변화의 구체적 요인을 밝혀내는 것이 본 연구의 1차적 연구목적이다.

20세기 중·후반 국가주도의 출산억제정책에서는 국가역할이 강화된 반면, 21세기 출산장려정책에서 국가역할은 크게 약화되고 있다. 1970~1980년대 출산억제정책에서 한·중 양국의 국가역할에 기인한 정책적 요인이 주도적이었지만, 21세기 한·일 양국의 저출산 정책에서의 국가역할과 국가의 개입은 크게 감소되었다. 한편 1950년대 중국의 출산장려정책은 국가의 '부정적' 역할에 기인된 반면, 21세기 저출산 대응에서 한·일 양국의 국가정책 비효율성은 저출산의 정책적 요인이 되고 있다. 이러한 국가역할과 출산정책의 효과는 상이한 사회제도의 국가기능과 국가정책 및 권력구조 특징에서 기인된다. 즉 상이한 사회제도와 시대에 따라 다르게 나타나는 국가역할이 출산정책 제정·실시와 정책효과 및 출산율 변화에 미친 영향력을 비교분석하는 것이 본 논문의 핵심적 연구주제이다.

20세기 중·후반 한·중·일 삼국의 인구발전 특징과 출산정책은 공통점을 갖고 있다. 첫째, 1950~1960년대 인구급증은 사회경제발전에 걸림돌이 되었고, 높은 출산율을 저하시키기 위해 이들 3국은 20세기 중·후반에 출산억제정책을 실시했다. 둘째, 출산율 하락에는 출산정책과 국가역할에 의한 피임보급과 인공임신중절 합법화가 중요한 영향 요인으로 작용했다. 셋째, 출산율의 급격한 저하는 인구고령화와 함께 저출산 현상이 심화되는 결과를 초래했다. 넷째, 국가에 의해 추진된 출산억제정책은 출산율을 하락시키는 동시에 소자녀 가치관을 고착화시켰다. 다섯째, 출산율의 급격한 하락은 가치관 변화와 사회경제적 요인에도 기인되지만, 국가역할과 정부의 출산정책이 주요인이다. 여섯째, (도시)저출산·고령화가 동시에 진행되고 있으며, 출산정책은 고령화 정책과 밀접히 관련된다.

한편 한·중·일 삼국의 인구발전 특징과 출산억제·장려정책은 차이점이 있다. 첫째, 출산억제정책 추진 및 출산율 변화 시기, 저출산 사회에 진입한 시기가 다르다. 둘째, 출산억제정책의 폐지와 유지, 출산장려정책(저출산 대책) 추진 시기와 저출산 현황 및 고령화 사회에 진입한 시기가 다르다. 셋째, 출산율 하락의 영향 요인인 피임과 인공임신중절의 합법화(혹은 금지) 시기 및 미친 역할이 서로 다르다. 넷째, 출산정책의 정책효과와 국가역할의 강화·약화가 상이하게 나타나고 있다. 다섯째, 출산율 제고의 저출산 정책과 밀접히 관련되는 일과 가정의 양립 및 양성평등 정책의 추진 시기와 정책결과가 다르다. 여섯째, 저출산에 대한 정책대응 방식과 국가역할의 정책효과가 다르게 나타나고 있다.

20세기 중·후반 한·중·일 삼국의 출산율 저하에 기여한 중요한 영향 요인은 국가에 의해 인위적으로 통제된 산아조절 수단, 피임·인공임신중절의 활용이다. 본 연구에서는 피임과 인공임신중절을 한·중·일 출산율 저하의 '공통된 영향 요인'으로 설정하고, 삼국의 공통점·차이점 비교에 초점을 맞춘다. 1970~1980년대 한국의 출산율 저하는 기혼여성의 높은 피임실천율과 인공임신중절 합법화와 밀접히 관련된다(전광희, 2002). 한편 일본의 우생보호법 제정(1948)과 인공임신중절 합법화 및 피임법 개발 등의 산아제한정책은 1950년대 후반 인구대체수준의 출산율 저하에 크게 기여했다(山口喜一, 1990). 또한 1950년대 중국정부의 절육·인공유산 금지조치와 1970~1980년대 국가지원에 따른 피임보급은 출산율 변화에 크게 기여했다. 따라서 인공인심중절과 피임보급이 이들 3국에서 출산율 변화에 미친 영향력과 사회배경을 살펴보고, 공통점과 차이점을 중점적으로 비교분석한다.

출산억제를 위한 산아조절의 수단으로 광범위하게 사용된 피임법은 보급정도에 따라 출산력이 다르게 나타나며, 피임법의 사용정도는 출산율과 반비례된다(이희연, 2003). 김두섭(2007)은 초혼연령 상승과 인공임신중절 증가 및 피임보급을 제1차 출산력 변천의 3대 영향 요인으로 지적했다. 한국과 중국에서는 1970~1980년대 피임효과를 위한 자궁 내 장치와 불임시술 등은 국가지원 하에 무료로 진행되었고, 국가의 법적 보호를 받은 피임보급은 출산율 저하에 크게 기여했다. 한편 피임보급과 불임시술 및 인공유산 등의 강제적 출산억제요인으로, 자연출산력을 억제하여 출산율을 저하시키는 국가정책에 대한 여성학자들의 '부정적 시각'도 있다. 또한 1980년대 강력하게 추진된 출산억제정책은 출산율 저하에는 성공했지만, 소자녀 고착화와 저출산 사회 진입을 앞당기는 등의 문제점을 갖고 있다. 따라서 출산율에 미친 피임의 '긍정·부정적' 역할에 대한 분석비교를 할 필요가 있다.

1980년대 초반 인구대체수준의 출산율 저하는 국가적 차원에서 실시된 출산억제정책의 영향(정책적 요인)과 개인의 선택이 맞물린 결과이다(이재경, 2006). 그러나 인구정책기조가 변화된 1990년대 후반의 지속적 출산율 하락은 1980년대의 강력한 출산억제정책에 기인한 소자녀관 고착화, 1980년대 민주화를 거친 후 국가의 절대적 권력과 국가역할이 점차 약화되면서 나타난 저출산 정책효과 한계성 등에 기인한 것이다. 특히 1990년대 후반 IMF 경제위기 이후 여성들의 결혼과 출산을 미루고 기피하는 가장 중요한 원인으로 사회경제적 요인이 지적된다. 한편 스즈키 토루(鈴木透) 등 일본학자들은 동아시아국가와 OECD '고출산 국가'의 출산력 차이는 주로 사회문화적 요인에 기인한다고 주장, 저출산의 정책적 요인으로 1990년대 이후 일본정부가 추진해온 국가정책의 비효율성을 지적하였다.

일본학자들의 저출산 요인의 '문화결정론' 주장은 한국을 포함한 기타 동아시아국가에도 적용된다. 유럽 '고출산 국가'의 다양한 가족 수용에 따른 높은 혼외출산율(40~50%)은 사회문화적 요인으로서 출산율 제고의 중요한 영향 요인이다(阿藤誠·鈴木透, 2006). 반면 한국과 일본의 낮은 혼외출산율(2~3%)은 다양한 가족 비수용과 혼인 전제의 출산을 사회적 규범으로 여기는 사회문화적 요인에서 기인되며, 이는 출산율 제고의 저해요인으로 작용한다. 저출산의 '사회문화적 요인'은 국가역할에 따른 정책적 요인과 함께 본 연구의 주요한 연구내용이다. 저출산의 사회경제적 요인과 인구학적 요인에 대한 기존 연구는 충분하게 이뤄졌으므로, 본 연구에서는 국가역할에 기인하는 정책적 요인과 최근 일본학자들이 주장하는 사회문화적 요인에 초점을 맞춰 비교분석을 진행하고자 한다.

한편 한·중·일 삼국에서 출산억제정책이 정책효과를 거둔 주요인은 국가시책의 책정, 인공임신중절 합법화와 피임·불임시술 보급, 국가적 홍보·교육, 경제보상과 제도적 규제 등의 정책적 요인에 기인했다고 할 수 있다. 또한 국가가 '개인영역'인 출산에 간섭했지만, 경제발전을 위한 출산억제(국가이익)와 국가경제성장으로 부유해지려는 가족이해(개인이익)가 공유되었기에 가능했다. 반면 1980년대 초반 국가정권에 의해 강행된 출산억제정책은 소자녀 가치관의 고착화를 초래했고, 1980년대 후반 한국사회는 출산율 1.6대의 저출산 사회에 진입했다. 그러나 정부의 저출산 대응책 부재 및 1990년대 후반의 IMF 외환위기 등 경제적 요인의 복합적 작용으로, 2000년대 초반 초저출산 사회에 진입했다. 초저출산 사회 진입을 유발한 국가의 '부정적 역할'과 정책효과에 대해 구체적 분석을 진행한다.

2006년 한국정부가 출범한 새로마지플랜2010은 저출산·고령화에 대응한 최초의 범정부적 종합대책으로서 제도적 기반구축에 일정한 성과를 거두었지만, 출산율 제고에는 미흡했다(이삼식, 2010). 따라서 저출산의 구체적 요인과 국가정책 비효율성 및 국민의 '낮은 체감도' 원인을 규명할 필요가 있다. 지금까지 중국의 계획생육정책에 대한 기존연구들은 1980년대 국가정책의 '강제성'에 초점이 맞춰져 있으며, '1자녀 위주'의 출산억제정책을 실시하고 있는 중국에서 1990년대 이후 1.8대의 '고출산율'이 유지된 원인 분석이 결여되어 있다. 한편 2005년 이후 정책패러다임이 일·생활 균형정책으로 전환되고 있고, 2006년부터 일본의 출산율은 상승되어 점차 초저출산 수준에서 벗어나고 있다. 따라서 중국의 계획생육정책과 일본 소자화 대책의 정책효과 분석 및 시사점을 도출할 필요가 있다.

한·일 양국의 비슷한 사회구조로 인해 여성의 경제활동참여와 자아실현욕구가 지속 증가되고 있지만, 관련 정책과 고용환경은 미흡하여 대다수 여성이 일과 결혼·출산 중 양자택일해야 하는 상황이다. 또한 성별분업 지속과 가족친화적 고용문화 부재, 육아지원 미흡과 사회적 인프라 미비 등이 여성의 일·가정 양립이 어려운 원인이다(김태홍 외, 2009). 특히 한·일 양국은 오랫동안 성분업적 역할규범을 강조하는 전통문화의 영향을 받아왔으며, 아직도 유교문화의 영향 잔존으로 가족과 직장에서 양성평등을 이루지 못하고 있다. 현재 법률혼이 보편적 가치 및 사회적 규범으로 인정받고 있는 한·일 양국에서는 출산은 결혼은 전제로 하며, 혼외출산율은 매우 저조하다. 따라서 동아시아국가의 다양한 가족 비수용과 낮은 혼외출산이 출산율 제고에 미치는 영향관계를 분석하기로 한다.

IMF 외환위기 이후 기혼여성의 경제활동참여 증가로 2인 소득자 가족모델로 이전되고 있다. 또한 21세기 진입 후 초저출산 현상은 한국의 사회적 문제로 부상했고, 일·가족 양립지원이 저출산 대응책으로 주목받고 있다. 현재 한국사회는 남성중심적 사회제도와 전통적 가족문화 속에서 여성의 경제활동참여 증가로 인한 가족기능의 약화, 초저출산 현상 고착화 등 사회적 문제에 직면하고 있다. 또한 일·가족 양립정책의 사회경제적 배경으로 인구학적 변화, 노동시장의 변화, 가족구조·기능의 변화 등이 지적되고 있다. 본 연구는 최근 국가가 일·가족 양립정책을 저출산 대책으로 추진하는 사회경제적 원인을 규명하고, 노동시장에서의 여성 차별화와 남성의 장시간 근무관행으로 인한 가사·육아의 낮은 참여율 등이 일·가정 양립 및 출산율 제고의 상관관계를 구체적으로 분석하려고 한다.

최근 여성들의 경제활동참여 증가와 함께 20~30대 여성들의 취업 및 결혼·출산에 대한 가족 가치관은 크게 변화되고 있다. 즉 여성들은 취업을 가정과 독립적인 생애과업으로 수용하지만, 사회는 여전히 출산·양육의 책임과 부담을 여성과 개별가족에게 부과하고 있다. 이러한 현실에서 여성들의 선택은 결혼기피와 출산연기로 이어진다(이삼식 외, 2007). 최근 한국사회는 기존의 '일 중심'에서 일·가족 양립이라는 정책패러다임 전환과정에 놓여있다. 특히 20~30대 취업여성의 증가와 핵가족화 진전으로 가족 내 돌봄 기능은 더욱 한계를 보이고 있다. 한편 최근 일과 육아양립이 어려운 일본에서는 출산여성 70%가 노동시장을 퇴출하고 있다(上川陽子, 2008). 상술한 한·일 양국의 비슷한 사회구조와 저출산의 사회경제·문화적 요인을 비교분석하여 시사점과 정책대응을 제시할 필요가 있다.

신중국 성립 후 중국정부는 남녀평등을 기본국책으로 책정하고 여성해방과 여성권익 보호를 위한 여성우대정책을 지속 추진했으며, 양성평등 실현을 위한 입법과정을 통해 젠더평등의 법률규범화와 여성권익 보장을 강화했다(李傲, 2009). 이러한 법적 확립을 통해 여성의 노동권과 정치권리 및 사회·가정에서의 성역할 변화와 사회지위를 향상시켰다. 한편 최근 들어 일본의 보육정책은 점차 재택보육지원으로 전개되고 있고, 보육시설 민영화 등의 보육시장화 추세로 전환되고 있다(相馬直子, 2008). 2008년부터 일본의 남녀공동참획추진본부는 일과 생활의 균형정책을 정부와 기업차원에서 본격적으로 추진하고 있다. 이러한 정책변화와 정책의 추진현황을 감안하여 한·중·일 삼국간의 양성평등과 일·생활의 균형 및 일·가정 양립정책간의 공통점과 차이점을 비교분석하고자 한다.

요컨대 본 연구에서는 저출산·고령화의 사회문제와 비슷한 사회문화적 배경을 갖고 있는 한·일 양국의 출산정책의 추진과정과 정책변화를 살펴보고, 각국의 출산율 변화와 저출산 요인 및 국가정책의 효율성 등을 상호 비교분석하고자 한다. 또한 중국의 출산정책 변화와 계획생육정책 추진 및 정책조정, 양성평등 정책 현황과 정책성과·문제점을 분석하여 양성평등과 남성의 가사참여가 출산율 제고에 미치는 상관관계를 분석하려고 한다. 또한 각국의 정책시사점과 정책적 함의를 도출하고, 관련 정책대응을 제언하고자 한다.

제4절 연구방법과 연구의 구성

1. 연구방법

본 연구는 저출산·고령화 관련 국가정책과 각국의 출산(인구)정책에 관한 문헌연구 및 정책연구 기존 자료에 대한 구체적인 검토와 분석을 통해 이뤄졌다. 구체적으로 한국보건사회연구원과 한국여성정책연구원의 저출산과 여성정책에 관한 정책보고서·연구보고서에 대한 연구와 기존 출산억제정책 및 현행 저출산 대책에 관한 한국학자들의 선행연구를 검토·분석했고, 중국사회과학원 인구문제연구소와 베이징대학 등 인구·사회학자들의 출산(인구)정책에 대한 연구자료 분석과 선행연구 검토 및 계획생육정책 문헌연구를 진행하였다. 또한 일본국립인구사회보장연구원의 기존 인구정책과 소자화 대책에 관한 문헌연구 및 일본학자들의 선행연구를 검토·분석하였다. 구체적인 연구방법은 다음과 같다.

첫째, 각국의 문헌연구로는 한국의 제1차 저출산·고령사회기본계획을 토대로, 한국의 전문연구기관의 정책·연구보고서를 검토·분석했다. 또한 중국의 국가기관·대학의 인구문제연구소에서 발행하는 관련 논문집, 중국계획생육백서와 중국인구와계획생육대사요람(要覽) 등 문헌연구를 진행했다. 그 외, 일본후생성과 국립인구사회보장연구원의 인구정책 관련 자료와 일본소자화백서 등 1차 자료와 2차 자료 문헌연구를 진행하였다.

둘째, 한·중·일 삼국의 출산억제정책과 저출산 정책에 대해서는 각국의 정책변화와 출산율 변화, 저출산 원인 및 정책평가별로 나누어 분석하였다. 한편 비슷한 사회제도와 문화배경을 가진 한·일 양국의 저출산 정책과 현황·원인에 대한 비교연구를 진행했고, 한·일 양국과는 출산정책 제정·추진과정이 상이한 중국의 출산정책을 비교분석하였다.

셋째, 본 연구의 특성에 근거하여 관련 통계수치와 통계자료를 인용하였다. 한국 통계청의 통계수치와 전문연구기관의 통계자료, 중국정부의 통계연감(年鑑)과 국가통계국의 발표자료, 일본의 통계청의 통계자료와 국립인구사회보장연구원의 국가출산율통계(JNFS) 등 통계자료를 인용하여 각국의 합계출산율 변화와 인구 자연증장률 및 출생아수 추이를 분석하였다. 통계수치와 통계자료는 가급적 최근에 발표된 것을 기준으로 활용하였다.

넷째, 본 연구에서는 한국의 가족계획사업과 중국의 계획생육정책 등 출산억제정책과 출산정책 변화를 살펴보는 과정에서 국가역할의 중요성과 정책적 요인에 비중을 두고 비교연구를 진행하였다. 반면 저출산 대책의 추진 현황과 원인 등 분석에서는 정책적 요인과 인구학적 요인을 고려하는 동시에, 사회경제적·문화적 요인에 중점을 두고 비교연구를 실시하였다. 또한 기존 출산억제정책에서 중요한 역할을 행사했던 국가역할이 출산율 제고를 위한 저출산 정책 실효성의 약화, 그에 따른 국가정책의 한계성을 보여주고자 하였다.

다섯째, 본 연구에서는 부동한 사회제도와 전통적 가족문화, 다양한 출산정책과 저출산(소자화) 대책을 실시하고 있는 동아시아국가의 출산정책 특징, 부동한 출산정책을 추진하게 된 사회정치적 배경과 사회경제발전의 수준 차이, 각국의 제도적·문화적 차이점을 감안하여 비교내용과 분석틀을 설정하고, 분석틀 중심으로 비교연구를 진행하였다.

여섯째, 본 연구의 논리성과 치밀함을 보강하기 위해 중국과 한국의 인구정책 전문가를 방문하여 출산정책 변화와 저출산 정책의 문제점 및 향후 전망에 대한 그들의 주장·견해를 포섭하였으며, 이로써 본 연구의 포괄적 구상과 연구방법 및 비교연구에 도움을 받았다. 또한

'저출산 포럼' 등 정책 심포지엄에 참가하여 전문가 주장과 진단을 청취하고, 그들의 주장과 견해에 대한 재검토와 분석을 진행하여 본 연구의 관련 내용에 적용하였다.

2. 연구의 구성

본 연구는 서론(1장)과 본론(2~5장) 및 결론(6장) 세 부분으로 나눠졌고, 총 6장으로 구성되었다. 제1장 서론은 문제 제기, 선행연구 검토, 분석틀 및 연구내용, 연구방법과 연구의 구성 등으로 구성되었다. 서론에서는 연구배경과 연구목적 및 핵심적 연구주제를 확정하고, 문제제기와 논의 및 선행연구 검토를 바탕으로 분석틀과 연구내용을 설정하였다. 또한 출산정책에 대한 한·중·일 삼국의 비교연구 필요성과 연구방법 등을 제시했다.

제2장에서는 한·중·일 삼국의 인구동태와 출산율 변화, 출산율에 미치는 영향 요인을 국가별로 비교하고 공통점과 차이점을 분석하였다. 또한 한·중·일 삼국의 저출산의 요인을 인구학적 요인과 사회경제적·문화적 요인 및 정책적 요인으로 나눠 (비교)분석하였고, 도시 저출산화가 심각한 중국이 '저출산 대책이 없는 이유'를 구체적으로 살펴보았다. 소결 부분에서는 사회경제발전에 따른 가치관 변화와 사회경제적 요인이 각국의 저출산화에 미치는 영향력을 분석·비교하였고, 동아시아국가의 법률혼과 혼외출산 및 정책적 요인과 국가역할이 출산율 제고의 저출산 정책에 미치는 실효성 분석을 종합·비교했다.

제3장에서는 한국의 1960~1990년대 출산억제정책과 2000년대 초반의 출산장려정책, 20세기 후반 중국의 계획생육정책과 21세기 초반의 정책조정 및 1990년대 이후 추진된 일본의 소자화 대책을 중심으

로, 각국의 출산정책 변화와 국가역할의 변화를 살펴보았다. 한편 각국의 출산정책 추진과정에서의 정책변화와 문제점 및 정책효과를 비교분석하고, 출산율 저하에 미친 국가역할의 '긍정' 작용과 부작용을 국가별로 비교분석을 진행하였다. 또한 출산장려정책에서의 국가역할의 약화와 정부정책 비효율성의 정책적 요인을 분석하고, 일본 소자화 대책의 시행착오와 국가역할 및 정책의 한계점이 주는 시사점을 도출했다.

제4장에서는 20세기 후반 한국의 출산억제정책과 2000년대 저출산 대책, 중국의 계획생육정책에 대한 정책평가와 2000년대 정책조정에 대해 국가역할 중심으로 한·중 양국의 정책을 비교분석했다. 또한 1990년대 이후 일본의 저출산 정책과 2000년대의 정책변화, 일·가정 양립을 위한 보육정책 및 육아휴직제도에 대한 평가를 진행하였다. 한편 한·일 양국의 보육정책 및 일·가정의 양립정책 현황과 문제점에 대해 분석·비교하고, 동아시아국가의 저출산 정책 특징과 종합대책을 장기적으로 추진해야 할 필요성을 제시했다.

제5장에서는 2000년대 이후 한국의 일·가족 양립정책의 추진 배경과 현황 및 문제점, 최근 일본의 일·생활 균형정책의 정책변화와 추진 현황 및 문제점, 중국의 양성평등 정책의 제정과 추진 및 성과와 문제점을 구체적으로 분석·비교했다. 한편 한·일 양국의 일·가정 양립정책을 추진하는 사회적 배경과 '양립(균형)정책'의 필요성 및 문제점을 비교하여 설명했다. 또한 중국의 양성평등(정책)의 추진 과정과 양성평등이 출산율 변화에 미치는 영향을 분석하고, (초)저출산 국가인 한국과 일본에게 주는 정책적 함의를 도출했다.

제6장 결론 부분은 연구결과 요약과 정책적 함의 및 정책제언 등으로 구성되었다. 즉 지금까지 진행해온 각국의 국가정책 연구결과를 종합·요약했고, 국가역할이 출산정책에 미치는 영향력과 국가정책의 한

계 및 장기적인 종합대책의 필요성과 정책시사점을 제시했다. 또한 동아시아국가의 출산정책 특징과 국가역할, 양성평등의 실효성이 출산율에 미친 영향 등에 대한 분석결과로 얻어진 출산율 제고의 정책적 함의를 구체적으로 제언하였다.

제2장 출산율 변화와 저출산 요인

제1절 한국의 출산율 변화와 저출산 요인

1. 출산율 변화

1) 출산율 변동추이와 합계출산율

한국의 출산율 변동추이를 살펴보면, 국가의 출산(억제 · 장려)정책과 사회경제적 변화와 밀접한 연관이 있다. 1960년대 이후 출산율 변동을 3단계[1]로 구분할 수 있다(최은영 외, 2005). 한국의 합계출산율은 1970년 4.5에서 2002년에 1.17(26%)로 감소했지만, 이는 동 기간 일본의 2.13 ~1.32(62%) 및 프랑스의 2.47~1.88(76%)에 비해 매우 낮은 수준이다 (유계숙 외, 2008: 109). 한편 1960년대 이후 가족계획사업의 실시로 합계

---

[1] 1단계(1960~1983)는 베이비붐 영향으로 높아진 출산율이 정부의 강력한 출산억제 정책으로 인구대체수준으로 급격히 낮아지는 시기이다. 2단계(1983~1997년)는 저 출산 현상이 지속되는 시기로, 합계출산율은 1.5~1.8 수준이었다. 3단계는 1998년 이후 저출산 현상이 고착화되는 시기로, 2002년 이후 한국의 합계출산율은 1.1~ 1.2대 초저출산 수준을 유지하고 있다.

출산율은 1960년 6.0에서 1983년 인구대체수준(2.08)으로 급감하였다. 그 후 1990년대 중반까지 1.6대를 유지, 1997년 외환위기를 맞이하면서 2000년대 초반부터 1.1~1.2의 초저출산 국가(2005년 1.08)가 되었다.

출산수준을 나타내는 주요지표로 합계출산율(total fertility rate)[2]이 주로 사용되며, 합계출산율은 여성 1명이 가임기간 동안 낳게 될 평균자녀수를 의미한다. 합계출산율은 서로 다른 연령코호트(동시출생집단)에 속한 여성들의 출산수준을 합성하여, 현재 가임기 여성이 가임기 동안 낳을 출생아수를 가설적으로 추정한 결과이다. 따라서 특정연령의 여성이 가임기간 동안의 실제 출생아수는 합계출산율보다 높거나 낮을 수 있다. 한편 합계출산율이 출산수준의 주요지표로 보편적으로 사용되는 이유는 코호트출산율을 구하기 위해 분석대상 여성들이 가임기(15~49세) 전 기간을 통과할 때까지 기다려야 하기 때문이다(이삼식 외, 2005). 즉 코호트출산율은 특정연령집단의 출산수준을 정확하게 측정할 수 있지만, 시의성이 늦어 정책수립 등을 위한 기초자료로 활용되기에 한계가 있다. 현재 중국과 대만 등지에서 인구통계에 주로 조(粗)출생률과 합계출산율을 함께 적용하며, 한국·일본 등 많은 나라에서는 합계출산율(합계특수출생률)을 주요한 인구통계수단으로 사용하고 있다.

합계출산율로 측정된 한국의 출산력은 1960년 6.0명이었지만, 도시(5.4)와 농촌(6.7)간에는 상당한 차이가 있었다. 1966년에 5.4로 크게 낮아졌지만, 도시 출산율 급락으로 도농 간 차이는 더욱 커졌다. 이는 정부가 가족계획사업을 추진한 결과이며, 가족계획 참여도 역시 도시가 농촌에 비해 빨랐다. 강력한 출산억제정책으로 출산율은 1980년(2.83)에

---

2) 합계출산율(TFR)은 가임여성이 15~44세 또는 15~49세까지 30~35년간 가임기간의 출생아수를 가리킨다. 즉 특정 조사연도 가임여성의 각 연령별 출생아수를 측정하여 이를 합친 것이다. 합계출산율이 2.0인 경우, 한 쌍의 부부가 평균 2명의 자녀를 낳는다는 뜻으로, 이론상으로는 대체수준(代替水準, Replacement level)에 이르렀음을 의미한다.

3.0 이하로 떨어졌으며, 1983년에 인구대체수준(2.08)에 이르렀다(조혜종, 2006: 45). 한국의 출산율은 1981년(2.7)~1985년(1.7)에 무려 1.0이나 하락되어 '유례없는' 출산율 감소를 경험했으며, 이는 정부의 가족계획 추진의지와 피임 보급 등에 기인한다. 특히 20~24세 연령층의 결혼률 둔화와 35세 이후 연령층의 피임행위가 출산율 급락으로 나타났다. 따라서 도농 간 출산율 격차도 크게 줄어들었고, 합계출산율은 1990년에 1.59로 저하되었다.

⟨표 1⟩ 한국의 합계출산율 및 출생아수 변동추이(1960~2009)

(단위: 명, 여성 1명이 가임동안 낳게 될 평균자녀수)

연도	출생아수	합계출산율	연도	출생아수	합계출산율
1960	1,041,000	6.00	1990	658,552	1.59
1970	1,006,645	4.53	1991	718,279	1.74
1971	1,024,773	4.54	1992	739,291	1.78
1972	955,438	4.14	1993	723,934	1.67
1973	967,647	4.10	1994	728,515	1.67
1974	924,311	3.81	1995	721,074	1.65
1975	874,869	3.47	1996	695,825	1.58
1976	797,462	3.05	1997	678,402	1.54
1977	827,079	3.02	1998	642,972	1.47
1978	752,409	2.65	1999	616,322	1.42
1979	864,297	2.90	2000	636,780	1.47
1980	865,350	2.83	2001	557,228	1.30
1981	880,310	2.66	2002	494,625	1.17
1982	858,832	2.42	2003	493,471	1.18
1983	778,362	2.08	2004	476,052	1.16
1984	682,217	1.76	2005	438,062	1.08
1985	662,510	1.67	2006	451,514	1.12
1986	641,644	1.60	2007	496,710	1.25
1987	629,432	1.55	2008	465,892	1.19
1988	637,462	1.56	2009	445,200	1.15
1989	646,197	1.58			

자료: 통계청, 「인구동태통계연보」, 각 연도.

1980년대 출산율 급락은 주로 정부의 강력한 출산억제정책에서 기인되며, '사적 영역'인 출산행위를 경제발전이라는 국가이익에 종속시킨 결과이기도 하다. 이와 같은 '과잉적' 국가역할은 저출산의 고착화로 이어지면서 2000년대 초반 초저출산 사회 진입에 크게 기여했다. 한편 1980년대 초반 중국에서도 국가권력에 의해 강력한 독신자녀정책이 실시되었지만, 농민들의 거센 반발과 저항으로 성공하지 못했다. 이러한 정책사례는 국가역할이 극단적으로 남용될 경우, 인구구조와 출산율의 변화에 악영향을 미친다는 것을 시사해준다. 그 후 1985～1995년의 합계출산율은 1.5～1.8로 다소 불규칙성을 보이면서도 안정적으로 유지되었다. 그러나 출산율은 IMF 외환위기 후 급격히 감소했고, 2001년부터 1.3 이하의 초저출산 현상이 지속되고 있다. 2005년의 합계출산율은 1.08로 사상 최저를 기록했다. 한편 2000년 출산율(1.47)의 상승은 '밀레니엄베이비붐'3) 현상에 기인했다고 볼 수 있다.

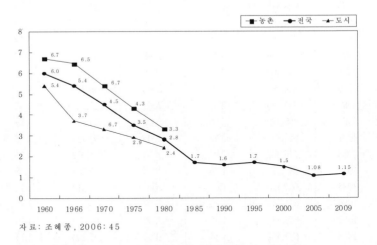

자료: 조혜종, 2006: 45

〈그림 2〉 한국의 (도시·농촌)합계출산율 변화(1960～2009)

---

3) 한국에서는 뉴밀레니엄 2000년의 신생아수가 63만 명으로, 평균치보다 10여만 명이 많았다. 즉 IMF 외환위기 충격으로 '아이를 낳지 않던' 가임여성들이 즈믄 해

출산율은 가임여성인구를 분모로 출생아수를 분자로 하며, 출산수준은 출생아수 및 가임여성인구수에 의해서도 변동된다. 출산율이 급감되면 인구구조가 고령화되는데, 이는 기존 인구규모가 급격히 감소되기 때문이다(이삼식 외, 2005). 1960년 이후 연간 출생아수 변동추이를 살펴보면 출산억제의 가족계획 정책효과 및 저출산 현황을 추정할 수 있다. 2009년 합계출산율은 1.15로, 1970년 4.53의 1/4에 불과하다. 출생아수는 1970년대에 100만 명대 수준에서 1980년대 80만 명대, 1990년대 70만 명대로 감소되었다. 최근 몇 년 간의 출생아수는 2005년 43.8만, 2006년 45만, 2007년 49.3만으로 상승되었지만, 2008년 46.6만, 2009년 44.5만으로 하락되었다(전광희, 2009: 36). 2002년 후의 연간 출생아수는 1960년대의 절반에 못 미치는 수치로, 최근 한국사회의 심각한 저출산 상황을 보여준다.

한편 2006년 출산율 증가세로 회복된 것은 결혼률 증가와 초혼 · 초산(初産)연령의 상승 둔화, 출산정책이 종합적으로 작용한 결과이다(박승희 외, 2008: 7)

또한 2006~2007년의 출산율 증가는 쌍춘년 · 황금돼지해 등 역력의 특수효과 외에도 결혼건수 증가와 주된 출산연령층인 가임여성인구의 연령구조가 유리하게 작용하였고, 이 시기 경제상황의 호전과 정책적 노력 및 사회분위기가 상호 복합적으로 작용한 결과로 간주된다(이삼식 외, 2008). 반면 2006년(1.12)과 2007년(1.25)의 출생아수 증가는 정부의 저출산 대책과는 무관한, 쌍춘년 · 황금돼지해라는 역년(曆年)의 특수효과에 기인했다는 주장(전광희, 2009)도 있다. 요컨대 2006~2007년의 출

(2000년)를 맞아 출산을 선택했고, 또한 정보기술(IT) 호황 등으로 '다산(多産)의 해'가 된 것이다(박경숙, 2006). 한편 2000년 '새천년용띠해(千禧龍)' 대만의 합계출산율은 1.68로 급증(2001년 1.40)하였고, 중국도 2000년 3,600만 명의 신생아가 태어났는데, 이는 2001년(1,702만 명)에 비해 2배가 넘는다(대한일보, 2006. 12.11).

산율 증가는 결혼률 증가 등의 인구학적 요인과 출산정책의 정책적 요인 및 사회문화적 요인인 역력효과의 복합적인 작용에 기인한 것으로 볼 수 있다.

요컨대 한국의 출산율은 1960년 6.0명에서 1983년에 인구대체수준(2.08)으로 급감했다. 한편 출산율은 1980년대 중반부터 1990년대 중반까지는 다소 불규칙적이나 1.6 전후의 수준에서 안정적으로 유지되었으며, 1997년 외환위기 이후 출산율은 급락되었다. 특히 2000년대 초반부터 초출산 현상이 지속되었고, 합계출산율은 2000년 1.47에서 2005년에는 1.08까지 감소되었다. 그 후 출산율은 2006년 1.12, 2007년 1.25로 상승하였으나, 2008년 1.19, 2009년 1.15로 다시 하락되고 있는 추세이다. 이러한 출산율 변화는 국가의 출산정책과 사회경제환경 변화 및 가치관 변화 등 각종 영향 요인의 복합적인 작용에서 기인된 것으로 볼 수 있다.

아래에 이러한 출산율 변화에 대한 정부의 출산정책과 국가역할 중심으로, 출산율 변화에 미친 여러 가지 영향 요인을 살펴보기로 한다.

2) 출산율 변화와 영향 요인

<표 2>에서 나타나듯이 1960~2001년 한국의 출산율은 크게 저하되었다. 특히 가족계획사업 실시로 출산율은 1970년 4.6에서 1980년 2.8로 급락했고, 연평균 인구성장률은 1960년 2.9%에서 1980년 1.7%로 급감되었다. 출산율 감소추세는 1983년을 기점으로 가속화되었고, 1990년대에는 1.6~1.7 수준을 유지했다. 합계출산율 감소추세를 연령층별로 살펴보면, 30세 이상과 19세 미만 연령층에서 출산수준이 크게 감소되었다. 이는 최근 초혼연령 상승과 20대 미혼률이 크게 상승했기 때문이다(이희연, 2003: 291-292). 반면 1990년대 후반 30세 이상 출

산율 증가는 만혼과 출산연령 증가에 기인한다. 한편 1960~1990년대 출산율 변화의 영향 요인으로 초혼연령과 인공유산(1960년대), 높은 피임실천율(1970~1980년대), 혼인연령 상승과 경제위기(1990년대) 등을 꼽을 수 있다.

〈표 2〉 연령층별 출산율과 합계출산율의 변천(1960~2001)

연령	1960	1965	1970	1970	1980	1985	1990	1995	2000	2001
15~1세	38	20	12	14.3	12.4	10.1	4.2	3.6	2.5	2.2
20~2세	308	255	180	178.3	138.9	118.7	83.2	62.9	39.0	31.6
25~2세	335	351	309	263.8	242.7	159.1	169.4	177.1	150.6	130.1
30~3세	270	274	223	146.1	114.0	41.1	50.5	69.6	84.2	78.3
35~3세	194	189	134	58.1	40.2	8.8	9.6	15.2	17.4	17.2
40~4세	96	92	59	20.8	15.1	2.2	1.5	2.3	2.6	2.5
45~4세	18	17	10	5.0	5.6	0.5	0.2	0.2	0.2	0.2
	6.3	6.0	4.6	3.47	2.83	1.67	1.59	1.65	1.47	1.30

자료: 통계청, 「인구동태통계연보」, 각 연도

1970~1980년대 출산율 급락은 가족계획사업의 주도적 역할과 사회경제적 요인4)에 기인했다. 특히 출산조절의 인위적 통제수단인 피임보급을 위한 각종 계몽·교육 등 정부노력과 사회제도적 정책이 병행되었기 때문이다(이희연, 2003). 출산행위는 자녀가치관이나 사회경제구조의 영향을 받지만, 1970~1980년대 출산율이 급락한 요인은 피임의 보편적 수용이다. 기혼여성 피임실천율은 1971년 25%에서 1979년 55%, 1985년에 70%로 상승했다(통계청, 2002). 1980년대 평균 자녀수 2명 수준의 하락은 가족계획사업에 대한 국가의 제도적 지원과 기혼여

---

4) 1970~1980년대 급속한 사회경제적 발전에 따른 근대화·도시화는 소자녀 가치관 형성에 공헌했으며, 생활수준 향상과 교육기회 확대 및 혼인연령 상승 등이 복합적으로 작용하면서 출산율 저하에 기여했다. 한편 1980년 중반 이후 출산율 저하는 강력한 출산억제정책의 추진 등 국가역할 강화와 영아사망률 감소, 자녀효용성 약화 등 여러 가지 영향 요인의 복합적 작용에 기인한 것이다.

성의 높은 피임실천율에 기인한다(김두섭, 2007). 한국정부는 1970년대 후반부터 피임실천율 제고를 위해 각종 규제와 보상제도를 포함한 사회지원시책을 적극 도입했다. 예컨대 1973년 모자보건법을 제정하여 불임·피임시술과 인공임신중절을 합법화하였다. 1976년 소득세법을 개정하여 인적 공제를 2자녀로 제한하고, 1978년에는 2자녀 불임수용자에게 공공주택 입주우선권을 부여하였다. 또한 정부는 가족법을 개정(1978)하고 여성차별과 남아선호를 불식했다.

한편 피임과 인공임신중절의 실천율은 연령과 시기에 따라 변화된다. 이는 여성의 출생코호트 및 혼인연령 등에 따라 차이가 나며, 그것이 시기에 따라 다르게 나타나기 때문이다. 1997년 출산력 조사결과는 임신연령과 인공유산의 관계에서 24세 이하의 부인집단이 25~29세 부인집단과 유의미한 차이를 보인 반면, 30세 이상 부인집단과는 유의미한 차이를 보이지 않았다(은기수, 2001 재인용). 그러나 2000년 자료분석에서는 임신연령이 높아질수록 인공임신중절을 수용할 가능성도 높은 것

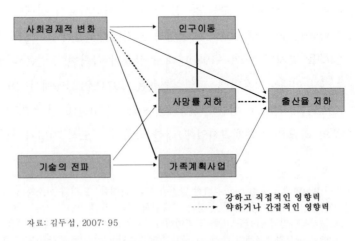

자료: 김두섭, 2007: 95

〈그림 3〉 1960~1985년 한국의 출산율 변화 인과구조

으로 나타났다(은기수·권태환, 2002; 이성용. 2006). 또한 피임과 인공임신중절의 실천율은 여성의 교육수준과 취업상태에 따라 다르게 나타난다(김승권 외, 2003).

일반적으로 산업화와 경제발전에 의해 출산율이 변화되지만, 한국에서는 국가지원으로 피임과 인공임신중절이 보급되면서 출산율이 크게 저하했다. 한국학자들은 출산율에 미친 피임 보급과 인공임신중절 합법화 등의 국가역할을 강조하고 있다. 기혼여성 피임실천율은 1961년 9%에서 1976년 44%, 1988년 77.1%, 1994년 80.5%, 2003년 84.5%로 증가했다. 1974년 조사결과에 의하면 출생아 1000명대 인공임신중절 비율은 1960~1964년 77에서 1965~1969년 175, 1970~1974년 277로 급증했다. 15~44세 유배우부인 인공임신중절 비율은 1976년 39%에서 1985년 53%로 상승했다(이성용, 2006: 187). 만일 1984년까지 인공임신중절이 한국에서 유용하지 않았다면, 합계출산율은 1976년 3.2에서 4.4, 1978년 2.7에서 4.0, 1984년 2.1에서 2.7로 증가되었을 것이다 (Park, 1988). Park의 추정에 의하면 1980년대 2명 임신 중 1명이 인공임신중절로 사산되었다(이성용, 2006).

1960년대 영아사망률이 낮은 수준으로 떨어졌고, 교육수준도 비교적 높았다. 가족계획사업이 출범하기 전 도시지역에서는 인공유산이 산아제한 수단으로 광범히 시행되었고, 여성의 초혼연령도 지속 상승하였다(권태환·김두섭, 2002). 한편 1960~1970년대 급속하게 진행된 도시화·산업화는 자녀의 효용성을 크게 약화시켰으며, 자녀양육비용의 상승으로 소자녀 가치관이 광범위하게 확산되었다. 또한 핵가족화 가족구조의 전환과 서구적 가치관 확산 역시 출산력의 저하에 크게 기여했으며, 핵가족 속의 여성은 소자녀를 선호한다. 이러한 사회경제적 변화로 인해 자녀가 많으면 생활수준이 상대적으로 뒤떨어져 상승이동이 어렵다는 인식이 확산되었으며, 이는 급속한 출산율 저하의 사회경제적 요인이 되었다.

한편 김두섭은 초혼연령 상승과 인공임신중절 증가, 피임도구 보급을 제1차 출산력 변천(1960~1985년)에 대한 기여도가 높은 3대 요인으로 지적했다. 그의 연구에 따르면 사망률의 저하는 '간접적 요인'이며, 인구이동은 출산율 저하에 필요한 조건을 성숙시켰다. 초혼연령 상승과 인공유산은 1960년대 초반까지 출산력 저하의 주요인이었지만, 1960년대 후반부터 약화되었다. 또한 1960년대 중반까지의 피임실천은 충분한 수의 자녀를 둔 가임기 후반의 여성중심으로 진행되었다(김두섭, 2007: 97-98). 그러나 1970년대 이후 가족계획사업의 성공 추진을 위한 피임실천이 널리 보급되었고, 정부의 재정지원과 법적 및 제도적 지원책들이 다양하게 실시되었다. 따라서 1970~1980년대 출산율 저하에 기여한 중요한 요인으로, 출산율 억제를 위한 피임보급의 정책적 요인을 꼽을 수 있다.

한편 1960년대 출산억제의 가족계획사업은 '국가이익'에서 출발한 출산정책으로, 합계출산율이 인구대체수준(2.1)으로 하락된 1984년까지도 정책기조는 변화되지 않았다. 한국정부는 1988년에 8년 앞당겨 인구증가율을 1%대로 낮췄다는 것을 정책성과로 발표했을 정도로 저출산의 심각성을 인식하지 못했다(박승희 외, 2008: 6). 일부학자들만이 지속적 경제성장과 고령화의 사회문제를 고려해 강력한 출산억제정책보다는 '인구증가 필요성'을 권유(이규식·김택일, 1988; 김두섭, 1988 재인용)했다. 또한 한국의 출산율 급락은 출산정책 성공사례[5]로 대부분 긍정

---

5) 1980년대 국가에 의해 강력하게 추진된 한국의 출산억제정책은 출산율 저하에는 성공했지만, 소자녀 가치관의 고착화와 저출산 사회의 진입을 앞당기는 등 여러 가지 문제점을 갖고 있다는 것이 학계의 보편적 평가이다. 특히 국가지원에 의해 추진된 피임실천의 광범위한 보급과 인공임신중절의 확산 및 높은 실천율은 21세기 초저출산 사회 진입에 크게 기여했다. 따라서 국가역할에 기인된 출산정책의 '성공기준'을 단순히 출산율 변화에 한정하는 것은 무리가 있다.

적으로 평가되었다(김한곤, 1991; 이희연, 2003).

반면 피임법 보급과 불임시술 및 인공유산 등의 국가에 의한 강제적 출산억제요인으로, 자연출산력(natural fertility)을 억제함으로써 출산율을 저하시키는 정책에 대한 '부정적 시각'[6]도 있다. 한편 정부는 출산억제를 위해 전국의 보건조직망을 활용하여 피임보급과 불임시술 서비스 등을 무료로 제공하는 동시에 대한가족계획협회·가족계획원 등의 민간단체들을 통한 계몽교육사업 및 사업평가 등을 실시하였다(홍문식, 1998). 또한 각종 피임방식 사용에 대한 시계열 추계자료를 출산방지효과의 평가지표로 삼을 정도였다(김종민·이시백, 1984 재인용). 1970~1980년대 사용된 피임방식으로 자궁 내 장치, 콘돔, 먹는 약, 정관수술 등의 불임시술, 월경조절술 등이 포함되며, 자궁 내 장치와 불임시술 서비스 등은 국가지원에 의해 무료로 진행되었다. 결국 국가의 지지와 법적 보호를 받은 피임보급과 영구불임시술 등의 조치가 출산율 저하에 큰 기여를 했다(김두섭, 2007). 즉 이러한 강력한 출산억제정책이 출산율 저하의 정책효과를 거두게 된 주요인이라고 할 수 있다.

피임보급과 인공임신중절의 높은 실천율은 1980년대 출산율 저하에 크게 기여한 반면, 그에 따른 부작용도 만만치 않다. 한편 2000년대 초저출산 영향 요인으로 인공임신중절에 의한 임신소모가 거론되며, 최근 연간 출생아수에 근접하는 인공임신중절 만연은 저출산의 중요

---

6) '젠더정치' 시각에서 본다면 여성의 피임과 출산통제 수단을 국가에서 제공해주었으나, 이는 국가가 가장 사적이고 내밀한 부부간의 피임과 출산 등에 대한 개입은 '사생활 침해'이며, 국가정책의 과도한 확장으로써 여성의 자율성을 위축시키는 것이 된다(황정미, 2005). 실제로 국가는 관료적 행정수단을 통해 검증되지 않은 약품과 피임기구를 무리하게 시술하여 부작용 사례가 많았고, 정부는 사실상 낙태를 방관하였다(배은경, 2005). 한편 군사정권이 집정한 1970~1980년대 강력한 국가권력과 행정수단에 의해 이러한 강제적 출산억제수단이 강행될 수 있었다는 것을 간과해서는 안 된다.

한 영향 요인(이삼식, 2010)으로 지적된다. 2005년 기준 유배우자의 임신회수 약 3분의 2(67.2%)만이 정상출산을 했고, 총 임신건수 32.8%가 주로 자연유산이나 인공임신중절로 임신을 종결했다. 또한 2005년 한국의 합계출산율(1.08)이 일본(1.26)에 비해 0.17명이 낮았지만, 유배우자 인공임신중절 비율(31.3%)은 일본(27.2%)보다 높았다(김태헌, 2006: 161). 즉 인공임신중절의 만연은 한국사회의 중요한 저출산 요인으로 볼 수 있다.

요컨대 1960년대 이후 한국의 출산율 변화에 미친 영향 요인으로, ①1960년대 출산억제·가족계획사업의 국가시책 채택 ②1970~1980년대 피임보급을 위한 재정지원과 법 제정·개정 및 임공임신중절의 합법화 ③각종 제도적 규제와 보상제도의 실시, 국가차원 홍보와 계몽·교육 ④남아선호사상과 인구이동 및 영아사망률 ⑤도시화·핵가족화에 따른 가족구조와 자녀의 효용성 및 가족 가치관의 변화, 교육수준 제고에 따른 여성의 경제활동참여 증가 ⑥초혼연령 및 미혼률의 상승 ⑦장기적 출산억제정책에 기인한 소자녀관 고착화 ⑧경제위기에 따른 소득의 불안정 및 자녀양육비용 상승 ⑨국가역할의 변화와 정부정책의 효율성 등이 포함된다. 한편 출산율 변화에 미친 국가역할은 1990년대 중반 이전의 출산억제정책에서는 크게 강화된 반면, 2000년대 출산장려정책에서는 국가역할이 크게 약화되었다. 국가역할 약화에 따른 국가정책의 비효율성[7]은 오늘날 한국사회 저출산의 정책적 요인

---

7) 2000년대 한일(韓日) 양국의 국가정책 비효율성은 저출산의 '정책적 요인'으로 지적되고 있지만, 정책의 비효율성 원인은 '공통점'과 '차이점'을 갖고 있다. 한국의 저출산 정책 비효율성 원인으로, ①저출산 정책에 대한 정부 최고지도층의 중시 부족과 정책 추진의지 약화 ②장기간의 출산억제정책 영향으로 출산장려정책의 '부작용'에 대한 우려 ③군사정권에서 민주정권으로 이행된 후 국가권력의 상대적 약화 등이 지적된다. 반면 일본의 소자화 대책 비효율성 원인으로, ①심각한 고령화로 인해 소자화 대책에 대한 상대적 중시 부족 ②수상의 잦은 교체에 따른 정책의 연속성 부재 ③중앙정부의 권력 약화와 한정된 재정예산 지원 등으로 지적된다. 한편 양국의 국가정책 비효율성의 '공통점'으로, ①출산·양육을 일차적으로

이 되고 있다.

2. 저출산 요인

1) 한국의 저출산 요인 구조

최근 한국사회는 사회경제적 환경 및 가치관의 변화에 따른 인구학적 요인, 즉 초혼연령 상승과 미혼률 증가 및 기혼여성의 출산기피·축소 경향이 저출산 요인으로 지적되고 있다. 특히 결혼연령 상승과 독신여성의 증가에 따른 미혼화는 한국·일본·대만에서의 주요한 저출산의 인구학적 요인으로 지적된다(김승권 외, 2006). 이는 동거와 혼외출산 및 미혼모 등 다양한 가족(출산)을 수용하는 서구와는 달리 동아시아에서는 전통적 가치관이 유지되고 있고, 출산 대부분이 합법적 법률혼을 통해 발생되기 때문이다. 한편 일본여성의 경우 무자녀에서 첫째자녀로의 빠른 이행은 혼인연령 상승의 효과를 상쇄시키는 결과가 있다면, 한국여성의 경우 혼인연령 상승과 상대적으로 출산간격이 긴 첫째자녀로의 이행이 한국의 출산율이 일본보다 급락하는 이유로 볼 수 있다(전광희, 2006: 94).

1960년대부터 1990년대 중반까지의 출산율 하락은 국가차원에서 실시된 출산억제정책의 영향(정책적 요인)과 개인의 선택이 맞물린 결과로 볼 수 있다(이재경, 2006). 그러나 인구정책기조가 변화된 1990년대 후반의 출산율 하락은 IMF 외환위기에 따른 소득불안정과 소득구조 양극화, 높은 사교육비와 자녀양육부담, 청년층의 실업과 고용불안, 육아인프라 부족, 최근 세계적 경제위기에 따른 소득격차와 양극화 심

'가족책임'으로 규정 및 국가개입 자제 ②고령화 정책에 비해 '미약한' 재정예산 투입 ③공보육의 약화와 보육서비스의 높은 시장의존도 등이 지적된다.

화, 미래에 대한 불안정 등 사회경제적 요인이 개인의 출산·양육에 대한 선택권을 제약한 결과로 볼 수 있다(전광희, 2002; 김승권, 2003; 은기수, 2004; 장혜경, 2004; 이삼식 외, 2005; 박수미, 2006; 이재경, 2006; 김두섭, 2007; 이삼식 외, 208). 이러한 저출산 요인 구조는 1980년대 강력한 출산억제정책에 따른 소자녀 가치관 고착화, 1980년대 민주화를 거친 후 국가의 절대적 권력과 국가역할이 점차 약화되면서 나타난 저출산 정책의 한계성 등 정책적 요인과 사회경제적 요인의 '공동작용'에 기인했다고 볼 수 있다.

한편 21세기 초저출산 사회에 진입 후 여성들의 결혼과 출산을 미루고 기피하는 중요한 원인으로 가치관 변화와 사회문화적 요인이 갈수록 주목받고 있다. 출산율 하락의 직·간접적 원인이 되는 사회문화적 배경에는 사회발전에 따른 양성평등에 대한 여성의식 변화, 여성의 경제참여율이 증가되는 반면 일과 가정·육아의 양립의 어려움, 미혼모와 혼외출산 등 다양한 가족에 비수용 등 사회문화적 요인과 가치관 변화에 따른 전통적 자녀관의 변화와 결혼관 약화, 소자녀관 정착화 등 사회학적 요인이 포함된다. 이러한 가치관 변화와 사회문화적 요인들이 여성의 결혼과 출산 지연·포기의 중요한 원인이 되고 있다.

2006년에 출범한 새로마지플랜2010(기본계획)에서는 저출산 요인으로, ①자녀양육과 교육비 부담 및 경기침체에 기인한 고용·소득 불안정 등의 경제적 요인 ②육아인프라 부족과 가족친화적 기업문화 미정착에 기인한 일과 가정의 양립 곤란 등의 사회적 요인 ③결혼관·자녀관 등의 가치관 변화를 지적했다(대한민국정부, 2006). 한편 정부가 지적한 '저출산 요인'에는 저출산의 중요한 요인이 되고 있는 정책적 요인과 사회문화적 요인들이 간과되어 있다.

요컨대 결혼과 출산 지연·포기의 사회적 배경에는 출산율 하락을 직접적으로 주도하는 인구학적 요인으로 만혼화·만산화·미혼화, IMF

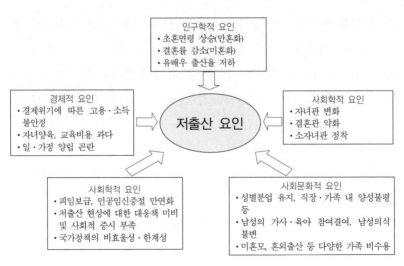

〈그림 4〉 한국의 저출산 요인 구조

외환위기와 글로벌 경제위기에 따른 고용·소득 불안정과 일·가정
양립 곤란 등의 사회경제적 요인, 성별분업 유지와 직장·가족 내 양
성불평등 등의 사회문화적 요인, 자녀·결혼관에 대한 가치관 변화 등
의 사회학적 요인, 장기간의 출산억제정책에 따른 소자녀 가치관 고착
화 및 국가정책 비효율성 등 정책적 요인이 복합적으로 작용하여 한
국사회의 저출산 요인 구조를 형성했다고 할 수 있다.

2) 저출산(요인)에 대한 설명들

(1) 인구학적 요인

출산 대부분이 법률혼에서 발생하고 있는 한국사회에서 최근 출산
율 하락은 초혼연령 상승과 결혼 회피·지연(미혼화), 출산연기(만산화)와
포기 등 인구학적 요인의 영향을 크게 받고 있다. 특히 초혼연령 상승
은 출산연기로 이어져 가임기간(15~49세)을 단축시키는 동시에 고령임

신으로 인한 비자발적 불임 및 임신소모 등의 주요인으로 작용하여 출산율 하락에 기여하고 있다(전광희, 2002; 김승권 외, 2006; 이삼식 외, 2006). 김한곤(1993)과 김승권 외(2003)는 미혼자의 결혼연기와 독신자 증가가 저출산을 초래했다고 지적하였고, 전광희(2006)는 1997년 IMF 외환위기 이후 미혼률 증가와 혼인연령 상승이 유배우출산율(감소)보다 더욱 중요한 영향을 미쳤다고 주장하고 있다(전광희, 2006: 127).

1990년대 이후 한국남성의 초혼연령은 1990년 27.9세에서 2000년 29.3세, 2005년에는30.9세로 상승되었다. 또한 여성은 1990년 24.9세에서 2000년 26.5세, 2005년에는 27.7세로 상승되었다. 만혼화로 전 연령층에서 미혼률은 상승한 반면, 유배우율은 급격히 감소되었다. 출산의 집중연령인 26~29세 여성의 미혼률은 1990년 22.1%에서 2005년 59.1%로 급증하였고, 독신 경향도 점차 증가되고 있다(한국보건사회연구원, 2005). 이러한 만혼화 현상은 출산율 하락에 직·간접적 영향을 미치고 있다. 또한 결혼연령이 높아질수록 가임기간의 단축과 후천적 불임의 증가, 출산 부담 가중 등으로 출생아수가 감소된다(이삼식 외, 2005). 즉 1960년대 이후 출산력을 낮추는 가장 중요한 인구학적 요인으로, 젊은이들의 미혼률 증가와 출산연령 상승 및 결혼연령 상승에 의한 만혼의 보편화가 출산의 양과 시기에 영향을 미쳐 출산력 저하를 주도했다(은기수, 2005, 손승영, 2007).

최근 들어 30대의 출산율 하락과 둘째자녀 출산기피가 저출산의 직접적 원인으로 작용하고 있다(최경수, 2008). 그리고 출산시기의 변화로 인해 기혼여성들이 첫째자녀 및 둘째자녀까지 출산간격을 모두 늦춤으로 인해 출산율 저하에 큰 영향을 미쳤다(손승영, 2005), 또한 1960년대 이후 국가시책으로 35년간 추진된 가족계획사업으로, 20~34세 가임연령층 여성인구의 감소로 인해 출산율이 하락되었다(김은실, 2006)는 것이다. 한편 결혼률의 감소가 출산율 감소로 이어지는 한국·일본 등 동아시아 저출산 국가와는 달리 스웨덴의 경우, 2000년 혼외출산율은 55%로 사실혼에서의 자녀출산이 증가되어 결혼률 감소가 출산율 저하로 이어지지 않았다(이재경 외, 2005: 72)는 점에 주목할 필요가 있다.

1970년대 이후 초혼연령 상승은 한국의 출산율 저하에 결정적 역할을 했다(Kim, 1992). 초혼연령 상승의 저출산 기여도는 1990년대 중반부터 다시 높아졌고, 2005년 한국의 남녀 초혼연령은 30.9세와 27.7세로 집계되었다(통계청, 2006). 일반적으로 초혼연령이 상승하면 유배우자 구성비율은 감소되며, 유배우자 구성 감소는 출산력 저하에 유의미한 변수로 작용한다. 또한 유배우자 구성비율은 결혼해체에 의해서도 영향 받으며, 최근 자기중심적 삶을 지향하는 가치관 변화와 여성의 경제능력 향상 등으로 이혼이 증가되고 있다(변화순 외, 2000). 한편 결혼의 지연과 가족해체 증가 및 초혼연령 변화가 출산력 저하에 미친 영향력은 1990년 이후 더욱 확대되고 있다(은기수, 2002; 김두섭, 2007: 108).

⟨표 3⟩ 1992~2002년 한일 양국의 합계출산율 저하 및 혼인력의 기여도

기간	한 국			일 본		
	합계출산율 저하	혼인력의 기여도	(혼인력의기여도)/ (합계출산율저하) *100	합계출산율 저하	혼인력의 기여	(혼인력의 기여도)/ (합계출산율 저하) *100
1990~1993	5.0	3.0	60.0	-5.2	-1.3	25.0
1993~1996	-5.4	-3.4	63.0	-2.1	-0.1	4.8
1996~1999	-10.1	-4.0	39.6	-6.3	-2.4	38.1
1999~2002	-17.6	-10.9	61.9	-3.5	-1.6	45.7
1990~2002	-26.4	-14.9	56.4	-14.3	-5.2	36.4

자료: 전광희, 2006; 日本 厚生勞動省 國立社會保障·人口問題研究所, 2005.

2000년대 초반 한국의 초저출산 현상은 미혼률 증가와 혼인연령 상승에 기인하며, 최근 만혼화가 빠르게 진행되고 있다(전광희, 2006). 일본 후생노동성 사회보장·인구문제연구소 연구결과(2005)에 의하면, 1990~2002년 한국의 합계출산율 저하에 미친 혼인력의 기여도는 56.4%에

달했다. 한국의 경우, 1996~1999년 3년간을 제외하면 혼인력은 합계출산율 저하에 60% 정도를 기여하였다. 반면 일본의 경우, 1990~2002년 혼인력이 합계출산율 저하에 미친 기여도는 36.4%이다. 1993~1996년 3년간을 제외하면 혼인력이 합계출산율 저하에 미친 기여도는 점차 증가되고 있다. 그러나 전체적으로 혼인력이 합계출산율 저하에 미친 영향은 한국이 일본보다 더 크게 나타났다(鈴木透, 2002, 005: 128).

(2) 경제학적 요인

최근 한국사회의 경제적 불안정은 결혼·출산이 집중된 25~34세의 청년층의 실업률을 증가시키고 있고, 여성의 임시·일용직 비중이 높아져 고용 불안정이 심각한 상황이다(이삼식 외, 2005). 또한 IMF 외환위기 이후 한국에서는 평생직장 개념이 붕괴되고, 청년실업과 비정규직 취업비중이 급증하는 노동시장 불안정성이 증가되었다(최숙희 외, 2005). 저출산 현상은 장기적인 경제위기와 경기침체에서 기인된 청년실업 증가와 고용·소득 불안정 등의 경제적 불확실성 증대, 자녀양육비용에 대한 부담 증가, 여성의 교육수준 상승과 경제활동참가 증가 및 일·가정 양립 곤란 등의 경제적 요인에서 기인된다(김두섭, 2007).

자녀양육의 경제부담 증가와 경제적 기반의 불안 및 경제조건 악화는 미래의 불확실을 증가시키며, 결혼·출산보다는 개인의 경력추구 우선 등으로 이어져 저출산 요인으로 작용하고 있다(유계숙 외, 2008: 110). 2003년 전국가족실태 조사결과, 미혼남녀의 '결혼계획이 없는 주된 이유'로 남성의 경우 '경제기반 불안'이 35.7%(여성 20.1%)로 가장 높았다. 또한 '자녀가 없어도 되는 이유'로 '자녀양육의 경제적 부담[8]'의

---

8) 2003년 '자녀양육 비용부담 실태조사'에 의하면, 전체 가구소비규모 중 자녀양육비가 차지하는 비율이 1자녀인 경우 42.4%, 2자녀인 경우 60.7%, 3자녀인 경우

경제적 이유로 인한 출산기피에 응답한 비율(남성 45.5%, 여성 8.1%)이 높은 수준으로 나타났다(은기수, 2004; 유계숙 외, 2008). 한편 2004년 조사 결과, 78.3%가 자녀양육 비용에 큰 부담을 느끼고 있다고 응답했다(장혜경 외, 2004). 최근 서울시 조사결과, 저출산 원인으로 '자녀교육비가 너무 부담스럽다'는 응답이 28.1%로 가장 많았다(김경철, 2008). 실제로 교육열이 높은 한국사회에서 자녀양육·교육에 따르는 비용부담이 저출산의 경제적 요인이 되고 있다.

OECD 국가의 여성고용율과 출산율의 관계를 살펴보면 1980년 여성고용율이 낮을수록 출산율이 높았던 반면, 1999년에는 여성고용율과 출산율이 모두 높게 나타났다(sleebos, 2003; 박수미, 2006; 유계숙 외, 2008). 한국의 경우 1960년 합계출산율 6.0명이었으나, 여성의 경제참여율은 26.8%였다. 반면 2003년 합계출산율은 1.18명으로 낮아졌으나, 경제활동참가율은 48.9%로 증가했다. 즉 한국 여성의 경우 경제참여율이 증가할수록 합계출산율은 감소하는 경향을 보였으며, 이는 여성고용율과 합계출산율이 상반되던 OECD 국가의 1980년대 패턴과 유사하다(박수미, 2006). 한편 유럽의 '고출산 국가'는 육아부담 사회화와 노동시장 불평등 해소에 주력한 반면, 한국에서는 양육책임이 주로 개별 가정에 맡겨져 있고, 노동시장의 양성불평등으로 인해 저출산이 지속된다(장지연, 2005: 47).

IMF 외환위기 후 결혼·출산연령 여성의 경제활동은 지속적으로 증가되어 25~29세 여성의 경제활동참가율은 1990년 42.6%에서 2000년 55.7%, 2005년 65.9%로 상승되었지만, 여성의 일·가정 양립은 여전히 곤란하다(이삼식 외, 2005). Atoh(1998)는 현대사회에서 저출산 주요인

69.7%로 나타났다(김승권, 2003; 박세경, 2006). 정부부담 공교육비는 OECD 평균 수준(6.2%)이지만 학부모부담 공교육비가 매우 높고(3.4%), GDP에 대비 총 공교육비 비중은 8.2%로 세계 최고수준이다(OECD, 2004).

으로 출산·양육의 기회비용[9]과 일·가정 양립 곤란을 제시했다. 대부분의 여성들은 정규직을 추구하지만, 결혼·출산으로 취업중단 및 경력단절을 경험한다. 또한 재취업시 동일한 수준의 직업·소득을 갖기 어렵고, 이는 소득감소의 기회비용으로 인식되어 여성들은 혼인·출산을 기피하게 된다. 선진국의 경우 여성의 경제활동참여 확대가 출산의 기회비용을 증가시키지만, 한국의 경우 여성의 경력단절을 우려한 결혼기피와 양육부담으로 인한 출산기피가 저출산을 심화시키고 있다(강성원 외, 2010).

한편 직장·가족 내의 양성평등 실현은 여성의 일·가정 양립의 가능한 방식이다. 예컨대 가족·직장 내의 양성평등은 미혼자들에게는 결혼·출산시점을 앞당기고, 기혼자에게는 출산시점을 앞당겨 희망 및 실제자녀수의 격차를 줄일 수 있게 한다(박수미, 2005). Beets(1997)는 여성의 경제활동참여는 증가하고 있으나, 남성의 가사에 대한 소극적인 참여와 성별분업의 지속으로 저출산 현상이 발생하고 있다고 주장한다. 즉 가사와 경제활동참여의 양립 곤란으로 여성들은 출산을 지연·포기한다는 것이다. 최근 많은 연구들은 저출산 현상을 직장과 가사·육아에서의 양성불평등과 연계시키고 있다(김승권 외, 2006; 김두섭, 2007; 이삼식 외, 2008; 박수미, 2009). 또한 한국사회에서 보편화된 연장근무와 직장분위기 및 빈번한 회식 등의 기업문화도 일·가정 양립을 곤란하게 한다.

---

9) 기회비용이란 부모가 자녀양육으로 희생하게 되는 여러 가지 기회를 말한다. 뮐러 (Mueller, 1973)는 기회비용을 크게 세 가지로 분류하였다. ①자녀들에게 지출되는 비용이 전체 가계수익의 상당비중을 차지해 낮은 생활수준을 유지하는 기회비용 ②자녀들로 인해 가정의 저축·투자 재정능력을 감소시키는 기회비용 ③자녀들이 기혼여성(어머니)의 소득기회를 희생시키는 기회비용 등이다. 이중 개발도상국은 ①과 ②의 기회비용이 주된 것인 반면에 선진국은 ③의 기회비용의 비중이 크다.

(3) 사회학적 요인

사회학적 접근은 기본적으로 개인적 특성보다 집단적 특성을 강조하며, 그 집단을 유지하게 하는 사회적 규범을 강조한다. 이는 개인이 결국 사회적 규범의 영향을 받을 수밖에 없기 때문이다. 따라서 출산문제에 대한 사회학적 접근 역시 개인의 선호보다 자신이 속한 집단 및 사회특성(다양성)과 규범에 초점을 둔다(박승희 외, 2008: 23). 사회학적 관점에서 출산문제에 접근한 대표적 예로 Easterline(1972)의 상대소득 가설 및 Leibenstein(1974)의 자녀양육 직접비용·간접비용(기회비용) 구분법이 있다. 현재 출산관련 대표적 개인 가치관 및 사회적 규범은 결혼관·자녀관이다(이삼식·조남훈, 2000; 김승권·최병훈, 2002; 이인숙, 2005; 유계숙 외, 2008). 즉 결혼관 약화는 혼인연령 상승과 결혼의 지연·포기로 출산율을 하락시키며, 소자녀 가치관 확산은 초저출산 고착화에 크게 기여한다는 것이다.

한국의 저출산 요인으로 결혼·자녀에 대한 성인남녀의 가치관 변화가 지적된다. '2003년 미혼남녀의 결혼관'을 살펴보면 29.1%가 결혼은 필수가 아닌 선택으로 생각하고 있으며, 결혼은 '보편적인 것'이 아닌 선택사항이 되었다. 특히 여성(46.1%)이 남성(19.4%)보다 결혼에 대한 '부정적 시각'을 가지고 있었다(김승권, 2003). 또한 결혼이 '선택사항'인 이유로 여성의 경우 자신의 일에 더욱 열중하기 위해(26.2%)가 가장 높았으며, 결혼을 필수라고 생각하지 않기 때문(24.4%), 결혼의 경제적 기반 부족(20.1%), 결혼의 책무 부담(9.3%) 등으로 나타났다(이삼식, 2004). 한편 여성의 교육수준이 높을수록 자아성취에 대한 욕구가 증가되며, 이를 위한 사회활동참여율도 높아진다. 결과적으로 결혼·출산은 여성에게 높은 기회비용으로 작용하며, 이는 만혼화의 주된 원인이

된다(김경철, 2008).

2005년 미혼남녀의 '결혼·자녀 가치관' 연구보고서에 따르면 '결혼하지 않아도 괜찮다'고 대답한 미혼여성이 48.6%(미혼남성 25.6%)로 미혼남성보다 결혼에 훨씬 더 부정적이었고, 기혼여성의 '자녀는 반드시 가질 필요는 없다'는 응답비율은 대폭 증가되었다(이삼식, 2006). 반면 2004년 조사결과, '자녀를 낳고 키우는데 들이는 시간을 사회적 성공을 위해 쓰는 것이 낫다'에 대해서는 찬성(9.6%)보다 반대(63.0%)가 우세했다(장혜경 외, 2004). 한편 자녀양육으로 발생하는 고비용에는 여성의 직장포기와 양육전담의 기회비용도 포함된다. 현대사회에서 자녀의 경제적 효용성은 줄어드는 반면, 자녀출산과 양육·교육 등 경제적 비용의 증가에 따른 각종 기회비용은 증가되고 있다(박세경, 2006). 따라서 자녀교육의 질적 측면이 강조되고, 자녀양육의 고비용 구조가 보편화되고 있는 현실에서 출산·양육에 대한 막연한 우려와 부담감이 저출산을 야기 및 심화시키고 있다(McDonald, 2000).

최근 연구결과에 의하면 미혼남성의 71.4%(반드시 결혼은 29.4%)가 결혼에 대해 긍정적이며, 미혼여성의 경우 49.2%(반드시 결혼은 12.9%)만 결혼에 대해 긍정적이었다(한국보건사회연구원, 2005). 한편 결혼에 대한 가치관 변화는 실제로 혼인율에 반영되어, 1990년 399,300건이었던 혼인건수는 2005년 316,375건으로 감소되었다. 또한 초혼연령은 1970년대 이후 줄곧 상승되어 2007년 남성 31.1세, 여성 28.1세로 나타났다(유계숙 외, 2008: 112). 물론 가치관의 변화만으로 만혼화와 출산연령의 상승을 설명할 수는 없지만, 자녀양육을 위한 사회적 인프라 미비와 경제적 요인 등과 결부되어 출산율 하락에 영향을 미친다. 최근 한국에서 활성화되고 있는 국내입양[10]과 입양문화도 혈연적 가치관과

---

10) 2007년 한국의 국내입양건수(1,388명)는 처음으로 국외입양건수(1.264명)를 초과한 52.3%에 달했다. 한편 한국의 입양은 입양부모들의 불임문제를 해결하고, 사회문

관련된다.

최근 한국사회에서는 여성차별이 감소되고 여성지위가 향상되었지만, 가사와 자녀양육에 대한 성별분업은 아직도 지속되고 있다(McDonald, 2000). 또한 여성의 일과 육아의 양립을 지원하는 제도적 지원도 여전히 미흡하다. 따라서 젊은 여성들은 결혼·출산 후 부득불 직장을 포기함으로써 자아실현욕망을 희생해야 하는 현황을 인식하고, 인생에서 결혼을 하나의 '선택사항'으로 간주하고 있다. 특히 교육수준이 높고 경제적 자립능력이 강한 젊은 여성일수록 결혼과 출산을 연기·회피하는 현상이 증가되고 있다(김두섭, 2007: 107). 그 외, 도시화·핵가족에 따른 가족구조와 자녀효용성 변화 및 남아선호사상 등도 저출산의 사회학적 요인으로 지적된다. 또한 저출산·고령화의 심화 및 상호작용[11]에 따른 인구구조 변화도 사회학적 요인으로 간주되고 있다.

(4) 정책적 요인

1960년대 이후 35년간 추진된 강력한 출산억제정책의 영향으로, 한국사회에는 1990년대 이후 소자녀 가치관이 정착되었다. 특히 1980년대 강력하게 추진된 출산억제정책은 저출산 사회 진입을 앞당기는 결과를 초래했고, 2000년대 초저출산 사회 진입에 크게 기여했다(이삼식

제로 간주되는 혼외출산의 사생아 문제를 해결하는 수단으로 이용되고 있다. 즉 가정이 없는 아동에게 가정을 제공해주는 '아동중심 적'이 아닌, 아동이 없는 가정에 아동을 제공해주는 '입양부모중심'으로 추진되어 왔다(유계숙 외, 2008). 이러한 입양문화의 주요인은 한국사회의 '혈연중심 가치관'과 관련된다고 볼 수 있다.

11) 최근 한국과 일본에서는 저출산·고령화가 동시에 진행되고 있다. 한국에서는 저출산으로 인한 고령화 심화추세가 사회문제로 부상하고 있는 반면, 초고령사회에 진입(2006)한 일본의 경우 심각한 고령화가 저출산의 사회학적 원인이 되고 있다. 한편 2000년에 이미 고령화 사회에 진입했고, 현재 1.25억(2010, 고령화 인구비율 9%)의 고령화 인구를 갖고 있는 중국의 고령화 상황은 향후 (도시)저출산화에 더욱 심각한 영향을 미칠 것으로 전망된다.

외, 2005). 또한 1980년대 민주화의 실현은 기존 독재정권 대통령의 막강한 권한을 크게 축소시켰으며, 이는 국가역할 약화로 이어져 정부의 저출산 정책의 비효율성 원인으로 작용하였다. 한편 2000년대 고령화 사회 진입과 한국사회에 고착화된 가족이데올로기는 출산·양육의 책임을 개별 가족에게 부과하고, 개인의 '사적 영역'인 출산에 국가개입을 자제하게 함으로써 저출산 대책에 투입하는 '예산부족'의 결과를 초래했다. 그 전형적 사례로 선진국에서 보편적으로 적용하고 있는 아동수당제도 미도입을 들 수 있다.

1970~1980년대 출산율 급락은 한국정부가 추진한 가족계획사업의 주도적 역할에 기인했다. 특히 출산조절의 인위적 통제수단인 피임보급을 위한 각종 계몽·교육 등 정부노력과 사회제도적 정책이 병행되었기 때문이다. 1970~1980년대 출산율 저하 요인은 피임의 보편적 수용이며, 기혼여성의 피임실천율은 1971년 25%에서 1979년 55%, 1985년 70%로 상승했다(이희연, 2003). 1980년대 인구대체수준의 출산율 저하는 가족계획사업의 제도적 지원에 기인한 기혼여성의 높은 피임실천율과 인공임신중절 합법화(1973)이다. 서구 선진국의 경우 산업화와 경제발전에 의해 출산율이 변화되었지만, 한국에서는 국가의 제도적 지원에 의한 피임의 보급과 인공임신중절이 합법화되면서 출산율이 크게 저하되었다. 만일 1984년까지 인공임신중절이 한국에서 합법화되지 않았다면, 합계출산율은 1978년 2.7에서 4.0, 1984년 2.1에서 2.7로 증가되었을 것이다(이성용, 2006).

한국사회에서 출산율이 1960년대 5~6명에서 1980년대 초 인구대체수준으로 급락하게 된 것은 한국정부의 가족계획사업이 주요인이다. '과다인구'가 경제발전을 저해하는 주된 원인으로 인식되어 국민들은 계몽의 대상이 되었고, 국가이익에서 출발한 정책 실시과정에서 '모성동원'과 '모성 도구화'가 동시에 진행되었다(황정미, 2005). 가족계획사업의 성공적 추진으로, 정부정책의 의도되지 않은 결과로 소자녀·핵가족 가치관이 한국사회에 정착되었다(이재경, 2006). 특히 1980년 후반 출산율 1.6대의 저출산 사회에 진입했지만, 국가차원의 대응책 미비와 중시 부족으로 1990년대 이후 저출산 현상은 더욱 심화되었다. 한편 일본에서는 1990년 1.5쇼크를 계기로 일련의 소자화 대책을 추진했지만, 한국은 2003년까지 인구자질향상정책이 지속되면서 저출산 정책대응에 신속하지 못했다(小島宏, 2006). 또한 2004년 이후 한국정부가 추진한 저출산 정책의 비효율성과 국가역할의 약화 및 국가정책의 한계성은 초저출산 현상의 정책적 요인으로 지적되고 있다.

현재 저출산 정책적 요인으로서의 '국가정책의 비효율성'과 '정책의 한계성'에는 국가권력으로 좌우할 수 없는 몇 가지 객관적인 '사회적 요인'이 존재한다. ①장기적인 출산억제정책에 기인한 소자녀 가치관의 고착화 ②가족친화적인 기업문화의 미정착 ③직장·가족 내의 양성불평등적인 사회문화 ④가족정책 혹은 저출산 대책에 필요한 충분한 재정예산의 결여 ⑤미혼모와 혼외출산 등 다양한 가족에 대한 비수용 등이다. 이러한 '정책·사회적 요인'의 한계가 가부장적 가족문화와 다양한 가족의 비수용 및 양성불평등의 사회문화가 지배적인 한국·일본 등 동아시아국가의 저출산 요인으로 작용하고 있는 것이다.

현재 정부정책의 내포하고 있는 저출산의 위기 담론이나 정책방향은 '정상가족' 규범을 전제로 하고 있다. 따라서 사실혼(동거)이나 혼외출산 및 '여성의 몸'12)과 출산 통제권은 정책담론에서 배제되고 있다. 또한 출산을 거부하는 여성에게는 다산을 강요하지만, 출산을 희망하

---

12) 국가는 1960년대 이후 출산억제의 가족계획사업을 추진할 때는 여성을 '피임하는 몸'으로 규정했고, 최근 저출산이 문제시되자 여성은 '출산하는 몸'으로 정의되어 국가의 필요성에 따라 정책담론의 기초를 제공해왔다(장수정, 2005). 즉 출산정책은 바뀌었으나 여성을 바라보는 시각과 관점은 동일하며, '여성의 몸'은 '국가적 이익'에 종속되는 정책대상으로 도구화되고 있다는 것이다.

지만 경제적 어려움이나 사회적 편견으로 낙태 및 해외입양을 해야 하는 미혼모들의 복지나 자녀의 인권은 무시되고 있다(손승영, 2007: 221). 한편 현 정부정책은 여성을 임신과 출산의 주요책임자 및 돌봄서비스의 주체로 인식하는 반면, 남성에 대한 정책13)은 거의 없는 것이 현실이다. 또한 '정상가족' 규범과 가족이데올로기가 강한 가족주의 사회에서는 개인보다 가족을 우선시하고, 출산·양육 책임을 (여성)가족에게 부과하면서 국가개입을 최소화하고 있다. 한마디로 출산당사자의 이익을 외면한 채, '인구문제 일환'으로만 대응하는 정부의 저출산 정책은 실효성을 거두지 못할 것은 자명하다.

(5) 사회문화적 요인

한국·일본·대만 등 동아시아국가들은 오랫동안 성분업적 역할규범을 강조하는 전통적 사회문화의 영향을 받아왔으며, 아직도 유교문화의 영향 잔존으로 직장·가족 내에서 양성평등을 이루지 못하고 있다(이삼식 외, 2008). 빨라진 가임시기와 초혼연령 격차가 벌어지면서 혼전임신은 증가되고 있지만, 혼외동거와 미혼모 등 다양한 가족에 대한 사회적 수용성이 낮은 관계로 낙태건수가 연간 출생아수에 근접하고 있다(이삼식, 2010: 71). 한편 유럽 선진국의 '고출산 국가'에서는 국제이민을 보편적으로 수용하고 미혼모와 동거에 의한 혼외출산이 출산율의 40~50%를 차지하지만, 법률혼의 보편화로 다양한 가족을 수용하지 않는 한국사회의 낮은 혼외출산율도 저출산의 사회문화적 요인으

---

13) 현 정부의 '남성 정책'은 배우자 출산휴가로, 몇 일간의 무급휴가를 제공하는 수준이다. 현재 한국과 일본 등 동아시아국가는 장시간노동관행과 가족친화적 기업문화의 미정착으로, 남성의 가사·육아에 대한 참여는 매우 저조하다. 따라서 부부 공동의 육아참여에 대한 인식전환과 함께 남성의 '일·가정 양립 가능한 내용'을 정책에 포함시켜야 한다는 것이 많은 여성학자들의 주장이다.

로 간주된다.

2006년은 입춘이 두 번 들어가기에 쌍춘년(雙春年)이라 부르며, 쌍춘년에는 '운이 따른다'는 속설이 있다. 2007년은 600년 만에 돌아오는 황금돼지해로, 이해에는 '재물운이 따른다'는 속설이 있다. 이러한 '결혼의 해(2006)' · '출산의 해(2007)'의 속설에 기인된 사회적 풍조에 힘입어 한국에서는 결혼과 출산이 크게 늘어 합계출산율은 2005년 1.08에서 2006년 1.12, 2007년 1.25로 조금 상승되었다. 이처럼 출산율 상승은 (2006~2007)역력의 특수효과와 같은 사회문화적 요인에 기인한다. 이러한 역력의 특수효과가 출산율에 영향을 미친 사례로, 한국에서는 2000년 '밀레니엄베이비붐'으로 합계출산율이 1.47까지 증가했고, 2000년 '새천년용띠해(千禧龍年)' 대만의 합계출산율은 1.68로 급증(2001년 1.40)하였다. 반면 일본에서는 1966년에 '병오년 속설'로 합계출산율이 1.58로 급락되었다.

한국사회의 저출산 현상은 한국 가족 내의 성불평등 구조가 반영된 결과로 해석된다. 저출산 현상은 이미 1983년 인구대체수준으로 저하될 때부터 예상된 것이었으며, 이는 오랫동안 지속된 가부장적 사회질서의 의도되지 않은 사회적 결과이다. 성별분업의 유지와 성차별을 지속해온 가부장적 질서 하에서의 각종 사회제도와 가족문화가 여성들을 '출산파업'으로 이끌었다(이재경, 2004). 한편 젠더관계에 대한 구조적 시각이 결여되어 있거나 비현실적인 '정상가족' 규범14)이 강조되는

---

14) 오랫동안 가부장적 사회제도가 지속되어 왔고, 남존여비(男尊女卑)의 유교문화가 잔존해 있는 한국사회에서는 법률혼을 전제로 하는 결혼가족만이 '정상적 가족'으로 인정되어 왔다. 따라서 미혼모와 혼외출산에 대한 '다양한 가족'에 대한 사회적 편견이 강하게 남아있고, 혼외동거와 혼외출산에 대한 사회적 지원은 매우 미약한 수준이다. 이는 혼외출산율이 50% 전후를 차지하는 구미 선진국과 구별되는 사회문화적 차이이며, 한국 등 저출산 국가의 중요한 사회문화적 요인으로 작용하고 있다.

사회에서는 임신과 출산으로 인해 여성들이 겪는 어려움이나 피해는 매우 크다. 또한 '정상가족' 규범이 강하고 가부장적 문화전통이 일상에서 강한 영향력을 미치고 있는 한국사회에서 여성들은 결혼·출산에 대해 지연하거나 거부라는 제한된 선택을 할 수 밖에 없는 실정이다(손승영, 2007: 221). 즉 성별분업의 지속적 유지와 '정상가족'외의 다양한 가족에 대한 비수용과 사회적 편견, 양성불평등의 사회제도와 가족문화가 오늘날 한국사회에서 저출산의 사회문화적 요인이 되고 있다.

최근 여성의 경제참여율 증가와 2인소득가구가 늘어나면서 남성 생계부양 및 여성 가사전담의 근대적 가족규범이 약화되었지만, 가족 내 성역할은 크게 변화되지 않고 있다. 성별분업에 대한 여성의식 변화와 성역할을 유지하려는 남성간의 갈등은 여성이 혼인기피와 출산지연의 주요인이다(이재경, 2006). 선진국의 경우 가사와 고용 및 사회전반에서 양성평등이 실현되고 있는 앵글로색슨과 노르딕국가들이 고출산율을 유지하고 있다. 요컨대 성분업적 가족문화의 지속으로 가사·육아 부담이 여성에게 전가되고 있고, 가정 내 가사·육아 분담이 적절히 이뤄지지 않는 전통적 가족문화가 저출산 사회문화적 요인이 되고 있다. 또한 여성의 취업증가로 전통적 성역할은 변화되고 있지만, 성별분업에 대한 남성의식의 불변으로 '여성취업이 출산율을 하락'시키는 결과가 초래되고 있는 것이다.

현재 한국사회에는 뿌리 깊은 유교문화의 영향 잔존으로 인해 남성은 직장, 여성은 가사와 육아에 전념해야 한다는 성역할 의식과 함께 성변분업이 지속되고 있다. 또한 가부장적 전통문화와 남성중심적인 사회제도 및 기업관행이 사회저변에 강고하게 남아있다. 이는 결과적으로 남성의 소극적인 가사참여로 이어지며, 여성의 일과 가정의 양립을 어렵게 만드는 주요인이 되고 있다. 따라서 고정적인 성별분업과 가사·육아에 대한 남성들의 의식변화가 없다면, 스웨덴과 프랑스 등

OECD '고출산 국가'에서 나타나고 있는 여성의 높은 경제활동참여율과 인구대체수준에 근접한 출산율을 기대하기 어려울 것이다.

요컨대 한국사회의 저출산 요인으로 초혼연령 상승과 만산화의 인구학적 요인, 핵가족화와 여성의 사회진출에 따른 가족구조·가족기능과 가치관의 변화, IMF 외환위기 이후 사회경제적 요인에 대한 연구들은 충분하게 이뤄져왔다. 그러나 저출산에 대한 국가중시 부족과 정부의 대응책의 미비 및 국민의 '낮은 체감도' 등의 정책적 요인, 양성불평등에 기인한 직장·가족 내 여성의 낮은 지위와 전통적 사회문화 및 법률혼 등의 사회적 규범에 기인한 낮은 혼외출산율 등 사회문화적 요인은 간과되어 왔다. 따라서 저출산의 각종 요인에 대한 규명과 효과적 저출산 대책을 추진하여 정책효과가 가시화되게 하려면, 사회경제적 요인에 대한 적극적인 대비책을 마련하는 동시에 사회문화적 요인이 되는 양성불평등[15]과 전통문화에 대한 국가·사회차원의 적극적 개선노력과 정책의지가 선행될 필요가 있다.

---

15) 사회제도와 고용시장 및 직장·가족 내 양성평등이 여성의 높은 경제활동참여율과 상대적 '고출산율'에 크게 기여한다는 것은 스웨덴과 프랑스·미국 등 구미 선진국에서 입증된 바 있다. 또한 반세기 동안 남녀평등을 기본국책으로 추진해온 중국의 경우, 직장과 가정 및 노동시장에서의 양성평등 실시는 일과 가정의 양립과 여성의 높은 경제활동참여율 및 1, 8 전후의 출산율 유지에 크게 공헌하고 있다. 반면 가부장적 유교문화의 영향 잔존으로 여전히 '남성중심적 사회'에서 양성평등을 이루지 못하고 있는 한국·일본 등 동아시아 '유교국가'에서는 상대적으로 낮은 여성의 경제활동참여와 (초)저출산율을 기록하고 있다. 즉 출산율 제고를 위한 사회전반의 양성평등 실현은 사회구조의 근본적 변화를 의미하며, 이는 정부의 장기적인 정책적 노력과 남성들의 의식변화를 전제로 한다.

제2절 중국의 출산율 변화와 저출산 요인

1. 출산율 변화 및 국가역할[16]

1) 1949~2000년 출산율 변화 및 영향 요인

1950년대 마오쩌뚱(毛澤東)의 인구사상[17]을 요약하면 혁명과 생산을 결합하면 중국인의 '먹는 문제'를 해결할 수 있으며, '인구가 많은 것은 사회발전에 좋은 일'이라는 것이다. 그러나 1956년에 급속한 인구 증가로 '먹는 문제'가 심각해지자, 마오쩌뚱은 계획생육을 지지하는 견해를 발표했다(彭珮云 외, 1997: 131). 또한 1958년 대약진운동이 시작된 후 6억 인구는 '결정적 인소'로, '인구의 중요성'을 강조하면서 다산(多産)을 격려했다. 이러한 마오쩌뚱의 인구사상은 이 시기 인구의 급성장을 야기했고, 1950~1960년대 출산억제정책의 형성과 출산율 변화에 막대한 영향을 끼쳤다. 또한 마오쩌뚱 인구사상의 정치성·편면성·비연관성은 인구폭증에 대한 출산억제정책의 형성을 지연시켰으며, 이러한 정치적 분위기속에서 1950년대 농촌중심으로 광범위하게

---

16) 본 연구에서는 '국가역할'을 정부의 출산정책에만 국한시키지 않고, 보다 '광의적 의미'에서 사용하고자 한다. 즉 출산정책이외 관련법 제정과 출산정책의 제정·폐지, 중앙정부와 국가지도자들의 참여와 정책개입, 관련 정책기관에 대한 권한 부여, 정부의 재정지원과 국가차원의 홍보 등을 '국가역할'의 범위에 포함시키기로 한다. 신중국 성립 후 출산과 관련된 대표적인 국가역할로, ①1950년대 마오쩌뚱(毛澤東)의 인구사상 ②1980년대 계획생육정책을 기본국책으로 책정(헌법에 명문화) ③1980년대 중반 농촌조정정책인 1,5정책 실시 ④1980년대 국가계획생육위원회 설립 ⑤2000년대 초 '계획생육법' 제정과 종합적 인구정책의 변화 및 다원화정책 실시 등을 꼽을 수 있다.
17) 일부 중국의 인구학자들은 1950년대 마오쩌뚱의 '다산 격려'의 인구사상과 인구증장정책 및 대약진운동은 당시 사회주의국가 소련(蘇聯)의 영향을 크게 받았다(王樹新 외, 2005)고 주장한다.

실시된 정부의 '인공유산 · 절육 금지' 조치는 객관적으로 인구증장을 조장하고 다산을 격려하는 작용을 했다.

1950년의 혼인법은 여성의 건강보호를 이유로 인공유산과 절육(節育) 금지를 책정하고, 이는 다산을 격려하는 '정책적 근거'로 작용했다. 1950년 정부 위생부(衛生部)는 '기관부대인공유산금지법'을 공표, 불법 낙태를 금지했다. 1952년 위생부는 '절육 · 인공유산 금지법'을 반포하여 절육수술 규정 · 처벌을 확정하고, 1953년 '피임약과 피임도구 수입 금지' 통지문을 해관에 보냈다(湯兆云, 2005: 61). 1952년에 반포된 '절육 · 인공유산 금지법'에서는 35세 이상 결혼여성이 자녀가 6명 이상의 조건에서만 절육이 가능하며, 불법절육과 인공임신중절수술을 진행한 자는 법에 따라 처벌한다고 규정했다. 즉 이 규정을 어기고 절육 · 인공유산을 한 당사자와 관련 의사는 인민법원에서 관련법에 의해 처벌한다. 상술한 정부의 절육 · 인공유산 및 피임 규정과 처벌조치는 광대한 인민군중의 출산억제욕망을 근절시켰으며, 이는 다산다복(多産多福)[18]의 전통적 생육문화와 '인구가 많으면 좋은 일'이라는 당시의 정치적 분위기와 맞물려 급속한 인구증장을 촉진했다. 그 결과 1950~1954년의 합계출산율은 5.81~6.28, 인구자연증장률은 19‰~24.79‰로 증가했다(<표 4> 참조).

---

18) 중국농촌에 뿌리 깊게 만연된 다산다복(多産多福) · 조생조육(早生早育), '아들을 키워 노후를 준비한다(養兒防老)' 등 전통적 생육관념은 2000여년의 농업사회와 유교문화에서 기인된다. 특히 신중국 성립 후 '농업을 희생시키고 중공업을 발전'시키는 1950년대의 국가전략 하에 농촌과 농업발전이 거의 정체상태에 놓인 상황에서 전통적인 생육관념은 근본적 변화를 가져올 수 없었다. 반면 전통적인 생육관념과 다자녀 선호의 가족 가치관 및 '인구가 많으면 좋은 일'이라는 당시의 사회 · 정치적인 분위기와 맞물려 농촌에서는 다출산 현상이 지속되었던 것이다.

〈표 4〉 1949~1969년 중국인구 자연변화 상황

년분	총인구(만 명)	출생률(‰)	사망률(‰)	자연증장율(‰)	합계출산율(명)
1949	54,167	36.00	20.00	16.00	6.14
1950	55,196	37.00	18.00	19.00	5.81
1951	56,300	37.00	17.00	20.00	5.70
1952	57,482	37.00	17.00	20.00	6.47
1953	58,796	37.00	14.00	23.00	6.05
1954	60,266	37.97	13.18	24.79	6.28
1955	61,465	32.60	12.28	20.32	6.26
1956	62,828	31.90	11.40	20.50	5.85
1957	64,653	34.03	10.80	23.23	6.41
1958	65,994	29.22	11.98	17.24	5.68
1959	67,207	24.78	14.59	10.19	4.30
1960	66,207	20.86	25.43	-4.57	4.02
1961	65,859	18.02	14.24	3.78	3.29
1962	67,295	37.01	10.02	26.99	6.02
1963	69,172	43.37	10.04	33.33	7.50
1964	70,499	39.14	11.50	27.64	6.18
1965	72,538	37.88	9.50	28.38	6.08
1966	74,542	35.05	8.83	26.22	6.26
1967	76,368	33.96	8.43	25.53	5.31
1968	78,534	35.59	8.21	27.38	6.45
1969	80,671	34.11	8.03	26.08	5.72

자료: 국가통계국 인구와사회과기통계사(科技統計司). 「中國人口統計年鑑·2003」, 2003.

한편 1958~1960년의 대약진운동과 3년 자연재해(1959~1961) 이후 중국 인구는 전쟁과 재난 이후 보편적으로 나타나는 '보충성 출산 붐'19)으로 더욱 급속하게 성장했다. 1962년 자연증장율은 26.99‰, 합

---

19) 흔히 인구는 전쟁과 재난 및 자연재해 등으로 급속히 줄어들지만, 그 이후 '보충성 출산붐'으로 급증하는 경향이 있다. 따라서 중국은 3년 대약진운동과 자연재해(1959~1960년) 이후 1962~1963년 제2차 출산고봉기를 맞이했다. 그 결과 자연증장율(33.33‰)과 합계출산율(7.5) 모두 최고치를 기록했다(王樹新 외, 2005). 한편 한국에는 1950년대 3년간 진행된 6·25전쟁 후 제1차 베이비붐 시기(1955~1963년)에 출생한 '전후 베이비붐 세대'가 있고, 일본에는 제2차 세계대전 이후 제1차 베이비붐 시기(1947~1949년)에 출생한 '단카이(団地) 세대'가 있다. 이러한 '베이비붐 세대'가 고령화에 진입하면, 새로운 인구·사회문제를 양산하게 된다.

계출산율은 6.02로 증가되었고, 1963년에는 자연증장율과 합계출산율 모두 신중국 성립 후의 최고치인 33.33‰와 7.5로 급증했다(李成瑞, 1998; 王樹新 외, 2005). 1963년 위생부는 기존의 출산억제에 불리한 직공 생활복리·노동보험·공비의료 등 규정을 수정하여 직공의 정관수술 비용은 무료로 하고, 수술 후 휴식기간의 월급은 삭감 없이 지불한다는 규정을 발표했다. 1964년 국무원이 발표한 계획생육비용재무관리에서는 절육수술비용은 계획생육사업비용에서 지출하며, 정관수술·인공유산 등의 비용과 공무원의 관련 비용은 공비의료비용[20]으로 대체한다고 규정했다(湯兆云, 2005: 95-96).

그러나 이러한 정부의 출산억제를 위한 정책적 노력은 1966년의 문화대혁명으로 인해 무산되었고, 1960년대 초반에 형성된 계획생육사업도 마비상태에 이르렀다(修新, 2000: 299). 따라서 그동안 점차 형성된 출상억제정책의 사회적 환경은 더 이상 존재하지 않았으며, 이러한 상황은 출산억제정책 형성과 출산율 변화에 거대한 영향을 미쳤다. 특히 1960년대 중반 이전에 실시되었던 출산억제의 정책 전개는 기본상 정체되었고, 인구는 무제한적 자연증장을 하였다. 그 결과 1966~1971년 출생률은 30‰ 이상, 합계출산율은 5.3~6.5, 1969년에 총인구는 8억을 돌파했다(喬曉春 외, 2000: 451). 한편 문화대혁명으로 인한 인구정책의 부재와 무절제한 인구급증 및 8억이 넘는 초부하적 인구상황은 농촌의 빈곤을 더욱 부추겼으며, 1970년대 초반 출산억제정책의 출범이 급선무로 대두되었다.

요컨대 1950~1960년대 출산정책은 자유방임과 다산 격려 및 출산억제정책 출범·실시의 3단계로 나눌 수 있다. 이러한 출산억제정책의

---

20) 이러한 '정책규정'이 농촌에는 아직 없었던 점을 감안하면 이는 도시 공무원에 대한 국가의 '정책적 배려'이며, 이 또한 1970년대 도시의 계획생육정책이 성공적으로 추진될 수 있었던 원인이 된다.

형성·실시는 1970년대 완시샤오(晚·稀·少) 출산정책의 '정책적 기초'를 마련했다(李建新, 2005). 한편 이 시기 출산율 변화에 미친 영향 요인으로, ①마오쩌뚱의 '다산 격려' 출산정책 ②1950년대 '인공유산·절육 금지'조치 ③3년 자연재해(1959~1961)에 따른 '보충성 출산붐' ④농촌의 전통적 생육문화 미변화 ⑤대약진운동 및 문화대혁명 등에 의한 출산정책 부재 등이 포함된다. 상술한 영향 요인으로 1950~1960년대 저출산화 인구전환 실현의 역사적 기회를 상실했고, 이러한 인구전환의 지체와 출산율의 급증으로 인해 1970~1980년대 계획생육정책의 지연성·압축성·강제성 특징이 형성되었다.

1970년대 초기는 문화대혁명이 진행된 지 5~6년이 되었고, 전대미문의 정치대혁명으로 기존 출산억제정책의 사회적 환경은 더 이상 존재하지 않았다. 1968년 계획생육 관련 정책기구는 기본상 철소되었고, 인구는 맹목적으로 발전하는 상태에 이르렀다. 1966~1970년 자연증장율은 26‰에 달했고, 1970년 중국의 총인구수는 8억 2,992만으로 급증했다(李建新, 2005). 1980년대 중국학자들의 관련 연구[21]에 의하면 인구생존에 적합한 지리적 환경은 한정되어 있고, 중국의 최대 인구환경용량은 10억을 초과하지 않으며 가장 '이상적 인구수'는 7~8억이다. 당시 8억의 방대한 인구수는 중국의 경제발전에 거대한 압력을 조성했다.

---

21) 인구와 생활·소비자원 및 경제발전에 필요한 인구는 6.5~7.0억(田雪原 외, 1981), 생태환경에 적합한 인구수는 7~10억(胡保生 외, 1981), 식품자원에 적합한 인구수는 7억이다(宋健 외, 1981). 즉 인구생존에 적합한 지리적 환경은 한정되어 있으며, 중국의 인구환경용량에 적합한 이상적 인구수는 7~8억이다. 그러나 1950년대 '다산 장려' 정책과 문화대혁명에 기인한 출산정책 부재로, 중국 인구는 1969년에 이미 8억을 초과하였다. 이는 출산율 변화에 미치는 출산정책의 중요성을 보여주며, 국가역할에 기인한 정부정책이 인구발전에 미치는 중요한 영향 요인이라는 것을 시사한다.

년분	총인구(만 명)	출생률(‰)	사망률(‰)	자연증장율(‰)	합계출산율(명)
1970	82,992	33.43	7.60	25.83	5.81
1971	85,229	30.65	7.32	23.33	5.44
1972	87,177	29.77	7.61	22.16	4.98
1973	89,211	27.93	7.04	20.98	4.54
1974	90,859	24.82	7.34	17.48	4.17
1975	92,420	23.01	7.32	15.69	3.57
1976	93,717	19.91	7.25	12.66	3.24
1977	94,974	18.93	6.87	12.06	2.84
1978	96,259	18.25	6·25	12.00	2.72
1979	97,542	17.82	6.21	11.61	2.75
1980	98,705	18.21	6.34	11.87	2.24
1981	100,072	20.91	6.36	14.55	2.63
1982	101,654	22.28	6.60	15.68	2.87
1983	103,008	18.00	6.64	11.45	2.42
1984	104,357	19.00	6.82	13.08	2.35
1985	105,851	21.04	6.78	14.26	2.20
1986	107,507	22.43	6.86	15.57	2.42
1987	109,300	23.33	6.72	16.61	2.59
1988	111,026	22.37	6.64	15.73	2.31
1989	112,704	21.58	6.54	15.04	2.25

자료: 국가통계국 인구와사회과기통계사(科技統計司).「中國人口統計年鑑2003」, 2003.

1972년 중국 위생부는 '완시샤오(晚·稀·少)' 출산정책에 대한 최초의 구상을 발표하였으며, 1973년 제1차 전국계획생육사업회의에서는 정식으로 '늦게(晚)·길게(稀)·적게(少)' 계획생육방침을 확정하였다. 즉 '늦게'는 남녀의 결혼연령[22]을 25주세·23주세로, '길게'는 출산간격을 3년 이상으로, '적게'는 부부 한 쌍의 출산자녀수는 2명을 초과해서는 안 된다는 것이다. 1970년대 중반 이후 완시샤오 출산정책은 '만혼·만

---

22) 1970년대 초에 제정된 완시샤오(晚·稀·少) 출산정책에서는 남녀의 결혼연령에 대해 농촌이 도시에 비해 1주세 낮게 규정(남자 24주세, 여자 22주세)했다. 이는 정부가 당시 중국 농촌·농민의 초혼연령이 도시에 비해 크게 낮고, 조혼(早婚)현상이 보편화된 농촌 상황을 고려했기 때문이다.

육·우생(優生)·우육(優育)'의 계획생육정책으로 발전했다(馮立天, 1990). 계획생육정책이 거둔 효과로 1979년에 이르러 조혼률은 12.53‰로 하락된 반면에 만혼률은 52.7‰로 상승했으며, 출생률은 17.82‰, 자연증장율은 11.61‰, 합계출산율은 2.75 수준으로 하락되었다(<표 5> 참조).

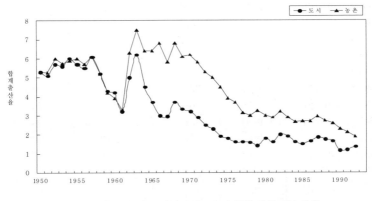

〈그림 5〉 중국의 도시와 농촌 간 출산력 격차 감소추세

한편 중국의 지방정부는 '완시샤오' 출산정책에 근거하여 '조례정'을 정했다. 허베이썽(河北省) '계획생육조례규정'에는 ①한가구당 출산자녀수는 1명으로 한정하며 최다 2명, 출산간격은 4년 이상 ②독신자녀 보건비용은 14주세까지 국가에서 지불하고, 피임도구 및 절육수술 비용은 무료 ③계획생육을 하지 않은 개인·단체는 선진개인 및 모범단체 선정자격의 상실 등이 포함되었다(梁濟民 외, 2001: 65). 또한 푸재인썽(福建省) 정부는 엄격한 상벌제도를 규정했다. 예컨대 자녀 2명을 가진 부부는 무조건 절육(絕育, 영구불임시술)야 하며, 3명 이상은 출생비용은 자부담하며 주택분배 등에서 불이익을 감수해야 한다. 또한 '규정'을 위반하고 출산한 아이는 14세까지 식량 값을 국가에 납부해야 하며, 만혼·만육의 실행 여부를 기층간부 실적 평가기준으로 규정했다(湯兆云,

2005).

1970년대 후반 중국 출산억제정책의 가장 주요한 특징으로 국가의 행정수단에 의한 경제적 보상·처벌이 동반된 강제성을 꼽을 수 있다. 각 지방정부는 중앙정부가 책정한 '1가정 1자녀' 계획생육 실시를 위해 엄격한 상벌제도[23]를 제정했다. 이러한 상벌제도를 포함한 강력한 정책추진과 1970년대 '적절한 자녀수(최다 2명)'와 출산간격 및 상대적으로 정책규제가 약한 계획생육정책의 추진으로 인구출생률은 1970년 33.43‰에서 1980년에는 18.21‰로 대폭 감소되었다. 또한 자연성장률은 1970년 25.83‰에서 1980년 11.87‰, 합계출산율은 1970년 5.81에서 1980년 2.24로 급속히 하락되었다(王樹新 외, 2005).

한편 1980년 출산정책은 더욱 강력한 독신자녀정책으로 이행되었다. 정부의 강력한 독신자녀정책은 사회경제발전이 상대적으로 높은 도시에서는 저해력이 적었지만, 전통적 생육문화의 전변이 확실하게 이뤄지지 않은 농촌에서는 각종 난관에 봉착하게 되었다. 1980년 도시의 합계출산율은 1.13으로 하락되었지만, 농촌의 합계출산율은 2.49로 도농(都農) 간의 출산수준 차이를 보여주었다(馬瀛通, 2000). 한편 1970년대 완시샤오 출산정책 효과로 도시에는 '1가족 1자녀'가 정착된 반면, 농촌에는 여전히 2~3명의 출산율이 유지되고 있었다. 실제로 1980~1984년 농촌의 합계출산율은 2.91, 3.32, 2.78, 2.70(姚新武 외, 994)으로, 도시와 농촌의 출산력 수준차이를 나타내는 차별출산력 (differential fertility)[24]이 크게 부각되었다. 1980년대 중국의 도농 간의 차

---

23) 예컨대 1979년 톈진(天津)시는 한자녀 가정에는 독신자녀증서를 발급하고, 둘째자녀 이상을 출산한 가정 및 혼외출산에 대해서는 사회부양비를 징수하기로 규정했다. 베이징(北京)시는 독신자녀 부부를 경제적으로 장려하는 동시에, 둘째 이상의 다산 가정에는 국가가 자녀부양비를 징수한다고 규정했다. 한편 상하이(上海)시는 독신자녀 가정에 대해 의료혜택을 제공하고, 만혼·만육의 규정을 이행한자에게는 결혼·육아휴가를 연장해주는 등 장려 위주의 출산정책을 제정했다(湯兆云, 2005).

별출산력은 주로 농촌에 여전히 뿌리 깊은 남아있는 남아선호사상과 다자다복의 전통적 생육문화에서 기인된다.

도농(都農) 간 출산력수준 차이는 선진국과 개발도상국에서 모두 나타나며, 이는 농촌의 전통적 사회습관과 생육문화 및 낮은 교육수준에 기인한다. 또한 농촌사회에서 자녀는 생산자(노동력 제공)로서 효용가치가 상당히 크며, 노후를 자녀에게 의탁하는 경향이 크다. 그러나 인구변천 후기에는 도농 간의 출산력 차이는 줄어든다(이희연, 2003: 273). 예컨대 1960년대 출산력이 상당히 높았던 중국의 경우 1960년대 후반에는 도농 간의 합계출산율은 3.0이상이었지만, 1990년대에는 1.0미만 차이를 보이고 있다. 1960년대 중국의 농촌 합계출산율이 6~7대 높은 수준의 유지와 도농 간의 출산력 격차가 3.0 이상으로 커진 요인은 ①1950년대 말 대약진운동과 3년 자연재해에 기인한 1960년대 초반의 '보충성 출산붐' ②1960년대 후반 문화대혁명으로 인한 출산정책 부재 ③다자다복의 전통적 생육관의 불변 등을 꼽을 수 있다.

한편 한국의 경우 1960년대에는 도농 간 출산력은 큰 차이를 보였지만, 1990년대 이후 도농 간 출산수준 차이가 크게 줄어들어 비슷한 수준에 이르렀다. 1966년 한국의 도시 합계출산율은 3.5인 반면, 농촌은 6.5 수준을 유지했다. 그러나 1976년 도시 출산율은 2.8, 농촌은 3.6으로 격차가 좁혀졌고, 1985년 도시 2.0, 농촌 2.3, 1991년에는 도시는 1.5, 농촌은 1.9로 도농 간의 출산수준 차이는 거의 사라졌다(이희연, 2003). 한국의 도농 간의 출산수준 차이가 감소된 요인으로, ①산업화에 기인된 급속한 경제발전 ②도시화에 따른 농촌인구의 도시이동

---

24) 출산력에 영향을 미치는 사회경제적 요인들이 각 인구집단의 주어진 사회배경에 다라 다르게 작용한다. 즉 각 개인의 사회경제적 배경에 따라 출산력은 크게 달라진다. 이희연(2003)은 차별출산력을 다음의 몇 가지로 분류하였다. ①도시와 농촌 거주 간의 차별출산력 ②소득에 따른 차별출산력 ③교육정도에 다른 차별출산력 ④직업별 차별출산력 ⑤종교에 따른 차별출산력 등이다.

③1960년대 농촌의 가족계획사업 정책효과 및 1970년대 농촌의 피임 보급 ④핵가족화의 빠른 진척과 소자녀 가치관의 형성 등을 꼽을 수 있다.

〈표 6〉 1990~2000년 중국인구 자연변화 상황

년분	총인구(만 명)	출생률(‰)	사망률(‰)	자연증장율(‰)	합계출산율(명)
1990	114,333	21.06	6.67	14.39	2.17
1991	115,823	19.68	6.70	12.98	2.01
1992	117,171	18.24	6.64	11.60	2.00
1993	118,517	18.09	6.64	11.45	1.98
1994	119,850	17.70	6.49	11.21	1.94
1995	121,121	17.12	6.57	10.55	1.87
1996	122,389	16.98	6.56	10.42	1.86
1997	123,626	16.57	6.51	10.06	1.82
1998	124,761	16.03	6.50	9.53	1.81
1999	125,786	14.64	6.46	8.18	1.80
2000	126,743	14.03	6.45	7.58	1.80

자료: 국가통계국 인구와사회과기통계사(科技統計司). 「中國人口統計年鑑·2003」, 2003.

1980년대 중국 농촌의 출산정책은 3가지로 구분된다. ①정책조건에 부합되는 가정(10%)에게만 둘째자녀 출산을 허락한다(5개성). ②농촌의 독녀호는 둘째자녀를 출산할 수 있다(18개성). ③소수민족은 2~3명을 출산할 수 있다(6개성). 따라서 1.5정책은 농촌의 대부분 지방에서 실시되었으며, 이는 1990년대 이후 다원화 구조의 출산정책 기틀을 마련하였다. 1980년대 1.5정책은 정부의 강경정책과 농민들의 강열한 다산욕망이 충돌·타협한 결과로 이뤄졌다. 1988년 정부는 정책규정에 부합되는 가정과 독녀호는 3~4년의 출산간격으로 '둘째' 출산을 전면 허락했다. 농촌에서의 정책조정 결과 1990년 출생률은 21.06‰, 자연증장율 14.39‰, 합계출산율은 2.17로 도·농 출산수준의 격차는 1.0 정도로 줄어들었다(<표 6> 참조).

요컨대 1970년대 완시샤오 계획생육정책의 성공적 추진으로, 1970년대 초반 5.0 정도의 출산율이 1980년에 인구대체수준의 2.2대로 하락했다. 또한 1980년대 전·후반의 독신자녀정책과 농촌에서의 조정정책, 1.5정책[25]을 거쳐 1991년대 인구대체수준의 출산수준을 유지하게 되었다. 이 시기 출산율 변화에 미친 영향 요인, 정책적 요인에는 ①남녀의 결혼연령 규정 및 초혼연령 상승 ②피임도구·절육수술 무료화, 피임의 보급과 확산 ③엄격한 상벌제도와 행정수단의 강제성 ④도시 '1자녀'와 농촌 1.5정책의 병행 실시 등이 포함된다. 한편 사회경제·문화적 요인으로, ①도시의 소득수준과 여성의 교육수준 제고 ②농촌의 개혁개방으로 인한 노동력 확보 필요성 ③남아선호사상 ④도시와 농촌의 차별출산력 등을 꼽을 수 있다.

한편 1980년대 후반 농촌의 정책조정은 1990년대 도시 '1자녀' 정책과 농촌 1.5정책 이원화 구조의 정책틀을 마련했고, 현행 다원화 정책구조 형성에 기여했다(曾毅, 2006). 또한 농촌의 정책조정은 1980년대 중반 농촌의 출산율 증가현상을 기본상 억제하였고, 1990년대 출산율 수준 안정화(합계출산율 1991년 2.01, 1999년 1.80)에 기여했다(李建新, 2005). 그 후 계획생육중심의 출산정책은 큰 변화가 없이 중국의 기본국책으로 장기간 실시되어왔다. 또한 중국정부는 1991년 '계획생육사업 강화와 인구증장억제 결정'을 반포하고, 계획생육사업은 민족의 생존에 관계되는 기본국책으로서 향후 장기간 동안 계획생육정책의 확고한 추진과 정책의 안정성·연속성의 필요성을 재차 강조하였다(喬曉春 외,

---

25) 중국정부가 1980년대 중반 농촌 조정정책(1.5정책)을 실시하고, 1990년대 현행출산정책의 안정화 및 계획생육정책을 농촌중심으로 전환한 것은 1990년대 인구대체수준의 출산율 안정에 크게 기여했다(喬曉春 외, 2000). 반면 중국정부가 강력한 행정수단과 엄격한 상벌제도 등의 정책수단을 사용하여 범국가적 차원에서 추진한 계획생육의 정책효과로 급속한 인구증장억제에는 성공했지만, 관련 부작용과 사회적 문제 역시 적지 않았다(조혜종, 2006).

2000: 459).

2000년 3월 중국정부는 '저출산 수준 안정화'와 '인구자질 향상'의 정책전환을 결정했다. 따라서 1990년대 진입 후 인구대체율에 근접한 출산수준의 안정화 및 계획생육을 기본국책으로 지속 추진했고, 시장경제발전 적응을 위해 인구자질 제고와 인구구조 변화 및 인구관리영역의 개혁을 전면 추진했다(湯兆云, 2005). 특히 계획생육에 대한 정책서비스 수준의 제고와 당정(黨政) 일인자 책임제 실시, 이익향도의 경제적 수단의 정책전환은 강력한 행정수단을 기반으로 하는 계획경제시대의 출산정책과 구별되는 점이다. 이러한 출산정책의 안정화와 소생우육(少優育)의 정책전환으로 인해 1990년대 말 자연증장율 10‰ 이하, 합계출산율 1.8 정도를 안정적으로 유지하고 저출산·저성장의 인구전환을 실현했다.

요컨대 21세기 중국의 인구정책은 기존 1990년대 '인구규모 억제'와 '인구자질 제고'의 계획생육정책에서 현유의 저출산 수준 안정화와 인구자질 향상 중심으로, 인구구조 변화와 인구분포 균형화 및 인력자원 개발 등 제반 인구문제를 동시에 고려하는 종합적인 인구정책으로 변화되었다(王國强, 2005). 또한 기존 행정수단과 경제적 처벌(위주)에서 장려 위주의 경제수단 적용, 이익향도의 정책으로 전환되고 있다. 1990년대 이후 '안정적 출산수준'에 미친 영향 요인으로, ①도시 '1자녀' 정책과 농촌 1.5정책의 이원화 출산정책 ②계획생육정책에 기인한 소자녀 가치관 정착 ③시장경제발전에 따른 자녀양육비용 및 여성의 교육수준 제고 ④산업화·도시화에 따른 인구이동 등을 꼽을 수 있다. 즉 1990년대 이후 1.8 전후의 안정적 출산율은 출산정책의 정책적 요인과 사회경제 발전에 따른 사회경제적 요인의 '공동작용'에 기인한다.

2) 출산율 변화에 미친 국가역할[26]

현대사회에서 임신·출산은 '사적 영역'에 속하지만, 출산행위는 국가의 출산정책과 사회경제적·문화적 요인의 영향을 받는다. 특히 경제발전을 우선시하는 개발도상국에서 과잉인구가 경제발전의 걸림돌이 될 경우, 국가는 강력한 출산억제정책을 실시해 출산율을 저하시킨다. 그리고 출산율 변화에 미치는 국가역할의 중요성은 이미 20세기 후반 출산율 저하에 성공한 한국·중국·싱가포르 등 동아시아국가의 정책사례가 잘 보여주고 있다.

중국의 20~30년간 '짧은 기간'에 실현한 인구전환은 공업화·현대화와 같이 국가의 '자각적 간섭'과 인위적 출산정책에 기인한다. 한편 인구 사망률 급락은 공유제 건립과 의료제도 보급 및 인민군중의 건강수준 제고를 위한 정부정책과 크게 관련된다(李建新, 1994). 또한 1970년대 완시샤오 출산정책과 1980년대 강행한 독신자녀정책 및 농촌조정정책인 1.5정책 실시, 1990년대 이후 현행출산정책의 안정화 등의 국가가 추진한 출산정책은 출산율 급락에 크게 기여했다. 특히 1970년대 이후 강력한 계획생육정책에 따른 출산율 억제와 저출산화 인구전환의 실현은 국가정책의 법적 확립과 엄격한 상벌제도 제정·실시, 국가지도자들의 적극적 참여와 중요한 지시, 국가재정의 막대한 투자와 국가차원의 홍보 등의 국가역할에서 기인된다.

첫째, 중국정부는 계획생육정책에 대한 일련의 정책 및 관련법을 반포하고, 국가주도의 계획생육사업이 기본국책으로서의 법적 지위를 확립했다. ①1950년대 '혼인법'에서는 혼인의 기본원칙과 남녀평등 및 여

---

26) 본 절의 앞부분에서 마오쩌뚱의 인구사상과 대약진·자연재해 및 문화대혁명 등의 국가의 '부정적 역할'이 출산율 변화(급증)에 미친 영향 요인에 대해 상세하게 서술하였으므로, 여기에서는 '출산율 저하에 미친 국가역할'에 대해서만 설명하기로 한다. 이 또한 (도시)저출산의 정책적 요인이 된다.

성의 합법권익 보호를 규정했으며, 1980년 수정된 '혼인법'에서는 계획생육의 기본원칙을 제정하고 만혼·만육을 제창했다. ②1982년에 통과된 헌법 25조에는 국가가 추진하는 계획생육정책의 법적 근거를 명시하고, 계획생육을 국가의 장기적인 기본국책으로 책정했다. ③2001년 12월 중앙정부는 '인구와계획생육법'을 반포하고 기본국책으로서 계획생육의 법적 지위를 확립했으며, 현행출산정책의 안정화 및 지속적인 추진을 명문화했다.

둘째, 정부는 계획생육과 관련된 상벌제도를 정책 및 법적으로 확정했다. 1980~1990년대에 제정된 각 지방정부의 계획생육조례에는 계획생육가정에 대한 각종 우대정책과 '조례' 규정을 위반한 자에 대한 엄격한 경제적·행정적인 처벌이 책정되었다. 2002년부터 시행된 '인구와계획생육법'에는 계육생육 관련 장려제도와 법률책임이 법적으로 명문화되었다. 상술한 계획생육 장려정책과 '규정' 외의 출산에 대한 경제적·행정적 처벌은 정부가 추진한 강력한 출산억제정책의 '필수적 보장'으로 작용했다. 또한 피임도구와 절육수술의 무료화 등의 피임의 보급 및 확산을 위한 국가적 재정지원은 출산율 저하에 크게 기여했다.

셋째, 중앙집권적 사회주의국가인 중국에서 국가의 주요지도자들이 출산정책의 제정 및 실시과정에서 내린 일련의 '중요한 지시'들은 출산정책의 형성과 출범에 중요한 작용[27]을 했다. ①1950~1970년대 저우언라이(周恩來) 등 국가지도자들의 인구와 계획생육에 관한 중요한 지시는 출산정책의 형성에 정책적 기반을 마련했다. ②1981년 덩샤오핑

---

27) 사회주의국가 중국에서 국가지도자의 인구사상과 정책개입 및 '중요한 지시'는 출산정책의 형성 및 제정에 끼친 영향력은 매우 컸다고 할 수 있다. 예컨대 1950년대 마오쩌뚱의 인구사상은 당시 '다산 장려'의 출산정책에 큰 영향을 미쳤으며, 1970년대 초반 저우언라이 총리의 중요한 지시는 완시샤오 출산정책의 출범에 정책기반을 마련했다. 또한 1980년대 후반의 농촌 1.5정책의 형성·추진에는 동 시기 덩샤오핑의 농촌 개혁개방 정책과 인구사상이 큰 영향을 미쳤다고 할 수 있다.

의 '계획생육의 관련 지시'와 1982년 '인구문제는 전략문제'라는 중요한 지시는 12차 당대표대회에서 계획생육사업을 기본국책으로 확정하는 데 중요한 역할을 했다(胡鞍鋼, 2006). ③1991년 짱쩌민(江澤民) 주석의 '계획생육사업 강화와 인구증장 억제'에 대한 지시는 당정(黨政) 일인자 책임제의 출범과 1990년대 출산수준 안정화에 크게 기여했다. ④2003년과 2006년 후진토오(胡錦濤) 총서기의 인구와 계획생육에 관한 중요한 연설은 새로운 시기 종합적 인구정책의 기본방향을 제시했다.

넷째, 중앙정부는 계획생육정책의 성공적 보장을 위하여 막대한 재정자원 투입과 국가차원의 광범위한 홍보를 추진했다. ①정부는 1970년 전국범위에서 피임약의 무료제공을 위해 조달한 자금이 3080만위안(元), 1989년 계획생육에 투입된 자금은 7억9452만위안에 달했다(湯兆云, 2005). ②1987년 CCTV(국가텔레비전방송국)에 '인구와계획생육'이라는 전문 프로그램을 설치해 소생우육(少生優育) 교육을 광범위하게 전개했다. ③1993년에는 '남녀평등'의 의식을 고양시키는 한편, 농촌의 남아선호사상을 근절하기 위해 '여자아이도 후대'라는 캠페인을 추진했다. 이러한 국가적인 홍보활동과 교육을 통해 중국인들에게 계획생육의 중요성과 함께 '독신자녀가정은 영광스럽고, 계획외의 출산은 수치스럽다'는 생육관과 자녀관을 주입시켰다.

요컨대 20세기 국가가 추진한 계획생육정책 특징을 '경제적 상벌제도, 행정적 간섭, 법률적 강제, 기술적 보장, 사상적 교육'으로 요약할 수 있다(曹景椿, 1990). 한편 1970~1990년대의 국가역할이 출산율 변화에 절대적 영향을 미쳤다는 것을 부인할 수 없지만, 문화교육정도가 높고 경제수입수준이 높은 20~30대 젊은층의 생육관 변화와 사회경제발전에 따른 자녀의 효용성 및 (가족)가치관 변화, 여성의 경제참여 증가와 교육수준 제고 등 사회경제적 요인들이 국가역할의 정책요인과 공동으로 작용했다는 것을 간과해서는 안 된다.

2. (도시)저출산 요인

중국정부가 추진한 20~30년간의 강력한 출산억제정책을 통해 1990
년대 말 인구자연성장률 10‰ 이하, 합계출산율 1.8 정도의 인구전환
을 실현했다(左學金, 2005: 21). 한편 계획생육정책의 지속적 실시로 (도시)
저출산화가 더욱 심화되고 있는데, 이러한 도시 저출산화는 계획생육
의 정책적 요인28)과 사회경제적 요인이 공동으로 작용한 결과이다(翟振
武 외, 2002). 현재 국내외 학자들이 중국의 출산율 하락 요인을 계획생
육의 정책적 요인이 60~70%를 차지한다고 지적하고 있다. 그러나 21
세기 저출산 수준 안정화와 사회경제발전에 따른 가치관 및 생활방식
의 변화됨에 따라 정책적 요인이 출산율 저하에 미치는 영향력은 점
차 줄어들 것이다.

<그림 6>는 사회경제발전에 따른 사회경제적 요인과 국가정책 계획
생육의 정책적 요인이 가치관 변화와 함께 저출산화 인구전환에 미치
는 상호작용을 설명한 것이다. <그림>에서 보여주다시피 사회경제적
요인은 기본적 역할을 하며, 계획생육의 정책적 요인은 사회경제발전의
기초에서 저출산화 인구전환의 '간섭적 역할'을 하게 된다. 1970~1980
년대 국가가 추진한 계획생육정책으로 저출산 수준이 점차 안정화되면
서 사회경제적 요인이 출산율 변화에 미치는 영향력은 갈수록 커져갈
것이다(朱向東 외, 2006: 14-15). 한편 '발전은 가장 좋은 피임약29)이라는

---

28) 앞의 각주 27)에서 설명하다시피 본 절의 앞부분에서 설명한 "출산율 저하에 미친
국가역할"이 (도시)저출산의 정책적 요인이 된다.
29) 사회경제의 발전에 따른 여성의 교육수준 제고와 경제활동참여의 증가, 핵가족화
의 진진에 따른 가족 가치관과 자녀효용성의 변화 등은 도시인들의 소자녀 가치
관의 정착에 크게 기여했다. 반면 다자다복의 생육문화가 잔존해 있고, '노후준비'
를 위한 남아선호사상이 뿌리 깊은 중국의 농촌에는 여전히 출산정책의 정책적
요인이 사회경제적 요인에 비해 더욱 중요한 작용을 하고 있다.

사회경제발전의 중요성을 충분히 긍정해야지만, 국가역할과 출산정책이 (농촌)출산율 변화에 미치는 중요한 작용을 간과해서는 안 된다.

〈그림 6〉 1990년대 이후 중국의 저출산화 인구전환 관련 요인

1) (도시)저출산의 정책적 요인

1970년대 완시샤오(晚·稀·少) 출산정책과 1980년대 강행한 독신자녀정책 및 농촌조정정책인 1.5정책 실시, 1990년대 이후 도농 이원화 출산정책의 안정화 등의 국가가 추진한 출산억제정책은 출산율 저하에 크게 기여했다(翟振武·李建新, 2005). 1970년대 이후 중국정부가 추진한 강력한 계획생육정책에 따른 출산율 저하와 저출산화 인구전환의 실현은 국가정책의 법적 확립과 엄격한 상벌제도의 제정·실시, 국가지도자들의 정책에 대한 적극적 참여와 '중요한 지시', 국가재정의 막대한 투자와 국가차원의 홍보 등 정책적 요인(국가역할)에서 기인된다.

한편 1970~1980년대 출산억제정책에 기인한 '정책적 요인'을 요약하면, ①중국정부는 계획생육에 대한 일련의 정책과 법률을 반포하고, 1982년 헌법에 계획생육을 기본국책으로 책정했다. ②2001년 '인구와 계획생육법'에는 계육생육 관련 장려제도와 법률책임을 법적으로 명문화했다. ③중앙집권적 사회주의국가 중국의 주요지도자들이 출산정책에 대한 '중요한 지시'들은 출산억제정책의 제정·추진에 중요한 작용을 했다. ④중앙정부는 계획생육의 성공적 보장을 위해 피임보급 등에 막대한 재정자원 투입과 국가차원 홍보를 실시했다.

1970년대 이후 계획생육정책으로 약 2억명이 적게 출생했다(修新, 2000: 302). 1999년 중국 계획생육효익연구소 연구결과에 의하면 1971~1998년 계획생육정책과 사회경제발전의 '공동작용' 하에 6.34억의 인구를 적게 출산했다. 그중 정책적 요인으로 감소된 인소는 3.38억이며, 이는 '공동작용'에 의해 감소한 인구총수의 54%를 차지한다(翟振武 외, 2005). 또 다른 연구결과에 의하면 1980~1989년 유효한 피임조치로 감소·출산된 인구는 약 1.76억명이며, 이는 매년 1,769만 명을 적게 출생한 것이다. 그중 피임효과에 의해 감소·출산된 비중은 79.4%를 차지한다(魏津生 외, 1996: 60). 이는 국가역할에 기인한 1970~1980년대 출산억제정책이 20세기 저출산화 인구전환에 기여한 중요한 영향 요인임을 설명한다.

2) (도시)저출산의 사회경제적 요인

21세기 30년대에 이르러 현유의 저출산 수준이 확실하게 안정화되고 중국의 인구성장이 영(零)성장 및 마이너스성장에 진입하는 본격적 인구전환이 실현된다면, 기존 출산억제정책은 점차 '존재 이유'와 정책기능을 상실하게 될 것이다(翟振武, 2002). 따라서 사회경제발전에 따른 가족·자녀에 대한 가치관 변화와 여성의 자아가치 실현 중시 및 자녀양육비용 상승 등의 사회경제적 요인이 향후 출산율 변화에 미치는 영향력은 더욱 커질 것이다.

한편 외국학자들은 1970~1980년대 중국의 출산율 변화의 사회경제적 요인의 작용을 강조하고 있다. 그들의 정책연구에 의하면 개혁개방 이후 중국의 공업화·도시화, 기타 사회경제적 요인이 출산율 하락에 거대한 공헌을 했다고 지적했다(Whyte·Parish, 1984: 303). 또 따른 연구에 의하면, 1970년대 중국의 출산율 하락에는 계획생육의 정책적 요인이 중요한 역할을 했다는 것을 부인할 수 없지만, 도농 및 각 지역 간의 출산율 차이는 사회경제발전과도 밀접한 연관이 있다(Birdsall·amison, 1983: 651). 즉 중국의 출산율 변화와 도시와 농촌 및 각 지역 간의 출산율 차이는 사회경제발전에 따른 비정책적 요인이 중요한 역할을 했다는 것이다.

〈표 7〉 사회경제적 요인과 계획생육 요인이 합계출산율에 미치는 영향관계

지표(指標)	직접영향	간접영향	전반적(직·간접) 영향
1982			
사회경제적 요인:	-0.259	-0.440	-0.699
매인당 국민소득		-0.243	-0.243
성진(城鎭)인구비례		-0.250	-0.250
초졸문화정도 인구비례		-0.250	-0.250
계획생육 요인	-0.769		-0.769
1990			
사회경제적 요인:	-0.491	-0.224	-0.715
매인당 국민수입		-0.251	-0.251
성진인구비례		-0.259	-0.259
초졸문화정도 인구비례		-0.249	-0.249
계획생육 요인	-0.557		-0.557

자료: 刘金塘·林副德, 1997: 110.

<표 7>은 1980~1990년대 정책적 요인과 사회경제적 요인이 출산율에 미친 영향의 역전관계를 보여준 것이다. 1982년에는 정책적 요인이 출산율 하락에 더욱 큰 영향을 미쳤지만, 1990년에는 사회경제적 요인이 출산율에 미친 영향이 더욱 컸다는 것이다. 즉 1982년 사회경제적 요인이 출산율에 미친 직접적 영향은 0.259로 간접적 영향(정책적 요인) 0.44보다 낮았지만, 1990년에는 사회경제적 요인이 미친 직접적 영향이 0.491로 상승한 반면에 정책적 영향은 0.224로 하락했다(劉金塘·林副德, 1997). 이는 1990년대 시장경제체제 확립과 고도성장에 따른 국민소득과 생활소비수준의 향상에 따른 자녀양육비용 상승, 여성

의 경제활동참여 증가와 교육수준의 제고에 따른 가족·자녀 가치관의 변화 등의 사회경제적 요인에 기인한 것이다.

한편 출산율 하락은 사회경제발전에 따른 경제성장과 반비례관계를 나타내는데, 경제적 수입이 높고 현대화 수준이 제고될수록 소자녀 가치관이 형성되어 아이를 적게 낳으려는 경향이 두드러진다. 또한 경제발전은 도시화의 발전으로 이어지는데 도시화의 발전이 높을수록 출산율이 낮아지는 추세[30]를 보이고 있다(査瑞传 외, 1996: 261-262). 도시화와 경제발전은 더욱 많은 여성들로 하여금 시간과 정력을 경제활동에 투입하게 하며, 국민소득과 생활소비수준이 향상됨에 따라 자녀양육비용과 사회적 비용이 대폭 상승된다. 따라서 많은 여성들이 경제적 이유로 다산을 포기하고, 소자녀의 핵가족과 혹은 무자녀의 딩크족으로 전락하게 된다.

사회경제발전이 출산율 하락에 미치는 영향력의 변화과정과 저출산화 인구전환에 대한 정책적·사회경제적 요인의 공동작용 및 역전 결과를 다음과 같이 요약할 수 있다. 경제발전→경제수입 증가→생활수준 제고→전통관념 변화→자아가치 실현 중시(가치관 변화), 자녀소질 중시→계획생육·소생우육(少生優育)→자각적 출산행위(정책적 요인 약화), 사회경제 발전→출산문화 현대화→출산관념 전환→개인본위 출산행위(사회경제적 요인 강화)이다. 요컨대 사회경제적 요인과 정책적 요인이 출산율에 미치는 영향은 고정·불변하는 것이 아니며, 경제발전과 사회발전수준에 따라 출산율에 미치는 영향력의 방식과 역할도 상호 전환된다는 것이다.

---

30) 예컨대 1970년대 급속한 경제발전으로 인해 1980년대 한국의 도시화 비율은 60%에 달했다. 즉 사회경제발전에 따른 한국의 산업화·도시화의 급속한 발전과 핵가족화의 빠른 진전은 1980년대 소자녀 가치관의 형성에 일조했고, 이는 1980년대 초반 인구대체수준의 출산율 저하에 기여했다.

3) 사회문화적 요인

출산율 하락은 사회발전에 따른 교육환경의 변화와 생육관·자녀관 등 출산문화의 변화와도 밀접한 연관이 있다. 또한 사회발전에 따른 생존환경의 변화와 경제수입 및 교육수준의 제고는 출산율 하락에 중요한 작용을 한다(蔣正华, 1986: 5). 여성들의 교육수준 제고는 많은 여성들로 하여금 자아가치 실현을 위해 사회경제활동의 적극적 참여를 유도하며, 가족과 자녀에 대한 가치관 변화를 유발한다. 한편 지속적 계획생육정책의 홍보 및 교육활동을 통한 전통적 가족관·자녀관의 근본적 변화로 인해 소자녀 가치관·생육관이 현대인들 속에 강고히 자리 잡게 되었다. 또한 사회경제발전에 따른 의식수준의 제고로 대다수 도시인들은 기존의 다자다복의 전통적 생육문화와 남아선호사상에서 점차 벗어나게 되었다.

2000년대 진입 후 급속한 사회경제발전에 따른 문화·교육수준의 제고와 함께 취업기회가 많은 도시의 젊은 여성층을 중심으로 핵가족·소자녀 가치관이 정착되었다. 현재 도시에서의 '1가구 1자녀' 출산율의 보편화 및 아이를 낳지 않으려는 딩크족이 점차 증가되고 있는 사회현상 역시 사회문화적 요인에 기인한 것이다(李建新, 2005). 한편 사회경제발전에 따른 국민소득과 교육수준의 제고로 도시인들의 출산문화 및 자녀관이 급속하게 변화되고 있다. 또한 사회발전에 따른 사회보장제도 완선(完善)화, 핵가족 보편화에 따른 자녀의 효용성 변화 및 정책적 요인에 기인한 소자녀관 고착화 등의 사회문화적 요인이 도시 저출산의 요인으로 갈수록 주목받고 있다.

한편 사회경제발전에 따른 도시의 전통적 생육관·자녀관의 변화와 함께 남아선호사상 및 다자녀 선호 등의 농촌의 출산문화 변화 역시 주목된다. 이러한 농촌의 출산문화 변화는 시장경제 도입과 사회경제발전에 따른 사회경제적 요인에 기인하지만, 중국정부가 장기간에 걸쳐 추진해온 강력한 계획생육정책의 정책적 요인과 최근 농촌정책의 변화[31]가 주요인이다. 1990년대 이후 중국의 출산정책은 기존의 행정수단과 경제적 처벌위주에서 장려위주의 경제수단 적용 및 이익향도의 출산정책으로 전환되었다(陳立·郭震威, 2005: 10). 이는 시장경제체제 전환에 따른 국민소득과 교육·의식수준 제고와 1990년대 농촌중심의 출산억제정책에 기인한다.

최근 중국정부는 농촌의 남아선호사상과 여자아이를 경시하는 전통적 생육관념을 갱신하고, 여성의 사회지위를 높이려는 취지하에 '여자아이를 사랑하자'는 캠페인을 추진하고 있다. 1996년 중국의 후베이썽(湖北省)의 조사결과에 의하면, 남아와 여아가 '모두 괜찮다'고 대답한 결혼부부가 70%를 넘었으며, 심지어 부모에 대한 효도와 자녀의 효용가치 등 면에서 딸 공헌이 크므로 여아를 선호하는 경향도 나타났다(叶文振, 1998). 이는 기존 남아선호사상이 점차 변화되고 있다는 것을 설명해준다. 물론 경제발전이 낙후한 중국내륙과 서부의 농촌지역에서는 전통적 남아선호사상과 다자녀 생육관이 아직도 크게 변화되지 않고 있다. 이 또한 중국정부가 계획생육을 기본국책으로 지속 추진하고 있는 중요한 이유이다.

4) 정책 및 사회경제발전의 종합적 요인

1980년대 중국의 저출산·저성장의 인구전환에 대한 인구학자들의 보편적 견해는 개혁개방으로 인한 사회경제발전과 국가가 추진한 계

---

31) 중국정부는 2004년 '농촌계획생육가정에 대한 장려보조금제도 시행 결정'을 공표했고, 2005년 소생쾌부(少生快富)의 출산 프로젝트를 출범하여 이익향도의 정책시스템 전환을 꾀하고 있다.

획생육정책이 공동으로 작용한 결과라는 것이다. 경제발전에 따른 경제수입의 제고와 생활조건의 개선 및 교육수준의 제고에 따른 여성들의 의식수준 제고와 지위상승은 피임율의 유효성과 출산율 변화에 큰 영향을 미쳤으며, 계획생육정책의 추진에 양호한 사회적 환경을 마련했다(顧宝昌, 1987: 5). 즉 중국의 인구전환은 사회경제발전에 따른 사회경제적 요인을 바탕으로 국가의 강력한 출산억제정책의 조정·통제 하에 계획생육의 정책적 효과가 나타나게 되었고, 따라서 저출생·저사망·저성장의 인구전환이 실현되었다는 것이다.

1990년대 출산율 하락의 인구전환 관련연구에서 주목되는 몇 가지 견해가 있다. ①인구와 환경의 각도에서 고찰한 인구재생산은 환경재생산에 적응한 결과로, 인구전환의 최종 결정적 요인은 생산력의 발전이다(陳衛, 1990). ②중국의 인구전환은 '유도성'에 기인한 출산율 하락으로 인구전환이 경제전환보다 앞섰으며, 출산율 전환이 생육문화 전환보다 먼저 이뤄졌다. 또한 사회간섭적 작용(정책적 요인)이 생육관의 상대적 독립작용보다 크며, 출산율 하락은 국가와 사회의 간섭 하에 유도성·피동성 행위로 전환되었다(宋瑞來, 1991). ③중국의 출산율 하락은 실제로 강제력·유도력·자발력(自發力)이 공동으로 작용한 결과이다(穆光宗, 1999). 이른바 강제력은 계획생육정책의 강제적인 행정수단, 유도력은 이익관계의 조절과 유도적 교육과 양질서비스, 자발력은 출산문화의 현대화를 지칭한다. 즉 정책의 강제적 수단과 홍보·교육 및 이익향도, 사회발전에 따른 출산문화의 변화 등 종합적 요인이 공동으로 작용했다는 것이다.

중국에서 저출산화 인구전환이 실현되면서 (도시)저출산화가 심화된 것은 정책적 요인과 사회경제적 요인이 공동으로 작용한 결과이다(李建新, 2005). 즉 1970~1980년대 출산율 하락에 계획생육정책의 국가역할이 주도적 작용을 했다면, 21세기에는 사회경제발전에 따른 가치관과 생육관·자녀관의 변화 등 비정책적 인소가 정책적 요인과 공동으로 출산율 하락에 영향을 미칠 것이며, 사회경제적 요인이 저출산화에 미치는 영향력은 갈수록 커질 것이다. 그러나 중국 농촌에서는 여전히 출산율 변화 요인으로 정책적 요인이 1차적, 사회경제적 요인이 2차적으로 작용할 것이다. 그것은 중국정부가 21세기 인구정책 목표를 출산율 1.8 정도의 저출산 수준 안정화로 설정하고, 계획생육의 기본국책을 농촌중심으로 지속 추진하고 있기 때문이다.

요컨대 기존 계획생육정책이 21세기 진입 후 종합적 인구정책으로 변화되고 있지만, 인구규모 통제와 인구자질 향상 및 저출산 수준의 안정화가 21세기 인구정책 목표임을 감안하면 향후 중국에서의 출산율 변화와 도시 저출산화 주요인은 여전히 정책적 요인과 사회경제적 요인의 '공동작용'으로 전망된다. 다만 '1자녀' 생육관이 정착된 도시에서는 정책적 요인보다 사회경제적 요인이 더욱 큰 작용을 하는 반면, 농촌지역에서는 정책적 요인이 여전히 주도적 지위를 차지하는 가운데 출산정책(정책적 요인)과 사회경제발전에 따른 사회경제적·문화적 요인 등의 종합적 요인이 공동으로 작용하게 될 것이다.

제3절 일본의 출산율 변화와 저출산 요인

1. 출산율 변화

1) 인구동태와 출산율 변동추이

모든 선전국은 사회경제발전에 따라 다산다사(多産多死)에서 다산소사(多産小死)를 거쳐 소산소사(小産小死)로 이동하는 인구전환을 경험한다.

사회경제가 발전하고 생활수준과 공중위생이 개선될수록 유아사망률은 저하한다. 일본에서 다산소사 기간은 1870~1960년까지 지속되었다. 이 기간에 출생한 인구전환기 세대는 가족구조 변화를 야기했다. 이 세대는 평균 4명의 형제·자매가 있고 성장기에는 대가족이었으나, 결혼 후 핵가족을 형성하였다(駒村康平, 2006: 35). 이러한 인구구조 변화는 충분한 노동력을 도시에 공급할 수 있게 되었다. 일본사회는 1960~1975년의 출산율 안정기를 거쳐 소산소사 시기에 진입했다.

일본 國立社會保障·人口問題研究所는 근대 일본사회 출산율 추이를 5개 단계로 구분했다(阿藤誠, 2006). 첫째 단계(1870~1920년)에는 출산율이 점차 상승되는 추세였지만, 구체적 출산율은 알 수 없다. 둘째 단계(1920~1940년)에는 출산율은 5.0에서 4.0으로 하락, 저하 원인은 만혼화이다. 셋째 단계(1947~1950년대 말)에는 출산율은 급속히 하락되어 인구대체수준(2.24)[32]으로 저하되었다. 넷째 단계(1950년대 말~1973년)의 출산율은 2.0~2.1로, 인구대체수준에 근접했다. 다섯째 단계(1974~)에는 1974년 이후 출산율은 인구대체수준 이하로 저하되었고, 이 시기를 '소자화 시대'라고 부른다. 1990년 1.57쇼크 이후 '소자화 대책'이 추진되었으나, 2000년대 초 초저출산 수준인 1.29(2003), 2005년 1.25로 사상 최저수준을 기록했다.

일본의 합계특수출생률은 제1차 베이비붐(1947~1949년)에는 4.3수준이었다. 1950년대 급락된 후 제2차 베이비붐(1971~1974년)까지 2.1대를 유지, 1975년 이후 2.0 이하로 저하되었다. 1989년에는 병오년[33]이란

---

32) 장기적으로 인구가 안정적으로 유지되는 합계출산율을 '인구대체수준'이라고 한다. 인구학에서는 출산율이 상당기간 인구대체수준을 밑돌고 있는 상황을 '저출산'으로 정의한다. 표준적 인구대체수준은 2.1이지만, 일본의 인구대체수준은 1956년 2.24, 1974년, 2.11, 2004년 2.07로 일정하지 않다.

33) 병오년(말띠 해)이란, 십이지(十二支)의 하나로 60년에 한번 돌아온다. 일본에서는 말띠 해에 태어난 여성은 '천성이 기가 세다고 하는 미신' 때문에, 이 해에 아이를

특수상황으로 출산율이 사상 최저치인 1.58(1966년)보다 낮은 1.57을 기록했다. 그 후 2003~2004년 초저출산 수준인 1.29, 2005년 사상 최저인 1.25까지 하락했다(일본 少子化白書, 2008). 2006년부터 출산율은 다소 회복되었지만, 여전히 인구대체수준을 크게 밑도는 수준이다. 한편 2006년 12월의 '인구추계'에서는 향후 30년간 일본의 합계출산율을 1.21~1.25 수준에 머무를 것으로 예측했다(NIPSSR, 2006). 그러나 2006년부터 출산율은 1.32로, 2007년 1.34, 2008년 1.37로 상승되면서 점차 초저출산 수준에서 벗어나고 있다.

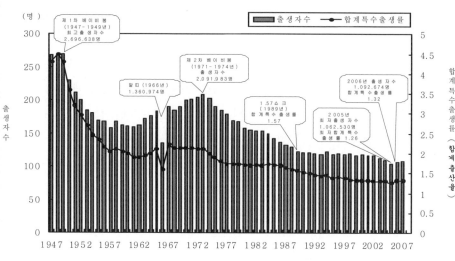

〈그림 7〉 1947~2007년 일본의 출생자수 및 합계특수출생률 변동추이

한편 1945~1950년의 제1차 베이비붐시기를 맞이해 일본 인구는 7,200만에서 8,400만으로 급증했으며, 인구증가율(15.3%)과 연평균 증가율(2.9%)은 사상 최고 수준을 기록했다(山口喜一, 1990). 그러나 일본정

낳는 것을 피하는 부부가 많다고 한다. 이러한 원인으로 1966년 병오년(말띠 해) 일본의 합계출산율은 1.58로 매우 저조했다.

부의 산아제한정책으로 1950~1957년 출산율이 급감하여 인구대체수준에 이르렀다. 1960~1970년 인구증가율이 0.9~1.1%로 안정되었으며, 1967년에는 일본의 총인구는 1억을 돌파[34]하였다. 1971~1974년 제2차 베이비붐 기간의 인구증가율은 7.0%, 연평균 증가율은 1.4%로 상승되었다가 다시 1.0% 이하로 떨어졌다(조혜종, 2006: 232). 한편 일본은 1975년을 기점으로 출산율이 2.0 이하로 하락되어 '소자화 시대'에 진입했고, 1990년대 이후 1.5 수준을 유지하다가 2000년대 초반에는 1.3 이하의 초저출산 사회[35]에 진입하였다.

일본의 연간 출생자수는 1차 베이비붐시기 270만, 2차 베이비붐시기에 약 210만, 1975년 200만, 1984년 150만, 2001년부터 110만대로 급감하였다. 한편 출생자수 감소는 일본의 연소자인구(0~14세) 감소를 불러왔다. 연소자인구 비율은 1950년 35.4%(약 3000만)로 총인구 1/3을 넘었지만, 1960년대 후반 총인구 1/4로 저하되었다. 제2차 베이비붐시기 출생자수 증가로 늘어났지만, 1980년대 후반부터 감소되었다(신윤정 외, 2008). 한편 총무성(總務省) 2007년 '인구추계'에 의하면 연소자인구는 1,729만 3천명, 총인구 비율은 13.5%로 낮아졌다. 또한 생산연령인구(15~64세)는 8,301만 5천(총인구 65%), 고령인구는 2,746만 4천명(21.5%)으로 일본의 인구구조는 저출산·고령화로 심화되고 있는 상황

---

34) 한편 1960년대 후반 중국에서는 '문화대혁명'으로 인한 출산(억제)정책의 부재로, 1966~1971년 인구출생률 30‰, 합계출산율 5.3~6.5, 1969년에 중국의 총인구는 8억을 돌파했다(喬曉春 외, 2000). 이는 같은 시기 일본의 (산아제한)출산정책으로 인한 인구의 '완만한 증가'와 대조를 이루며, 아울러 출산정책이 출산율 변화에 미치는 중요한 '영향 요인'이라는 것을 단적으로 보여준다.

35) 한편 아시아 NIES(신흥공업경제국·지역)은 1960년대 전후로 출산율 6.0 수준에서 출산력 전환이 시작되어 싱가포르·홍콩은 1970년대 말, 한국과 대만은 1980년대 중반에 인구대체수준을 달성했다. 그 후 20여간 저출산(소자화) 상황이 지속되고 있다(Atoh, 2004). 한편 홍콩은 1990년대 중반, 기타 3개국은 2000년대 초 초저출산 국가(출산율 1.3 이하)에 진입했다(阿藤誠, 2006).

이다.

2006년 출생자수는 109만 2674명으로 2005에 비해 3만 144명이 많았고, 2000년 이후 합계출산율은 6년 만에 상승[36]되었다. 2007년 인구동태통계의 '연간 인구추계'[37]에 의하면 2007년 출생자수는 109만으로, 2006년에 비해 약 3,000명이 감소되었다. 한편 사망자수는 110만 6,000명으로 2006년 108만 4,450명보다 약 2만 2,000명 증가되었고, 따라서 자연증가수는 마이너스 1만 6,000명으로 예상된다. 2007년 혼인건수는 71만 4,000쌍으로 2006년의 73만 971쌍에서 약 1만 7,000쌍이 감소, 2007년 혼인율(인구 1,000명대)은 5.7로, 2006년의 5.8보다 낮은 수준이다. 또한 혼인건수 누계를 보면 2007년 1월 75만 592쌍이었지만, 2008년 1월에는 73만 6,831쌍으로 저하되었다(일본 少子化白書, 2008).

향후 일본사회는 본격적 인구감소기에 진입할 것이며, 인구감소와 연령구성 변화는 일본의 사회경제에 큰 부담을 안겨주게 될 것이다. 후지마사(藤正, 2001)의 인구추계에 의하면 2030년의 일본 인구는 1억 790만으로 2000년에 비해 1,760만(14%)이 감소되며, 2050년에는 8,480만으로 4,070만(32.4%)이 줄어든다. 1950년의 일본 인구는 8,280만이었

---

36) 2006년 합계출산율의 상승 요인으로, ①셋째자녀 이상(16만 명, 전년대비 .8% 증가)의 출산율 증가 ②노산(30~44세) 출산율 증가 ③혼인건수(전년대비 1만 6,708 증가) 증가 등이 지적된다(일본 日經新聞, 2007. 6. 7). 한편 일본 닛케이신문은 2006년 출산율 상승은 2005년 고이즈미 총리 때부터 추진해온 각종 제도개혁, 즉 유치원·보육원의 일원화, 일과 육아를 양립할 수 있는 직장환경 정비, 경영자·관리자의 의식개혁 등의 결과라고 분석했다. 또한 2006년 이후 일본의 출산율이 점차 상승하고 있는 것은 일본정부가 1990년대 이후 추진해온 '소자화 대책'과도 관련된다.

37) 2007년 '인구추계'는 일본에 거주한 일본인을 대상으로 한 '인구동태통계속보'와 '인구동태통계월보'를 기초자료로, 1년간의 출생·사망·혼인·이혼 및 사산을 추계한 것이다. 한편 2007년 출생자수와 사망자수 및 혼인건수가 2006년에 비해 감소되었지만, 합계출산율(1.34)은 2006년(1.32)보다 증가된 것은 일본의 인구추계 방식과 합계출산율의 '단기적 변동'에서 기인된 것이다.

지만, 반세기만에 50%가 늘어났다. 이처럼 일본은 빠른 속도로 인구가 급증했으나, 향후 반세기 동안 급증인구와 비슷한 인구감소를 경험하게 될 것이다(松谷昭彦, 2005: 24). 또한 인구구성에서 65세 이상 노인인구가 증가되는 고령화38)가 급속하게 진행되어, 고령인구비율이 2050년 35.7%까지 상승될 것이다(駒村康平, 2006: 41).

한편 일본 국립사회보장·인구문제연구소는 출생률과 관련하여 '중위·고위·저위'라는 세 종류로 가정하고 장래인구를 추계하였다. 정부가 실시하는 대부분의 경제예측·재정계획·연금재정 계산은 '중위추계'를 근거로 한다. '중위추계'에 따르면 일본의 총인구는 1995년 1억 2,557만 명에서 완만하게 증가되어 2006년 1억 2,774만 명으로 정점에 도달한 후, 2050년에는 1억 59만으로 감소될 것이다(일본 國立社會保障·人口問題硏究所, 2002). 실제 일본의 인구총수는 2005년부터 감소되기 시작했고, 일본사회는 2006년 초고령사회에 진입했다. 따라서 이러한 본격적인 인구감소와 고령화의 심화는 2005년 이후 일본정부의 저출산 정책패러다임 전환을 촉진하는 직접적 계기가 되었다.

〈표 8〉 일본과 한국의 합계출산율 감소율 비교(1990~2004)

구분	일 본		한 국	
	실제 감소율	가정한 감소율	실제 감소율	가정한 감소율
1990~1995	-7.8	-1.3	3.8	0.5
1996~2000	-4.2	-3.4	-10.9	-7.6
2000~2004	-5.1	-2.7	-21.1	-15.5
1990~2004	-16.2	-7.3	-27.0	-21.5

자료: 일본 厚生勞動性 國立社會保障·人口問題硏究所, 2006.

---

38) 고령화 현상은 선진국의 공통적 현상이지만, 일본의 고령화 특징은 빠른 기간 내 급속하게 이뤄졌다는 점이다(1970년 고령화 사회에서 1994년 고령사회, 2006년 초고령사회 진입). 이는 1940년대 후반의 제1차 베이비붐 시기가 단기적이었지만 높은 출산율 유지했고, 1950년대 산아제한의 정책효과에 따른 출산율 급락에 기인한 것이다(松谷昭彦, 2005).

일본에서는 1990~2004년 합계출산율이 1.54~1.29로 16.2%가 감소되었다. 이중 절반은 결혼률 감소에서 기인되며, 최근 결혼률 감소의 영향은 더욱 커지고 있다. 1990~2004년 한국에서는 27%(1.59~1.16)의 합계출산율 감소가 있었다(<표 8> 참조). 한편 결혼률이 출산율 감소 전체를 설명하지 못하므로, 유배우출산율의 현저한 감소를 초래한 피임과 인공임신중절 및 성문화 등 유사 결정요인들이 있을 수 있다(鈴木透, 2006: 297). 일부 일본학자는 일본의 저출산은 낮은 수준의 성행위·혼외출산율 등 성의식·성문화에서 비롯된 '낮은 임신율'에 기인한다고 주장한다. 즉 일본에서는 인공임신중절과 사산이 감소되었고, 출산 후 1년 반이 지나면 다수의 일본 엄마들은 모유수유를 중단한다. 따라서 인공임신중절, 태아 사망, 산후 월경불순 등은 저출산 원인이 되지 못하며, '유사 결정요인'으로 성교빈도 및 불임증을 꼽을 수 있다. 또한 잔업 등 장시간 노동과 강화된 모친·자녀의 연대 등으로 성교를 하지 않는 부부들이 최근 증가하고 있다(佐藤龍三郎, 2006).

한편 일본의 경우 1950년대 출산율 저하에는 인공임신중절을 합법화한 우생보호법이 결정적 역할을 담당(松谷昭彦, 2005)했으며, 한국의 경우 1970~1980년대 인공임신중절의 합법화와 높은 피임실천율이 출산율 하락에 중요한 역할을 했다.

2) 출산율 변화에 미친 영향 요인

일본에서 다산소사(多産小死) 기간은 1870년부터 1960년까지 이어졌고, 동 기간 출생한 인구전환기 세대는 가족구조 변화를 야기했다(松谷昭彦, 2006). 한편 다산소사로의 인구전환은 경제발전에 따른 생활수준 제고와 위생수준 향상으로 인한 유아사망률 감소, 의료서비스 향상으로 인한 평균수명 증가에 기인한다. 다산소사가 진행되면 인구가 증가되고 정부는 인구증가를 억제하는 출산정책을 추진한다(차학봉, 2006). 한편 출산율 변화의 영향 요인에는 인구학적·정책적 요인과 사회경제적·문화적 요인 및 가치관 변화 등의 여러 가지 종합적 요인이 포함되지만, 본 장에서는 정책적 요인 출산정책과 국가역할에 기인하는 인공임신중절과 피임실천의 출산통제 및 한·중·일 비교연구에 초점을 맞추기로 한다.

(1) 1950~1960년대 인구조절(산아제한)정책

일본에서는 2차 세계대전 후 인구정책의 추진방향이 급변되었다. 1940년대 중·후반 제1차 베이비붐(1947~1949년)과 해외 인구의 귀환·철수로 인해 인구규모는 급증된 반면, 경제규모는 축소되었고 국민생활이 크게 영향을 받아 인구조절은 일본의 급선무가 되었다. 정부는 1947년에 피임약·피임기구 판매를 금지했던 약사법(藥師法)을 개정하였고, 1948년의 우생보호법(優生保護法)39)은 인공임신중절 규제를 대폭 완화시켰다(山口喜一, 1990). 이러한 인공임신중절에 대한 규제 완화와 피임의 보급은 1950년대 일본의 출산율 저하에 크게 영향을 미쳤다. 반면 중국에서는 1950년대 인공유산과 피임조치에 대한 금지로 인구의 급증을 야기했고, 한국정부의 인공임신중절 합법화(1973)와 1970~1980년대 피임의 보급 및 확산조치는 1980년대 초반 인구대체수준(2.1)의 출산율 저하에 크게 기여했다.

일본 경제학자 마쓰다니 아키히코는 저출산·고령화의 인구구조 변화와 출산율 감소 및 심각한 고령화 현상을 2차례(1947~1949년, 971~

---

39) 우생보호법은 우성보호법(優性保護法)이라고도 한다. 우성(優性)학적 관점에서 "불량한 자손의 출생을 방지하고 임산부의 건강보호"를 위한다는 명목 하에, 담당의사의 인정과 본인 요구에 따라 임신중절이 가능하도록 법으로 규정했다. 우생보호법은 1996년에 폐지되었다.

1974년)의 베이비붐 특징과 1950년대의 대규모적 산아제한정책에서 기인된 것이라고 주장하였다. 즉 다른 선진국들은 베이비붐이 십년 이상 지속되었지만 일본의 베이비붐은 3~4년으로 짧은 반면, 출산율은 매우 높았기 때문이다. 그 배경은 1950년대 실시된 대대적인 산아제한정책에서 찾을 수 있다(松谷昭彦, 2005: 24). 그의 주장에 따르면 전쟁에서 패전한 후의 경제적 빈곤과 제1차 베이비붐에 기인한 인구급증으로 인해 일본정부가 1948년 인공임신중절을 합법화한 우성보호법(優性保護法)의 제정이 1950년대 후반의 출산율 급락에 결정적 역할을 담당했다는 것이다.

1949년 일본정부는 수많은 귀환인구와 제1차 베이비붐으로 인한 인구급증의 심각성을 인식하고, 인구문제심의회를 설치하였다. 1953년 인구문제심의회는 '인구조절'을 결의하고, 1955년에는 본격적 출산억제정책을 채택·추진했다. 또한 '인구수용력결의'에서는 인구조절 및 국민경제 측면에서 강력한 상응조치가 필요함을 주장했다. 정부는 1959년 생산연령인구의 급증과 고용문제의 중요성, 출생억제의 필요와 가족계획 보급문제 등을 종합하여 최초의 '인구백서'40)를 반포하였다(조혜종, 2006: 230-231). 한편 1962년에 인구자질향상대책을 공표하고, 경제발전과 사회복지향상의 균형을 강조하였다. 출산정책 외, 일본의 인구문제 해결은 1950~1960년대 연 10%의 급속한 경제성장률을 통하여 실현될 수 있었다.

1948년 우생보호법 제정으로 인한 인공임신중절의 합법화로, 1950년대 후반에는 제1차 베이비붐 시기보다 출산율이 40% 하락되었다(松谷昭彦, 2005). 또한 정부가 1950~1960년대 추진한 수태조절과 피임법

---

40) 인구백서(人口白書)의 주요내용에는 사회활동인구의 빠른 성장에 따른 고용문제, 인공임신중절을 대신할 피임방법 개발, 소외집단의 인구의 질적 향상 등이 포함되어 있다.

개발 등으로 출산율 저하의 정책효과가 나타났다. 1950년대 후반 제1
차 베이비붐 시기 4.3의 출산율이 인구대체수준으로 급감, 1960~1970
년간 인구증가율은 0.9~1.1% 안정기를 유지했다(조혜종, 2006). 그러나
1975년 이후 출산율이 2.0 이하로 감소, 1989년에는 1.57까지 하락되
면서 1990년대부터 소자화 대책을 추진하게 되었다. 요컨대 1950~
1970년 일본의 출산율 변화에는 산아제한정책과 국가역할에 기인한
인공임신중절 합법화 및 피임실천 확산 등 정책적 요인이 중요한 영
향을 미쳤다.

(2) 인공임신중절과 피임실천에 의한 출산통제

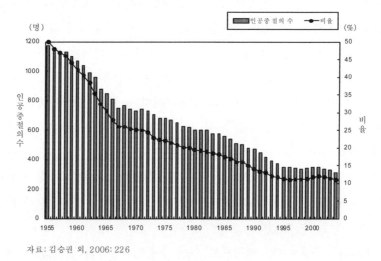

자료: 김승권 외, 2006: 226

〈그림 8〉 1955~2004년 일본의 인공중절의 수와 비율 변화추이

일본에서는 1955년 인공임신중절(1948년 합법화)의 연간 시행수가
1,170,000건을 기록했다. 반면 2004년 302,000건으로 급감했고, 15~
49세 연령대의 1,000명 여성을 대상한 인공임신중절률은 1955년

50.2%에서 2005년 10.6%로 급감했다(김승권 외, 2006: 226). 1955~2004년 20세 미만 여성의 인공임신중절률을 제외하고 거의 지속적으로 감소되었다. 그러나 최근 20~24세 여성의 인공임신중절률은 증가추세로, 임신중절률이 가장 높은 연령대는 30~34세에서 20~24세로 변화되었다. 한편 25~29세 연령대의 여성 임신율은 1955년도 0.263에서 2004년도에는 0.103으로 하락하였다. 1955~2004년 기간 동안의 인공임신중절률 감소율(0.040)은 0.023(57.9%)의 임신율 감소로 이어졌고, 반면 임신율의 감소는 전 연령대 여성들의 인공임신중절 감소로 이어졌다(佐藤龍三郎, 2006: 233).

1955~1975년 임신율 하락은 30~44세 여성의 대규모 인공임신중절 감소를 초래했으며, 이는 1950~1960년대 정부가 추진한 '2자녀 갖기 운동' 출산억제정책에 기인한다. 특히 주목되는 것은 자발적 인공임신중절 감소가 20~29세 여성의 인공임신중절 감소 효과를 초래했다는 것이다. 이는 20대 젊은 여성들의 임신과 출산에 대한 자유로운 태도에서 기인했다고 볼 수 있다. 한편 1970년대 이후 일본 젊은이들의 결혼·출산 연기 경향이 임신 및 인공임신중절 선택에 큰 영향을 미쳤고, 이러한 만혼 경향은 20대 여성의 임신율 하락 주요인으로 작용하였다(佐藤龍三郎, 2006: 257). 최근 20~24세와 15~19세 여성의 인공임신중절률의 증가는 '혼외출산을 불허'하는 일본의 사회문화적 규범41)에서 기인된 것이다.

일본사회에서 피임법은 인공임신중절에 비해 늦게 개발되었으며, 출산율 저하에 미친 영향도 상대적으로 낮게 평가되고 있다. 피임법 사

---

41) 최근 일본의 미혼여성들이 인공임신중절을 선택하는 중요한 이유로, '미혼상태'가 1위로 조사되었다(佐藤龍三郎, 2006). 이는 혼외출산·사생아를 낳는 것이 일본사회에서 얼마나 부정적인 가를 단적으로 보여주고 있으며, 일본의 혼외출산율이 낮은 이유이기도 하다.

용자는 1950년 20%수준에서 1970년대 초반 60%까지 증가되었지만, 1994년 59%에서 2004년 52%로 감소되고 있다. 이는 기혼여성의 연령구조 변화에 기인하며, 20~30대 기혼여성의 사용률이 만혼으로 현저하게 감소되었기 때문이다(김승권 외, 2006). 한편 일본사회의 '낮은 성행위 수준'과 저조한 피임실천율을 고려한다면, 피임법 사용이 출산율에 미치는 영향은 '미미한 수준'이다. 반면 30대 기혼여성 중 '더 이상 출산을 원치 않는' 여성이 '1~2명 자녀를 더 희망'하는 여성보다 피임율이 높게 나타난 것은 피임법이 여전히 출산율에 영향을 미치고 있다는 것을 보여준다.

일본 신혼부부들의 피임실천율도 매우 저조하다. 2005년 국가가족계획설문조사(NSFP)에 의하면 '피임중단' 비율은 1997년 21.2%에서 2005년 12.8%로 감소되었고, 피임법 비사용률은 10.3%에서 20.7%로 증가되었다. 또한 미혼여성의 피임법 사용률은 1990년 40%에서 2000년 60%로 증가한 반면, '사용경험이 전혀 없는' 비율은 1990년 30%에서 2000년 5%로 감소했다(佐藤龍三郎, 2006). 이는 신혼부부의 피임법 사용률은 감소된 반면, 미혼여성의 피임실천율은 높아졌음을 의미한다. UN(2006) '세계피임법사용현황' 보고서에 따르면 15~49세 일본여성의 피임법 사용률은 55.9%로, 중국 83.8%(1997), 한국 80.5%(1997)보다 낮고, 피임약 사용률(1997 0.9%)도 중국 1.7%(1997), 한국 1.8%(1997)보다 낮았다.

일본의 기혼·미혼여성의 피임약 활용은 매우 저조한 것은 피임약 사용이 최근(1999)에 합법화된 것과 관련된다. 피임약 제약에는 전통적 가족주의와 연관된 우려(여성지향적 피임방법 및 여성의 성 주도권)가 있었다(Atoh, 2001). 2000년 NSFP결과에 의하면 기혼여성 70%와 미혼여성 50%가 피임약 사용을 원하지 않으며, 이중 80%가 피임약 '부작용'이 이유이다. 또한 건강전문가의 피임약에 대한 부정적 태도는 일반 여성에게도 피임약 '부작용'을 심어주었다. 또 다른 이유는 피임약 사용의 번거로움이다. 피임약은 산부인과 처방전을 받아야 하고 처방전은 연간 최소 40,000엔이 소요되며, 이는 국가보험금 지원대상도 아니다 (Norgren, 2001). 이것이 피임약이 일본여성들에게 '인기 없는 이유'로 지적된다.

요컨대 1948년의 우생보호법과 인공임신중절 합법화, 1950년대 추진한 수태조절과 피임법 개발 등의 산아제한정책은 1950년대 후반 인구대체수준의 출산율 저하에 크게 기여했다. 한편 1970년대 이후 일본 젊은이들의 결혼·출산 연기 경향이 인공임신중절 선택에 큰 영향을 미쳤고, 이러한 만혼화 경향은 20대 여성의 임신율 하락 및 출산율 저하의 주요인으로 작용하였다. 또한 일본사회에서 피임법은 인공임신중절보다 늦게 개발되었고, 출산율 저하에 미친 영향도 상대적으로 낮게 평가된다. 실제로 기혼여성의 피임실천율이 한국·중국에 비해 저조했고, 피임약 사용률은 합법화된 1999년 후에도 매우 낮았다. 미혼여성의 인공임신중절과 피임사용률 증가는 혼외출산의 부정적 사회규범과 사회문화적 요인에서 기인되며, 낮은 수준의 혼외출산율은 최근 일본사회의 '저출산 요인'으로 분석된다.

2. 저출산 요인

1) 인구학적 원인

(1) 미혼화의 진행

일본에서는 제1차 베이비붐[42](1947~1949년) 세대가 '결혼적령기'인

---

42) 베이비붐이란, 출생자수가 일시적으로 급증하는 것을 말한다. 일본에서는 제2차

25세 전후의 연령을 맞이한 1970~1974년 사이 연간 100만쌍이 넘는 '결혼붐'이 일었다. 그 후 혼인건수와 혼인률 모두 저하되어, 1978년 이후 연간 혼인건수는 70만쌍대(1987년 60만쌍대)로 증감을 반복하였다. 2002년부터 4년 연속 감소하다가 2006년 73만 971쌍(2005년 대비 1만 706쌍 증가)으로 5년 만에 증가하였다(일본 少子化白書, 2008). 그러나 2007년의 혼인건수는 71만 4천쌍으로 2006년에 비해 약 7.000쌍이 감소되었다. 2006년 혼인률은 과거 최저였던 2004~2005년 5.7보다 상승하여 5.8(2007년 5.7로 하락)이 되었지만, '결혼붐'이 일었던 1970년대 초반에 비해 대폭 하락했다(일본 內閣部, 2008).

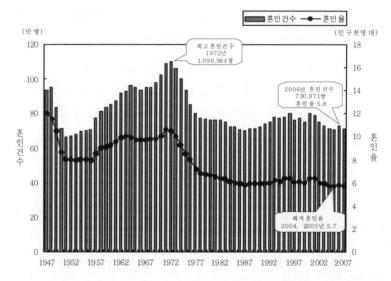

〈그림 9〉 1947~2007년 일본의 혼인건수 및 혼인율의 연도별 추이

세계대전 후 2차의 베이비붐이 있었다. 제1차 베이비붐은 1947~1949년, 이 시기 출생자를 '단카이(団塊) 세대'라고 한다. 제2차 베이비붐은 1971~1974년, 이 시기 출생자를 '단카이(団塊)주니어 세대'라고 부른다.

<표 9> 한일 양국의 연령별 (남녀)미혼률 변화 비교(1990~2005)

연도	한국		일본		차이	
	남자	여자	남자	여자	남자	여자
1990						
15~19세	99.9	99.5	98.5	98.2	1.4	1.3
20~24세	96.4	80.5	92.2	85.0	4.2	-4.5
25~29세	57.3	22.1	64.4	40.2	-7.1	-18.1
30~34세	13.9	5.3	32.6	13.9	-18.7	-8.6
35~39세	3.8	2.4	19.0	7.5	-15.2	-5.1
40~44세	1.5	1.1	11.7	5.8	-10.2	-4.7
45~49세	0.8	0.6	6.7	4.6	-5.9	-4.0
2000						
15~19세	99.7	99.3	99.5	99.1	0.2	0.2
20~24세	97.5	89.1	92.9	87.9	4.6	1.2
25~29세	71.0	40.1	69.3	54.0	1.7	-13.9
30~34세	28.1	10.7	42.9	26.6	-14.8	-15.9
35~39세	10.6	4.3	25.7	13.8	-15.1	-9.5
40~44세	4.9	2.6	18.4	8.6	-13.5	-6.0
45~49세	3.3	1.7	14.6	6.3	-11.3	-4.6
2005						
15~19세	99.8	99.6	99.6	99.1	0.2	0.5
20~24세	98.2	93.7	93.4	88.7	4.8	5.0
25~29세	81.7	59.1	71.4	59.0	10.3	0.1
30~34세	41.3	19.0	47.1	32.0	-5.8	-13.0
35~39세	18.4	7.6	30.0	18.4	-12.4	-10.8
40~44세	8.5	3.6	22.0	12.1	-13.5	-8.5
45~49세	4.5	2.4	17.1	8.2	-13.7	-5.8

자료: 한국 통계청, 「인구동태통계」, 각 연도; 일본 國立社會保障·人口問題硏究所, 「人口統計資料集」, 2006.

2005년 총무성 '국세조사'에 의하면 25~39세 미혼률은 남녀 모두가 지속 상승했다. 남성은 25~29세 71.4%, 30~34세 47.1%, 35~39세 30%, 여성은 25~29세 59%, 30~34세 32%, 35~39세 18.4%이었다. 30년 전인 1975년 30대의 남녀 약 9% 결혼률에 비하면, 최근 미혼화의 급증을 알 수 있다. 한편 생애미혼률은 2005년 남성은 1975년 2.1%에서 15.4%로 상승, 여성은 1975년 4.3%에서 6.8%로 상승했다(일본 總務省, 2006). 최근 일본에서는 '출산 고령화'와 '결혼 고령화'가 인구학적 요인으로 지적되고 있다. 1970~2000년 동안 일본의 만산화는 2.3세, 초혼연령 상승은 2.8세로, 상승폭은 선진국 중 최저 수준이다. 한편 동 시기 한국 등 아시아 NIES국가도 초혼연령의 급상승, 20대~30대 초반 여성의 미혼률 상승이 저출산의 인구학적 요인으로 나타났다(阿藤誠, 2006: 23).

후생노동성 '인구동태통계'에 의하면, 2006년 일본에서 태어난 아이 중 98%는 적출자(법률혼 부부가 출생한 아이)이며, 혼외출산의 사생아 비율은 2%밖에 되지 않는다. 따라서 출산이 대부분 법률혼에서 이뤄지는 일본사회에서 미혼화의 증가는 출생자수 감소에 직접적 영향을 주게 된다. 한편 혼외출산율이 2% 이하인 일본에서 합계출산율의 감소는 기혼(유배우) 출산율과 결혼률의 감소에서 기인된다. 기혼 출산율은 1990년대 초반까지 비교적 안정적으로 유지된 반면, 결혼률은 지난 30년간 급격히 감소되었다(小島宏, 2006). 즉 '고연령의 결혼(만혼화)'과 높은 미혼률은 20대 여성들의 결혼률을 급격히 감소시켰으며, 이는 최근 출산율 감소의 가장 중요한 인구학적 요인으로 작용하고 있다.

한일 양국의 연령별 미혼률의 변화를 비교하면, 한국 남성의 경우 1990년까지 24세 이하 미혼률이 일본보다 높았으나 2000년에는 25~29세도 높아졌다. 여성의 경우 최근 전 연령층의 미혼률의 급상승으로 2005년에는 25~29세 이하의 미혼률도 일본보다 높아졌다. 한국 남성의 경우 집중적 결혼이 이뤄진 30~34세 이후 미혼률이 급감한 반면, 일본의 경우 이 연령층에서 미혼률 감소가 완만하게 이뤄져 25~29세까지 한국의 미혼률이 높았으나 30~34세 이후에는 일본보다 10% 낮아졌다. 그러나 여성의 경우 미혼률 차이가 큰 연령대는 변화되었으나, 40대의 미혼률 차이는 크게 변화되지 않았다(김태헌, 2006: 139-140).
최근 한일 양국은 미혼률이 남녀 모두 급증했으나, 한국의 25~29세
미혼률은 남녀 모두 일본보다 급증했다. 이는 한국의 남녀 혼인이
25~29세까지 지연된 후, 30대에 집중적으로 혼인하기 때문으로 분석
된다.

(2) 만혼(晚婚)화, 만산(晚産)화의 진행

일본의 출생률 저하의 원인은 만혼화·미혼화 및 기혼부부의 자녀
수 감소(유배우 출생률)로 분류할 수 있다. 1970년대 이후 만혼화·미혼
화 현상이 급속히 진행되고 있고, 생애미혼률도 남녀 모두 상승하고
있다(일본 후생노동성, 2003). 한편 평균 출생아수는 1940년 4.27명에서
1960년대 2.0명대로 저하했고, 1970년대 후반에 2.2명까지 하락하였
다. 또한 2.2명도 '이상자녀수' 2.53명보다 낮은 수준이다(일본 國立社會
保障·人口問題研究所, 1997). 여성의 출산력은 연령증가에 따라 저하되므
로, 이상 및 실제자녀수 간 격차가 쉽게 해소되지 않는다. 또한 '이상
자녀수를 충족 못하는 원인'[43]으로 자녀양육비용 및 교육비 부담 등
이 지적된다.

일본인의 평균 초혼연령은 2006년 신랑 30세, 신부 28.2세로 상승
되어 결혼연령이 높아지는 만혼화가 진행되고 있다. 1975년 신랑 27
세, 신부 24.7세로 30년 동안 신랑 3세, 신부 3.5세의 평균 초혼연령이
상승하였다(일본 少子化白書, 2008). 한편 초혼연령별 혼인건수 구성 비율
을 1986년부터 10년 단위로 보면, 혼인연령 상승과 함께 혼인건수 비

---

43) 일본 국립사회보장·인구문제연구소가 진행한 제11회 출생동향기본조사(1997) 결
과 '이상자녀수를 출산하지 못하는 이유'로, ①막대한 자녀양육비용 ②자녀교육비
용 부담 ③고령출산에 대한 부담 ④육아에 대한 심리적·육체적 부담 ⑤집이 좁
음 ⑥본인의 일에 전념 등으로 나타났다.

율도 낮아지고 있다. 초혼연령이 늦어지는 만혼화의 진행에 따라 출산 평균연령도 늦어지는 만산화 경향이 나타났다. 2006년의 첫째아이 29.2세, 둘째아이 31.2세, 셋째아이 32.8세로, 1975년과 비교하면 각각 3.5세, 3.2세, 2.5세가 늦어지고 있다(신윤정 외, 2008). 한편 초혼연령이 증가됨에 따라 출산을 꺼리는 경향이 있기 때문에, 만혼화와 만산화는 저출산의 인구학적 원인이 되고 있다.

〈표 10〉 한일 양국의 초혼연령 변화 비교(1990~2005)

연도	한국		일본		차이	
	남자	여자	남자	여자	남자	여자
1990	27.8	24.8	28.4	25.9	-0.6	-1.1
1991	28.0	24.9	28.4	25.9	-0.4	-1.0
1992	28.1	25.0	28.4	26.0	-0.3	-1.0
1993	28.1	25.1	28.4	26.1	-0.3	-1.0
1994	28.3	25.2	28.5	26.2	-0.2	-1.0
1995	28.4	25.4	28.5	26.3	-0.1	-0.9
1996	28.4	25.5	28.5	26.4	-0.1	-0.9
1997	28.6	285.7	28.5	26.6	0.1	-0.9
1998	28.9	26.1	28.6	26.7	0.3	-0.6
1999	29.1	26.3	28.7	26.8	0.4	-0.5
2000	29.3	26.5	28.8	27.0	0.5	-0.5
2001	29.6	26.8	29.0	27.2	0.6	-0.4
2002	29.8	27.0	29.1	27.4	0.7	-0.4
2003	30.1	27.3	29.4	27.6	0.7	-0.3
2004	30.6	27.5	29.6	27.8	1.0	-0.3
2005	30.9	27.7	29.8	28.0	1.1	-0.3

자료: 한국 통계청, 「인구동태통계」, 각 연도; 일본 國立社會保障·人口問題硏究所, 「人口統計資料集」, 2006.

한국과 같이 결혼을 전제로 출산이 이뤄지는 사회에서는 초혼연령이 출생아수와 출산시기를 결정하는 주요변수가 된다. 한국의 기간출산율 감소요인으로 혼인시기 지연과 유배우 출산율 감소가 지적된다. 1990년대까지 유배우 출산율이 상승요인으로 작용하였으나, 그 후 초혼연령 상승이 출산율 하락에 더욱 크게 기여했다(김승권 외, 2003).
1990년 한국 남성의 결혼연령이 일본보다 0.6년 빨랐으나 1997년부터
일본보다 늦어졌고, 2005년에는 차이가 1.1년이 되었다. 여성의 경우
1990년 1.1년의 차이가 1998년부터 급감하여 2003년에는 0.3년까지
줄어들었다. 한편 1998년을 기점으로 한·일 양국의 '차이 유형'이 바
뀌고 있는데, 이는 한국에서 IMF 경제위기에 따른 결혼 지연에 기인
한다(김두섭, 2007).

한국과 일본의 성별 결혼연령의 차이변화를 비교하면, 한국에서는
1990년 남녀별 평균 혼인연령 차이가 3.0년이었으며, 2000년대에도
비슷한 수준을 유지하고 있다. 반면 일본 남녀의 결혼연령 차이는
1990년 2.5년에서 2000년 1.8년으로 0.7년이 줄었다. 한국에서 남자의
경우 병역의무기간(2년)의 영향으로 결혼이 지연되지만, 남녀의 연령차
이가 일정한 것은 배우자 연령에 대한 가치가 변화되지 않았기 때문
이다. 그러나 일본의 경우 (결혼)연령차이가 급감한 것은 배우자의 선
택에서 연령 영향이 감소되었기 때문이다(김태헌, 2006: 137). 요컨대 한
국 여성의 초혼연령이 일본보다 낮으면서도 한국의 출산율은 일본에
비해 낮으며, 초저출산 수준에서 벗어나지 못하고 있다. 법률혼이 보
편적인 사회에서 유배우율이 높음에도 불구하고 출산율이 저조한 것
은 낮은 유배우 출산율 및 연령별 출산율 차이에 기인하는 것으로 볼
수 있다.

2) 사회경제적 요인

(1) 여성의 경제활동 참여와 출산율 관계

20세기 후반 가족변화의 주요인은 여성의 경제력 상승과 자녀의 기
회비용 증대이다. 노동의 성적기반 분배가 줄어들면서 결혼의 장점이

감소되었고, 이혼율도 높아지게 되었다. 이론적으로 여성의 경제활동 참여는 출산율에 부정적이며, 미시적 수준에서 기혼여성의 경제활동 참여는 출산율 제고에 부정적으로 나타났다(Yashiro, 2000; Oyama, 2004; Yamaguchi, 2005). 그러나 거시적 수준에서는 여성의 경제활동 참여와 출산율 관계는 1980년대 이후 긍정적으로 전환되었다(Atoh, 2000; Billari & Kohler, 2002; engelhardt & Prskawetz, 2005). 요컨대 일·가정 양립성이 높은 국가44)에서는 출산율과 여성의 경제활동 참가율 모두 높은 반면, 일·가정 양립성이 낮은 국가에서는 여성의 경제활동 참가는 출산율을 하락시킨다(鈴木透, 2006: 302). 현재 일본과 한국의 경우 후자에 속한다.

한편 '고출산 국가(합계출산율 1.6~2.1)' 프랑스·스웨덴·미국 등의 선진국에서는 양성평등에 기초한 여성지위 제고, 일·가정 양립과 가족친화적 고용정책의 보편적 적용, 육아지원 및 육아사회화의 실현, 공보육 중심의 인프라 확충, 노동시장 유연화와 민간보육 활성화 등으로 인해 비교적 높은 출산율을 유지하고 있다(대한민국정부, 2006: 阿藤誠, 2006). 반면 '저출산 국가(합계출산율 1.1~1.6)' 독일·스페인 등 유럽국가와 일본·한국·대만 등의 동아시아국가에서는 가톨릭문화와 가부장적 유교문화의 잔존 영향으로 인한 성별분업의 유지, 가사분담의 여성전가 및 부부 가사분담의 미흡, 다양한 가족에 대한 소극적 수용, 법률혼의 보편적 가치화와 혼외출산율의 저조, 노동시장 경직화와 가족친화적 고용문화 부재에 기인한 일·가정 양립 곤란으로 저출산 또는 초저출산 출산수준이 지속되고 있다.

---

44) 한편 양성평등이 장기간 기본국책으로 추진된 사회주의국가 중국의 높은 (여성)경제활동 참여율(80% 이상)과 1.8 전후의 '높은 출산율'은 구미 선진국의 사회경제적 요인에 기인한 '높은 출산율'과는 다른 양상이다. 중국의 경우, '높은 출산율'은 정책조정에 의한 정책적 요인이 주요인이다.

(2) 일과 가정의 양립 곤란

일본과 한국에서는 일·가정의 낮은 양립성으로 인해 연령대별 경
제활동 참여율이 M형 곡선으로 나타나고 있다(<그림 10> 참조). 비록
M형 곡선은 뉴질랜드 등 선진국에서도 나타나고 있지만, 25~29세와
30~34세 연령대의 경제활동 참여율 감소는 일본과 한국에서 가장 급
격히 나타난다(Furugori, 2003). 따라서 20~30대의 많은 일본 여성들은
취업능력과 일할 기회가 있음에도 불구하고, 자녀의 출산·육아를 위
해 직장(일)을 포기해야 하는 상황이다. 이러한 일·가정의 양립 곤란
은 성별분업의 유지와 남편의 낮은 가사참여율, 노동시장의 경직화 및
가족친화적인 고용정책의 미발달 등에서 기인된다(Atoh & Akachi, 2003).

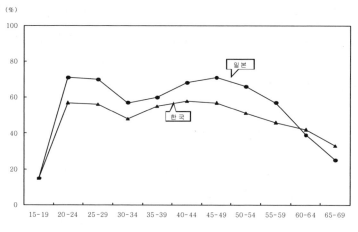

〈그림 10〉 일본과 한국에서의 여성의 경제활동 참여율

최근 일본정부는 일·가정 양립정책을 추진하고 있지만, 육아여성의
일과 출산·육아의 양립은 여전히 어렵다. 출산 1년 전 취업여성 70%
가 출산 반년 후에는 무직상태에 놓여있다(相馬直子, 2008). 출산 후 일을
중단하는 이유는 ①가사와 육아에 전념하기 위한 자발적 중단(52%) ②

일·육아 양립이 어려워서(24.2%) ③직장으로부터 해고 및 퇴직 권유 받았다(5.6%) 등 순이다. '양립'이 어려운 이유는 ①육아휴직을 얻을 수 없을 같아서(36%) ②아이의 병 등으로 인한 휴식, 보육원 등의 운영시간과 근무시간이 맞지 않음(32.8%) ③보육원 등의 보육서비스가 충분하지 않아서(28.8%) 등이 포함된다. 즉 '양립' 환경 미비와 보육서비스 등 육아지원의 불충분이 각각 30%를 차지했다(일본 勞動研究機構, 2003).

최근 육아휴직을 이용한 지속적 취업률은 증가되었지만, 취업률 전체를 보면 과거 20년간 거의 변화가 없는 상황이다. 출산여성의 취업상태는 출산 반년 후 취업률은 지속적으로 상승(25.1~51.4%)했지만, 이 중 임시직과 아르바이트 비율이 25.8%로 정규직(16.5%)보다 높다(일본 厚生勞動省, 2006). 이와 같이 임신·출산을 계기로 일과 육아 중 양자택일을 강요받고 있으며, 이직 후 재취직은 정규직보다 파트타임이나 아르바이트가 많은 상황이다. 즉 일·가정 양립 어려움은 일본 여성이 결혼과 출산을 기피·연기하는 주요인이 된다.

(3) 양성불평등과 여성의 가사전담

가부장적 유교문화의 잔존 영향으로 성별분업의 역할규범이 지속되고 있는 일본에서는 양성불평등의 사회문화적 요인으로 인해 가사분담이 여전히 여성에게 전가되고 있다. UN 개발프로그램에서 출간한 '인간개발보고서'에는 입법·직업·수입 등 여성의 참여비율을 의미하는 여성권리 부여 기준을 포함하고 있다. 일본의 경우 2005년도 0.532로, 28개 OECD 회원국가 중 25위(한국 0.497, 27위)이다(Atoh, 2000: 205). 일본 남편들은 미국이나 유럽국가 남편들에 비해서 아주 적은 시간을 가사에 쓰고 있다. (일본)통계청의 '시간활용과 여가활동 설문조사'에 의하면, 1981년과 1996년 사이에 일본남편들의 가사참여에는 거의 변화가 없었다.

일본의 특별부회(2006)는 '결혼·출산에 영향을 미치는 요인'으로, 둘째자녀 출산 이후 부부간의 가사·육아분담[45] 정도를 지적했다. 즉 남편의 가사·육아분담 정도가 높을수록 부인의 출산의욕이 높아진다는 것이다. 특별부회의 조사연구 결과에 의하면, 아이가 있는 세대에서 아내가 보기에 '남편이 가사·육아를 분담하고 있지 않다'고 답한 세대에서는 '분담하고 있다'고 답한 세대에 비해 아내가 아이를 가지려는 의욕이 약해진다(일본 厚生勞動省, 2006). 즉 남편의 가사·육아 참가율이 높은 부부일수록 추가예정 아이수가 많다는 것이다. 그러나 일본의 장시간 근무환경과 직장분위기는 남편의 가사참여를 허용하지 않고 있는 상황이다.

일본에서는 가정보다 '일을 우선'하는 장시간 노동관행이나 휴가를 얻기 힘든 근로방식으로 인해 남편들의 가사·육아시간을 확보할 수 없게 된다. 2007년 총무성의 '노동력 조사'에 의하면 일본남성의 30대 근무시간은 주 평균 50시간 이상으로, 주 60시간 이상 일하는 30대 남성이 20%를 차지한다. 또한 남편들이 가사·육아에 보내는 시간은 1일 평균 1시간으로, 다른 선진국의 2~3시간보다 매우 짧다(일본 少子化白書, 2008). 즉 일본 남성의 대부분이 '일보다 육아·가사분담을 희망'하지만, 희망과 현실 사이에는 큰 괴리[46]가 존재한다. 이는 가부장

---

45) 한국보건사회연구원의 2006년 조사결과에 따르면 양성평등적 가사분담 형태의 가정이 높은 것으로 나타났다. 남편이 적극적으로 자녀양육과 가사에 참여할 경우 고령출산이 증가되는 것은 부인의 출산결정에 남편의 역할, 즉 부부간의 가사·육아분담 중요함을 시사해준다(김승권 외, 2006: 183).

46) '저출산과 남녀공동참가 의식조사(2006)'에 의하면 일본 남성이 생활 속에서 '일 우선'을 희망하는 비율은 2%이다. 일과 가사 및 사적인 시간의 양립 희망(32%), 사적인 시간 우선(29.9%), 가사와 사적인 시간 우선(12.2%), 가사 우선(5.5%) 등을 합하면 약 80%의 기혼남성이 일보다 가사 및 사적인 시간을 희망하는 것으로 나

적 유교문화 잔존으로 인한 성별분업 유지와 직장·가족 내 양성불평
등의 사회구조에 기인한다.

(4) 경제적 불확실성 및 악화된 노동시장 여건

1990년대 일본의 장기적인 경제불황은 결혼률의 하락과 함께 유배
우 출산율도 저하시켰다. 유배우 출산율에 있어서 남편의 수입이 지니
는 긍정적 효과는 반복적으로 지적되었다(Oyama, 2004). '월간 노동통계
설문조사'의 임금지수는 1997년과 2003년 사이에 6.7% 하락되었는데,
경제불황은 수입수준뿐만 아니라 미래의 예상수입을 통해서도 영향을
미치는 것으로 나타났다(Morita, 2006). 한편 2005년 6월 일본 내각부의
설문조사 결과는 개인생활에 대한 비관적 기대치가 크게 증가되었음
을 보여준다. 예컨대 '내 삶은 더 악화될 것이다'라는 비관적 응답은
'내 삶은 더 개선될 것이다'라고 긍정적 응답을 18%나 초과하였다(鈴
木透, 2005: 304). 이러한 '미래에 대한 불확실성'이 최근 일본사회에서
소자화가 지속되는 주된 원인이다.

급속한 경제발전 시기에 성장한 일본의 젊은이들은 미래의 삶과 생
활에 큰 기대를 하는 경향이 있다. 그러나 경제가 장기적으로 침체되
어 노동시장 여건이 크게 악화되면, 대다수 젊은이들은 결혼을 연기하
고 자녀출산을 망설이게 된다(Yamada, 1999). Nagase(2002)에 의하면 비
정규직은 남녀 모두에게 초혼의 위험을 크게 감소시킨다. 24~27세 정
규직 여성의 초혼의 위험은 급격히 증가하지만, 이러한 가속현상은 비
정규직 여성들에게서는 관찰되지 않았다. 한편 과거에는 30대 남성의
수입이 아버지 수입을 상회하였지만, 최근 노동시장 악화로 젊은 남성
의 수입은 크게 감소되었고, 젊은이들의 실업문제가 일본의 사회문제

타났다. 그러나 현실에서는 50% 이상이 '일 우선'을 선택한다.

가 되고 있다. 즉 젊은 남성의 수입 감소는 결국 결혼상대자로서의 매력을 상실하게 만들었다(Takayama 외, 2000: 303).

요컨대 장기적 경기침체와 1990년대 '거품경제'의 붕괴로, 일본사회에는 저성장·저효율 구조가 고착화되었다. 또한 2003년부터 노동자 파견법이 제조업으로 확대·적용되면서 비정규직 근로자는 364만(2001년)에서 545만(2008년)으로 증가되었고, 2009년 7월 완전실업률은 통계 집계 후 최악인 5.7%를 기록했다(每日經濟, 2009. 9.16). 한편 한국도 1997년 경제위기가 있었다. 은기수(2003)는 경제위기 후 노동시장 재구조화가 젊은이들의 취업 어려움의 초래와 미래에 대한 불확실성을 높였으며, 이삼식 외(2004)는 최근 낮은 결혼률은 경제위기와 미래에 대한 불확실성에 기인한다고 주장했다(鈴木透, 2006). 즉 장기간 경기침체로 인한 청년층의 고용 불안정과 경제적 불황실성이 결혼·출산을 지연시키는 주요인이 된다는 것이다.

3) 정책적 요인

일본정부가 1990년대 이후 15년간 소자화 대책을 실시했음에도 불구하고 일본의 저출산 현상은 여전히 심각한 수준이다. 이는 국가의 정책효과가 미흡함을 설명해준다(鈴木透, 2006). 한편 이러한 국가정책의 비효율성은 일본정부의 지도력과 재정력의 부재에 기인한다. 일본의 최고지도자인 내각수상은 한국과 대만의 대통령들과는 달리 정책을 극단적으로 변경하는데 있어서 제한적인 권력을 갖고 있다(小島宏, 2006: 265-266). 그 외, 정부의 예산지원 부족과 일본의 수상의 잦은 교체 역시 정책의 안정성 유지가 어려운 중요한 원인이다. 출산율을 유의미한 수준으로 회복시키기 위해서는 국가의 막대한 경제지원이 필요하며, 육아휴직의 효과를 통해 출산율을 유의미한 수준으로 향상시킨다는 것도 한계가 있다. 따라서 이러한 정책의 한계점을 인지한 일본정부는 최근 들어 일과 생활의 균형정책을 추진하고 있는 것이다.

1990년대 보육서비스와 육아지원 중심의 국가정책은 직장과 가정 간의 양립성을 높이는데 크게 성공하지 못했다. 즉 정부가 추진한 저출산 정책의 '미흡한 효과'와 정책의 비효율성으로 2000년대 초 일본은 초저출산 사회에 진입하였고, 이는 정부가 실시한 일과 육아의 양립지원 위주의 가족정책(소자화 대책)의 낮은 실효성에 기인한다(阿藤誠, 2006: 38-39). 그러나 출산율 제고의 국가정책은 단기간에 획기적 효과가 나타나는 것이 아니라는 것을 간과해서는 안 된다. 또한 (초)소자화는 사회전체의 변화 혹은 '변화의 결여'에서 기인하는 것으로, 국가의 소자화(저출산) 대책으로만 저출산 문제를 해결하기에는 역부족이라는 것을 시사해준다.

한편 출산장려의 국가정책이 출산율 제고에 효과가 있다는 연구결과와 미시자료의 계량분석 결과를 통한 정책효과는 입증되었다(小島宏, 2003). 그러나 출산율 제고를 위한 정책효과가 인정되었지만 출산정책에 따른 출산율의 낮은 탄력성을 감안하면, 일본과 '적절한 출산율'을 유지하는 유럽과 영어권 국가 간 격차를 줄이기 어려울 것이다. 또한 국가정책이 일정기간 성공했다고 해도, 정책효과가 장기간 지속되지 않는다[47](鈴木透, 2006: 317). 요컨대 일본의 저출산 정책(소자화 대책)은 일본정부의 단편적 정책대응과 정책목표에 비해 미약한 재정투입 및 기업에 대한 계몽·권고의 '정책 한계'로, 예기의 정책효과를 거두지 못했다고 할 수 있다.

---

47) 예컨대 1987년 3월 싱가포르는 새로운 출산정책을 도입하였고, 셋째자녀 이상 자녀에 대한 세금감면, 탁아비용 보조, 대가족 주거혜택 등의 다양한 출산장려정책을 추진하였다(Sasai, 2005). 그 결과 합계출산율은 1986년 1.43에서 1988년에 1.96으로 급등하였다. 그러나 1989년 이후 합계출산율은 다시 감소되기 시작했고, 2005년 합계출산율은 1.25로 초저출산 사회에 진입했다.

4) 사회문화적 요인

스즈키 토루(鈴木透, 2006)는 양성평등과 국제이민 및 다양한 가족의 수용 등 사회문화적 요인에 의해 '적절한 수준'의 출산율을 유지하고 있는 '고출산 선진국'과 상대적 저출산 국가(동아시아와 남유럽, 독일어권 국가) 사이에 존재하는 사회문화적 요인은 단기간에 변화되기 어렵다고 주장했다. 또한 Atoh(2005)는 사회문화적 요인과 전통적 가치관[48]을 저출산 요인으로 지적했다. 한편 '고출산 국가'에서는 국제이민을 보편적으로 수용하고, 미혼모와 동거에 의한 혼외출산이 출산율의 40~50%를 차지하지만, 법률혼의 보편화로 '다양한 가족'을 수용하지 않는 일본의 낮은 혼외출산율(2%)[49]이 저출산의 사회문화적 요인으로 지적되고 있다.

Reher(1998)는 북유럽의 약한 가족관계와 남유럽의 강한 가족관계의 차이는 깊은 역사적 뿌리가 있다고 주장했다. 북유럽의 종교개혁은 결혼을 '성스러운 것'에서 '민간인 계약'으로 변화시켰고, 여성의 지위향상과 함께 가부장적 권위를 낮추고 개인주의를 장려하였다. 따라서 북유럽의 양성평등과 직장·육아 간 양립성은 긴 역사적 배경을 갖고 있

---

48) 전통적 가치관에는 가부장적 유교문화에 기인한 성분업적 역할규범, 법률혼 보편화 및 혼외출산율 저조, 가사분담 여성전가, 다양한 가족 비수용 등 사회문화적 요인들이 포함된다. 현재 일본·한국 등 동아시아국가에서는 이러한 전통적 가치관이 저출산의 사회문화적 요인이 되고 있다.

49) 유럽의 고출산 국가(프랑스·스웨덴 등)에서는 혼외출산율이 40~50%를 차지한다. 그 사회문화적 배경에는 ① 대부분의 남녀 커플이 법률혼에 이르기까지 동거라는 '사실혼' 상태를 거친다. ② '적출이 아닌' 혼외출산의 자녀도 법적으로 적출자와 같은 권리를 누릴 수 있도록 사회·제도적으로 규정했다. ③ 다양한 가족의 수용과 결혼형식의 다양화에 따른 사회적 이해 등이 있다(김태헌, 2006). 한편 구체적인 혼외출산율은 북유럽이 50%, 영어권·프랑스어권 40%, 독일어권 20%, 남유럽이 10% 전후로 나타났다(岩澤, 2004). 반면 아시아 NIES국가들인 한국 1.87%(2005), 일본 1.99%(2004), 홍콩 6%(2005) 수준으로, 혼외출산율이 상대적으로 낮은 편이다(阿藤誠, 2006).

지만, 강한 가족관계를 유지하고 있는 국가(남유럽과 동아시아국가)들은 모성기반의 양육에 의존하고 있다(鈴木透, 2006: 321). 2003년도 국가가족 설문조사(NIPSSR)에 의하면, 82.9%의 (일본)기혼여성은 '어머니가 출산 후 3년간 자녀를 돌봐야 한다'는데 동의하였다. 이러한 성별분업에 기인한 어머니의 '숭고한 역할' 강조는 출산율에 미치는 육아서비스의 효과를 차단시키는 요인이 된다.

한편 국가의 '정책간섭'이 출산율에 큰 영향을 미치지 못한다는 것은 영어권 국가의 저출산 정책 '부재'에서도 나타난다. 인구대체수준 (2.1)의 출산율은 유지하는 미국은 가족정책에 '무관심'하며 자녀보조금 관련 제도도 없고, 육아휴직(무급)은 12주에 불과하다(Kamano, 2003). 그러나 정부정책의 노력의 부족함에도 불구하고 미국의 합계출산율은 1980년대 이후 프랑스보다 꾸준히 높은 상태이다. 따라서 앵글로-색슨 국가들의 높은 출산율을 유지하는 사회문화적 요인이 있는 것이 틀림 없다(鈴木透, 2006: 319). 한편 일본학자 아토 마코토(阿藤誠, 2006)는 미국 등 영어권 국가의 '높은 출산율'을 유지하고 있는 이유로, 다음의 몇 가지를 지적하고 있다. ①고용노동시장의 유연성 ②보육(서비스)시장의 발달 ③직장·가정 내 남녀평등 가치관의 보편화 ④저인구밀도에서 오는 낮은 토지·주택가격 ⑤이민의 적극적 수용 등이다.

일본학자 아토 마코토(阿藤誠)의 연구에 의하면 남유럽국가와 일본 등 동아시아 초저출산 국가는 ①유럽의 '고출산 국가'에 비해 결혼제도에 대한 신뢰감이 강한 반면, 동거와 이혼에 대해서는 비관용적이다. ② 여성의 출산·육아·가정에 있어서 전통적 성별분업에 대해서는 긍정적이지만, 여성의 취업에 대한 관용도는 낮은 편이다(阿藤誠, 2000). 즉 초저출산 국가와 '고출산 국가'와의 가족관·젠더관 등 사회문화적 차이는 일본 등 동아시아국가의 낮은 동거50) 및 혼외출산율, 여성의 낮은 노동참가율 및 남성의 저조한 가사참여와 밀접히 연관된다(Atoh,

2003). 따라서 전통적 성별분업의 성역할에서 벗어나 양성평등의 가치관을 확산시키고, 동거·혼외출산 및 이혼 등에 대한 관용도를 높이는 것이 여성의 취업과 남성의 가사참여 촉진 및 초저출산 현상을 극복하는 '지름길'이라는 것을 시사한다(阿藤誠, 2006: 40).

요컨대 다양한 가족의 비수용으로 인한 낮은 혼외출산율(2004년 1.99%), 국제이민의 비수용으로 인한 국제결혼의 낮은 출산율(2004년 2%), 고령화 대책에 치중하는 인구정책, 유교문화의 잔존과 전통적 가치관의 불변으로 인한 양성불평등, 정부의 제정자원 한계와 단편적 정책추진, 가족친화적인 기업문화의 미정착과 근로방식 개선의 미흡 등에 인한 노동시장의 경직성, 가치관 변화에 따른 자녀 효용성 변화 및 소자녀관 정착화, 여성들의 교육수준 제고에 따른 자아가치 실현 욕망, 출산건강 악화 등 사회경제적 여건 변화와 사회문화적 요인 및 국가정책의 한계성을 포함한 다양하고 종합적 요소가 일본사회의 저출산 요인51)으로 작용하고 있다.

---

50) 일본에서는 동거실태에 관련한 데이터가 매우 적지만, 최근 복수적 데이터 기초자료에 대한 분석에 의하면 조사 당시의 동거율은 1%에 못 미치고 있다. 그러나 2004년의 관련 조사결과에 의하면 30대 여성의 '동거경험'은 10%에 달하고 있는 것으로 나타났다(岩澤, 2005).

51) 일본의 경제학자 마쓰타니 아키히코(松谷昭彦, 2005: 27-28)는 고도성장에 따른 심각한 (일본)고령화가 인구감소의 원인이며, '저출산 요인'이라고 지적하였다. 그의 주장에 따르면 출산율 제고의 인구정책(소자화 대책)은 큰 효과를 기대하기 어려우며, 그것은 주요 출산연령층의 여성인구가 큰 폭으로 지속 감소되고 있기 때문이다. 한편 출산율 하락은 쇼와(昭和)시대(1926~1988) 초기부터 몇 세대에 걸쳐 지속되고 있는 사회현상으로서 사회발전과 여성의식의 변화 및 의료기술의 발달 등 요인과도 관련되지만, 장기간에 걸쳐 형성된 인구(감소)현상은 단기간에 변화되지 않는다는 것이다.

제4절 소결

본 장에서는 한·중·일 3국의 출산율 변화와 영향 요인 및 국가역할, 한·일 양국의 저출산 요인과 중국의 '저출산 대책이 없는 이유'를 구체적으로 살펴보았다.

한·중·일 삼국의 출산율 변동추이를 살펴보면, 정부의 출산(억제·장려)정책과 사회경제적 환경변화 및 국가역할과 밀접한 연관이 있다. 1960년대 이후 한국의 출산율 변화를 3단계로 구분할 수 있다. 1단계 (1960~1983년)는 정부의 강력한 출산억제정책으로 출산율이 인구대체수준으로 급락하는 시기이다. 2단계(1983~1997년)는 저출산 현상이 고착화로, 출산율은 1.5~1.8 수준이다. 3단계는 1998년 이후 (1.4대)저출산 현상이 지속되는 시기로, 2001년 이후 초저출산율(1.3 이하)을 유지하고 있다. 일본의 합계특수출생률은 제1차 베이비붐(1947~1949년)에는 4.3 수준이었지만, 1950년대 산아제한정책으로 1957년에 인구대체수준 (2.04)으로 하락되었다. 그 후 제2차 베이비붐(1971~1974)까지 2.1대를 유지하다가 1975년 이후 2.0 이하로 하락, 1990년대 1.5 수준에서 2000년대 초반 초저출산 사회에 진입하였다. 한편 1970년대 초까지 한국의 출산율은 일본의 2배이었으나, 1984~1988년 한국의 출산수준 (1.6정도)은 일본보다 낮은 역현상이 나타났다. 이는 가족계획사업의 정책효과 및 1980년대 강력한 출산억제정책과 관련된다. 반면 1990년대 산아제한정책이 축소·폐지되어 한국의 출산율은 상승하였지만, 2001년(1.30)부터 초저출산 현상이 나타났다. 2000년대 한국의 출산율 급락은 1990년대 후반의 경제위기와 관련되는 반면, 일본의 출산율 변화는 저출산 대책과 급속한 고령화와 밀접히 연관된다.

한편 1950~1960년대 중국의 인구급증은 1950년대 출산장려정책과

3년 대약진운동·자연재해에 기인한 1960년대 초반의 '보충성 출산 붐', 1960년대 후반 문화대혁명으로 인한 출산정책의 부재에 기인한다. 그 결과 1966~1971년 합계출산율은 5.3~6.5, 1969년 중국의 총인구는 8억을 돌파했다. 그러나 1970년대 계획생육정책의 정책효과로 합계출산율은 1970년 5.81에서 1980년 2.24로 급락했다. 한편 1980년 도시 합계출산율은 1.13으로 하락했지만, 농촌 합계출산율은 2.49로 도농(都農) 간 출산수준 차이를 보여주었다. 그러나 농촌 1.5정책의 추진으로 1990년 합계출산율은 2.17, 도농 간 격차는 1.0 정도로 줄어들었다. 또한 1990년대 출산정책의 안정화와 소생우육(少生優育)의 정책전환으로, 1990년대 말에 이르러 합계출산율은 1.8 정도를 안정적으로 유지하면서 저출산·저성장의 인구전환을 실현했다. 1970년대 이후 중국의 출산율 급격한 저하는 사회경제발전과 가치관 변화에서도 기인되지만, 피임조치와 인공임신중절 및 경제적 처벌을 동반한 강력한 출산억제정책과 국가역할이 주요인이다. 한편 이러한 출산정책과 국가역할은 한국과 일본의 출산율 변화에 미친 '영향 요인'으로도 적용된다.

1950년대 이후 출산율 변화에 미친 영향 요인(저출산 요인 포함)으로, 한·중·일 삼국 간에는 공통점과 차이점이 존재한다. 출산율 변화에 미친 영향 요인의 공통점으로, ①출산억제를 위한 강력한 산아제한정책 ②인공임신중절 합법화와 피임보급 ③제도적 규제와 보상제도, 국가적 홍보와 계몽·교육 ④도시화·핵가족화에 따른 가족구조와 자녀 효용성 및 가족 가치관 변화 ⑤교육수준 제고에 따른 여성의 경제활동참여 증가 등의 사회경제적 요인 ⑥초혼연령과 미혼률 상승 ⑦장기적 출산억제정책에 기인한 소자녀관 고착화 ⑧경제위기에 따른 소득의 불안정 및 자녀양육비용 상승 ⑨국가역할 변화와 정부정책 효율성 등을 꼽을 수 있다.

반면 출산율 변화에 미친 한·일 양국과 중국의 국가역할은 공통점과 차이점이 병존한다. 즉 3국의 20세기 출산억제정책에서는 국가역할이 강화된 반면, 21세기 출산장려정책에서 국가역할은 크게 약화되었다. 또한 1970~1980년대 출산억제정책에서 한·중 양국의 국가역할은 절대적이었지만, 1950년대 중국의 출산장려정책과 21세기 한국의 출산장려정책에서의 국가역할은 큰 차이를 보이고 있다. 한편 21세기 저출산 정책에서는 한·일 양국의 국가정책 비효율성은 저출산 요인이 되고 있으며, 국가역할은 크게 감소되었다. 반면 2000년대 이후 정책조정과 다원화 정책의 실시로, 1.8 정도의 출산수준을 유지하고 있는 중국의 국가역할은 크게 변화되지 않았다. 이는 부동한 사회제도의 정책시스템과 국가역할 및 권력구조의 특징에서 기인된다.

한편 1980년대 초 한국의 출산율이 인구대체수준으로 하락된 것은 가족계획사업의 제도적 지원에 따른 기혼여성의 높은 피임실천율과 인공임신중절 합법화(1973)와 크게 관련된다. 1960년대까지 인공유산이 출산율 저하에 큰 영향을 미쳤다면, 1970년대 피임실천율의 제고를 위한 정부의 사회지원시책이 적극 도입되면서 피임작용이 더욱 중요해졌다. 반면 1950년대 중국정부의 절육·인공유산에 대한 금지조치와 1970~1980년대 국가지원에 따른 피임보급은 출산율 변화(급증·급락)에 막대한 영향을 미쳤다. 한편 일본의 우생보호법 제정(1948)과 인공임신중절 합법화, 1950년대 추진한 수태조절과 피임법 개발 등의 산아제한정책은 1950년대 후반 인구대체수준의 출산율 저하에 큰 기여를 했다. 그러나 일본에서 피임법은 인공임신중절보다 늦게 개발되었고, 출산율 저하에 미친 영향도 상대적으로 낮게 평가된다. 실제로 피임약 사용률은 합법화된 1999년 후에도 매우 낮은 수준이다. 한편 1980년대 중국과 한국에서 남아선호사상과 태아성별 확인가능에 따른 인공유산·불법낙태의 증가는 성비 불균형에 크게 기여했다.

최근 한·일 양국의 공통된 인구학적 원인으로, 미혼화와 만혼화 및 만산화가 지적된다. 고연령의 결혼과 높은 미혼률은 20대 여성들의 결혼률을 급감시켰고, 이는 출산율 저하의 가장 중요한 인구학적 요인이다. 또한 양국의 공통된 저출산의 사회경제적 요인으로는 ①여성의 노동력참여 증가에 따른 출산율 저하 ②일·가정의 양립 곤란 ③양성불평등과 여성의 가사전담 ④악화된 노동시장 여건으로 인한 결혼·출산율 하락 ⑤경제적 불확실성으로 인한 결혼·출산 지연 등이다. 한·일 양국의 비슷한 사회구조52)로 인해 여성의 경제활동참여와 자아실현욕구가 지속 증가되고 있지만, 관련 정책과 고용환경은 미흡하여 대다수 여성이 일과 결혼·출산 중 양자택일해야 하는 상황이다. 또한 성별분업의 지속과 가족친화적 고용문화 부재, 육아지원 미흡과 사회적 인프라 미비 등이 여성의 일·가정 양립이 어려운 원인이 되고 있다. 특히 한·일 양국은 오랫동안 가부장적이고 성분업적 역할규범을 강조하는 전통문화의 영향을 받아왔으며, 유교문화의 영향 잔존으로 가족과 직장에서 양성평등을 이루지 못하고 있다. 이는 양성평등의 사회주의국가 중국과 비교된다. 현재 법률혼이 보편적 가치 및 사회적 규범으로 인정받고 있는 한·일 양국에서는 출산은 결혼은 전제로 하며, 혼외출산율은 매우 저조하다. 즉 다양한 가족에 대한 비수용과 혼외출산에 대한 사회적 편견은 출산율 제고의 장애요인이 되고 있다.

현재 한·일 양국의 저조한 혼외출산율(2~3%)은 유럽 '고출산 국가'의 혼외출산율 40~50%와 극명한 대조를 이루고 있다. 따라서 일본학자들은 장기간에 걸쳐 형성된 동서양의 사회문화적 차이에 기인하는

---

52) 한일 양국은 '비슷한 사회구조'는 다음과 요약할 수 있다. ①가부장적 유교문화 잔존으로 인한 성별분업의 유지와 직장·가족 내 양성불평등 ②남성중심의 사회제도와 장시간 근로관행 및 기업문화 ③저출산·고령화의 불균형적 인구구조 ④법률혼의 보편화 및 다양한 가족의 비수용에 따른 낮은 동거·혼외출산율 ⑤상대적으로 낮은 여성의 지위와 가사·육아의 여성 전담 및 남성의 저조한 가사참여율 ⑥가족이데올로기 및 소자녀 가치관의 고착화 등이다.

동아시아국가의 낮은 혼외출산율을 '저출산 요인'으로 지적하고 있으며, 이를 국가정책의 한계점으로 인식하고 있다. 한편 법률혼과 결혼 전제의 출산을 사회적 규범으로 인식하고 있는 동아시아국가에서는 동거 및 혼외출산은 비도덕적인 '일탈행위'로 인정되어 사회적 지지와 관용을 받지 못하고 있다. 또한 합법적 가족과 결혼·출산을 중요시하는 동양문화권에서 정부가 젊은이들의 동거·혼외출산을 권장할 수도 없는 실정이다. 이러한 '문화적 차이'는 출산율 제고의 중요한 장애요인이 되고 있지만 단기간에 변화될 수 없으며, 이 또한 동아시아 저출산 국가의 출산율 제고에 가장 중요한 '아킬레스건(Achilles-腱)'이 되고 있다.

요컨대 소자녀 선호의 가치관 변화와 사회경제적 여건의 변화 및 직장·가족 내 성별분업의 지속과 양성불평등의 사회적 환경은 오늘날 한·일 양국의 저출산의 '종합적 요인'으로 작용하고 있다. 특히 국가역할 약화와 정부정책의 비효율성은 저출산의 중요한 정책적 요인으로 지적된다. 따라서 저출산의 정책적 요인으로 간주되는 정부정책의 비효율성53)과 국가역할의 약화가 정부정책의 높은 실효성 및 국가역할의 강화로 역전된다면, 이는 한·일 양국의 저출산·고령화 사회 문제를 해결하는 '중요한 대안'이 될 수 있을 것이다.

---

53) 한일 양국의 정부정책 비효율성의 '공통점'으로, ①출산·육아는 개인의 '사적 영역'이므로, 국가의 간섭을 자제하는 사회분위기 ②고령화에 치우친 인구정책으로, 저출산에 정책에 대한 국가 재정지원의 예산부족 ③보육정책의 시장화와 국공립 보육시설의 축소화 ④출산·육아에 대한 '가족이데올로기' 고착화에 따른 국가역할의 약화 등이 지적된다. 한편 한국에서는 저출산 정책에 대한 낮은 국민체감도가 주목되는 반면, 일본에서는 수상의 잦은 교체에 따른 '정책의 안정성 유지'의 어려움이 크게 부각되고 있다. 또한 중국에서는 농촌·농민의 '다산 선호' 생육문화의 상존, 각 지역의 경제발전과 출산수준의 차이, 뿌리 깊은 남아선호사상 등이 정책딜레마로 지적된다.

제3장 출산정책 변화와 국가역할

제1절 한국의 출산정책 변화

한국의 출산정책[1]은 출산억제정책과 인구자질향상정책 및 출산장려정책으로 구분된다. 출산억제정책은 가족계획사업을 도입한 1961년부터 출산억제정책을 폐지한 1995년까지로, 동 기간 출산율 급락은 국가개입으로 인한 출산(억제)정책의 영향을 크게 받았다. 인구자질향상정책은 정부가 인구자질 향상정책을 발표한 1996년부터 고령화·미래사회위원회가 발족(2004년 2월) 직전까지 볼 수 있다. 1990년대 후반 출산율 감소는 출산억제정책과 사회경제발전, IMF 외환위기 및 소자녀 가치관 변화 등이 복합적으로 작용한 결과이다. 출산장려정책은 저출산 문제의 심각성을 인식한 한국정부가 출산율 회복을 위해 고령화·미래사회위원회를 설치하고, 출산장려정책 전환을 선언한 2004년부터라고 할 수 있다.

---

1) 출산관련 정책은 추진방향에 따라 출산율 억제정책과 출산율 제고정책으로 구분할 수 있다. 동아시아에서 대표적인 출산율 억제정책은 1960~1990년대 중반까지 한국에서 실시되었던 가족계획사업과 1970~1980년대에 국가에 의해 강력하게 추진된 중국의 계획생육정책을 꼽을 수 있다.

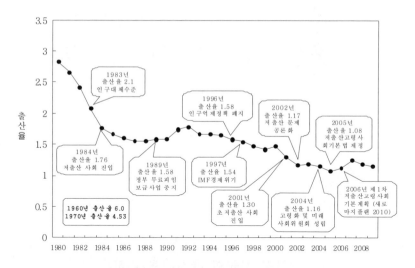

〈그림 11〉 1980~2009년 한국의 합계출산율 변동 추이와 출산정책

1. 출산억제정책

한국의 출산억제정책은 1980년대 초반 인구대체수준의 출산율 저하를 계기로, 정책 성격과 출산율 변화 및 저출산 사회 진입에 미친 정책적 요인의 영향력이 달라진다. 따라서 본 연구에서는 1980년 초반을 전후하여 정책 추진과 출산율 변화를 살펴보기로 한다.

1) 1960~1970년대 출산억제정책

1960년대 초 한국은 6·25전쟁과 국토분단으로 인한 생산시설 파손과 인력 손실 및 경제구조의 불균형 등으로 경제적 빈곤이 매우 심각하였다. 또한 전후(戰後) 베이비붐2)으로 인해 연평균 3%에 가까운 자연

---

2) 1950년대 한국전쟁 이후 한국에서는 출생자수가 급증하던 시기가 있었다. 즉

인구증가율을 보인 반면, 부양비는 80%가 넘는 비생산적 인구연령구성으로 인해 경제성장과 사회복지향상은 불가능한 상황이었다(장보현, 2008: 116). 따라서 한국정부는 인구증가가 사회경제발전에 미치는 영향을 분석하여 경제개발계획의 성공적 실현을 위해서는 인구증가억제가 필요하다고 판단하고, 1961년 출산억제의 가족계획사업을 국가시책3)으로 채택하였다. 한편 이시기 국가정책은 가족의 삶의 질에 대한 관심보다는 전후 심화된 베이비붐에 주목하면서 경제적 관점에 의거하여 사회통제적 측면에서 출산억제를 위한 가족계획사업 강화에 초점이 맞춰졌다(이진숙 외, 2006: 16).

1960년대 한국의 출산억제정책은 피임서비스보급 및 가족계획 홍보교육을 주로 지역사회 중심으로, 출산력이 높은 농어촌을 대상으로 하여 전개해 나갔다(이희연, 2003: 559). 1960년대 출산억제정책은 홍보와 계몽을 통하여 피임실천을 유도하는 방향으로 전개되었으며, 재래식 피임방법으로 정관수술과 젤리 및 콘돔을 무료로 보급하였다. 또한 '10개년 계획'에서 정한 목표를 실현하기 위해 20~44세 부인의 피임실천율을 1971년까지 45% 수준으로 높이는 목표를 책정하였다(이삼식 외, 2005). 정부는 1963년 '가족계획사업 10개년 계획'을 제정하고,

---

1955~1963년에 태어난 이들을 1차 베이비붐세대로 부르며, 대체로 이 시기를 전후(戰後) 베이비붐시기라고 부른다. 반면 일본에서는 1940년대 후반과 1970년대 초반 2차례의 베이비붐시기가 있었고, 중국에서는 1960년대 초반 대약진과 자연재해로 인한 인구감소에 대한 '보충성 출산붐'이 있었다.

3) 개발도상국에서 빈곤의 악순환이 거듭되고 있는 가장 근본적 원인은 인구증가와 경제발전과의 관계에서 비롯된다. 일반적으로 소가족 가치에 대한 선호는 경제발전이 이룩되어야 쉽게 형성된다. 경제발전 선행에는 지나친 과잉인구의 부담이 따르며 경제발전에 저해된다. 즉 경제발전이 없는 인구증가억제정책의 선행은 의식구조 전환이라는 어려움에 부딪히고, 인구증가 억제 없이 신속한 경제발전을 이룬다는 것은 매우 어렵다(이희연, 2003). 요컨대 20세기 중·후반 많은 개발도상국들이 가족계획사업을 국가시책으로 설정한 이유는 급격한 인구증가가 경제성장에 장애요인으로 작용했기 때문이다. 1960년대 한국의 경우도 이에 적용된다.

1960년의 인구증가율 2.9%를 1971년까지 2.0% 수준으로 둔화한다는 목표를 확정했다. 따라서 피임약제기구 수입과 국내생산금지 해제 및 보건소 내 상담실 설치 등 가족계획사업의 기본방침이 제정되었고, 3자녀 갖기 운동 및 피임보급 확산 주력 등 정부의 노력으로 농·어촌 지역에서 가족계획실천의 저변 확대가 이뤄졌다.

한편 경제발전계획의 성공적 추진으로 사회경제적 발전과 함께 도시화가 촉진되어 도시인구 비율은 1960년 28.0%에서 1970년 41.1%로 급격히 증가했다. 지난 10년 정부가 추진한 가족계획사업의 성과로 20~44세 부인의 피임실천율은 1971년 25%로 증가되었고, 합계출산율도 1960년의 6.0명에서 1970년에는 4.5명으로 감소되었다(양재모, 1986). 또한 1971년 인구증가율 2.0%도 계획대로 달성되자, 정부는 제3차 5개년계획기간(1972~1976년)에는 1976년까지 인구증가율의 1.8%, 제4차 5개년계획기간(1977~1981년)의 인구증가율을 1981년까지 1.5%로 저하시킨다는 구체적 목표를 수립하였다(이진숙 외, 2006: 17).

1971년 출생아수가 역대의 최고 수준인 103만이 되자, 정부는 더 강력한 인구증가의 억제를 위해 '딸 아들 구별 말고 둘만 낳아 잘 기르자'라는 슬로건을 채택하여 2자녀 갖기 운동을 추진했다. 정부는 1973년에 각계의 의견을 종합하여 제출된 모자보건법4)을 공표하여 우생학적·유전학적 이유, 특수 전염성질환, 강간 또는 준 강간에 의한 임신, 법률상 혼인할 수 없는 혈족 내 임신, 임신지속이 모체건강에

---

4) 모자보건법은 모성의 생명과 건강을 보호하고 건강한 자녀의 출산과 양육을 도모하여 국민보건 향상에 기여를 목적으로 1973년에 제정되었다. 모자보건법에 의하면, 국가나 지방단체는 모성과 영유아의 건강을 유지·증진하기 위하여 필요한 조치를 해야 하며, 모자보건사업 및 가족계획사업에 관한 시책을 강구하여 국민보건 향상에 이바지하도록 노력할 책임이 있다. 가족계획사업에 법적 근거를 마련한 모자보건법은 1986년에 개정(법률 제3824호)되었다. 한편 최근 불법낙태가 만연되어 낙태건수가 당해의 출생아수와 '비슷한 숫자'로 늘어나면서, 낙태를 허용하는 모자보건법의 (예외조항)모호성 지적과 함께 '법 개정' 주장이 제기되고 있다.

유해할 경우에 한하여 인공임신중절을 법적으로 허용하였다(이삼식 외, 2005). 또한 사회적으로 팽배된 남아선호사상이 출산율 증가원인으로 지적되면서, 정부는 1977년 가족법을 개정5)하여 여성의 상속권을 인정했다. 1970년대 후반 피임효과를 높이기 위해 일시적 피임의 보급보다 불임수술 등 영구피임을 적극 권장하고, 피임약제의 국내생산 장려정책을 추진하였다(김두섭, 2007: 198-199).

정부는 1976년 인구증가억제를 위한 인구정책심의회를 부총리 산하에 설치하고, 인구증가억제를 위한 각종 인센티브 제공과 다방면의 산아제한정책을 추진하였다. ①소득세 면제를 종래 3자녀에서 2자녀까지 확대하고, 피고용인의 가족계획을 지원하는 기업에게는 세금을 면제해 주었다. ②1978년부터는 2자녀를 가진 여성이 불임시술을 수용하면 주택분양의 우선권을 부여하였다. ③1978년에는 '잘 기른 딸 하나가 열 아들 안 부럽다'는 슬로건을 제정, 여성차별과 남아선호사상 불식을 위해 노력했다(유계숙 외, 2008: 119-120). 이러한 법 개정과 (기업) 세금 면제 및 홍보 강화 등 정부의 정책과 국가역할은 1980년대 초 출산율이 인구대체수준(2.1명)의 저하에 큰 기여를 했다고 할 수 있다.

2) 1980~1990년대 중반의 출산억제정책

1980년 합계출산율이 2.8명 수준에서 정체되면서 전두환 대통령은 보다 강력한 인구대책을 수립·시행할 것을 내각에 지시하였다. 보다

---

5) 1977년 한국정부는 남존여비 사상에 기반을 두었던 가족법(1958년 제정)의 상속비율 개정 등 일부 내용을 개정하여 남녀차별을 완화하였다. 또한 친권을 부모가 공동 행사하도록 하고 소유불명재산은 부부고유로, 협의이혼도 가정법원의 인가로 하는 등 특별조치는 여성에 대한 차별을 시정한 것이다. 그러나 남자 에 국한되어 있는 주거상속의 폐지 또는 개정은 여전히 이뤄지지 못했고 남녀차별은 상존해있다. 1989년에 남아선호사상의 불식을 위하여 정부는 또다시 가족법을 대폭 개정하였다.

강력한 인구증가억제대책을 강구하라는 대통령 지시로 가족계획사업은 더욱 활발히 추진되었고, 1981년 12월 새로운 출산억제정책으로 '49개 시책'이 발표되었다(조남훈, 2005). 새로운 정책의 주요내용은 ① 피임시술비 인상 등 가족계획사업의 관리제도 개선 ②새마을사업을 통한 사업 강화 등 피임보급 확산 ③피임실천 및 소자녀 가치관 촉진을 위한 규제 및 보상제도 ④자비피임실천의 촉진 ⑤남녀차별 시정을 위한 사회제도 개선 ⑥홍보교육활동의 강화방안 등이 포함된다.

1981년에 출범된 '49개 시책'은 인구증가억제를 위한 한국정부의 강력한 의지를 반영한 출산정책이다. 따라서 가족계획사업은 더욱 활발하게 추진되었고, 1983년 합계출산율은 인구대체율 2.1명을 달성하는 등 출산율 저하의 가시적 성과를 거두었다. 반면 피임보급 확산과 소자녀 가치관 정착화, 남아선호사상과 인공임신중절의 보편화로 출생성비가 심각한 수준으로 왜곡되는 부작용을 야기했다(장보현, 2008: 120-121). 1980년대 한국정부가 추진한 강력한 출산억제정책은 출산율을 인구대체수준으로 저하시키는 효과를 거두었지만, 반면 2000년대 한국사회가 초저출산 사회에 진입하는데 간접적으로 기여했다. 이 또한 국가의 강력한 출산정책이 인구발전에 '부정적 역할'을 한 정책사례로 볼 수 있다.

한편 1980년대 가족계획사업은 사업효율을 위하여 특정집단을 선별하여 불임수술을 보급하는 전략을 채택하였다. 홍보도 인쇄매체 및 TV 등 전파매체를 활용하여 1~2자녀 갖기 운동을 전개하였다. 또한 가족계획을 뒷받침하기 위하여 공무원 가족수당과 자녀학비 보조수당을 2자녀까지 제한하는 등 2자녀 가정에 대한 사회지원시책을 다원화하고, 1자녀 단산(斷産)가정에 대해 분만비와 1차 진료를 무료로 지원하는 정책을 새로 도입하였다(김두섭, 2007: 200). 또한 정부는 1986년 가족계획의 질적 향상과 인구자질 향상을 위하여 모자보건법을 개정하여 모자보건기구의 설치 및 운영에 관한 법적 근거를 마련하였다.

정부의 인구증가억제정책 추진에 대한 강력한 의지로 합계출산율은 목표 연도인 1988년보다 4년 빠른 1983년에 인구대체수준을 달성하였다. 반면 정책성과는 가시화되었지만 새로운 인구문제가 야기되었다. 당시 사회적으로 팽배했던 남아선호사상과 1980년대 초 도입된 초음파검사에 의한 태아 성감별 및 인공임신중절 만연으로 출생성비는 심각하게 왜곡되었다. 출생성비는 1980년 103.9에서 1985년 109.5, 1990년 116.5로 급증하였다(유계숙 외, 2008: 121). 따라서 정부는 출생성비의 불균형 회복을 위해 1987년 의료법을 개정하여 태아 성감별을 제공하는 의료인에 대해 의사면허를 취소하고, 1989년 가족법을 개정하여 남아선호사상 불식을 위해 노력했다. 한편 정부는 1989년 무료피임보급을 저소득층으로 한정시키고, 의료보험을 통한 자비피임을 증가시키는 등 정책방향을 전환하였다.

요컨대 가족계획사업이 '정책효과'[6]를 거둔 요인을 3가지로 분석할 수 있다. ①가족계획사업의 국가시책 채택, 관련법 제정·개정, 피임 및 불임시술 보급과 국가적 홍보·교육, 경제적 보상과 제도적 규제 등의 정책적 요인 ②1970년대 이후 사회경제의 급속한 발전과 가족 및 인구구조 변화, 소자녀·핵가족 선호의 가치관 대두 ③가족계획사업이 국가정책으로 추진되면서 국가가 '개인영역'인 출산에 간섭했음에도 불구하고, 경제발전에 저촉되는 인구증가의 부담 제거와 경제성장을 통해 가난에서 벗어나려는 국가와 개인·가족 이해의 공유 등이다.

---

6) 한편 한국의 가족계획사업이 1980년대 초반에 이르러 합계출산율이 인구대체수준 (2.1)으로 저하되는 등 '정책효과'를 거두게 된 또 다른 중요한 요인으로, 1970~1980년대 급속한 경제성장을 이룬 국가의 강력한 파워와 최우선 국정과제인 경제발전에 저촉되고 '부담되는' 인구급증을 억제하려는 국가의 강력한 정책의지 등 국가역할을 꼽을 수 있다. 반면 국가역할이 긍정적으로만 나타난 것은 아니다. 특히 1980년대 군사정권에 의해 강행된 '49개 시책' 등 출산억제정책은 소자녀 가치관의 고착화와 2000년대 초저출산 사회에 진입하게 된 '정책적 계기'가 되었다고 볼 수 있다.

2. 인구자질향상과 복지증진 및 신구인정책

정부의 강력한 출산억제정책이 가시적 효과를 거두면서 출산력은 1980년대 중반에 선진국의 낮은 수준에 도달했고, 한국사회는 합계출산율 1.6대의 저출산 사회에 진입하였다. 1990년대 진입 후 그동안 정부가 추진해온 출산억제정책은 유명무실해졌고, 출산억제를 위한 정책 규제와 보상제도가 대부분 철폐되었다. 1994년 소득세 인적 공제범위에서 자녀제한제도가 철폐되었고, 출산억제정책은 더 이상 유지하기 어렵게 되었다. 따라서 1996년 인구자질향상과 복지증진을 위한 신인구정책 전환이 시작하였다(김두섭, 2007: 200).

신인구정책에는 1990년대 후반의 인구자질향상과 복지증진 정책 및 2000년대 초반 한국사회가 저출산·고령화 사회에 진입한 후 정부가 출범한 저출산·고령화 정책이 포함된다. 신인구정책은 인구자질향상·복지증진 정책에서 저출산고령사회기본계획(2006)이 출범되기까지의 '과도기 정책'으로 볼 수 있다. 한편 저출산 현상이 상당기간 지속되었지만 한국의 인구정책은 주로 고령화에 초점이 맞춰졌고, 고령화현상 진단과 대안을 주제로 한 정책연구에 비해 저출산에 대한 정부의 정책의지는 강력하지 못했다(유계숙 외, 2008: 126).

강력한 출산억제정책 및 관성으로 1990년대에도 출산율이 인구대체수준보다 낮은 수준으로 유지됨에 따라, 출산억제정책의 존폐여부에 대한 전문가들의 치열한 논쟁이 진행되었다(이삼식 외, 2005). 한편 1996년부터 2003년까지 인구자질향상과 복지증진의 신인구정책이 실시되면서 출생성비의 균형 유지 및 건강·복지증진에 집중되었다. 그러나 7년간 실시된 인구자질향상정책[7]은 1983년에 합계출산율이 이미 인

---

7) 인구자질향상과 복지증진에 초점을 맞춘 신인구정책(1996~2003년)이 2000년대 초반의 초저출산 사회 진입에 '기여'했다기보다는 1980년대 군사정권이 강행한

구대체수준으로 하락한 이후 1990년대에도 지속적으로 출산율이 하락했음에도 불구하고, 장기적 안목의 출산정책 부재 및 저출산·고령화 문제의 심각성을 인식하고도 일관성 있는 저출산 대책을 적극 추진하지 못했다는 지적을 받고 있다.

한국정부가 30여 년간 추진해온 가족계획사업이 1990년대 출산력 저하의 정책효과를 거두게 된 것은 정책적 요인과 사회경제발전 및 가치관 변화에서 기인된다. 즉 국가의 최우선 정책과제인 경제성장을 위해 급속한 인구증가의 장애요인을 제거하려는 국가의 강력한 의지와 정책제정 및 추진전략이 주효(정책적 요인)한 외, 사회경제적 요인과 (가족·자녀)가치관의 변화 등이 포함된다. 이희연(2003)은 동아시아국가 중 가족계획사업(출산억제정책)을 성공적으로 추진한 대표적 개발도상국으로 한국·중국·싱가포르8)를 꼽았다. 그는 이들 국가가 출산억제정책의 효과적인 시행전략 원인을 ①대가족 가치에 대한 태도 변화 ②법적 혼인연령의 상승 ③아동노동의 금지와 의무교육 실시 ④여성의

출산억제정책과 1980년대 후반 출산율 1.6 이하의 저출산 사회에 진입했음에도 불구하고, 한국정부가 적극적으로 저출산 대책을 마련하지 못한 정책적 요인에 기인했다고 할 수 있다.

8) 싱가포르는 출산억제정책을 실시하여 성공을 거둔 대표적 국가이다. 1955년 3.74%의 높은 인구증가율은 1980년 1.2%로 저하되었고, 합계출산율도 1966년 4.5에서 1985년 1.4로 크게 낮아졌다. 1966년부터 출산억제정책을 실시한 싱가포르정부는 산아제한을 위해 주로 제도규정 위반에 대한 페널티 부과 및 차별·규제 위주인 '부정적 유인체계'의 다양한 사회지원책을 실시하여 인구증가율을 하락시키는 데 큰 효과를 보았다(이희연, 2003). 정부가 실시한 사회지원책에는 ①출산 순위에 따라 병원 출산비의 차이를 두며, 산모의 출산유급휴가는 둘째자녀까지 한정한다. 또한 출산 후 불임수술을 받으면 출산비용이 낮아진다. ②1973년 8월1일 이후 넷째 이상의 자녀를 출산하면 소득세 감면혜택을 받지 못한다. ③소자녀 가족에게 주택 및 아파트 입주 우선권을 부여한다. ④불임수술을 받은 부모자녀에게 초등학교 입학선택의 우선권을 부여하며, 넷째 이상 자녀는 초등학교 선택에서 가장 낮은 순위를 부여하는 등이 포함된다. 싱가포르의 인구정책 목표는 1995년까지 인구대체수준으로 출산율을 저하시키는 것이었지만, 1985년에 합계출산율은 1.4로 크게 낮아졌다.

지위 향상 ⑤긍정적 유인체제와 부정적 유인체제 등으로 종합·정리하였다(이희연, 2003: 553-555).

3. 출산장려정책

1) 2004~2006년 저출산 대책

2000년대 진입 후 한국정부는 저출산의 사회경제적 파급효과를 감안하여 정책대안을 제시하고, 저출산 대비 인구정책개발 및 범정부적 대책수립 연구를 추진해 저출산 현황 및 정책방향 모색에 주력했다. 2004년에는 2003년부터 청와대에 구성·운영되었던 인구고령사회대책팀을 고령화 및 미래사회위원회로 변경, 저출산·고령사회 대응을 위한 국가실천전략을 대통령께 보고하였다. 2004년 보건복지부 업무보고에 출산안정을 위한 사회적 지원시책의 개발의지를 표명하고, 2004년 말부터 저출산고령사회대책기본법 제정을 추진했다.

2005년 5월 한국정부는 저출산 현상에 대한 국가의 책무를 명확히 하고, 출산율 제고의 저출산 정책의 기본사항을 법으로 규정하는 저출산고령사회기본법을 제정하였다. 이는 출산율 저하로 야기될 사회적 문제의 예방 및 원활한 해결을 도모하고, 국가발전과 국민의 복지증진에 기여하려는 취지이다. 저출산고령사회기본법은 21세기 한국사회가 초저출산 시대와 고령화 사회에 진입함에 따라 자녀 출산·양육이 원활하게 이루어질 수 있도록 국가가 책임지는 저출산·고령사회정책 수립 및 추진체계에 관한 사항 등을 국가가 법적으로 규정한 것이다. 2005년 '기본법'의 제정은 저출산·고령사회 국가정책의 기본이념과 정책방향을 제시하고, 제1차 저출산고령사회기본계획의 법적 근거를 마련했다는 데 의의가 있다.

2006년 6월 최종적으로 출산율 하락추세 반전과 고령사회 적응기반 구축을 목표로 3대 분야에서 70대 이행과제, 236개 세부사업을 포함하는 제1차 저출산고령사회기본계획이 확정되었다. 제1차 '기본계획'은 '모든 세대가 함께 하는 지속발전이 가능한 사회'를 정책비전으로 확정했다. 또한 2020년9)까지 저출산·고령사회의 인구정책의 성과가 가시화될 수 있도록 저출산·고령화에 대응한 전반적 사회경제구조에 대한 개혁을 추진하며, 매 5년마다 단계적·전략적 목표를 설정하고 '기본계획'을 수립하도록 한다. 2006~2010년까지 추진될 '기본계획'은 4대 중점 추진과제에 의해 정책이 추진된다(대한민국정부, 2006).

한편 정부가 제정한 제1차 저출산고령사회기본계획의 4대 중점과제에는 저출산 대책(첫째)보다 고령화 정책(둘째·셋째)이 더 많은 비중을 차지한다. 이러한 고령화 정책에 편중된 종합적 인구정책은 2000년대 이후 한국사회가 초저출산(2005년 합계출산율 1.08명) 시대와 함께 고령화 사회10)를 동시에 맞이했기 때문으로 볼 수 있다. 한국사회는 2000년에 고령화 사회(노인인구 7%)에 진입한 후 2018년에 고령사회(14%), 2026년 초고령사회(20%)에 진입하게 되는데, 현재의 고령화 추세가 지속될 경우 2050년 한국의 노인인구 비율은 세계 최고 수준(38.2%)에 도달할 전망이다. 이러한 초저출산 현상의 지속과 고령화의 심화는 저출산 대책과 함께 고령화 정책을 국정과제로 동시에 추진해야 하는 '중요한 이유'이며, 이 또한 한국정부가 저출산·고령사회정책을 동시

---

9) 베이붐 세대(1955~1963년생)가 2020년 이후 노인연령에 진입하고, 초저출산 세대 (2001년생 이후)가 가임연령에 도달하는 2020년대에는 저출산·고령화 문제가 더욱 심각해질 것이다. 따라서 저출산고령사회 대응기반 확립이 더욱 필요한 상황이라고 할 수 있다.

10) 2000년 고령화 사회에 진입한 한국의 고령화 비율은 2010년 11%, 2026년 초고령 사회에 진입하게 된다. 최근 2030년 (한국)고령화 비율은 24.3%로, 일본과 독일·이태리(이 두 나라는 2010년 초고령사회 진입)에 이어 '4대 노인국'으로 될 것이라는 전망이 나왔다(한국 재경일보, 2010. 5.13).

에 출범하는 이유이기도 하다.

<표 11> 새로마지플랜2010의 저출산 정책 기본구조

대영역	중영역	소영역
1. 출산·양육에 대한 사회책임 강화	(1) 자녀양육 가정의 경제적·사회적 부담 경감	① 영유아 보육·교육비 지원 확대 ② 방과 후 학교 확대 등 사교육비부담 경감 지원 ③ 자녀양육가정에 대한 조세·사회보험 혜택 확대 ④ 자녀양육가정에 대한 인센티브제도 도입 ⑤ 국내입양 활성화
	(2) 다양하고 질 높은 육아지원 인프라 확충	① 육아지원시설 확충을 통한 보육수요 충족 ② 민간 육아지원시설 서비스 개선 ③ 수요자 중심의 다양한 육아지원서비스 확대
	(3) 임신 및 출산에 대한 지원 확대	① 모성 및 영유아 건강관리 체계화 ② 불임부부 지원 ③ 산모도우미 지원
2. 가족친화·양성평등 사회문화 조성	(1) 일과 가정의 양립 환경 조성	① 산전후휴가급여 등 지원 확대 ② 육아휴직제도 다양화 및 근로형태 유연화 ③ 출산·육아기 이후 노동시장 복귀 지원 ④ 가족친화적 기업인증제 도입 등 직장문화 개선
	(2) 학교·사회교육 강화 및 가족문화 조성	① 가족가치관 확립을 위한 학교·사회교육 강화 ② 친밀하고 평등한 가족생활문화 조성
3. 건전한 미래세대 육성	(1) 아동·청소년의 안전한 성장 환경 조성	① 아동 안전사고 예방을 위한 사회기반 조성 ② 아동학대 예방 및 방임아동 보호체계 강화 ③ 학교폭력 예방·근절대책 강화
	(2) 아동·청소년의 건전한 성장을 위한 사회적 지원시스템 확립	① 지역사회 아동·청소년 보호 기능 강화 ② 아동권리 보호를 위한 사회시스템 구축 ③ 아동청소년의 창의성 제고를 위한 문화예술 교육 지원 ④ 유해환경으로부터 청소년 보호 ⑤ 학교의 건강관리기능 강화를 위한 여건 조성

자료: 이삼식 외, 2008: 62

2006년에 출범한 새로마지플랜2010(기본계획)은 저출산·고령화 문제에 대응한 최초의 범정부적 종합대책이다. '기본계획'은 2006년 1월 저출산종합대책[11] 내용을 포괄하고 신규과제를 추가했다. ①방과 후 학교 확대, 신생아 출생등록 및 건강관리 선진화, 입양아 양육수당 및 입양장려금 지원, 신생아 난청 조기검사 실시, 육아휴직 요건 완화, 육아기 근로시간단축제도 도입, 아버지출산휴가제 도입 등이 포함된다. ②기존 저출산 대책에 비해 출산·양육에 대한 지원수준이 강화된 '기본계획'의 사업들로는 국공립보육시설 확충(2010년까지 550개소→810개소 신축), 신생아 장애예방 검사(6종→43종). 공무원 휴직 요건 완화(만3세→취학 전), 여성공무원 육아휴직 기간 연장(최대 1년→최대 3년) 등이다.

요컨대 새로마지플랜2010은 국가주도의 저출산·고령화 종합대책으로서 사회구조 변화의 촉진과 정책기반 구축 등의 긍정적 측면이 있지만, 다음의 문제점을 갖고 있다. 첫째, 중점추진과제로 가족·사회·국가가 함께 아이를 키우는 정책시스템을 확립했지만, 국공립보육시설은 5% 수준으로 정책목표인 '육아사회화'와는 큰 괴리가 존재한다. 실제로 현 정부의 보육정책은 시장친화적이고 가정양육을 유도하는 정책으로 전환되고 있으며, 이는 '기본계획'의 정책목표에 위배된다. 둘째, '기본계획'은 가족친화적이고 양성평등적 사회문화 조성과 일·가정 양립을 유도한다고 설정했지만, 남성의 육아참여가 저조하고 기업의 육아지원이 미흡한 현황에 대한 구체적 실행방안이 결여되어 있다. 셋째, 일·가정 양립의 실현에 있어서 기업협조의 중요성은 간과되어 있고, 기업의 육아지원에 대한 제도적 보장과 인센티브 및 강제

---

11) 2006년 1월, 보건복지부는 당시 1.12의 합계출산율을 2010년대까지 OECD의 평균 수준 1.6으로 회복한다는 '저출산종합대책'을 발표했다. '대책'은 ①미래세대 육성 지원 확대 ②믿고 맡길 수 있는 육아인프라 확대 ③일·가정 양립의 근로환경 조성 ④건강한 임신·출산에 대한 사회적 책임강화 ⑤출산·가족친화적 사회문화 조성 등 5개 분야 43개 과제를 중점적으로 추진한다고 밝혔다.

성이 결여되어 있다.

2) 최근 한국정부의 저출산 대책

2006년 한국정부가 출범한 저출산 정책 새로마지플랜2010(기본계획)은 출산과 양육에 유리한 환경을 조성하고, 저출산·고령사회의 삶의 질을 향상시켜 여성·고령 인력을 활용한 미래의 성장동력 확보 및 모든 세대의 지속성장이 가능한 사회구현을 정책목표로 설정했다. 즉 저출산 대책으로서의 '기본계획'은 출산과 양육에 장애가 되는 환경개선을 근간으로, 자녀양육의 경제부담 완화에 초점을 맞추고 있다(이진숙 외, 2010: 196). 이를 위해 ① 출산·양육의 사회책임 강화 ② 가족친화·양성평등 사회문화 조성 ③ 건전한 미래세대 육성을 중점과제로 선정했다. 이러한 중점과제의 선정은 자녀양육·교육비의 경제부담 가중과 일과 가정의 양립 곤란 및 육아지원시설 등 자녀양육환경의 미흡한 한국사회의 현황에 기인한다.

제1차 저출산고령사회기본계획(2006~2010)의 세부 전략들은 크게 3개 영역으로 구성되어 있다. 첫 번째 전략은 출산과 양육에 대한 사회책임을 강화하여 가족과 사회·국가가 함께 아이를 낳고 키우는 제도의 확립이다. 따라서 자녀양육가정의 경제적 부담을 직·간접적으로 경감하기 위한 다양한 정책들이 수행되어 왔다. 우선 정부의 영유아 보육·교육비 지원에 따라 수혜아동 비율은 2005년 21.9%에서 2008년 41.0%로 높아졌다(이삼식, 2010: 67). 또한 결혼예정자·신혼부부의 주거안정 지원을 위해 저금리의 전세자금 대출, 다자녀 가정에 유리한 소득공제 체계를 개선하여 1인당 공제를 100만에서 150만원으로 확대하였다. 특히 2009년부터 미혼모·부가 쉽게 접근할 수 있도록 지역전문기관을 거점기관으로 지정·운영하여 미혼모·부를 지원하고 있다(이진숙 외, 2010: 200-201).

여성의 일·가정 양립이 어렵고 출산율 제고에 방애되는 요인으로, 보육의 시장화 경향과 국공립보육시설 부족 및 보육서비스 차별화 등 문제점이 지적되고 있다(이옥, 2010). 따라서 정부는 질 높은 육아지원 인프라 확충을 위하여 국공립보육시설을 지속적으로 확충해왔다. 즉 2006년 110개에서 2007년 349개, 2008년에는 85개소를 추가로 확충·계획 중에 있다. 또한 직장보육시설은 2007년 209개소에서 2008년 220개소로 확대되었고, 보육시설 확충의 정책효과를 높이기 위하여 시간연장 보육시설에 대해 보육교사 인건비의 80%를 지원하였다(오영희 외, 2008: 46). 그러나 전체 보육시설 중 국공립보육시설12)의 비율은 5.7%에 불과하고, 직장보육시설 비율은 1.0%로 매우 저조하다(이삼식 외, 2008).

'기본계획'의 두 번째 전략은 가족친화·양성평등의 사회문화 조성을 통해 출산·양육의 여성전담과 출산·육아로 인한 여성의 경력단절을 방지하려는 것이다. 즉 여성의 일·육아 양립을 통해 출산율을 제고한다는 저출산 정책이 일·가정 양립을 통해서만 실현이 가능하다는 정부인식에 따른 중·장기적 정책대응으로 볼 수 있다. 또한 저출산 대책이 고령화 대책 및 일·가족 양립정책13)을 병행·추진하는 '종합적 인구정책'으로 변화되고 있음을 의미한다. 한편 정부는 일·가정 양립환경 조성을 위해 산전후 휴가급여 지원 확대, 배우자 출산

---

12) 2008년 12월 국공립보육시설은 1,769개소로, 2007년 1,748개소에서 21개소가 증가했다. 이는 '매년 120개소 국공립보육시설 확충'의 정부목표(2008)에 비하면 매우 미흡하다(이옥, 2010: 392).

13) 저출산 대책으로서의 '일·가족 양립정책'에 대해서는 본 논문의 5장에서 상세하게 다루기로 한다. 한편 2000년대 진입 후 동아시아 (초)저출산 국가인 한·일 양국은 중·장기적인 저출산(소자화) 대응책으로서 일·가족(생활) 양립(균형)정책을 추진하고 있다는 점에 주목할 필요가 있다. 이는 저출산 정책효과가 단기간에 나타나지 않기 때문에, 장기적인 대비책이 필요하다는 것을 의미한다.

휴가제 도입, 육아휴직제도 다양화, 근로형태 유연화, 출산·육아기 이후 노동시장 복귀 지원, 가족친화적 기업인증제 도입 등을 적극 추진하고 있다(한국 보건복지부, 2010).

〈표 12〉 2006~2008년 저출산 대책의 주요성과

	2005	2006	2007	2008
육아서비스 이용률(%)	48.3	53.2	58.0	59.4
영유아 보육교육비 지원율(%)	21.9	30.5	40.0	41.0
보육 및 교육비 지원아동수	694,843	909,822	1,133,176	1,103,794
방과 후 학교 참여율(%)	37.9	41.6	49.8	52.8
전체 보육시설수	28,367	29,233	30,856	32,149
국공립보육시설수	1,473	1,643	1,748	1,826
직장보육시설수	263	298	320	335
시간연장형 보육시설운영 시설수	1,344	2,029	2,867	3,675
휴일형 보육운영 시설수	113	93	81	142
종일제 유치원 비율(전체 유치원 대비)(%)	63.8	73.3	78.5	89.7
산모도우미 파견건수	-	10,411	40,087	62,859
불임부부 지원건수	-	19137	14337	13269
산전후휴가급여 수급자수	41,104	48,972	58,368	68,526
육아휴직률(산전후휴가자수 대비)(%)	26.0	27.9	36.3	42.5

자료: 보건복지부·한국보건사회연구원, 2008.

'기본계획'의 세 번째 전략은 미래세대 육성을 위한 사회투자를 확대하여 아동·청소년이 건전한 성장 기반을 마련하는 것이다. 이에 따라 정부는 지역사회의 아동·청소년을 보호하기 위하여 지역아동센터를 902개소에서 2,088개소로 확대하였으며, 매 아동센터에 월 200만원을 지원하고 있다. 또한 2007년에는 지역아동센터에 2,700명의 아동복지교사를 파견하였으며, 1인당 월 100만원을 지원하였다(오영희 외, 2008: 50). 또한 사교육비 부담 해소를 위한 방과 후 학교의 운영 지원, 저소득층 학생 대상의 자유수강권(바우처) 지원, 초등보육프로그램 운영

확대 등을 통해 방과 후 학교 참여율은 2005년 37.9%에서 2008년 52.8%로 높아졌다(<표 12>, 참조). 그러나 지역아동센터와 방과 후 학교·보육 등의 활동을 연계 및 조정하려는 정부의 노력은 여전히 미흡하다(이삼식, 2010: 68).

최근 대통령 직속기관인 미래기획위원회는 이명박 대통령의 주재로 제1차 저출산대응전략회의(2009. 11.25)를 열고 자녀의 양육부담 경감, 일·가정의 양립기반 확대, 한국인 늘리기 등 '저출산 대응책'의 3가지 기본방침을 제시했다. 즉 자녀양육과 교육부담 경감 및 여건 개선을 통한 출산율 향상과 개방적 이민정책을 통한 해외 인적자원 유치가 제1차 '전략회의' 핵심이다. 또한 정부는 초등학교 입학연령을 만6세에서 만5세로 낮추며, 셋째자녀부터 대입 및 취업에서 우대혜택을 주는 등을 검토하기로 했다. 그러나 이에 대한 전문가 평가는 회의적이다. 즉 사회경제적 여건 변화로 '아이 하나 낳기도 어려운' 현황에서 정책 수혜자를 '셋째자녀'로 선정한 것은 현실과 동떨어진 정책대응이다(전광희, 2009: 42).

한편 한국사회에서 여성의 자녀양육권과 관련해서 가장 큰 불이익을 받는 집단이 미혼모이다. 미혼수의 수는 갈수록 증가되고 있으나, 미혼모에 대한 사회적 편견과 부정적 시선으로 인해 한국사회에서 미혼모가 자녀를 키우기는 매우 어려운 실정이다. 또한 아이를 키우고 싶어도 정부의 관련 지원 미흡과 경제력으로 인해 입양을 보내는 사례가 증가되고 있다(손승영, 2007: 229). 이러한 상황을 감안하여 한국정부는 '파격적 대응책'으로, 향후 미혼모에 대한 차별 철폐와 미혼모 지원예산14)을 강화할 예정이다(최윤정, 2009).

---

14) 보건복지가족부에 따르면 청소년 미혼모 가구의 자녀양육 환경을 개선하고, 빈곤의 대물림을 예방하기 위해 121억원의 재정예산이 미혼모 가정에 소득수준별로 지원된다. 따라서 2010년 4월부터 미혼모 가정에 아동양육비로 월 10만원, 의료비

	1999	2000	2001	2002	2003	2004	2005	2006	2007	2008	2009p
출생아수(천 명)	614	635	555	492	491	473	435	448	493	466	445
증감(천명)	-21	20	-80	-63	-2	-18	-38	13	45	-27	-21
증감률(%)	-3.2	3.3	-12.5	-11.3	-0.3	-3.6	-0.8	3.0	10.0	-5.5	-4.4
합계출산율 (여자1명당 명)	1.41	1.467	1.297	1.166	1.18	1.154	1.076	1.123	1.25	1.192	1.15

자료: 한국 보건복지부, 2010.

새로마지플랜2010이 출범된 이후 한국정부가 보육료 지원 등 경제지원 위주의 다양한 저출산 대책을 추진했음에도 불구하고, 합계출산율은 2005년 사상 최저 수준(1.08)에서 2006년(1.12)과 2007년(1.25)에 상승세를 보이다가 2008년(1.19)과 2009년(1.15) 2년 연속 출산율이 저하되고 있다 (이삼식 외, 2009: 23). 이는 그동안 '기본계획' 중심으로 추진된 저출산 대책이 정책효과로 가시화되지 못했음을 의미한다. 또한 2006~2007년의 출산율 상승은 정책적 요인보다 '역력의 특수' 효과에 따른 사회문화적 요인에 기인했다는 주장이 우세하고 지배적이다. 이 또한 국가정책의 한계성으로 출산율 제고는 단순한 경제지원과 보육정책에만 의거해서는 안 되며, 저출산 정책효과는 단기간에 나타나지 않는다는 것을 시사해준다.

현재 인구·사회구조와 사회경제적·문화적 여건을 감안하면 한국의 초저출산 현상은 장기화될 전망이다. 특히 가임여성(15~49세)의 감소됨에 따라 결혼 및 출생아수는 더욱 줄어들 것이며, 이미 2009년 혼인건수가 2008년보다 1.8만건 감소되어 2010년 첫째 출생아수가 지속 감소될 것으로 전망된다(한국 보건복지부, 2010). 최근 한국사회는 초저출

로 월 2만4천원, 검정고시 학습을 지원하기 위해 연간 154만원, 친자검사를 위해 40만원이 지원될 예정이다. 한편 미혼모 가구 중 최저 생계비(2인 기준 85만원, 3인 111만원) 150% 이하가 이 같은 정부의 재정지원을 받을 수 있으며, 청소년 미혼모가 25세가 될 때까지 최장 5년간 지원된다(서울·연합뉴스, 2010. 2.1).

산 현상 지속과 빠른 고령사회의 도래로, 인구감소와 인구구조 변화가 불원간 가시화될 전망이다. 한편 가부장적 유교문화의 영향 잔존으로 인한 성별분업의 유지 및 직장·가족 내 양성불평등의 사회구조로 인해 여성의 일과 육아의 양립이 어려운 실정이다. 또한 출산·양육을 가정의 책임으로 간주하는 사회적 분위기와 국가의 개입을 자제하는 등 정책시스템으로 인해 국가역할이 갈수록 약화되고 있다. 그리고 저출산 현상의 장기화와 빠른 고령화가 진척되고 있음에도 불구하고 저출산 대책보다 고령화 정책에 더욱 치중하는 인구정책, 장기적인 출산 억제정책의 영향으로 소자녀 가치관의 고착화, 법률혼의 보편화로 미혼모와 혼외출산 등 다양한 가족의 비수용 및 해외이민의 소극적 수용 등으로 인해 한국의 초저출산 현상은 장기간 지속될 것으로 보인다.

따라서 한국정부는 1.1대의 초저출산 현상을 반전시키기 위해 기존의 저출산 정책들을 차질 없이 추진하는 한편, 국민들의 정책체감도를 높이고 결혼연령이 늦어지지 않도록 결혼지원방안을 확충해야 할 것이다. 또한 보육·양육에 대한 경제적 지원을 중산층까지 단계적으로 확대하고, 다자녀 가정에 육아지원을 적극 확대·추진할 필요가 있다. 특히 출산율 제고에 '관건적 역할'을 하는 방대한 중산층과 맞벌이가정에게 필요한 것은 국공립보육시설 확충과 양질의 보육환경을 갖춘 '저렴한 비용'의 보육소이다. 더욱 중요한 것은 국가와 사회·개인이 육아책임을 분담하는 '육아사회화'로 인한 일과 가정이 양립할 수 있는 사회적 환경이며, 양성평등의 가사분담과 출산친화적인 기업문화의 조성 및 국가의 정책적 지지가 병행되어야 한다는 점이다.

최근 한국정부의 저출산 정책은 출산율 제고의 정책기반을 구축하고, 출산과 양육의 책임을 가족·여성의 전담에서 국가와 사회가 함께 책임지는 '육아의 사회화'로 정책패러다임을 전환했다는 점에서 긍정적으로 평가할 수 있다. 그러나 한국의 저출산 대책은 여전히 '복지적

틀'에서 벗어나지 못했고, '기본계획'의 저출산 정책효과가 가시화되지 못하고 있다(이삼식, 2010: 70). 이러한 저출산 대책의 한계점을 다음의 몇 가지로 요약할 수 있다. 첫째, 정책 대부분이 저소득층·취약계층에 대한 지원위주로 중산층은 배제되었고, 자녀양육부담 경감을 위한 경제지원의 경향이 강하다. 둘째, 가족친화적인 기업문화의 미정착으로 인해 자녀양육지원에 대한 기업의 소극적 대응에도 불구하고 기업의 육아지원에 대한 인센티브 및 강제력이 결여되어 있다. 셋째, 다양한 가족에 대한 사회적 수용성이 낮은 관계로 낙태의 만연화 및 가부장적 유교문화 잔존으로 남성의 육아참여가 저조하다. 따라서 이러한 '정책 한계점'을 극복하고 국가정책의 역할[15]을 강화해야만, 출산율 제고를 위한 정책효과 및 실효성이 가시화될 수 있을 것이다.

요컨대 한국정부가 추진한 저출산 대책들은 기존의 출산·양육에 대한 가족(여성)의 책임을 가족과 국가·사회가 책임을 분담하는 '육아의 사회화'로 정책방향을 전환했다는 점에서 긍정적으로 평가되지만, 특별계층에 대한 재정지원 위주의 정책효과는 미흡하며 저출산 정책에 대한 국민체감도는 여전히 매우 낮다. 2010년은 제1차 '기본계획'이 끝나고 새로운 저출산·고령화 정책인 제2차 '기본계획(2011~2015년)'이 출범되는 중요한 한해이다. 따라서 보다 효과적이고 종합적 '저출산 정

---

15) 에스핑-앤더슨에 의하면 자유주의 복지국가는 복지공급주체로서 시장의 역할이 중심적이고, 사회복지 서비스는 제한적이므로 탈상품화와 복지 재분배의 효과가 미약하다. 또한 복지공급에 대한 역할 분담구도는 가족의 책임을 강조하고, 국가는 최소한으로 개입한다(이진숙 외, 2010: 107). 한편 한국의 경우 가족에 대한 국가지원은 요보호 개인 위주이며, 정책의 개입수준도 '사후 치료적 개입'에 편중되어 왔다. 따라서 가족에 대한 국가의 개입을 자제하고, 시장의 역할 의존이 강한 한국은 자유주의 복지국가 유형에 속한다(이삼식 외, 2007). 현재 스웨덴 등 사회민주주의 복지국가는 자녀양육·부양 등 가족의 복지공급 역할을 사회로 이양시킴으로써 가족부담을 최소화하고, 여성의 높은 경제참여율과 '고출산율'을 유지하고 있다. 따라서 기혼여성의 경제참여율이 낮고, 저출산·고령화가 심각한 한국·일본 등 동아시아국가들은 북유럽의 사회복지정책을 벤치마킹할 필요가 있다.

책'이 출범됨에 따라 국가역할 강화와 정책의 실효성, 일·가정 양립을 적극 추진해야 할 것이다. 또한 사회·가족 내의 양성평등 보편화와 남성들의 의식변화에 따른 적극적 가사·육아참여와 함께 여성의 경제참여율 제고 및 출산율 반등이 기대된다.

4. 외국의 출산정책 및 시사점

최근 한국에서는 저출산 극복의 해법으로, 미국과 프랑스·스웨덴의 정책사례가 흔히 상정된다(전광희, 2009; 박수미, 2009). '고출산 국가' 미국에서는 출산·보육을 일차적으로 가족의 책임으로 규정하고, 시장에서 보육서비스를 '구매'하도록 한다. 아동양육과 관련한 유급휴가는 없고, 출산휴가로 12주의 무급휴가만 있다. 자녀양육에 대한 국가책임보다는 가족책임을 더 강조하는 미국이 선진국 중 상대적으로 낮은 고령화 정도(노인인구 비율, 2005년 12.3%)와 인구대체수준의 출산율(2.1명)을 유지하는 원인을 몇 가지로 분석할 수 있다. ①가족정책이나 경제적 지원 등 정부에 의한 육아문제 해결보다는 일하는 기혼여성에 대한 세제혜택, 고용·승진상의 차별 금지 등을 통한 여성의 경제활동참가 유도 ②정부는 60일 정도의 출산휴가만을 제공하고 있으나, 유연한 노동시장 구조로 출산에 따른 기회비용 부담이 적음 ③높은 출산율을 유지하고 있는 흑인과 히스패닉계[16] 이민 유입 등 적극적 이민정책도 출산율 안정에 기여 ④민간 제공의 다양한 보육서비스의 발달, 국민의 대다수가 미국사회를 '자녀양육이 쉬운 사회'로 생각하고 있는 것 등

---

16) 1998년 미국의 합계출산율은 2.06로 인구대체율의 높은 수준이었으나, 이중 백인의 합계출산율은 1.84명으로 인구대체수준의 미만이었다. 그러나 히스패닉계(주로 스페인어를 사용하는 중남미 출신의 이민자)의 고출산율(32%, 73만 명)에 의해 전체 합계출산율은 0.22명이나 상승되었다.

을 꼽을 수 있다. 미국 등 영어권국가는 출산에 따른 고용불안 등 부담이 적고 구직과 취업 및 근무시간 조절 용이함 등의 유연한 노동시장 구조로 인해 일과 육아의 병행이 가능하며, 여성의 높은 경제활동참여율[17]과 고출산율을 동시에 실현하고 있다.

그러나 EU 국가에 비해 결혼률과 이혼율 및 혼외출산율이 높고, 17세 이하 소녀 출산의 대부분은 혼외출산이다(1998년 15~17세 출산율 중 혼외출산이 87.5%). 또한 2003년 65세 이상의 노인인구는 3,590만 명으로 전체 인구의 12%를 차지하고 있으나, 2030년에는 7,200만 명으로 노인인구가 20%를 초과하여 초고령사회에 진입할 전망이다(이진숙 외, 2010: 289).

요컨대 여성의 높은 경제참여율과 고출산율을 실현하려면, 탄력적 근무시간제 도입 등의 유연한 노동시장 구조와 적극적인 이민정책에 기인한 이민자의 높은 출산율 유지 및 출산여성의 직장복귀 장애 해소를 통해 출산·양육의 기회비용을 낮춰야 한다는 것이다. 현재 OECD국가에서 가장 높은 인구대체수준의 출산율(2.1)을 유지하고 있는 미국에서는 양성평등 보편화 및 노동시장 유연성으로 여성의 경제참여율이 높고, 노동시장 이탈·재진입이 자유롭다. 또한 해외이민의 적극적 유입에 따른 이민자의 높은 출산율이 안정적인 출산율 유지에 크게 기여한 성공적 이민정책은 한국·일본 등 저출산 국가에게 주는 시사점이 매우 크다고 할 수 있다.

현재 프랑스[18]가 유럽 선진국 중 가장 높은 출산율과 여성의 높은

---

17) 2000년 미국여성의 경제활동참여율은 71%로 OECD 평균을 상회하고 있다. 기혼여성의 2/3가 경제활동에 참가하고 있으며, 3세 이하의 영유아가 있는 여성의 경제활동참여율은 61%에 달한다. 한편 기혼여성의 경제활동참여는 노인에 대한 돌봄 문제를 야기하고 있다(이진숙 외, 2010).

18) 현재 유럽 선진국에서 출산율(2009년 2.02명)이 가장 높은 프랑스는 보육시설이 아닌 보육비용을 정부에서 직접 제공하며, 부모의 양육방식 선택을 존중하고 관련

경제참여율(80%)을 유지하는 원인으로, ①모든 출산가족에게 임신지원금, 유아출산지원금, 양육비지원, 산모의 산후휴가 보조금 등의 기본지원금을 국가에서 제공 ②국립탁아소 설립 확대, 민간분야 개방, 보육시설 투자기업 세금공제, 육아보조원 창출 확대 등 양육시스템의 적극적 개선 ③'2자녀 사회규범'이 사라지고 3자녀 비율이 증가되었고, 이혼과 동거가 급격히 증가되었지만 혼외출산(1999년 53%)과 만산의 증가 ④여성의 혼인·출산연령의 안정화 및 경제활동참여 증가에 따른 일과 가정의 양립성 강조 ⑤공보육의 육아지원(2세 이하 아동 25%, 3~5세 아동 95%가 공공보육 수혜), 가족수당과 육아휴직수당은 출산·육아로 인한 임금손실 대가로 지급 ⑥수평적 분배정책(자녀수·출산순위·소득수준 등과 관계없이 정책의 보편적 적용)에서 수직적 분배정책(자녀수와 출산순위 및 소득수준 기준으로 수혜범위 한정)으로 전환 ⑦셋째아 정책(Third Policy)으로 대가족 형성 지원, 셋째아 출산관련 급여 증가 및 휴직기간 연장 ⑧공공제도에 다양한 출산관련 혜택 적용 및 가족지수에 기초한 조세제도 실시, 3자녀 이상 가정은 연금납입기간을 감해주고 출산보너스(800유로) 지급 ⑨지속적인 노동시장 참여를 희망하는 부모에게 소득과 보육형태에 따른 차등적 지원, 아동양육을 위해 직업을 포기하는 부모에게 부모휴직수당(월 340유로) 지원 ⑩자녀수에 따른 가족수당·주택수당의 차별적 지급, 다자녀 가정에 대한 세금감면, 다양한 가족형태(동거부부, 미혼모 등)에 대한 지원 확대 등이 포함된다.

1995년 이후 프랑스의 가족정책은 고용정책(출산휴가·양육휴가·부성휴가)과 연계되어 있다. 실업과 소득의 불평등 및 고용불안으로 인한 빈곤의 위협 증가 등 사회적 환경의 변화는 국가의 역할을 '보호자 역할'에서 '중재자 역할'로 변화시켰다. 또한 가족정책은 '보편적' 가족수

비용을 국가에서 부담한다. 현재 GDP 4.6%의 국가예산을 '공공보육' 47%, '개인보육' 38%를 지출한다(한겨레21, 2010. 3.10).

당 지급에서 '선별적' 지급, 가족과 고용을 조화시키는 방향으로 크게 수정되었다(이진숙 외, 2010: 327). 특히 최근의 가족정책은 '다양성과 선택'이 강조되어 부모들의 취업과 양육 병행을 적극 지원하고, 보육방식의 선택이 가능하도록 다양한 서비스와 휴가정책을 제공하고 있다.

요컨대 유럽의 '고출산 국가' 프랑스는 가정은 사회통합의 기초이며, 출산·양육은 개인·가족차원의 문제가 아니라 국가가 직접 개입할 '사회적 책임'으로 간주한다는 것이다. 즉 프랑스의 성공적 출산율 회복은 자녀의 출산과 가족형성을 범정부적으로 지원하는 출산장려정책의 장기적 추진, 공보육기반 구축과 탄력근무제 활용 등 일·가정 양립을 강화하는 포괄적인 가족친화적 출산정책에 기인한 것이다. 한편 가족수당과 출산보조금 지급 및 보육지원 중심의 출산장려정책이 출산율 제고에 한계가 있다는 것을 1990년대 일본의 소자화 대책이 보여주듯이 '경제지원 중심'의 저출산 정책의 한계성을 결코 간과해서는 안 될 것이다.

한편 스웨덴의 출산정책은 부모 모두에게 자녀양육의 책임을 부여하고, 출산·양육과 노동시장참여간의 양립이 가능한 양성평등적 정책[19]으로 여성의 높은 경제활동참여율(80% 이상)과 고출산율(2008년 1.91) 유지에 성공한 정책사례로 볼 수 있다. 성공적 출산정책의 요인을 몇 가지로 요약할 수 있다. ①직장·가족 내 양성평등의 사회제도 확립 및 출산·양육과 노동시장참여간의 양립 제고에 주력(스웨덴 등 북

---

19) 스웨덴에서는 부모 모두에게 육아책임을 부여하는 양성평등적인 출산정책을 실시하고 있다. 대표적인 정책으로 보편적 보육서비스와 부모휴가가 있고, 남성의 육아휴직 장려와 유도를 위한 지원제도로 '아버지의 달'과 '성평등보너스' 등이 있다. 즉 2008년 7월 '성평등보너스제도'가 도입되었고, 남성들의 부모휴가 사용을 증가시키기 위한 유인책으로 사용하고 있다. 또한 부모휴가 기간 중 60일은 남성이 사용하도록 할당하며, 남성에게는 자녀출생과 관련하여 10일간의 추가휴가가 제공된다.

유럽 남성의 가사분담비율은 OECD국가에서 가장 높음) ②미혼모와 동거부부 등 다양한 가족형태를 제도적으로 수용, 부모의 결혼여부와 관계없이 아동복지를 사회가 책임지는 복지제도 마련 ③자녀양육부담 경감 및 공보육을 통한 육아의 사회화, 출산간격을 줄이기 위한 Speed-Premium 정책 추진 ④일·가정 양립을 위한 제도적 지원 강화 및 출산정책을 고용정책과 긴밀히 연계, 가족생활과 노동시장에서의 양성평등 보편화 ⑤공보육 중심의 보육인프라 및 보육서비스(전일제 유치원) 제공, 국공립 위주의 보육제도가 1980년대 출산율 회복에 크게 기여 ⑥육아휴직정책은 아동복지 향상과 여성의 독립성 제고 및 가족·아동보호에 대한 남성의 참여의식 증진에 크게 기여 ⑦자녀를 양육하고 있는 가족에 대한 경제지원(출산 및 아동입양의 경우 사회보험수혜를 보편적 권리로 제공), 아동수당제도 도입(아동급여, 2001년 950크라운) 및 다자녀 가족을 위한 보조급여 제공 ⑧양성평등의 정책일환으로 부모 모두에게 아동 양육의 책임을 부과, 출산휴가(14주) 중 2주와 육아휴직(450일) 중 2개월은 남성이 사용하도록 의무화 ⑨공동체 의식을 기반으로 부모의 결혼 여부와 재산 유무 등에 관계없이 출생아 양육에 필요한 사회적 서비스를 제공 ⑩잘 정비된 공보육제도로 여성의 노동시장참여를 적극적으로 지원, 3세 이상 유아를 위한 보육시설 확충 및 0~3세 미만 영아를 위한 보육시설 확충에도 정부지출 지속 확대 등이 포함된다. 스웨덴의 출산정책은 출산율 제고의 구조적 장애요인을 제거하고, 부모가 자녀의 출산·육아 책임을 공동으로 분담하는 직장·가족 내의 양성평등 보편화로 출산율 회복에 성공한 정책사례로 평가된다.

스웨덴의 출산정책을 포함한 가족정책의 특징은 직장과 가정에서의 양성평등 보편화와 국가의 적극적 개입을 꼽을 수 있다. 즉 국가가 공급자의 역할을 담당하고 변화를 촉진하는 적극적인 정책수단을 제공한다. 한편 최근에는 보육민영화와 양육수당제도 및 성평등보너스 도입 등 다양한 정책변화가 동시적으로 나타나고 있어 귀추가 주목된다(이진숙 외, 2010: 258).

요컨대 양성평등의 사회제도와 다양한 가족의 수용성 제고, 일과 가정의 양립을 지원하는 사회경제·정책적 시스템의 확립, 공보육 중심의 육아인프라 발달과 육아책임의 사회화, 다양하고 선택 가능한 휴직제도(부성휴가 포함) 및 직장·가족 내 양성평등의 실현 등으로 스웨덴의 출산정책은 여성의 높은 경제활동참여율과 함께 인구대체수준에 근접한 고출산율 유지에 성공했다고 할 수 있다. 그동안 한국사회는 선후하여 '보육시장화'와 '보육지원 중심'의 미국·프랑스의 (출산)정책모델을 적극 추구해왔지만, 출산율 제고의 '한계성'을 인지하게 되었다. 따라서 '육아사회화'와 일·가정 양립의 '실현' 및 직장·가족 내 양성평등 수준이 높은 스웨덴의 성공적 정책모델을 중·장기적 정책대안으로 벤치마킹할 필요가 있다고 생각된다.

그 외, 1990년대 진입 이후 한국과 마찬가지로 저출산 현상의 고착화와 함께 인구 고령화가 심화되고 있는 동아시아국가들의 정책사례를 비교하여 살펴볼 필요가 있을 것이다.

1990년대 이후 급격한 소자화(저출산) 현상은 일본만이 겪고 있는 것은 아니다. 한국과 타이완(臺灣)·싱가포르·홍콩을 포함한 아시아의 모든 신흥공업경제국가(지역)들은 현재 일본보다 낮은 초저출산율을 기록하고 있다. 특히 한국과 대만의 경우 급속한 출산율 하락은 인구 고령화가 일본보다도 훨씬 빨리 진행될 것으로 예상된다(小島宏, 2006: 262-263). 2000년대 진입 후 일본과 한국·대만·싱가포르[20] 등 NIES

---

20) 1985년 합계출산율이 1.4대로 급락하자 싱가포르정부는 1987년 출산장려정책으로 전환하고, '3자녀 갖기' 운동 전개와 함께 셋째자녀와 다자녀 가정에 대한 세금감면, 탁아비용 보조 및 대가족 주거혜택 등의 다양한 출산장려정책을 실시했다(Sasai, 2005). 그 결과 출산율은 1986년의 1.43에서 1988년에는 1.96으로 급등하였다. 그러나 1990년대 후반 합계출산율이 1.8로 다시 낮아졌고, 2000년에 1.5, 2004

국가(지역)들이 초저출산율을 기록하면서 각국 정부는 저출산(소자화) 대책을 추진하고 있지만, 정책효과는 가시화되지 않고 있다(阿藤誠, 2006). 한편 1980년대 후반 싱가포르의 급속한 출산장려정책 전환과 1990년대 이후 일본의 소자화 대책 추진사례는 1980년대 후반에 이미 합계출산율 1.6대의 저출산 사회에 진입했음에도 불구하고, 거의 20년이 지난 2004년에야 저출산 대책을 추진한 한국의 경우와 매우 대조적이다.

한편 중국의 특별행정구 홍콩에서는 1990년대 후반에 이미 초저출산 사회에 진입했지만, 출산율 제고의 저출산 대책이 본격적으로 추진되지 않고 있다는 점에 주목할 만하다. 홍콩정부가 현재 '저출산 대책을 추진하지 않는 요인'은 ①홍콩정부는 출산장려정책을 추진할 '계획이 없다'는 정부의 입장을 밝혔다. 즉 출산은 '개인이 결정할 사안'이므로 정부가 '개인의 결정'에 간섭할 수 없다는 것이다. ②최근 연간 0.7%로 지속적 성장을 하고 있는 홍콩 인구는 2008년에 700만을 돌파했고, 2036년에는 850만으로 증장할 것이다(홍콩 통계국, 2008). ③ 1997년 이후 홍콩정부는 이민정책을 개정하여 중국대륙으로부터 필요한 고급인재와 염가의 노동력 인입하여 '노동력 문제'를 해결하고 있다. ④홍콩 남성과 중국 본토여성과의 결혼이 증가되고 중국본토의 산모가 홍콩에서 출산할 수 있기 때문에, 이들이 출산한 자녀는 '홍콩인'이 되므로 이는 홍콩의 낮은 출산율을 보충해주고 있다. ⑤현재 세계 '최장수 지구'인 홍콩은 저출산 문제보다 갈수록 심각해지는 고령화가 더욱 큰 정책이슈가 부상하고 있다. 65세 이상의 노인인구 비율은 2007년 12%에서 2036년 25%로 초고령사회에 진입할 것이다(홍콩 통계

년에는 1.25로 하락되면서 초저출산 국가가 되었다(鈴木透, 2006). 한편 1980년대 싱가포르 출산정책의 '성공·실패' 사례는 국가정책의 한계성을 보여주는 반면, 출산율 억제와 제고에 모두 '성공한 경험'을 갖고 있는 싱가포르의 정책사례는 현재 비슷한 사회문화적 배경을 갖고 있는 한국·일본 등 저출산 국가에게 주는 시사점이 결코 적지 않을 것으로 생각된다.

국, 2008). ⑥1980년대 아시아 '네 마리 작은 용(龍)'으로 부상했고, 장기간 선진국의 영향을 받아온 홍콩은 인구·가족정책 제정에서 자체의 특징을 갖고 있다. 즉 저출산 문제를 가족·복지정책의 일환으로 해결하고 있다. ⑦항구도시 홍콩의 도시발전 전략과 밀접히 연관된다. 인구밀도 등을 고려할 때 인구증가의 출산장려정책이 바람직하지 않다는 견해가 현재로선 지배적이다.

상술한 원인으로 세계 최저 수준의 초저출산 지구인 홍콩에서는 출산율 제고의 '저출산 대책'이 출범되지 않고 있는 것이다. 한편 저출산 문제를 해결하기 위해 홍콩정부는 출산에 장애가 되는 사회경제적 요인 제거에 주력하고 있고, 아동 및 모성보호와 세제감면 등 가족지원과 복지정책 차원의 일환으로 종합적인 인구·가족정책을 추진하고 있다.

한편 2003년 대만의 조출생률은 5.80‰, 합계출산율은 1.23으로 초저출산 사회에 진입했다. 2005년의 신생아수는 20.6만으로 사상 최저를 기록했고, 합계출산율은 1.12로 홍콩(0.95)·한국(1.08) 다음의 초저출산 지구로 되었다. 반면 65세 이상의 노인인구 비율은 2006년 10%에서 2014년 13%, 2051년 37%로 증장되어 고령화가 더욱 가속화될 것이다(대만 內政部, 2006). 대만정부의 출산장려정책 내용을 요약하면, ①출산휴가: 8주 ②배우자 출산휴가: 3일 ③출산수당: 지방정부의 재정상황에 따라 독자적으로 진행(타이베이(台北)·고우씨웅(高雄) 등 도시에서는 현재까지 실시되지 않고 있음) ④교육수당: 5세 이상 아동은 1만위안(약 450 新元)의 교육보조금을 수령 ⑤탁아수당: 년수입이 150만위안(약 6만 8000 新元) 이하, 생활조건이 어려운 편부모 가정의 아이는 만 2세까지 매달 3000위안(약 135新元)의 보조금을 지급함 ⑥수유(授乳)시간: 1세 미만의 자녀가 있는 여성은 매일 두 차례의 수유시간을 보장하고, 매차 수유시간은 30분 ⑦근무시간 조절: 노동자가 30인 이상의 기업은 3세 미만 어린이가 있는 여직원은 1시간의 근무시간을 줄이거나 근무시간 조절이 가능함 ⑧직장 내 탁아시설: 직원수가 250명 이상 기업은 직장 내 탁아시설을 설치해야 한다(대만 人口政策白書, 2008).

최근 대만정부는 '자녀 둘은 마침하고 셋도 많지 않다'는 슬로건을 내세우고 있지만, 합계출산율은 1.1~1.2대로 소자녀 가치관과 저출산화는 고착화되고 있다. 또한 육아수당과 출산보조금 등 상징적 경제보조는 출산율 제고에 큰 효과를 거두지 못하고 있다.

한편 그동안 출산(인구)정책 연구에서 한국학자들의 '관심밖에 있었던' 중국과 북한 등 동아시아 사회주의국가들이 인구대체수준에 근접한 출산율을 유지하고 있는 점에 주목할 필요가 있다. 또한 이들 국가 간 출산정책의 공통점과 차이점을 비교분석하고, 한국 등 동아시아 저출산 국가에게 주는 시사점을 도출할 필요가 있다. 1950년대 이후 북한은 전쟁으로 인한 인구손실을 미봉하기 위해 출산장려정책을 실시하여 출산율 제고(1970년 6.9)에 성공했고, 그 정책효과의 가시화로 인구증가의 목표(1956년 9,359천명, 1970년 14,388천명)를 달성하였다. 주목되는 것은 남한과는 달리 1970년대 이후 강력한 '출산억제정책이 없는' 상황에서 1990년대 초반 인구대체수준(1993년 2.1)까지 하락되었고, 1990년대 이후 특별한 출산장려정책을 추진하지 않은 상황에서 인구대체수준(1993년 2.1에서 2008년 2.0)이 유지되고 있는 원인21)에 대해서는

---

21) 현재 북한에서 인구대체수준의 '적절한 수준(2.0)'을 유지하고 있는 '원인'을 다음과 같이 분석·요약할 수 있다. ①1970년의 높은 출산율(6.9)을 의식하여 1971년 '자녀는 3명 정도가 좋다'고 한 김일성의 교시는 1가구당 2~3명의 자녀가 낳을 수 있다는 '출산정책'으로 받아들여졌다. 당시 북한의 특수한 사회제도에서 '수령'의 교시는 곧 '법'이었고 '정책'이었다. ②북한여성의 높은 교육수준(박상태, 1991)에 기인한 소자녀 가치관 정착은 '2.5 좌우'의 출산목표를 쉽게 받아들일 수 있었다. ③경제적 원인과 여성의 높은 경제활동 참여로, 3자녀 이상 '고출산'은 현실적으로 불가능했다. ④1980년대 '낙태 허용'과 1996년 산아제한정책 폐지(낙태시술 금지) 및 핵가족화·도시화로, '자녀 2명'은 적절한 인구목표로 받아들여졌다. ⑤

그동안 한국을 비롯한 인구학자들의 '관심 있는' 연구과제로 상정되지 않았다는 점이다.

한편 북한과 중국은 같은 사회주의국가이지만, 인구(출산)정책은 공통점과 차이점을 갖고 있다. 양국의 공통점은 ①1950~1960년대 북·중 두 나라는 인구문제를 정통 마르크스주의 인구이론으로 설명했다(박상태, 1991: 288). 그들의 주장에 의하면 '인구문제는 자본주의사회 내재적 모순의 결과로, 생산이 인구증가를 넘어서는 사회주의사회에서는 인구문제가 존재하지 않는다'는 것이다. 이는 북·중 양국이 1950년대 출산장려정책을 실시한 '이론적 근거'이다. ②1950년대 이후 양국은 모두 출산장려정책을 실시하였다. 따라서 북한은 1970년 인구증가의 목표를 달성(출산율 6.9)하였고, 중국은 1950~1960년대 정치운동과 동란으로 인구정책이 마비되어 인구는 기하급수적으로 증가되었다. ③국가역할에 기인한 양국의 출산억제정책은 출산율 저하의 정책목표를 달성했다. 한편 1970년대 이후 북한은 피임 등 강력한 출산억제정책을 실시하지 않은 상황에서 1990년대 초반 인구대체수준의 출산율 하락에 성공했지만, 중국은 1980년대 세계에서 가장 강력한 계획생육정책을 실시하여 1990년 초반 저출산 사회에 진입하였다. ④최근 북·중 두 나라는 양성평등 정책과 '육아사회화'로, 여성의 높은 경제참여율과 인구대체수준에 근접한 출산율(中, 2008년 1.73, 北, 2008년 2.0)을 유지하고 있다. 양국의 차이점은 ①마오쩌뚱과 김일성의 인구사상과 인구정책의 차이이다. 1950년대 '인구가 많을수록 좋다'고 한 마오쩌뚱의 인구사상으로 중국의 인구는 기하급수적으로 증가되었고, 이는 1970~

남녀평등 정책과 국가역할에 의한 육아사회화로, 여성의 높은 경제참여율과 인구대체수준의 출산율을 유지할 수 있었다. ⑥1993~2008년 인구가 약 300만 정도 증가되었고, 국가지원으로 출산율은 줄곧 인구대체수준(1993년 2.1에서 2008년 2.0)을 유지하고 있다. 이중에서 ⑤는 한국·일본 등 동아시아 저출산 국가에게 시사하는 바가 크다고 하겠다.

1980년대 강력한 계획생육정책 추진의 '정책적 계기'가 되었다. 한편 1971년 '자녀는 3명 정도가 좋다'고 한 김일성의 교시는 1975~1990년 인구대체수준의 출산율 하락에 공헌했다. ②사회주의국가에서는 어린이의 성장과 자녀양육을 국가와 사회가 책임지는 '육아의 사회화'를 실시해왔다. 그러나 1990년대 시장경제의 확립으로 중국의 보육시장은 공보육에서 시장화로 발전하는 추세이며, 보육양극화가 나타나고 있다. ③북한은 1996년 산아제한정책을 폐지하고, 출산장려정책을 실시하여 다산을 격려하고 있다. 반면 중국에서는 두 차례의 정책조정 (1980년대 중반과 2000년대 초반)을 통해 '둘째자녀' 출산조건을 완화하였고, 1~3자녀의 다원화 정책을 추진하고 있다. ④북한에서는 상대적으로 생활환경이 양호한 대도시에서는 2명 이상, 경제여건이 좋지 않은 농촌에서는 1~2명의 '낮은 출산율'을 유지하고 있다. 반면 중국 대도시의 출산율은 초저출산 수준이지만, 남아선호 사상이 강한 농촌은 '2명 이상'의 출산율이 유지되고 있다. ⑤ 북·중 양국은 현재 모두 고령화 사회[22]에 진입했지만, 출산 및 인구문제에 대한 국가정책은 서로 다른 양상을 지니고 있다. 즉 북한에서는 인구증가의 출산장려정책이 장기간 실시될 것으로 추정되지만, 중국에서는 향후 10~20년 동안 출산장려정책이 출범되지 않을 것으로 예상된다.

요컨대 구미의 상대적 고출산 국가들은 양성평등 문화와 다양한 가족 및 이민자에 대한 수용성을 높이는 등 사회문화적 기반이 견고하며, 일과 가정의 양립을 지원하는 사회경제적 체계 및 육아인프라 발달 등으로 인해 여성의 노동시장참가율이 증가하였음에도 불구하고,

---

22) 2000년대 이후 고령화 사회에 진입한 북·중 양국의 고령화 진척은 '비슷한 수준'으로, 북한의 노인인구 비율은 2008년 8.7%, 중국은 2010년 8.9% 수준이다. 그러나 현재 1억 이상의 방대한 고령인구를 갖고 있는 중국의 고령화 인구문제가 더욱 '심각한 수준'에 이르렀다고 할 수 있다.

육아부담의 사회화 및 일과 가정의 양립 정책 등으로 출산율 제고에 성공했다고 할 수 있다. 반면 유럽의 상대적 저출산 국가들은 전통적인 사회문화의 영향 등으로 성분업적 역할 규범이 지속되고 있고, 일과 가정의 양립기반 부족과 가족주의 및 가부장적 문화가 견고하여 저출산 현상이 지속되고 있는 것이다. 한편 동아시아 저출산 국가들은 가족주의 및 가부장적 유교문화 속에서 일·가정 양립 곤란, 자녀의 높은 양육비용 및 가족 내 가사·육아부담 공유 미흡 등으로 출산율이 급격히 하락되어 초저출산 사회에 진입했다. 따라서 출산연령층 여성의 경제활동참여를 지원할 수 있는 공보육 중심의 육아지원, 일과 가정의 양립기반의 제도 구축, 양성평등적인 가족·사회문화의 조성, 자녀양육 부담 경감 등의 사회경제 전반에 걸친 종합대책 마련이 필요하다.

현재 OECD국가 중 일·가정 양립과 출산·가족친화적 고용문화 조성, 육아사회화 등이 이뤄지고 있는 국가에서는 여성의 경제활동참여율과 출산율이 동시에 높다. 즉 인구대체수준에 근접한 출산율 회복의 성공조건은 여성의 자아실현과 결혼·출산·양육의 병행이 가능한 사회기반 구축, 산전후휴가 및 육아휴직제도 활성화 등 출산·육아정책 지원 강화, 다양하고 양질의 육아인프라 확충, 탄력근무제와 같은 다양한 근무형태 도입, 노동시장 유연화를 통한 재취업 가능성 제고 등 출산·육아의 기회비용 경감이다. 한마디로 국가역할 강화와 사회전반에 걸친 종합적 대책의 장기적 추진이 출산율 반등의 '지름길'이다.

제2절 중국의 출산정책 변화와 정책조정

중국의 출산정책은 1950~1960년대 출산장려, 1970~1980년대 출산억제, 1980~1990년대 도시 1자녀와 농촌 1.5의 이원화 정책, 2000년대 종

합적 인구정책으로 변화되는 복잡한 과정을 거쳐 왔다. 이러한 인구발
전특징과 정책변화 속에는 국가역할에 기인된 계획생육정책이 그 중심
에 있었다고 할 수 있다. 한편 중국의 출산정책은 마르크스 인구사상과
대약진·문화대혁명 등 정치운동 영향으로, 1970~1980년대 계획생육정
책의 지연성·압축성·강제성의 특징을 갖고 있다. 1990년대 1.8대의 저
출산 수준 안정화와 인구자질 향상정책에서 2000년대 초 정책조정을 통
해 종합적인 인구정책으로 변화되고 있다. 즉 현행출산정책 안정화와
도농 간 별도의 정책기준이 적용되는 다원화 정책23)이 실시되고 있다.

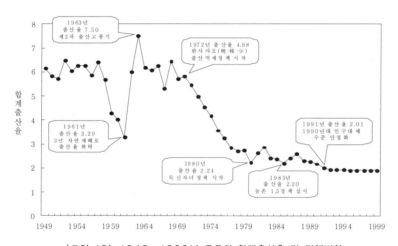

합
계
출
산
율

1963년
출산율 7.50
제2차 출산고봉기

1961년
출산율 3.29
3년 자연재해로
출산율 하락

1972년 출산율 4.98
완시사오(晩·稀·少)
출산억제정책 시작

1980년
출산율 2.24
독신자녀정책 시작

1985년
출산율 2.20
농촌 1.5정책 실시

1991년 출산율 2.01
1990년대 인구대체
수준 안정화

〈그림 12〉 1949~1999년 중국의 합계출산율 및 정책변화

---

23) 현재 중국에서는 인구상황과 출산수준 차이 및 경제발전수준에 따라 도시와 농촌
   및 소수민족지구에서 1~3자녀의 다양한 출산정책이 실시되고 있다. 각 종류의 정
   책인구 비율은 1자녀 정책인구가 35.9%, 1.5정책 52.9%, 2자녀 정책 9.6%, 3자녀
   정책 1.6%이다(郭志剛, 2005: 283). 한편 중국정부의 다원화 정책의 실시는 1.8 전
   후의 출산율을 유지하고 있는 주요인이며, 이 또한 현재 중국에 '저출산 대책'이
   없는 중요한 이유이기도 하다.

1. 1950~1960년대 출산억제정책의 형성

1) 마오쩌뚱(毛澤東) 인구사상의 변화 및 영향

1950년대 마오쩌뚱(毛澤東)의 인구사상 중점을 요약하면, 혁명과 생산을 결합하면 중국인의 '먹는 문제'를 해결할 수 있다는 것이다. 신중국 성립초기 모택동은 '인구가 많은 것은 좋은 일'이라고 주장했다. 또한 1949년 9월 21일 마오쩌뚱은 중국인민정치협상회의 제1차 전체회의에서 현재 중국의 좋은 조건은 4억 7,500만의 인구와 960만 평방키로미터의 국토를 가지고 있는 것이라고 말했다. 그러나 1956년에 급속한 인구증가로 점차 '먹는 문제'가 심각해지자, 그는 중국의 좋은 점은 인구가 많은 것이고 나쁜 점 역시 인구가 많은 것이라고 하면서 인구의 급속한 성장을 억제하고 계획생육을 지지하는 견해를 발표했다(彭珮云 외, 1997).

1950~1960년대 마오쩌뚱의 인구사상은 '인구가 많을수록 사회발전에 유리하다'로 요약할 수 있다. 이는 사회주의국가에서는 '실업·인구과잉문제가 존재하지 않는다'는 마르크스 인구사상에 기인한 것이다(이희연, 2003: 557). 한편 인간의 주관능동성을 과대평가한 1950년대 마오쩌뚱의 인구사상은 신중국 성립초기 중국의 인구문제에 대한 미국정부의 평가를 의식한 '정치적 인소', 낙후한 농업국가로서 '막대한 노동력을 수요'하는 당시 사회적 환경 및 대약진 등 정치운동에서 나타난 '인해전술 과대평가' 등의 종합적 요인에서 기인되었다(喬曉春 외, 2000). 마오쩌뚱의 인구사상은 1950~1960년대 중국의 인구정책의 형성에 막대한 영향력을 끼쳤으며, 이는 대약진 등 정치운동과 결합되어 인구폭증(暴增)의 엄중한 사회적 결과를 초래했다.

1958년 대약진운동이 시작되면서 마오쩌뚱은 붉은기(紅旗) 잡지에 발표한 "합작사를 소개한다"는 문장에서 공산당의 영도와 6억 인구는 결정적인 인소이며, '인구가 많을수록 여론이 많고 열정이 놓으며 힘도 커진다'고 하면서 다산(多産)을 격려했다. 이러한 다변적인 마오쩌뚱의 인구사상은 당시 국제정세에 대한 '정치적 고려'와 대약진시기 '허풍을 치는' 사회풍조의 만연과 크게 관련된다(湯兆云, 2005: 56). 한편 1958년에 시작된 대약진운동과 3년 재해(1959~1961)를 거치면서 비자연적 인구사망률은 급증[24]하였고, 인구증장률은 급락했다. 그러나 1962~1963년에 제2차 출산고봉을 맞이하면서 인구는 급증되었다. 그 결과 자연증장율 27‰~33‰, 합계출산율 6.08~7.50, 1964년에 중국의 인구규모는 7억을 초과했다(王樹新 외, 2005: 19).

요컨대 주관적이고 정치성이 강한 마오쩌뚱의 인구사상은 인구급증을 야기했고, 1950~1960년대 출산억제정책의 형성에 '부정적 영향'을 끼쳤다. 결과적으로 이 시기 급속한 인구증장은 중국의 사회경제발전에 소극적 영향을 끼쳤다(湯兆云, 2005: 58). 또한 마오쩌뚱 인구사상의 정치성·편면성·비연관성은 출산억제정책의 형성을 지연시켰으며, 이러한 정치적 분위기속에서 실시된 정부의 '유산·절육 금지' 조치는 객관적으로 인구증장 조장과 '다산 격려' 작용을 했다. 궁극적으로 마오쩌뚱의 착오적 인구사상은 대약진과 3년 자연자해(1959~1961) 등과 맞물리면서, 1970년대 계획생육정책의 '강제성' 형성에 기여했다(李建新, 2005: 40-41).

---

24) 대약진운동과 3년 자연재해로 1960년 인구성장은 신중국 성립 후 처음으로 마이너스성장(자연증장율 -4.57‰)을 기록했고, 인구사망율(25.43‰)도 사상 최고를 기록했다(喬曉春 외, 2000). 중국대륙『염황춘추(炎黃春秋)』잡지 2007년 제2기에 발표된 비자연적 인구사망수는 3,750만이며, 당사(黨史)연구전문가 金冲及의『21世紀中國史綱』에 수록된 대약진시기 아사(餓死)자는 3,860만이다.

2) 출산억제정책의 형성과 대약진운동

1950년대 중반 중국의 인구가 급속히 증가되면서 사회경제적 부작용이 갈수록 커져가자, 당시 중앙정부의 주요지도자들인 저우언라이(周恩來)·류사오치(劉少奇)·덩샤오핑(鄧小平) 등 당과 국가의 지도자들은 급속한 인구증장의 문제점을 의식하고, 선후하여 정부의 절육금지 조치를 반대하고 출산억제를 호소했다. 국가 주요지도자들의 일련의 중요한 지시 하에서 1955년 12월 중국 위생부(衛生部)는 '절육규정 수정 및 인공유산 반대'의 개정된 정책규정을 발표했다. 1956년 9월 저우언라이 총리는 국민경제제2차5개년계획건의보고에서 인구증가억제를 주장하는 정부의 방침을 강조했다. 1957년 국무원에서는 '직공의 절육·인공유산 의학비용 및 휴식기간 월급대우 통지문'을 발표하고, 출산억제의 정책방침을 확정하였다(史成礼, 1989: 5).

그러나 1958년의 대약진운동으로 출산억제의 정책 및 인구사상은 말살되었고, 1957년 전국인민대표대회에서 제출된 마인추(馬寅初)의 '신인구론(新人口論)'[25] 등 정확한 주장들이 배척되었다. 한편 대약진운동은 두 가지 '잘못된 메시지'를 전했다. 첫째, 인해(人海)전술의 공·농업생상운동에서 농촌의 잉여생산력은 출로를 찾았고, 심지어 '노동력의 부족'을 느끼게 했다는 것이다. 둘째, '좌적 사조'의 범람으로 생산자로서의 인간의 주관능동성과 역할이 과대평가되었고, 급속한 인구증장의

---

25) 1957년 6월 인구학자 마인추(馬寅初)의 '신인구론'은 전국인민대표대회 의안으로 제안되었고, 인민일보(人民日報, 1957. 7.5)에 발표되었다. 주요내용은 ① 인구센서스와 인구동태통계를 진행하여 인구·경제정책 제정에 정확한 수치를 제공 ② 계획생육정책을 실시 ③ 인구증가억제의 중요성을 홍보 ④ 만혼·만육을 주장 ⑤ 경제적 수단을 이용한 계획생육의 추진 ⑥ 행정수단을 이용한 인구증가의 통제 ⑦ 피임법 사용한 출산율 억제 등이다. 그러나 당시 '인구가 많으면 좋은 일'이라는 정치적 분위기에 저촉되어 마인추의 인구증가억제에 대한 정확한 주장은 채용되지 못했다.

사회적 문제는 간과되었다(喬曉春 외, 2000; 王樹新 외, 2005). 대약진시기 인구정책은 정치운동과 결합되어 인구증가억제를 주장하면, 곧 '반(反)사회주의' 죄명을 씌웠다. 이러한 사회적 환경은 1962~1963년의 제2차 출산고봉26)을 초래하는 계기가 되었다.

한편 인구정책에 중대한 영향을 미친 대약진운동(1958~1960)은 중국 공산당이 당시 인구급장으로 인한 '충족한 노동력'과 인민군중의 열정을 이용하여 공·농업생산에서 '약진'을 노린 사회주의 건설운동이다. 당의 호소 하에 농업생산에서 수많은 '위성(대풍수)'을 쏘아 올렸지만, 식량낭비와 자원남용으로 국가자원을 엄중하게 파괴하는 결과를 초래했다. 또한 인간의 주관능동성을 과대평가하고 경제발전법칙을 무시한 '대약진'은 허풍떠는 사회풍조(浮夸風)·공산풍(共産風)을 범람시켰고, 국민경제와 사회발전에 중대한 차질을 빚어냈다(湯兆云, 2005). 그 결과 1960년 농업생산량은 1957년의 25%로 감소되어 엄중한 식량난을 초래했다. 설상가상으로 전국적 자연재해(1959~1961)가 3년 동안 지속되어 사망률(1960년 25.43‰)이 급증했다. 1961년 1월 제8차당대표대회에서 류샤오치(劉少奇) 국가주석이 '조정·공고(鞏固)·충실·제고'의 정부 방침을 발표하면서 3년간의 대약진 운동을 종말을 고했다.

1958~1960년 3년간의 대약진운동 이후 중국의 인구는 급속하게 성장했다. 1962년의 인구자연증장율은 26.99‰, 합계출산율은 6.02로 증가되었으며, 1963년에는 자연증장율과 합계출산율은 신중국 성립 후의 최고치인 33.33‰와 7.5로 급증했다(李成瑞, 1998; 王樹新, 외, 2005). 1962년 저우언라이(周恩來) 총리는 출산억제의 필요성을 강조했고, 동년

---

26) 1962~1963년의 제2차 출산고봉은 1958년 대약진운동과 3년 자연재해로 인한 '인구감소'에 기인한다. 한편 '보충성 출산붐'으로 인한 농촌인구의 급증은 1970~1980년대 중국정부가 추진한 강력한 출산억제정책의 '인구학·정책적' 요인이 되었고, 1980년대 중·후반의 '출산고봉'에 기여했다. 반면 1980~1990년대 중국의 사회경제발전에 '인구보너스'를 제공한 '긍정적 측면'도 있다.

12월에 '계획생육 관련 중요한 지시'가 발표되었다. 1965년 계획생육 정책을 홍보하는 '하나는 적지 않고 둘은 마침하며 셋은 많다'는 슬로건이 정식으로 제출되었다. 1965년 상하이(上海)시는 '적게(자녀수)·길게(자녀터울)·늦게(결혼연령)'의 출산원칙을 제출하고, 출산자녀수 2~3명, 자녀터울 4~5년, 결혼여성의 초산연령을 26세 이상 등의 구체적 규정을 발표했다(湯兆云, 2005: 99).

요컨대 1950~1960년대 출산정책은 자유방임과 '출산억제' 제출 및 출산억제정책 형성·실시의 세 단계로 나눌 수 있다. 이러한 출산억제 정책 형성·실시는 1970년대에 출범된 완시샤오(晚·稀·少) 출산억제정 책의 '정책적 계기'를 마련했다. 한편 1950~1960년대의 출산장려정책 과 대약진 및 문화대혁명의 등 정치운동에 기인한 출산정책의 '부재' 는 '유례없는' 인구급증을 초래하였으며, 이러한 인구발전의 법칙을 무시한 '인위적인 실책'은 1970~1980년대 중국의 출산(인구)정책 특징 인 지연성·압축성·강제성의 형성에 빌미를 제공했다고 할 수 있다.

2. 1970~1980년대 완시샤오(晚·稀·少),27) 독신자녀정책

1) 완시샤오(晚·稀·少) 출산정책과 지방정부의 상벌제도

1966년의 문화대혁명으로 출산억제정책은 중단되었고, 1969년 중국

---

27) 1972년 중국 위생부는 완시샤오(晚·稀·少) 출산정책에 대한 최초의 구상을 발표 하였으며, 1973년 전국계획생육사업회의에서는 정식으로 '늦게·길게·적게' 계획 생육방침을 확정했다. 즉 '늦게(晚)'는 남녀의 결혼연령을 25주세·23주세로 정한 것이고, '길게(稀)'는 출산간격(자녀터울)을 3년 이상으로 규정한 것이며, '적게(少)' 는 부부 한 쌍의 출산자녀수는 2명을 초과해서는 안 된다는 것이다(孫沐寒, 1978). 한편 대다수 중국의 인구학자들은 출생자녀수가 '최다 2명'과 자녀터울(3년)을 정 한 1970년대 '완시샤오' 계획생육정책을 출산율 저하에 '성공한 출산정책'으로 평 가하고 있다.

의 인구는 8억을 돌파했다. 1970년 저우언라이 총리는 계획생육의 중요성을 강조했고, 1971년 7월 국무원은 소수민족지역을 제외한 전국적 범위에서 만혼과 계획생육을 추진할 것을 명확히 지적했다(楊魁孚외, 2001: 42). 1973년 국가계획발전위원회는 국무원에서 제출한 계획생육정책을 국민경제·사회발전계획에 명문화했다. 1978년 6월 정부는 완시샤오(晩·稀·少) 출산억제정책에 대한 구체적 내용과 방침을 확정했고, 절육수술을 한 직공과 농민의 복리대우문제를 개정하고 주택과 농촌식량 및 자류지 분배 등 관련 정책들을 계획생육에 유리한 방향으로 수정하였다(湯兆云, 2005: 118). 또한 정부는 출산자녀수를 '1명이면 가장 좋고 최다 2명'이라는 정책규정을 확정하였고, 1978년 헌법에 계획생육정책의 법적 지위를 확립했다.

1978년 이후 중국의 성·시·자치구 등 지방정부는 중앙정부의 완시샤오(晩·稀·少) 출산억제정책에 근거하여 지방정부조례규정을 발표하였다. 허베이썽(河北省)에서 제정한 '계획생육 10가지 규정'의 주요내용을 요약하면, ①정부는 만혼·만육을 제창하며 한가구당 출산자녀수는 1명으로 한정하고 최다 2명, 출산간격은 4년 이상으로 한다. ②독신자녀 보건비용은 14주세까지 국가에서 지불하며, 피임도구 사용과 절육수술 비용은 무료로 한다. 반면 계획생육을 하지 않은 개인·단체는 선진개인·모범단체 선정자격이 상실된다(梁濟民 외, 2001: 65). 한편 푸재인썽(福建省) 정부는 1978~1979년 '계획생육 잠행규정'과 '계획생육정책 시행규정'을 반포하고, 엄격한 상벌제도를 규정했다. 예컨대 '계획생육 규정'을 위반하고 불법적으로 출산한 아이는 14세까지 식량값을 국가에 지불해야 하며, 인사·노동·교육부문에서는 만혼·만육(晩育)의 실행 여부를 간부와 직공의 실적 및 평가기준으로 규정했다(湯兆云, 2005).

이러한 상벌제도[28]를 포함한 강력한 계획생육정책의 추진 결과, 전국의 출생률은 1970년의 33.43‰에서 1978년에는 18.25‰로 감소되었고, 자연성장율은 1970년의 25.83‰에서 1978년 12.00‰, 합계출산율은 1970년의 5.81에서 1978년에 2.72로 급락했다(王樹新, 외, 2005: 18). 이는 1970년대 완시샤오(晩·稀·少) 출산정책의 성과로 평가되며, 1980년대 독신자녀정책의 정책추진에 '정책적 근거'를 마련해주었다. 한편 이러한 상벌제도가 효과적으로 추진되고 출산율 저하에 기여한 것은 계획경제시대 특징인 중앙정부의 강력한 행정수단 및 막강한 정부권력 등의 국가역할에 기인한다. 반면 엄격한 상벌제도는 정부의 정책의지와 농민들의 '다산 욕망'과의 충돌 및 정부에 대한 농민들의 불신을 초래했다. 이 또한 외국 언론(학자)들이 가장 많이 지적하는 '헤이하이즈(黑孩子)'의 속출[29] 등 정책문제점의 비판에 빌미가 되었다.

요컨대 1970년대 중국정부가 추진한 완시샤오(晩·稀·少) 계획생육정책은 '(출산)당사자의 이해'를 전제로 한 상대적으로 약한 정책규제와 탄력성이 강한 출산억제정책이었기 때문에, 인민군중의 출산정책에 대한 저촉정서가 적었고 방대한 '농민들의 인정'을 받을 수 있었다(李建新, 2005). 또한 문화대혁명으로 인한 인구급증의 사회적 문제가 점차 가시화되면서 출산억제에 대한 국가의 정책추진 의지와 '인구급증의 후유

---

28) 중국정부가 출산정책(수단)으로 도입한 상벌제도(賞罰制度)는 계획생육정책의 '강력함'을 입증하는 정책근거이며, 이는 국가역할에 기인한다. 한편 1970~1980년대 상벌제도는 계획경제시대의 강력한 행정수단과 경제처벌에 의한 '벌칙적 측면'이 강했다. 반면 시장경제가 본격적으로 도입된 1990년대 상벌제도는 경제적 수단으로서의 보상제도, 즉 경제적 장려의 '시장적 성격'이 강하다.

29) '헤이하이즈(黑孩子)'란 1980년대 중국 농촌에서 '초생(超生)'한 농민들이 정부의 엄격한 '경제처벌'을 피면하기 위해 호적에 등록하지 않은 '호적 없는 아이'를 말한다. 1980년대 만연된 '헤이하이즈' 문제는 출산이라는 개인의 '사적 영역'에 국가가 지나치게 간섭한 결과로, 이는 1980년대 초반에 강행된 중국의 강력한 독신자녀정책에 기인한다. 한편 '헤이하이즈' 문제의 사회적 파급은 현재까지도 존재하는 인구·사회적 문제이며, 이는 인위적 출산억제정책의 '사회적 결과'로 볼 수 있다.

증'을 감지한 '인민들의 이해'가 맞물렸기 때문에, '완시샤오' 계획생육정책이 출산율 저하의 정책효과를 거둘 수 있었던 것이다.

3) 1980~1984년의 독신자녀정책

1980년대 초 중국정부가 기존의 '완시샤오' 출산억제정책에 비해 보다 강력한 독신자녀정책의 추진 배경과 원인을 다음의 몇 가지로 분석할 수 있다. 첫째, 1978년 이후 덩샤오핑의 지도체제가 들어서면서 개혁개방을 전격 추진하기 시작한 중국정부는 새로운 '현대화 강국' 건설에 걸림돌이 된 인구문제와 '인구급증의 후유증'으로, 더욱 강력한 출산억제정책을 실시할 '필요성'을 느꼈다. 둘째, 개혁개방 초기인 1980년대 초반 농촌에서의 가족생산책임제가 도입됨에 따라 노동력에 대한 수요가 급증했고, 자식에 대한 농민들의 출산욕망이 팽창되었다. 셋째, 1970년대 완시샤오(晚 · 稀 · 少) 계획생육정책이 도시 출산율 저하에 '기대이상'의 효과를 거둔 후, 중앙정부는 농촌에서의 '1자녀 정책' 추진을 일방적으로 강행하기에 이르렀던 것이다.

1980년 1월 국무원은 '국민경제계획보고'에서 입법 · 행정 · 경제적 조치를 통해 계획생육사업을 지속적으로 추진하며, '1자녀 출산을 격려한다'고 명확히 제출했다. 이러한 사회적 배경 하에서 1980년 9월 중공중앙은 '인구증장억제에 대한 전체 공산당원 · 공청단원에게 보내는 공개신(公開信)[30]'을 발표했다(史成礼, 1988: 247). 1980년 9월 인민일보(人民日報)는 공산당원과 공청단원(共青團員)들이 솔선수범하여 아이 하나만 낳을 것을 호소하는 사설을 발표했다. 그러나 독신자녀정책은 정부

---

30) 당중앙의 '공개신'은 중국정부가 처음으로 '1가구당 1자녀만 허락한다'는 중앙정부의 정책규정을 공식적으로 밝힌 중앙문건이며, 1980년대 독신자녀정책이 정식으로 출범되었음을 의미한다.

의 기대와는 달리 초반부터 농민들의 반발과 저항으로 우여곡절을 겪었으며, 농촌의 전통적 생육문화의 전변이 실현되지 않은 상황에서 절대다수 농민들의 '생육본능'과 출산욕망에 위배되면서 정부의 '1자녀 정책'은 농민들의 거센 저항에 부딪치게 되었다.

1980년대 초반 독신자녀정책은 중국 인구의 70~80%를 차지한 농민들의 출산욕망에 위배되면서 심각한 충돌을 빚었는데, 그 '충돌'의 원인을 세 가지로 분석할 수 있다. ①1980년대 낙후한 중국 농촌의 사회경제발전과 사회보장제도의 미비에서 기인된다. 이러한 농촌상황은 대다수 농민들로 하여금 '다산으로 노후를 준비'하려는 전통적 생육문화에서 벗어나지 못하게 했다. ②중국인의 생육관(生育觀)은 중국의 전통문화와 밀접히 연관되어 있다. 특히 대다수 농민들에게 뿌리 깊게 남아있는 조상숭배와 자식(특히 아들)을 낳아 가문의 대를 잇는 전통적 가족관·생육관은 노동력·노후 준비의 의미를 벗어나 '심층적 정신지주'로 작용한다(李建新, 1996). ③한편 1980년대 초반은 중국의 개혁개방 실시와 가족생산책임제가 보급된 초기로, 농민들의 생산적극성과 함께 노동력 수요에 따른 자식에 대한 출산욕망이 팽창되던 시기였다(朱向東 외, 2006: 78). 이러한 상황에서 농민들의 '생육본능'과 경제적 이익을 침범한 정부의 독신자녀정책은 농민들의 강력한 반발과 거센 저항에 부딪칠 수밖에 없었다.

한편 정책대응으로 중국정부는 1985년 10월 '둘째자녀 출산'을 허락하는 '10가지 정책규정'을 발표했다. 그러나 이 '규정'을 이용할 수 있는 농촌인구는 5%에 불과했고, 이로써 농촌의 출산문제를 해결하기에는 역부족이었다. 1980년대 초 경제적 이익이나 농민들의 출산욕망을 막론하고, 농촌에서의 자녀수 '최저 기대치'는 1970년대 출산정책에 규정된 '최다 2명'이다(李建新, 1996). 한편 이 시기 농촌에서는 두 가지 '극단적인 경향'이 나타났다. ①기층에서 정책을 집행하는 간부들의 계획생육지표를 완성하기 위한 강박적 명령과 부당한 수단으로 인해 정책간부와 농민들과의 경색된 대립관계가 초래되었다(翟振武, 2000). ②농촌에서의 정책추진이 너무 어렵고, '1자녀 정책'이 농촌의 실제상황과 이탈된 관계로 인해 아예 자유방임하는 현상이 출현했다(湯兆云, 2005: 145). 이는 1980년대 중반 농촌 출산율의 상승을 조장했다.

1994년 중국의 인구문제를 다년간 연구해온 미국의 경제학자 죤슨(Gale Johnson)은 1980년대 계획생육정책의 '결함을 미봉'하기 위한 정책·사회제도의 개선책으로 다음의 몇 가지를 지적했다. ①농민이 개인의 토지소유권을 갖게 해야 한다. ②중국의 농촌실정에 적합한 사회보장제도를 건립해야 한다. ③농촌의 교육수준 특히 여성의 교육수준을 제고해야 한다. ④보다 신속한 도시화를 추진해야 한다(李建新, 2005: 250). 죤슨은 이러한 정책·제도적 개선을 통해 중국의 인구문제를 효과적으로 해결할 수 있다고 보았다. 요컨대 1980년대 과잉된 국가역할에 기인한 독신자녀정책은 인구발전의 법칙과 방대한 농민들의 '다산 희망' 무시 및 인간의 자연적 출산욕망에 위배되는 인위적인 강제성의 출산억제정책으로, '실패'할 수밖에 없었다.

4) 1980년대 후반 농촌정책 조정, 1.5정책 실시

강제적인 독신자녀정책이 농민들의 거센 저항으로 추진이 어렵게 되면서 국가계획생육위원회31)는 정책목표와 농민들의 '다산 희망'과의 괴리를 줄이고, 경색된 군중관계를 완화하기 위해 1984년 둘째자녀 출산규정에 대한 정책조정을 결정했다. 1984년 4월 중앙정부는 '1자

---

31) 1981년 제5차 전인대(全人大)에서는 국가계획생육위원회의 성립을 결정하고, 주임(장관급)에 천무우화(陳慕華) 부총리를 임명하였다. 이는 강력한 독신자녀정책의 추진 및 이 시기 '경제발전 중심'의 개혁개방 국가전략에 '걸림돌'이 된 인구문제를 해결하려는 중국정부의 의지를 보여준다.

녀 정책'을 보완하는 정책으로, 농촌에서 '규정된 조건'에서 둘째자녀의 출산을 허용하는 조정정책인 1.5정책32) 실시를 지시했다. 1.5정책의 취지는 기존의 독신자녀정책을 수정하여 정책규정에 부합되는 농촌가정의 둘째자녀 출산을 허락하며, 농촌에서의 둘째·셋째 이상의 다산화(多産化)를 방지하고 '계획생육' 규정 외의 출산은 금지한다는 것이다. 또한 출산규정을 위반하는 농민들에 대해서는 교육을 위주로 하고, 처벌위주의 강제적 사업방식을 개선하도록 지시했다.

한편 1.5정책을 실시하는 과정에서 정책을 집행하는 간부들과 농민들과의 관계가 악화되었고, 이는 농촌의 계획생육에 큰 혼란을 조성했다. 일부 지방에서는 '완화 조건'을 서로 비기면서 경쟁적으로 1.5정책을 추진한 결과 '조혼' 출산, '계획'외 출산, '도적' 출산(정책규정을 위반하여 출산한 아이를 호적에 올리지 않는 것) 등의 '초생(超生)' 현상이 난무했다. 이러한 불법출산이 농촌 전체에 만연되면서 1980년대 중·후반 농촌 출산율이 급증되었다(李建新, 1996). 따라서 중앙정부는 1986년 5월 농촌의 실제상황을 감안하여 교육위주의 정책수단으로 농민들의 지지를 얻는 출산정책으로 발전시켜야 한다고 지적했다. 1986년 12월에는 전국적 범위에서 농촌의 독녀호는 몇 년 간의 자녀터울을 두고 둘째자녀의 출산을 허락하도록 정책을 조정했다. 중앙정부가 농민들의 출산선호에 부합되는 1.5정책을 실시한 후, 1980년대 후반 전국에는 네 종류의 출산정책33)이 형성되었다(湯兆云, 2005: 150).

---

32) 1980년대 중·후반 중국정부가 실시한 1.5정책은 농촌의 실제상황에 적합하지 않고 농민들의 '다산 욕망'과 농촌의 생육문화를 '무시한' 독신자녀정책에 대한 정책조정이다. 이는 정부의 정책의지와 농민들의 '다산 욕망'이 '타협한 결과'이며, 잘못된 출산정책에 대한 시행착오를 시정함으로써 정부에 대한 농민들의 불신과 불만정서를 불식시키는 작용을 했다. 또한 1.5정책은 1990년대 도농(都農) 이원화 구조의 출산정책 기틀을 마련했다는 데, '적극적 의미'를 부여할 수 있다.

33) 첫째, 도시에서는 기본상 '1자녀 정책'을 실시하며, 농촌에서는 정책규정에 부합되는 가정에게 둘째자녀의 출산을 허락한다(13개성). 둘째, 농촌의 독녀호(獨女戶) 가

1980년대 국가가 강행한 독신자녀정책이 농민들의 거센 저항으로 추진이 어렵게 되자, 중국정부는 정책대응으로 1.5정책을 추진했다. 1.5정책의 '적극적 의의'를 세 가지로 요약할 수 있다. 첫째, 농촌의 정책조정은 1990년대 도시 '1자녀'와 농촌 '2자녀'의 이원화구조 정책기반을 마련했고, 현행 다원화 정책의 형성에 기여했다. 둘째, 1980년대 중반 농촌에서의 출산율 증가현상을 기본상 통제하였고, 1990년대 출산수준의 안정화(합계출산율 1990년 2.01, 1999년 1.80)에 기여했다. 셋째, 독신자녀정책의 불합리성과 강제성에 기인한 농민들의 반발 및 정부에 대한 불만정서를 안정시켰으며, 이는 1980년대 농촌 개혁개방이 성공할 수 있는 사회적 환경 조성에 긍정적 기여를 했다. 또한 1.5정책은 '다산 선호'의 농촌·농민들에 대한 '정책적 배려'로 평가되기도 하지만, 정부의 일방적인 강력한 독신자녀정책이 자초한 결과이기도 하다.

3. 1990년대 이후 출산정책 안정화 및 조례수정

1) 출산정책 안정화 및 '계획생육법' 제정

1980년대 후반 농촌의 조정정책으로 추진된 1.5정책은 1990년대 이후 이원화·다원화구조의 기본적 정책기반을 마련했다. 그 후 계획생육정책은 '큰 변화가 없이' 기본국책으로 장기간 실시되었다(曾毅, 2006). 1991년 3월 중앙정부는 계획생육은 국가의 기본국책으로서 상대적 안정성·연속성을 유지해야 한다고 강조했다(湯兆云, 2005: 152). 1990년대 출산정책

정에게 둘째자녀의 출산을 허락한다(9개성). 셋째, 모든 농촌에서 둘째자녀 출산을 허락한다(2개성). 넷째, 소수민족지역에서는 3~4명의 자녀를 낳을 수 있다. 1986~1991년 정부는 농촌조정정책인 1.5정책의 실시 등 일련의 정책조정을 통해 1980년대 중반 농촌의 출산율 증가현상을 기본상에서 통제하였다(杜亞軍, 1991).

의 주요내용을 요약하면, ①국가는 만혼만육(晚婚晚育)과 소생우생(少生優生)을 제창한다. ②국가간부와 도시주민은 '1자녀', 정책규정에 부합되는 농촌가정은 '2자녀' 출산을 허용한다. ③소수민족도 실제 상황에 따라 '적당한 계획생육'을 실시해야 한다는 것이다(李建新, 2005: 251).

2001년 12월 중앙정부는 '인구와계획생육법'을 반포하고, 2002년 9월 1일부터 정식으로 실시한다고 규정했다. '계획생육법' 제3장에는 국가는 현행출산정책을 안정화시킨다는 규정이 명시되어 있다. 제 18조에는 공민의 만혼·만육을 격려하며 정책규정에 부합되는 둘째자녀를 출산할 수 있다고 규정하고 있다. 구체적 실행방법은 각 지방정부에서 실제상황에 맞게 책정하며, 소수민족도 계획생육을 실시해야 한다(中國人口報, 2001. 12.13).

'계획생육법'의 시사점을 두 가지로 요약할 수 있다. 첫째, 현재의 계획생육정책을 더 이상 '압축할 필요'가 없다는 것이다. 그 이유는 ① 현재 중국의 생산력 발전수준은 높지 않은 반면, 농촌의 사회보장제도가 제도화되지 못했다. 또한 현행출산정책은 장기간의 실천을 통해 광대한 인민군중의 인정을 받고 있기 때문이다. ②계획생육의 정책효과로 1998년 인구자연성장률이 10‰ 이하로 하락되었다. ③최근 합계출산율이 선진국 수준의 1.8 전후를 유지하고 있기 때문에, 보다 강력한 출산억제정책을 강행할 필요가 없다(劉金塘·林副德, 2000, 2001: 173). 둘째, 현행출산정책을 더 이상 '완화할 필요'가 없다는 것이다. 그 이유는 ①향후 인구규모에 대한 억제와 인구과다(過多)는 중국정부가 해결해야 할 중요한 정책과제이다(楊書章·湯夢君, 2001). ②21세기 계획생육정책의 목표[34]는 현유의 저출산 수준을 안정화시키는 것이다.

---

34) 21세기 중국의 계획생육정책 목표는 2010년까지 전국의 인구규모를 14억 이내로 통제하고, 출생률을 년 15% 이내로 줄이는 것이다. 또한 인구자질을 높이고 출생 성비 불균형을 바로잡는 동시에 생식보건과 피임절육조치를 통해 전통적 생육문

2001년 중국정부가 반포한 인구와계획생육법은 1990년대 이후 '출산수준 안정화' 및 21세기 중국정부의 인구정책 추진방향이 반영되어 있으며, 장기간의 검증을 거쳐 국가가 법률 형식으로 기본국책으로서의 계획생육정책의 법적 지위를 확립한 것이다(湯兆云, 2005). 한편 인구와계획생육법의 출범은 1990년대 이전의 계획생육사업이 주요하게 중앙정부가 제정한 단편적이고 단기적인 출산정책 및 지방정부의 법규·조례에 대한 정책조정을 주요의거로, 출산억제정책을 추진했던 피동적인 국면을 끝냈다는 것에 적극적인 의의가 있다고 할 수 있다.

한편 최근 대도시에서의 초저출산 현상이 지속되면서 중국의 인구학자들은 도시 '1자녀 정책'에 대한 출산정책을 더욱 '완화할 필요'가 있다고 주장하고 있다. 현재 도시 '1자녀 정책'에 대한 출산정책을 '2자녀 정책'으로 '완화'해야 한다고 주장하는 이유는 첫째, 중국의 풍부한 노동력 인구자원과 광대한 소비시장은 지속적인 경제발전에 유리한 조건과 적극적 인소로 작용하고 있다. 둘째, 계획생육정책은 인구규모와 인구구조 변증관계를 왜곡하고 있다. 만약 장기간 강력한 출산억제정책을 실시한다면, 2090년 중국 총인구는 7.2억으로 감소하지만 65세 이상 고령인구 비율은 40.3%에 이른다. 셋째, 현재 선진국에서는 저출산으로 인한 고령화 가속화를 완화시키기 위해 출산장려정책을 추진하고 있다. 또한 강력한 출산억제정책으로 인한 성비 불균형 문제는 미래의 혼인시장 불균형화를 초래할 것이다. 넷째, 21세기 출산정책은 지속가능한 발전에 유리한 인구규모와 인구구조 및 인구자질 통일화를 정책목표로 해야 한다. 따라서 현행 출산억제정책을 도농(都農)을 막론하고 '2자녀 정책'으로 조정하고, 인구규모와 인구구조의 합리화 및 인구자질을 제고해야 한다(于學軍, 2001; 李建新. 2004, 2005; 曾毅. 2006).

___

화에 대한 변화와 함께 새로운 결혼·자녀관을 형성하며, 효과적 정책법규를 갖춘 사회보장제도 및 정책시스템을 건립하는 것이다(湯兆云, 2005).

2) 21세기 저출산 수준 안정화와 지방정부 조례수정

21세기 진입 후 도시에서의 '저출산 현상'과 농촌에서의 '고출산 현상'이 여전히 병존하고 있기 때문에, 지속적 계획생육정책을 통해 인구 규모의 통제와 인구과다 문제를 해결하는 것은 중국정부가 우선적으로 고려하고 추진해야 할 중요한 정책과제로 나서고 있다(劉金塘 외, 2000). 그 주요한 이유는 2000년 현재의 저출산 수준(합계출산율, 1.7~1.8[35])이 매우 불안정하기 때문이다. 특히 최근 농촌에서 추진되고 있는 1.5정책의 '불안정적 인소'와 인구증장의 관성 작용으로, 추후 10~15년 동안 중국 인구는 매년 천만 정도로 증가될 것이다(秦大河 외, 2002). 현재 21세기 중국의 주요한 인구문제는 아직 생육문화의 전변이 완전히 이뤄지지 않았고, 남아선호사상과 '다산 선호'의 농민들이 다수 존재하는 농촌의 인구문제에서 기인된다.

〈표 14〉 신중국 성립 후 1억 인구증가에 걸린 시간

연대	인구수(억)	걸린 시간(년)
1954	6	-
1964	7	10
1969	8	5
1974	9	5
1981	10	7
1988	11	7
1995	12	7
2005	13	10

자료: 중국 國家人口和计划生育委员会. 2004.

---

35) 현재 2000년 중국의 합계출산율에 대한 '두 가지 주장'이 우세하다. ①국가인구와 계획생육위원회를 대표로 하는 정부측의 주장에 부합되는 1.8 전후이다(국가인구 발전연구과제팀, 2007). ②대다수 인구학자들의 주장을 대표하는 1.6 전후 혹은 더욱 낮은 수준이다(郭志剛, 2004). 한편 ①은 현유의 '저출산 수준 안정화'를 주장하는 정부의 계획생육정책 '정당성'을 부여하는 반면, ②는 현유의 '1자녀 위주'의 출산정책에서 '2자녀 위주'의 정책변화를 주장하는 인구학자들의 '이유'가 된다.

유엔인구기금회는 2020년 중국의 인구가 14.48억에 도달할 것으로 예측하였으며, 세계은행은 14.89억, 국가계획생육위원회는 14.83억, 국가통계국은 14.60억으로 예측하였다. 이를 종합하면 2020년 중국의 인구수는 14.5~14.9억으로 추산된다. 중국정부는 매년 GDP 성장률을 현재의 7.2% 기준으로 2020년의 GDP 수준을 현재의 2배로 증가될 것으로 예측하지만, 2020년 중국의 인구규모가 15억을 초과할 경우 일인당소득(GNI) 3,000달러의 목표 달성을 3~5년 늦춰지게 할 것이다 (湯兆云, 2005: 295). 따라서 지속적인 경제성장을 전제로 중국정부의 단기목표인 샤오캉(小康)사회 전면적 실현[36]을 위해서는 현재의 저출산 수준을 안정화시키고, 효과적인 정책수단으로 인구규모 증장을 지속적으로 억제해야 한다(張維慶, 2004: 5).

중국의 일부 인구학자들은 인구규모를 100년 후 8억(가능한 5억까지)으로 줄여야 하며, 이를 위해 합계출산율을 1.6 이하로 낮추고 인구규모를 지속 통제해야 한다고 주장하고 있다. 그 이유는 첫째, 이른바 '성비 불균형' 문제는 출산율 하락과는 큰 관련이 없으며, '1자녀 정책'의 추진을 반대하는 이유가 될 수 없다. 둘째, 인구구조 문제인 '고령화 가속화'는 노인복지와 사회보장제도의 건립을 촉진할 것이다. 현재 중국의 인구문제는 인구규모 문제가 우선적이고, 인구구조 문제는 부차적이다. 셋째, 기존 '1자녀 위주'의 출산억제정책을 100년 동안 실시해도 중국에는 '노동력 문제'가 존재하지 않는다. 반면 '고령화 가속화'는 절대인구의 감소를 촉진하며, 이는 현대화 발전에 유리하다. 넷째, 4-2-1(독신자녀) 가정구조는 4-2-2(두 자녀) 가정구조에 비해

---

36) 2010년 현재 '제2의 경제대국(GDP규모)'인 중국에서 지속적 경제발전과 '조화사회' 건설은 가장 중요한 기본국책이다. 또한 21세기 진입 후 인구문제로서 고령화 문제가 더욱 부각되면서 기본국책인 계획생육정책의 중요성이 갈수록 '약화'되고 있고, '경제발전 중심' 정책에 종속되고 있다.

좋은 점이 많으며, 도시 4-2-0(무자녀) 가정구조 증가는 농민들의 복음이다. 즉 도시인구 감소는 농촌 과잉인구의 도시진출과 도시화 발전에 유익하며, 도농 격차를 줄일 수 있다. 전반적으로 출산억제정책으로 인한 (도시)저출산화는 국가발전에 유리하므로, 보다 강력한 출산억제정책을 실시해야 한다(翟振武, 2001; 叶文振, 2002; 李小平, 2000, 2004).

최근 중국정부는 인구성장과 사회경제발전의 시너지 효과를 위해 세 가지 측면에 21세기 계획생육정책의 착안점을 두고 있다. 첫째, 계획생육사업에 유리한 이익향도의 사업시스템과 사회보장제도를 건립하는 것이다. 2004년부터 정부는 농촌의 계획생육가정 장려제도를 제정, 장려보조금37)을 지급하고 있다. 둘째, 계획생육사업에 대한 기술서비스를 강화하고, 현재의 저출산 수준 안정화와 인구자질 제고에 주력하는 것이다. 정부는 '계획생육법'에 근거해 피임도구의 무상지원과 절육수술 등을 무료로 진행하는 기술서비스를 제공하고, 여성의 사회적 지위와 생식보건수준을 높이고 합법권익을 보호하는데 주안점을 두고 있다. 셋째, 21세기 인구전환기의 정책대응으로, 지방정부의 계획생육조례에 대한 수정·보완사업을 적극 추진하는 것이다.

계획생육조례 수정에 대한 중앙정부의 지시에 따라 2003~2004년 지방정부에서는 '조례' 수정을 진행하고, 기존 계획생육정책의 '둘째 자녀 출산' 정책규정을 각 지방의 인구상황에 따라 수정을 진행하였다. 그 결과 전국 27개 지방정부에서 부부쌍방 혹은 일방이 독신자녀인 가정에서는 2자녀를 출산할 수 있으며, 7개 지방정부에서 농촌부부 중 일방이 독신자녀일 경우 둘째를 출산할 수 있다고 기존의 정책조

---

37) 2004년 계획생육가정에 대한 정부의 장려보조금 지급은 기존 '다산 가정'에 대한 경제처벌(사회교육비 징수 등) 위주에서 농촌 '1자녀 가정'에 대한 경제적 장려의 정책변화이다. 이는 1990년대 시장경제 도입과 21세기 정책조정 및 인구정책 변화에 따른 사회정책시스템 전환으로 볼 수 있다.

례를 수정했다(陳力 외, 2005). 2004년에 이르러 전국 30개 지방정부에서 기존 조례에 대한 수정·보완을 통해 '둘째자녀 출산' 정책을 완화하였고, '계획생육법'에 부합되지 않는 벌금조치와 출산간격(자녀터울) 등 정책규정을 취소했다.

이러한 지방정부의 조례수정과 정책조정에 대해 국가계획생육위원회 왕궈오창(王國强) 부주임(차관)은 현행출산정책이 '인구규모 통제'와 '인구자질 제고'의 기존 정책에서 ①저출산 수준 안정화 ②인구자질 제고 ③인구구조 개선 ④인구분포 균형화 ⑤인력자원 개발의 5가지 내용으로 확대된 '종합적 인구정책'으로 발전했음을 의미한다고 지적했다(王國强, 2005: 303). 즉 중국의 종합적 인구정책은 경제발전에 따른 출산정책 변화의 필요성을 반영하며, 지속가능한 발전이론과 과학발전관의 요구에 부합된다는 것이다. 한편 정부가 출산정책에 대한 정책조정으로 '적절한 수준'의 출산율을 확보할 수 있다는 것은 국가역할의 중요성을 보여준다.

4. 중국의 출산정책 변화 및 정책조정

1) 21세기 계획생육정책 변화 및 조정

중국의 인구정책은 1990년대 '인구규모 통제'와 '인구자질 제고'의 계획생육정책에서 저출산 수준 안정화와 인구자질 제고를 중심으로, 인구구조(성비 불균형, 인구 고령화) 변화와 인구분포 균형화 및 인력자원 개발 등 제반 인구문제를 동시에 고려하는 종합적 인구정책으로 변화되고 있다(王國强, 2005). 또한 기존의 강력한 행정수단과 경제적 처벌위주에서 '장려위주'의 경제수단 적용 및 이익향도의 인구정책으로 전환되었다(陳立·郭震威, 2005; 佟新, 2006: 301).

최근 중국정부의 인구정책 변화와 정책조정의 주요내용을 다음의
몇 가지로 요약할 수 있다. 첫째, 중국정부는 2000년 3월 '인구와계획
생육사업의 강화와 저출산 수준의 안정화 결정'을 반포하고, 현유의
저출산 수준을 장기간 안정화할 인구정책의 기본방침을 제정했다.
2001년에는 '인구와계획생육법'을 제정하여 인본주의(人本主義)를 제창
하고, 21세기 인구정책의 법적 근거를 마련했다. 또한 2003년에는 기
존의 국가계획생육위원회를 국가인구와계획생육위원회38)로 명칭을 바
꾸고, 20세기의 계획생육정책을 21세기 '종합적 인구정책'으로의 변화
를 꾀하고 있다. 정부의 상술한 정책조치들은 21세기 인구정책의 변화
및 발전전략을 시사해준다.

둘째, 2002년부터 실시되는 '인구와계획생육법'이 반포된 후 지방정
부에서는 정책조례를 수정하여 '2자녀' 출산규정을 완화하는 정책조정
을 실시했고, '둘째자녀' 출산에 불리한 정책조례의 규정과 내용을 대
폭 수정했다. 2004년까지 중국의 29개 성시(省市) 지방정부에서 '부부
쌍방이 모두 독신자녀'일 경우 둘째자녀 출산을 허용하도록 조례를 수
정했고, 10개 지방정부에서는 '부부 중 일방이 독신자녀'인 경우, 6개
성에서는 '부부 중 일방이 2대에 걸쳐 독신자녀'일 경우 2자녀 출산을
허락했다. 그 결과 2005년 상하이(上海)시 출생인구는 2004년보다
22.9% 증가했고, 지린(吉林)성의 둘째자녀 출생수는 34%(2005년), 하이
난(海南)성은 2005년 둘째자녀 출생수가 전년에 비해 27.1% 증가했다
(陳立 외, 2005: 10).

셋째, 2004년 국무원은 인구와계획생육위원회와 재정부와 공동으로
'농촌의 계획생육가정에 장려보조금 제도를 시행할 데 관한 결정'을

---

38) 중국정부는 기존의 국가계획생육위원회를 2003년 3월 17일 국가인구와계획생육위
원회(國家人口和計劃生育委員會)로 명칭을 바꾸었다. 이는 20세기 후반 '계획생육 위
주'의 출산억제정책이 21세기에는 '종합적 인구정책'으로 전환되었음을 의미한다.

공표했고, 인구와계획생육위원회는 2005년 소생쾌부(少生快富)[39]라는 새로운 슬로건을 제정하여 이익향도의 인구정책시스템 전환을 꾀하고 있다(陳立 외, 2005; 湯兆云, 2005: 300). 이러한 정책조치들은 계획경제시대의 경제처벌과 행정처분 위주에서 경제적 장려의 시장경제 특징을 반영하는 인구정책으로 이행하고 있음을 보여준다. 또한 소생우생(少生優生)을 격려해 인구자질을 높이고 이익향도의 사업방식을 보급하며, 사회보장제도의 전면적 보급을 국가차원에서 추진하려는 정부의지를 보여주고 있는 것이다.

넷째, 현재 중국인구의 52.9%를 차지하는 농촌지역에서는 여전히 남아선호사상이 뿌리 깊게 남아있다. 일부 농촌가정에서는 아들을 낳기 위해 산전 성별감별을 거쳐 여아일 경우 인공유산을 진행하고 있으며, 이는 여아 사망률이 정상수준을 크게 벗어나게 하는 결과를 초래하여 성비 불균형 현상을 심화시키고 있다(張二力, 2005: 298). 최근 중국정부는 농촌의 남아선호사상과 여아를 경시하는 전통적인 생육문화·출산선호를 갱신하고, 양성평등 및 여성의 사회지위를 높이려는 취지하에 '여자아이를 사랑하자(關愛女孩)'는 사회적 캠페인[40]을 국가차원에서 추진하고 있다(曾毅, 2006: 300). 이는 심각한 성비 불균형과 미래 혼인시장의 불균형 심화 등의 사회적 결과로 파급되는 영향력을 줄이려는 중국정부의 정책적 노력과 의지를 보여준다.

---

39) 소생쾌부(少生快富)란 "자녀를 적게 낳아야만 농민들이 하루빨리 부유해질 수 있다"는 홍보용 슬로건으로, 지난 1970~1980년대 계획생육정책 구호와 비슷한 성격을 갖고 있다. 한편 '소생쾌부' 제정은 중국 농촌에는 전통적 생육문화에 따른 다산(多産) 선호의 가정이 다수 있으므로, 출산억제의 계획생육정책이 지속적으로 추진되어야 한다는 중국정부의 정책적 의지가 반영되어 있다.

40) 최근 중국정부가 '여자아이를 사랑하자'는 캠페인을 국가적 차원에서 추진하고 있는 가장 중요한 이유는 전통적 생육문화의 전변이 완전히 이뤄지지 않은 중국 농촌에는 아직도 뿌리 깊은 남아선호사상이 잔존해 있고, 이는 성비 불균형 등 인구·사회문제의 '불안정 인소'로 남아있기 때문이다.

다섯째, 21세기 인구정책의 중요한 변화는 기존 '인구규모 통제와 인구자질 제고'의 정책목표를 현유의 저출산 수준(1.8 전후)을 안정화시키고, 여성들의 생식건강 수준을 제고하는 데 정책의 착안점을 두고 있다는 것이다. 따라서 정부는 행정관리 및 계획생육 관련 기술서비스를 강화하고, 기존의 일방적 추진의 사업방식을 개선하는 인구정책을 제정·실시하고 있다(陳立 외, 2005: 8). 이는 21세기 국가역할이 더 이상 계획생육정책 감독 및 관리자 역할에만 머물지 않고, 기존의 관리적 역할과 함께 질 높은 행정서비스를 제공하여 농민들의 실제곤란을 해결해주는 관리자·협력자의 역할변화를 추구하려는 것으로 풀이된다.

21세기 진입 후 과학발전관과 조화사회 건설을 새로운 지도이념으로 내세우고 있는 중국정부는 인본주의와 사회주의 신농촌 건설을 주창하고 있다. 따라서 기존의 강력한 공권력과 행정수단에 의해 추진되던 계획생육정책을 21세기에는 법적 의거와 경제수단에 의한 종합적 인구정책으로 발전시키고, 사회경제 발전과 샤오캉(小康)사회[41] 건설에 '관건적 인소'로 작용하는 인구문제를 범국가적 차원에서 기본국책으로 다루고 있다. 간과할 수 없는 점은 현재의 종합적인 인구정책이 기존 '강제적' 계획생육정책에 비해 중국의 실정에 부합되는 전면적 인구정책으로, 방대한 농민들의 출산선호 및 인본주의에 부합된다는 것이다.

2) 최근의 출산정책 경향 및 향후 전망

중국의 출산정책은 1990년대의 '인구수를 줄이고 인구자질을 높이

---

41) 샤오캉(小康, 중산층)은 "의식주를 걱정하지 않는 물질적으로 안락한 사회"를 일컫는 말로, '공산주의사회 달성'을 위한 초기단계를 의미한다. 중국정부는 2006년 당 16차대회에서 2020년까지 샤오캉사회를 건설한다는 정책목표를 확정했으며, 2009년 샤오캉사회 실현 정도는 75% 수준이다.

는' 정책목표에서 21세기에는 저출산 수준 안정화, 인구자질 제고, 인구구조 개선, 인구분포 균형화, 인력자원 개발의 종합적 인구정책으로 변화되고 있다. 한편 중국정부는 현 단계 '저출산 수준'의 기초는 매우 취약하고 불안정하므로, 향후 상당기간 계획생육정책을 추진하여 인구규모를 통제할 필요성을 강조하고 있다. 또한 이익향도(利益嚮導)42) 의 방향으로 인구정책을 조정하고, 저출산 수준 안정화에 주력하고 있다. 2007년 1월 중앙정부는 '계획생육 강화와 인구문제 통괄적 해결'을 반포하고, 출산억제의 계획생육정책 중요성과 필요성을 재삼 강조했다. 따라서 21세기 계획생육정책은 여전히 기본국책으로 추진될 것이며, 또한 도시 저출산화를 완화시키기 위해 기존의 출산정책을 완화 및 조정할 것이다. 그 '이유'를 다음의 몇 가지로 분석·요약할 수 있다.

첫째, 2000년 3월 20일 중앙정부는 '인구와 계획생육사업 강화와 저출산 수준 안정화 결정'을 반포하고, 향후 15~20년간 중국의 인구는 매년 1,000만 이상 증장하게 되어 인구와 경제·사회·자원·환경 간의 모순은 더욱 첨예해질 것이므로 인구규모 통제와 인구과다(過多) 문제는 '가장 우선적으로 해결해야 할 중요한 문제'라고 지적했다. 2006년 11월 후진토오 국가주석은 중앙정치국 회의에서 '현유의 저출산 수준을 안정화'시키는 기초상에서 인구문제를 통괄적으로 해결해야 한다고 강조했다. 따라서 2007년 1월 중앙정부는 '인구와 계획생육사업을 전면적으로 강화하고 인구문제를 통괄적으로 해결할 데 관한 결정'을 정식으로 반포하고, 인구증가억제의 계획생육사업이 21세기에도 지속 추진해야 할 기본국책43)임을 명확하게 지적했다.

---

42) 1990년대 이전 계획경제시대의 강력한 공권력과 행정수단 및 경제적 처벌에 의해 추진되던 계획생육정책이 시장경제가 정착된 21세기에는 법적 의거와 교육 및 '경제적 장려' 위주의 법률과 경제수단에 의한 인구정책으로 발전되었음을 의미한다. 또한 21세기 시장경제가 '지배적인 사회'에서 20세기 강력한 출산억제정책의 '정책적 요인'과 국가역할이 점차 약화되고 있음을 시사해준다.

둘째, 현유의 저출산 수준이 불안정하고 20~30년의 '짧은 기간' 내 실현한 인구전환의 사회기초가 박약하다. ①2011년 가임연령 인구수는 3.77억으로 증가되고, 1985~1990년 '출산 고봉기'[44]에 태어난 20~29세 가임여성이 2005~2020년에 '출산 고봉'을 이룰 것이다. 또한 '두 자녀 출산'이 가능한 1억 독신자녀들로 인해 향후 15년간 '출산 고봉기'를 맞이할 것이다(蔡昉, 2003: 14). ②현재 농민들이 출산선호와 정부의 인구정책 사이에는 괴리가 상존한다. 즉 대다수 농민들의 이상자녀 수는 2명 이상으로 '남자·여자아이를 모두 요구'하고 있고, 전통적 생육관이 크게 변화되지 않았다. ③저출산 수준의 지역 간 차이가 매우 크다. '1자녀' 정책의 도시 출산율은 1.3 이하인 반면, 대부분 지구에서 '2자녀' 정책이 실시되는 농촌 출산율은 2.1 이상이다(秦大河 외, 2002: 16). 또한 베이징·상하이 등 대도시의 인구발전은 '마이너스성장'에 진입했지만, 낙후한 중서부 농촌지구는 여전히 '고출산 인구성장' 단계에 처해있다.

셋째, 중국정부가 2007년에 반포한 '통괄적 인구문제 해결 결정'은 인구규모를 2010년 13.6억, 2020년 14.5억 이내로 통제할 것을 확정했다. 또한 취업인구의 증가는 실업인구비율을 증가시켜 사회문제로 부상할 것이며, 급속한 인구증장은 지속적 경제발전에 저해되므로 계

---

43) 1980년대 중국정부가 계획생육정책을 기본국책으로 책정한 것은 독신자녀정책에 대한 국가의 추진의지를 반영했다면, 2007년 중국정부가 현행출산정책을 여전히 '기본정책'으로 확정한 것은 출산억제정책의 성격보다는 현유의 '저출산 수준 안정화'에 정책초점이 맞춰졌다고 할 수 있다. 한편 중국정부는 1980년대 초 남녀평등을 기본국책으로 책정하고, 여성의 사회지위를 법적으로 확립했다. 이는 여성의 사회진출에 대한 직접적 기여와 남성의 가사참여 촉진에 간접적으로 기여했다.

44) 1980년대 중·후반의 농촌 '출산 고봉기'는 중국정부의 농촌 조정정책인 1.5정책에 기인한 '둘째자녀 출산'이 증가된 것이 주요인이다. 또 따른 원인은 1960년대 초반의 '보충성 출산붐' 시기에 태어난 베이비붐 세대들이 1980년대 중·후반 23~28세의 혼인연령에 도달했기 때문이다.

획생육을 장기적으로 추진함으로써 인구규모를 통제해야 한다(張維慶, 2004). 한편 중국정부는 2004년부터 인구정책 일환으로 농촌의 계육생육가정에 장려보조금을 지급하고, 소생쾌부(少生快富)의 출산 프로젝트를 추진하여 '1가정 1자녀' 출산을 장려하고 있다.

넷째, 중국의 7~8억 농민인구는 정부가 '저출산 수준을 안정화'시키는 인구정책 추진에 '걸림돌'이 되고 있다. 방대한 농촌인구는 '1자녀 위주'의 출산정책 변화를 지연시키는 주요인이며, 이는 중국정부의 '농촌딜레마'로 작용한다. 현재 중국 인구의 52.9%를 차지하는 농촌지역에서의 1.5정책 실시는 성비 불균형을 조장하는 직접적 원인이며, 대부분 농촌지역에는 남아선호사상과 다자다복(多子多福) 등 전통적 생육문화가 여전히 남아있다(李建新, 2005, 曾毅, 2006). 한편 농촌의 인구상황과 경제발전수준은 불균형적이며, 약 1.5억에 달하는 농민공(農民工)[45])의 도시로의 인구이동은 도시 기초시설과 공공서비스 및 행정관리에 거대한 압력을 조성하고 있다. 또한 도시에 거주하고 있는 농민공의 출산 및 호적관리에도 어려움이 초래되고 있다.

다섯째, 향후 15~20년간 중국은 '인구보너스'[46])기에 진입하게 되는

---

45) 농민공이란 농촌의 '잉여노동력'이 도시로 이동하여 임시 거주증을 갖고 생활하는 사람들을 말한다. 이들은 여전히 농촌호구이지만, 직업은 '도시노동자'라는 이중적 특징 때문에 농민공(農民工: 農民과 工人의 합성어)이라고 불린다. 현재 1.5억에 달하는 중국의 농민공들은 도시 저출산화에 비롯된 노동력 부족 등의 인구문제 해결과 도시화의 발전 및 도시 현대화 건설에 막대한 공헌을 하고 있지만, '도시노동자'에 걸 맞는 처우를 받지 못하고 있다. 또한 농민공의 대규모 도시진출은 농촌의 인구 고령화와 '황폐화' 및 도농(都農) 격차 확대 등 일련의 사회문제를 유발하고 있다.

46) 이른바 '인구보너스'란 경제발전에 유리한 인구연령구조를 말한다. 즉 생산가능인구가 인구규모에서 차지하는 비율이 높아 부양비가 낮고, 경제발전에 유리한 인구구조이다(陳衛, 2007). 한편 중국의 '인구보너스'기는 개혁개방 시기와 맞물려 지난 20여 년간 중국의 경제발전에 기여했으며, 경제성장의 30%를 '인구보너스'가 공헌했다는 관련 연구(侯東民, 2007: 44)도 있다. 그러나 대다수 중국 전문가들은 인구 고령화의 가속화로 '인구보너스'기는 곧 끝나게 될 것이라고 주장하고 있다.

데, 이는 중국의 사회경제발전에 긍정적 역할을 하게 될 것이다. 즉 1960~1970년에 태어난 베이비붐 세대의 영향으로, 생산연령 노동인구가 증가되는 인구연령구조의 황금시대를 맞이하고 있다(이현승 외, 2006: 80-81). 한편 급속한 인구증장 관성으로 2007년 현재 중국의 생산연령 취업인구는 지속적으로 증가되어 15~64세의 생산연령 노동인구는 8.6억에 달하며, 2016년에는 10억을 초과하게 될 것이다. 또한 현재 1.5억의 실업인구와 단시간근로자 등 '임시적 취업인구'의 증가는 사회갈등의 유발과 사회적 안정의 파괴 및 조화사회 건설의 불안정한 '인구요인'으로 작용하게 될 것이다(半月談, 2007. 2.11). 이는 사회경제발전에 유리한 '인구보너스'의 순기능과 실업증가와 같은 사회문제 유발 등 역기능의 '양면성'을 보여준다.

현재 불균형적 인구분포와 지역·성향 간 상이한 출산수준을 갖고 있는 중국에서는 도시 '1자녀' 정책, 농촌 1.5정책과 '2자녀' 정책, 소수민족47) '3자녀' 정책 등의 다원화 정책이 실시되고 있다(朱玉·李亞杰, 2004: 191). 따라서 중국에서는 출산율 제고의 인구정책보다는 농촌의 인구문제 해결과 인구규모 통제가 더욱 중요한 정책과제로 나서고 있다. 이것이 21세기 계획생육정책이 여전히 중국에서 기본국책으로 추진되는 중요한 이유이며, 정부가 '약간한' 정책조정으로 도시 저출산화를 완화시키고 있는 직접적 원인이다. 추후 중국의 인구정책은 '저출산 수준 안정화'의 전제 하에 정책조정을 통해 인구규모와 인구자질 및 인구구조 등 제반문제를 통괄적으로 해결하는 '종합적 인구정책'으

---

47) 소수민족지구의 출산정책도 민족의 (인구)상황에 따라 다양하게 실시되고 있다. 예컨대 1985년 깐쑤썽(甘肅省)은 '1·2·3 정책'을 제정했다. 즉 도시는 1자녀, 농촌은 2자녀, 산간 오지와 목축지구의 소수민족은 3자녀를 낳을 수 있다. 또한 티베트이나 윈난썽(雲南省)의 일부 소수민족은 구체적 (출산)제한이 책정되지 않았다. 한편 소수민족에 대한 다양한 출산정책의 제정·실시는 중국정부가 소수민족의 특수한 지위와 인구·사회적 구체상황을 감안한 '정책적 배려'로 평가된다.

로 발전하게 될 것이다.

　요컨대 상술한 원인·이유로 향후 10~20년 동안 중국에는 도시 저출산 수준 안정화와 농촌의 '출산율 억제' 장려정책은 지속 추진되는 반면, (도시)출산율 제고의 저출산 대책은 출범되지 않을 것으로 전망된다. 가장 중요한 이유는 최근 중국정부가 도시와 농촌 및 소수민족 지구에서 다양하게 실시하고 있는 '1~3자녀'의 다원화 정책에 힘입어 1.8 전후(2008년 1.73)의 상대적 고출산율이 유지되고 있기 때문이다. 한편 인구 고령화[48] 가속화에 따른 고령화 사회 대비책[49]이 더욱 중요한 정책과제로 부상하게 될 것이며, 도시 저출산화에 기인한 인구·사회학적 문제는 중국정부가 해결해야 할 정책과제가 부상할 것이다.

---

[48] 2000년에 고령화 사회(65세 이상 노인인구 7%)에 진입한 중국은 2030년 고령화 비율이 16%로 고령사회에 진입하게 될 것이며, 2050년에는 21.3%로 초고령사회에 진입하게 될 것이다(박병현 외, 2007). 2010년 현재 고령화 비율은 약 9%로 한국(11%)과 비슷한 수준이지만, 현재 1.25억에 달하는 방대한 고령화 인구를 갖고 있다는 것이 특징이다. 한편 급속한 (도시)저출산화와 고령화 가속화는 중국의 사회경제발전에 엄중한 '사회적 결과'를 초래하게 될 것이다(郭志剛 외, 2008).

[49] 최근 고령화의 심화에 따른 고령화 대책은 한·중·일 삼국의 중요한 인구정책으로 추진되고 있다. 현재 저출산·고령화가 동시에 심화되고 있는 한국의 경우 저출산·고령화에 대한 종합적 인구정책이 국가차원에서 추진되고 있으며, 2006년 초고령사회에 진입한 일본의 경우 고령화 정책이 소자화(少子化) 대책에 '우선'하는 정책과제로 실시되고 있다. 한편 도시 (초)저출산화의 심각성에도 불구하고, 계획생육이 기본국책으로 추진되고 있는 중국에서는 고령화 대비책이 더욱 중요한 인구정책으로 추진될 것이다. 또한 한·중·일 삼국의 고령화 현상은 이들 삼국이 20세기 중·후반에 각국의 경제발전을 위한 인위적 출산억제·산아제한정책과 밀접히 관련된다는 '공통점'을 갖고 있다.

제3절 일본의 산아제한정책과 소자화 대책

1. 1940~1950년대 산아제한정책과 정책변화

1) 산아제한정책 추진 배경

제1차 세계대전 이전 일본에서는 식량과 실업문제 심각성에도 불구하고, 해외 진출과 전쟁 수행을 위한 '인적자원 확보' 목적으로 인구증가를 장려하는 인구정책이 추진되었다. 그러나 2차 세계대전 후 기존 인구정책의 이념과 방향은 급격히 전환되었다. 즉 전후 베이비붐(1947~1949년)과 해외의 인구귀환 등으로 인구는 급증된 반면, 경제규모는 축소되고 국민생활은 핍박받아 인구조절은 국가의 최대 급선무가 되었다(山口喜一, 1990; 조혜종, 2006: 229). 따라서 일본정부는 경제발전에 걸림돌이 된 인구문제를 해결하기 위해 1940년대 후반부터 1950년대 후반까지 대규모적 산아제한정책을 국가적 과제로 추진하였다.

1950년대 일본의 인구전환(인구대체수준의 출산율 저하)은 유럽 선진국의 장기간에 걸쳐 실현된 산업화에 따른 출생률·사망률이 점차 하락된 결과로 이뤄진 것과는 다르다. 일본학자 야스가와 쇼빈(安川正彬)이 지적한 것처럼 일본의 인구전환은 경제발전에 따른 것이 아니라, 2차 대전 후 인구와 국토 및 경제규모와의 모순을 해결하기 위해 국가가 개입하여 추진한 '소자화(少子化)' 전략에 기인한 것이다(戴維周, 1993). 즉 경제발전을 위한 산아제한의 정책효과가 국민들의 적극적 호응 하에 가시화된 것이다. 한편 2차 대전의 실패로 국민경제는 엄중한 타격을 받았으며, '베이비붐'과 해외군인 귀향으로 인한 인구문제는 경제회복·발전간의 모순을 격화시켰다. 이러한 상황에서 일본정부는 1946년 '신인구정책기본방침건의안'을 공표하고, 본격적 산아제한정책을 추진하게 되었다(李建新, 2005: 9).

2) 산아제한정책 실시와 정책변화

일본학자 마쓰다니 아키히코(松谷昭彦, 2005)는 (일본)저출산·고령화의
인구구조 변화와 출산율 급감은 베이비붐 특징과 1950년대의 대규모
적 산아제한정책과 관련된다고 주장했다. 즉 일본의 베이비붐 시기
(3~4년)는 짧은 반면, 출산율이 높은 것은 1950년대 산아제한정책에
기인한다는 것이다. 한편 국가가 산아제한정책으로 추진한 수태조절과
인공임신중절이 국민들 속에 급속히 보급·확산된 것은 1947년 피임
약 및 피임기구의 판매를 금지했던 약사법(藥師法) 개정(1949년 폐지),
1948년에 제정된 우생보호법(優生保護法)이 인공임신중절에 대한 규제를
대폭 완화시켰기 때문이다(山口喜一, 1990: 229-231). 이러한 인공임신중절
에 대한 규제 완화와 피임법의 보급은 1950년대 일본의 출산율 저하
에 큰 기여를 했다.

1950년대 후반 인구대체수준의 출산율 저하는 수태조절과 인공임신
중절 확산 및 피임법 보급 등 일본정부의 산아제한정책과 관련된다.
정부는 1947 피임약 판매를 금지한 약사법을 개정하고, 1948년 인공
임신중절을 합법화하였다. 1953년 후생성에 '인구문제심의회'를 설치
하고, 1954년 '인구의 양적조절' 결의와 산아제한정책 추진을 결정했
다(戴維周, 1993). 한편 쇼와 34년(1959)에는 생산연령 인구급증과 고용문
제 중요성, 출생억제 필요성과 산아제한 보급 등을 종합하여 최초로
인구백서(人口白書)를 반포하였다. 또한 쇼와 37년(1962)에는 '인구자질향
상대책50)에 관한 결의'를 공표하고, 고도성장 하에 사회복지 향상이

---

50) 일본에서는 1962년부터 인구자질향상정책이 추진되면서 인구(출산)정책이 변화된
반면, 한국에서는 1996년에 '인구자질 향상'으로 기존의 출산억제정책을 대체하고

경시되는 경향을 감안하여 인구자질향상정책의 추진을 결정하였다(조혜종, 2006: 230).

〈표 15〉 1975~2006년 한일 합계출산율 변화의 비교

연도	한국	일본	연도	한국	일본
1975	3.47	1.91	1991	1.74	1.53
1976	3.05	1.85	1992	1.78	1.50
1977	3.02	1.80	1993	1.67	1.46
1978	2.65	1.79	1994	1.67	1.50
1979	2.90	1.77	1995	1.65	1.42
1980	2.83	1.75	1996	1.58	1.43
1981	2.66	1.74	1997	1.54	1.39
1982	2.42	1.77	1998	1.47	1.38
1983	2.08	1.80	1999	1.42	1.34
1984	1.76	1.81	2000	1.47	1.36
1985	1.67	1.76	2001	1.30	1.33
1986	1.60	1.72	2002	1.17	1.32
1987	1.55	1.69	2003	1.19	1.29
1988	1.56	1.66	2004	1.16	1.29
1989	1.58	1.57	2005	1.08	1.25
1990	1.59	1.54	2006	1.12	1.32

자료: 한국 통계청, 「인구동태통계」, 각 연도; 일본 國立社會保障·人口問題硏究所, 「人口統計資料集」, 2007.

1940년대 후반부터 10여 년간에 걸쳐 추진된 일본정부의 산아제한 정책 실효성으로 인해 인구출생률은 1947년 44.5‰에서 1957년 17.2‰로, 약 50%가 감소되었다(李建新, 2005). 합계출산율은 제1차 베이비붐(1947~1949년) 시기의 4.3 수준에서 1950년대 후반에 이르러 인구대체수준(1957년, 2.04)으로 하락되었고, 제2차 베이비붐(1971~1974)까지 2.1대를 유지하였다. 그러나 1975년 이후 출산율은 2.0 이하로 저하되

신인구정책으로 변화되었다. 한편 중국에서는 1990년대 이후부터 현재까지 인구자질향상정책을 지속적으로 추진하고 있다.

었고, 1990년대 1.5 수준에서 2000년대 초반 초저출산 사회(2003년, 1.29)에 진입하였다(김태헌, 2006: 146-148).

일본의 산아제한정책이 '짧은' 10년 동안에 인구대체수준의 출산율 저하에 성공한 원인으로, 세 가지 요인을 꼽을 수 있다. 첫째, 1947~1949년의 베이비붐과 해외인구의 귀환에 따른 인구급증과 인구조절의 필요성 및 국가의 적극적 개입이다(인구학적 요인). 둘째, 경제회복과 발전에 걸림돌이 된 인구문제를 해결하려는 국가의 강력한 의지, 피임보급을 위한 약사법 개정과 인공임신중절 합법화 등의 산아제한정책 추진이다(정책적 요인). 셋째, 국가의 간섭과 개입으로 추진된 출산억제정책 외, 일본의 인구전환(실현)은 연 10% 이상의 급속한 경제성장률에 따른 경제발전 및 고도성장과 밀접히 관련된다(사회경제적 요인).

한편 1970년부터 일본은 고령화 사회에 진입하게 되면서 인구정책은 고령화 사회 도래에 대한 대응정책으로 변화되었고, 1990년 이전까지 저출산 문제는 공론화되지 않았다. 그러나 일본정부가 출생률 저하와 아동수의 감소추세를 사회문제로 인식하고, 육아지원의 보육정책에 주력한 것은 1990년 1.57쇼크[51] 이후부터이다(阿藤誠, 2005). 한편 1990년 1.5쇼크는 1970년대 이후 일본정부가 추진해온 고령화 대책 중심의 인구정책에서 저출산 문제를 본격적으로 소자화[52] 논의 및 정책대응으로 병행·추진하는 정책적 계기가 되었다.

---

51) 1.5쇼크란 1989년 일본의 합계특수출생률이 1.57로, 병오년의 특수 요인으로 사상 최저치를 기록했던 1966년 합계특수출생률 1.58보다 낮았다는 사실이 판명되었을 때의 충격을 말한다.

52) 일본의 「國民生活白書」는 소자화(少子化)에 대해 '아이를 덜 낳으려는 성향 혹은 베이비 버스트(출산율 급락현상)'로 정의했고(経濟企畵廳, 1992), 일본 國立社會保障·人口問題硏究所는 '출산율이 장기간 인구대체수준 이하를 밑돌고 있는 현상'으로 정의했다(阿藤誠, 2006: 21).

2. 1990년대 이후의 소자화(少子化) 정책

1) '소자화' 논의 및 가족정책

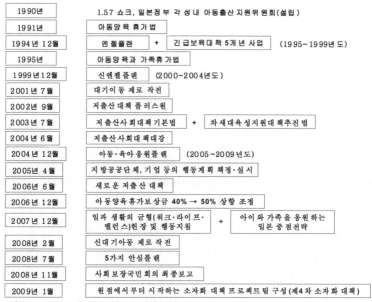

1990년	1.57 쇼크, 일본정부 각 성 내 아동출산 지원위원회(설립)
1991년	아동양육 휴가법
1994년 12월	엔젤플랜 + 긴급보육대책 5개년 사업 (1995~1999년도)
1995년	아동양육과 가족휴가법
1999년12월	신엔젤플랜 (2000~2004년도)
2001년 7월	대기이동 제로 작전
2002년 9월	저출산 대책 플러스원
2003년 7월	저출산사회대책기본법 + 차세대육성지원대책추진법
2004년 6월	저출산사회대책대강
2004년 12월	아동·육아응원플랜 (2005~2009년도)
2005년 4월	지방공공단체, 기업 등의 행동계획 책정·실시
2006년 6월	새로운 저출산 대책
2006년 12월	아동양육휴가보상금 40% → 50% 상향 조정
2007년 12월	일과 생활의 균형(워크·라이프·밸런스)헌장 및 행동지침 + 아이와 가족을 응원하는 일본 중점전략
2008년 2월	신대기아동 제로 작전
2008년 7월	5가지 안심플랜
2008년 11월	사회보장국민회의 최종보고
2009년 1월	원점에서부터 시작하는 소자화 대책 프로젝트 팀 구성(제4차 소자화 대책)

자료: 小島宏, 2006; 신윤정, 2009에서 작성.

〈그림 13〉 일본 소자화 대책 추진 경위(1990~2009)

일본에서는 1970~1980년대의 합계출산율이 1.8 정도로 안정적으로 유지되었으므로, 1990년 이전에는 저출산 사회문제가 공론화되지 않았다. 한편 1970년에 고령화 사회에 진입하면서 1970~1980년대 일본의 인구정책은 고령화 대책 중심으로 전개되었다고 할 수 있다. 그러나 1990년 1.57쇼크를 계기로 1990년대 초반부터 '소자화'가 논의되었고, 저출산 대응책으로서의 '소자화 대책'이 추진되기 시작했다. 한편 1990년대까지 저출산 대책을 소자화 대책보다는 가족정책[53]이라는 표현으로 자주 인용되었다(小島宏, 2006: 262).

일본 國立社會保障・人口問題硏究所는 1990년 1.57쇼크를 계기로 추진된 출산율 제고를 위한 정부의 정책대응을 기존의 가족정책과 연결시켜 3가지로 분류했다. ①출산율 제고와 전혀 관련이 없는 가족정책(1990년 이전) ②출산율 제고를 위한 간적접 가족정책(1990년대) ③출산율 제고를 위한 직접적 가족정책(2000년대)이다. 따라서 일본의 가족정책은 저출산 문제가 공론화된 1.57쇼크(1990) 이후 ①에서 ②로 이행했고, 2000년대 진입 후 ②에서 ③으로 변화되었다고 할 수 있다(阿藤誠, 2005: 30). 즉 1990년 이전 일본의 가족정책은 고령화(정책) 중심으로 저출산과 무관하게 추진되어 왔다는 것을 알 수 있다.

1990년 이전의 일본 가족정책은 경제발전과 고동성장을 배경으로, 대기업 중심의 '일본의 고용관행'이라고 불리는 종신고용・연공(年功)서열・연공임금이 제도화되었다. 이러한 제도는 남성취업자를 위한 것으로 여성취업자에 대해서는 '결혼적령기'에 퇴직하고, 결혼 후 가사・육아에 전념할 것을 바라는 (사회)기대와 가족정책의 성별분업 가족모델이 반영되어 있다(利谷, 1999 재인용). 한편 1990년 1.5쇼크 이전에도 출산율 저하 경향이 나타났지만, 1980년대 후반까지 선진국 중 비교적 높은 1.6~1.7(<표 15> 참조)의 출산율을 유지하였으므로 정부의 중시를 받지 못했다. 따라서 1990년 이전의 일본의 가족정책은 출산율 제고의 출산정책과 전혀 무관한 가족정책이라고 할 수 있다(阿藤誠, 2006).

그러나 1990년 1.57쇼크를 계기로 일본정부는 후생성(현 후생노동성) 중

---

53) 일본학자 코지마 히로시(小島宏, 2006)는 가족정책이 출산율(제고)에 미치는 영향을 세 가지로 지적했다. ①가족정책은 출산율 제고보다는 일차적으로 가족복지를 위하여 입안되었다. ②가족정책은 다른 국가에서 1~2가지 정책을 도입하는 것은 어떤 목적으로든 효과를 거두기 어려울 것이다. ③가족정책은 출산율 제고에 동인을 제공할 수 있지만, 도입시기와 사회적 환경에 따라 특정 지역 혹은 일부 사회계층에서만 효과가 있을 것이다.

심으로 보육서비스 개선과 일·육아 양립지원 등을 통해 '아이 낳고 기르기 좋은 환경'을 만들기 위한 소자화(少子化) 대책 검토가 본격적으로 시작되었다(일본 內閣府, 2004). 1990년 이후 일본정부가 저출산 대응책으로 추진한 1990년대 보육정책 중심의 엔젤플랜(천사계획)과 2000년대 본격적인 소자화 대책의 추진 경위를 종합하여 정리하면, <그림 13>과 같다.

2) 1990년대 보육정책 중심의 엔젤플랜

1990년 1.57쇼크를 계기로 1990년대 일본의 가족정책은 출산율 제고를 위한 '간적접' 가족(출산)정책으로 전환되었다(阿藤誠, 2000). 정부는 1990년 내각부 심의실에 '건강한 아이를 낳아 기르는 환경을 만드는 관계성청 연락회의'를 설치하였고, 1991년에는 '건강한 아이를 낳아 기르는 환경조성'이라는 정책방침을 제정하였다(일본 內閣府, 2005). 따라서 정부는 출산문제는 개인의 '사적 영역'에 속하므로 국가가 깊게 개입하지 않는 것을 전제로, 육아지원과 보육정책 중심의 소자화 대책을 추진하기 시작했다(阿藤誠, 2006: 31).

일본정부가 최초로 출범한 소자화 대책은 1994년 12월 문부·후생·노동·건설의 4명 장관의 합의로 이뤄진 '향후 육아지원을 위한 시책의 기본방향에 대하여(엔젤플랜)'이다. 엔젤플랜은 육아문제를 가정 문제만이 아닌 국가와 지자체 및 기업 등 사회전체에서 육아를 지원하고, 추후 10년간의 기본방향 및 중점시책을 책정하였다. 엔젤플랜의 시행으로 보육원의 양적 확대와 저연령아(0~2세) 보육 및 연장보육 등 다양한 보육서비스 확충, 지역의 육아지원센터 정비 등의 '긴급보육대책 등 5개년 사업'이 책정되었다(Yasuko, 2005).

1999년 12월 저출산화대책 추진을 위한 각료회의에서 소자화 대책 추진 기본방침이 결정되었다. 소자화 대책의 취지는 일과 육아의 양립 및 육아 부담감을 완화·제거하고, 안심하며 아이를 키울 수 있는 다양한 환경정비를 실시해 일과 가정·육아가 병행할 수 있는 사회를 만드는 것이다(일본 內閣府, 2005). 1999년 12월 '기본방침'의 구체적인 실시계획으로 오쿠란·문부·후생·노동·건설·자치의 6명 장관합의로 이뤄진 '중점적으로 추진해야 할 소자화 대책의 구체적 실시계획(신엔젤플랜)'이 책정되었다. 신엔젤플랜(2000~2004년)은 종래의 엔젤플랜과 긴급보육대책 등 5개년 저출산 대책을 재검토하고, 2004년 최종연도에 달성해야 할 목표치의 항목으로 기존 보육서비스 지속적 추진이외에도 고용·모자보건·상담·교육 등 폭넓은 내용이 새롭게 추가되었다(일본 少子化白書, 2008).

요컨대 1990년대 일본정부가 추진한 출산율 제고의 엔젤플랜(천사계획)은 보육서비스 강화와 육아지원 중심의 보육정책으로, 이는 여성의 사회진출과 일과 가정의 양립에 도움이 되었을지라도 출산율 제고에는 성공하지 못했다(岩澤, 2002; 鈴木透, 2006). 이 또한 출산율 제고에 대한 국가역할과 정부정책의 한계점을 보여준다. 한편 21세기 진입 후 일본의 소자화 대책은 신엔젤플랜 제정과 차세대 육성지원 관련법 및 소자화 사회대책 기본법 등이 제정되면서 소자화 대책은 법적 효력을 가지게 되었으며, 국가의 역할은 더욱 강화되기 시작했다.

2) 2000년대의 소자화 대책[54]

(1) '플러스 원'과 '차세대 육성법'

2002년 9월 후생노동성은 차세대 육성지원 활동으로 '저출산 대책

---

54) 일본의 가족정책은 1999년부터 '소자화 대책'으로 불리게 되었다(阿藤誠, 2006). 일본학자들의 주장에 의하면 1990~1999년은 '소자화 대책' 준비단계로, 2000년대 이후 본격적 소자화 대책이 추진되었다는 것이다. 그러나 2000년대 일본의 '소자화 대책'은 출산율 제고의 저출산 정책만이 아닌, 고령화 대책과 일·생활 균형 (정책) 등의 종합적 인구정책이 병행되어 추진되었다고 할 수 있다.

플러스 원'을 발표하였다. '플러스 원'에서는 남편들의 육아와 가사참여가 가능한 근무환경 개선에 중점을 두고, 자녀양육 기간의 연장근무를 제한하도록 했다. 한편 최소 5일간의 아버지 육아휴가를 허락하며, 자녀양육에 아버지들의 적극적 참여를 유도하였다. 또한 육아휴직 취득률 목표치를 남성 10%와 여성 80%, 근무시간 단축조치 보급률을 25%로 설정했다(장혜경 외, 2004). 기존의 소자화 대책이 일과 육아의 양립지원과 보육정책 중심이었다면, '플러스 원'은 남성을 포함한 근무방식의 재고와 지역에서의 육아지원 등도 포함시켜 사회전체가 힘을 합쳐 종합적인 정책대응을 추진해나갈 것을 제언한 것이 특징이다 (신윤정 외, 2008: 78).

2003년 3월 정부는 '플러스 원'에 입각하여 저출산 대책 추진을 위한 각료회의에서 '차세대 육성지원 대응방침'을 책정하고, 지방공공단체와 기업의 향후 10년간 집중적·계획적 대응을 촉구하기 위해 2003년 7월 차세대 육성지원대책 추진법을 제정하였다(일본 厚生勞動省, 2004). 차세대육성법은 그동안의 육아휴직제도의 사용률이 낮은 이유를 사회적 분위기나 동료근로자의 소극적 반응에서 찾고, 기업들의 육아휴직제도 활성화할 수 있는 출산 및 가족친화적 근무환경과 직장 내의 분위기 조성을 강조하였다(유계숙 외, 2008: 69).

한편 차세대육성법은 지방공공단체와 사업주의 '행동계획'에 대한 책정지침을 규정하고, 이에 따라 사업주는 차세대 육성지원 정책의 목표달성을 위한 '행동계획'을 책정하도록 규정했다. 또한 '행동계획'은 301명 이상의 기업은 의무화로, 300명 이하는 노력의무로 책정하였다 (阿藤誠, 2005). 차세대육성법은 기존 정책들이 주로 보육정책과 주부들의 직장과 양육지원에 제한되었지만, 향후 일·가정 양립지원과 양육분담에 있어서 국가의 적극적 지원정책을 제공한다는 목적을 분명히 하고, 정책범위를 확대하였다(장혜경, 2008). 차세대육성법의 제정으로 인해 남여의 근무환경 개선과 자녀양육을 위한 공동지원이 확대되었고, 자녀들의 독립적 생활지원 등의 실행을 위한 중앙정부와 지자체 및 기업 간 합의가 밀접하게 이뤄졌다.

(2) 소자화 사회대책 기본법과 사회대책 대강

2003년 7월 의원입법을 통해 소자화 사회대책 기본법이 제정되어 2003년 9월부터 시행되었다. '사회대책 기본법'은 급속한 소자화가 21세기 국민생활에 거대한 영향을 미칠 것이므로, 출산억제와 저출산 사회에서 강구해야 할 시책의 기본이념 및 소자화 사회대책의 종합적 추진을 목표로 했다(일본 內閣府, 2005). 이 '기본법'에 의해 내각부에 총리대신을 회장으로 하는 소자화 사회대책회의 특별기관이 설치되었고, '대책회의'는 현재까지 일본 저출산 정책추진의 중심체계로서 기능하고 있다. 신엔젤플랜은 '사회대책 기본법' 제정으로 법적 근거가 마련되었고, 범정부 차원에서 추진되기 시작했다(신윤정, 2009: 262).

'사회대책 기본법'은 종합적이고 장기적인 소자화 (대책)대강 책정을 정부에게 의무화하고, 2004년 6월 소자화 사회대책 대강이 소자화 사회대책회의를 거쳐 책정되었다. '대책회의'는 '소자화의 흐름을 바꾸기 위해' 3가지 시점과 4가지 중점과제 및 28개 구체적 행동55)을 제시했다(일본 少子化白書, 2005). 이 '대강'의 키워드는 소자화 흐름을 바꾸는 것이다. 즉 소자화의 급속한 진전을 사회경제의 발전가능성을 뒤흔

---

55) 3가지 시점은 ①젊은이가 자립하기 힘든 상황을 바꿔나가는 '자립 희망과 힘' ②육아부담 경감과 직장우선의 풍토를 바꿔나가는 '불안과 장벽 제거' ③사회전체에서 바꿔나가는 '육아의 새로운 협력과 연대, 가족의 및 지역의 유대'이다. 4가지 중점과제는 ①정부의 중점과제로 '젊은이의 자립과 씩씩한 어린이 성장' ②일과 가정의 양립지원과 근무방식 재고 ③생명의 소중함과 가정의 역할 이해 ④육아의 새로운 협력과 연대의 4가지 분야이다. 이 중점과제에 구체적 행동으로 책정된 것이 28개 시책이다(일본 少子化白書, 2005).

드는 위기로 받아들이고, 아이가 건강하게 자라는 사회와 아이를 낳아 기르는 기쁨을 느낄 수 있는 사회로의 전환을 긴급한 과제로 삼아 '소자화 흐름을 바꾸기' 위한 시책을 집중적으로 추진하는 것이다.

2003년 '차세대법'과 '기본법' 제정으로 인한 육아와 일·가정 양립 지원의 법적 의무화는 일본의 가족정책이 출산율 제고를 위한 '직접적 가족정책(소자화 대책)'으로 전환되었다는 것을 의미한다(阿藤誠, 2006). 한편 '기본법' 제정은 소자화 대책의 법적 근거를 마련했다.

(3) 어린이·육아응원플랜

1995~2004년까지 엔젤플랜과 신엔젤플랜 등 저출산(소자화) 대책을 통해 보육서비스를 중심으로 계획적 정비가 이뤄졌고, 2001년부터 대기아동 제로작전이 추진되면서 당초의 계획목표는 대부분 달성되었지만 저출산 진전에는 제동이 걸리지 않았다. 2000년대 진입 후 합계특수출생률은 1.3대로 저하되었고, 2004년에는 합계특수출생률 1.29와 출생수도 111만 1000명으로 줄어들면서 모두 사상 최저치를 기록했다(일본 少子化白書, 2005). 이는 1990년대 이후 일본정부가 추진해온 엔젤플랜 등 소자화 대책이 정책효과로 가시화되지 못했고, '소자화 흐름'을 바꾸기에 충분하지 않았다는 것을 의미한다(岩澤美帆, 2002).

저출산 사회대책 대강에 포함된 시책의 효과적 추진을 위하여 일본정부는 2004년 12월 저출산 사회대책회의에서 '저출산 사회대책 대강에 근거한 구체적 실시계획(어린이·육아응원 플랜)'을 책정하였고, 2005년도부터 구체적으로 실시하고 있다. 어린이·육아응원 플랜은 국가와 지자체 및 기업 등이 향후 5년간의 계획적인 정책대응에 대한 구체적 내용과 목표를 세운 시책의 항목수가 약 130개에 달하는 종합적 저출산 정책이다(일본 厚生勞動省, 2008). 기존의 소자화 대책은 보육정책 중심으로 구체적 목표치가 설정되었지만, 어린이·육아응원 플랜의 목표치는 차세대 육아지원 행동계획의 지원서비스 집계치를 기초로 설정되었다. 또한 전국의 시정촌 행동계획과 연결시킨 어린이·육아응원 플랜의 추진으로 인해 시정촌 행동계획 추진을 정부가 본격적으로 지원하게 되었다(阿藤誠, 2006).

어린이·육아응원 플랜의 취지는 앞으로 꿈과 희망에 넘치는 젊은이가 육성되어 가정을 이루고, 출산·자녀양육에 대해 사회전체가 응원하는 환경정비가 이뤄졌다고 실감할 수 있도록 범정부적으로 육아응원 플랜을 착실하게 추진하는 것이다. 동 정책은 기존 엔젤플랜과 신엔젤플랜의 정책범위를 더욱 확대하여 젊은이의 자립과 일과 가정에 대한 의식개혁까지 포함해 보다 폭넓은 분야에서 다양한 시책을 제시한 특징이 있다(신윤정, 2008: 106).

(4) 2006년 새로운 저출산 대책

1990년대 진입 후 일본정부가 각종 저출산(소자화) 대책을 제정·실시했음에도 불구하고, 2005년 일본은 1899년부터 시작된 인구동태통계 이후 처음으로 총인구가 감소되어 출생자수는 106만, 합계특수출생률은 1.26으로 모두가 사상 최저치를 기록했다(일본 厚生勞動省, 2006). 이러한 급속한 소자화의 급속한 진전에 대응하고 저출산 대책의 근본적 확충과 강화 및 전환을 실현하기 위하여, 2005년 9월 일본정부는 저출산 사회대책회의에서 '새로운 저출산 대책에 대하여(새로운 저출산 대책)'56)를 책정하였다(小島宏, 2006).

---

56) 새로운 저출산 정책(2006)에는 ①사회전체의 의식개혁 ②아동과 가족을 소중히 하는 시책 확충, 이 두 가지를 중점으로 한 40개 항목의 시책이 포함된다. 특히 가족·지역의 유대감 형성과 사회전체의 의식개혁을 위한 국민운동 추진, 부모의 직장과 관계없이 모든 육아가정을 지원한다는 육아지원책 강화, 아동성장에 따른 육

새로운 저출산 대책은 2007년도 예산 등에 반영되었다. 예컨대 아동수당제도의 유아가산 창설(2007년 4월부터 3세 미만아 아동수당 월액을 기존 5000엔에서 1만엔으로 인상), 생후 4개월까지 전호방문사업 실시(생후 4개월까지의 유아가 있는 모든 가정을 방문해 육아지원에 관한 정보제공이나 양육환경 등을 파악), 육아휴직 급여 인상(육아휴직의 활용 추진을 위하여 2007년 10월부터 육아휴직 급여를 기존 임금의 40%에서 50%로 잠정적으로 인상), 방과후 아동플랜 추진 등에 필요한 예산조치, 기업이 사업소 내 탁아시설을 설치했을 경우 세제상의 우대조치가 강구되었다(일본 少子化白書, 2008).

그러나 2005년부터 이미 인구감소를 인지한 일본정부가 저출산 대책의 패러다임을 변화시키면서 출범한 새로운 정책은 수상의 교체와 저출산에 대한 정부의 예산지원 부족으로 큰 효과를 거두지 못했다(日本經濟新聞, 2006). 한편 2006년의 신 소자화 대책은 정부의 각 부처와 재무부간의 예산삭감 및 지방정부의 재정적지로 인해 비용이 적게 소요되는 정책중심으로 추진되고, 고비용의 정책들을 부분적으로만 시행될 것이다(小島宏, 2006: 267). 이는 국가역할의 강화와 정부정책이 지속적으로 추진되려면, 안정적이고 일관적인 정권유지와 정부의 강력한 의지 및 막대한 재정지원이 뒷받침되어야 한다는 것을 시사해준다.

(5) 아동과 가족을 응원하는 '중점전략'

2006년 장래 추계인구에서 나타난 저출산·고령화의 진전으로 대책 마련이 더욱 어려워질 것이라는 전망과 '특별부회'의 논의 정리 등을 근거로, 2007년 2월 저출산 사회대책회의에서는 '아동과 가족을 응원

아지원의 요구변화에 주목해 생애주기별로 나눈 육아지원책 마련이 특징이다(일본 少子化白書, 2008).

하는 일본 중점전략'의 책정방침이 책정되었다(일본 少子化白書, 2008). 중점전략은 결혼이나 출산·육아에 관한 국민의 희망과 현실의 괴리에 주목하여 국민의 희망 실현에 초점을 맞춰 검토가 진행된 점이 특징이며, 2007년 6월 중간보고를 거쳐 2007년 12월에 종합·정리되었다(相馬直子, 2008). 또한 2007년 7월 일·가정 양립추진 관민대표자회의가 설치되어 일·가정 양립 '헌장'과 '행동지침'이 책정되었고, 헌장과 행동지침은 '수레의 양쪽바퀴'의 한 방향으로서 중점전략에 반영되고 있다.

2006년 장래 추계인구는 향후 저출산·고령화가 급속히 진행되어 본격적 인구감소사회가 도래한다고 전망했다. 인구감소사회는 단순한 인구규모의 축소가 아니고 고령자수 증가와 생산연령인구 감소라는 인구구조의 변화를 수반하므로, 일본의 경제사회에 큰 영향을 주게 된다. 2006년 장래 추계인구에 의하면 향후 결혼·출산의 동향과 국민이 희망하는 결혼·출산에는 큰 괴리[57]가 존재한다(일본 厚生勞動省, 2008). 현재 제2차 베이비붐 세대가 30대 중반을 맞이한 일본으로서는 소자화 대책에 대한 예산투입 및 차세대 육성지원의 사회적 비용은 '미래로의 투자'이며, 근로방식의 개선과 보육 등 육아지원의 사회기반 정비를 중점전략의 사고인 '수레의 양쪽바퀴'로써 현실화될 수 있도록 대책 추진이 필요하다.

2008년도 정부예산에서는 근로방식의 개혁에 의한 일·가정 양립추진을 위한 대책, 다양한 근로방법에 대응한 보육서비스 등 육아지원책의 충실을 도모하고 있다. '헌장' 및 '행동지침'에 입각한 근로방식의 개선 추진 등을 위해서는 각 지방공공단체의 보건복지·교육·상공노

---

57) '특별부회'가 정리한 국민의 결혼·출산·육아에 대한 희망과 현실적 괴리요인은 ①결혼에서는 경제적 기반 및 고용·경력의 장래 전망과 안정성 ②출산에서는 아이를 키우면서 취업을 지속할 수 있는지의 전망 및 일·가정 양립 확보의 정도 ③둘째자녀 이후는 부부간의 가사·육아 분담 정도 및 육아 불안의 정도 ④셋째자녀 이후는 교육비 부담감 등이 있다(일본 少子化白書, 2008).

동 등 담당 부국이 제휴를 도모하여 지역의 관계기관과 기업 등 관계자와의 협동체제 하에 종합적 저출산 대책이 필요하다(일본 內閣府, 2008). 한편 2008년 1월 내각부·총무성·후생노동성 3개 부성이 연명하여 저출산 대책 추진본부를 설치하고, 각 도도부현에 일·가정 양립추진 담당부서를 설립했다. 또한 2008년 2월 정부는 보육정책을 충실·강화하기 위한 신대기아동 제로작전[58]을 전개하고 있다(相馬直子, 2008).

(6) '5가지 안심플랜'과 '소자화 대책 프로젝트팀' 구성

2008년 7월 일본정부는 국제적 금융위기에 직면하여 국민을 안심시키기 위한 일환으로, '사회보장 기능강화를 위한 긴급대책, 5가지 안심플랜'을 제시하였다. '5가지 안심플랜'의 중점과제에는 소자화 대책이 중요한 부분을 차지하며, 미래를 짊어질 아이들을 보호하고 키우는 사회구축을 비전으로 제시함으로써 저출산 정책 추진에 대한 정부의 강력한 의지를 보여주고 있다(신윤정, 2009: 265). 정부는 국민의 결혼 및 출산·육아에 대한 희망과 실현의 괴리해소, 아동과 가족을 지원하는 사회기반 정비, 일·생활의 균형 실현 등을 목표로 소자화 대책을 제시했다. 이러한 '안심플랜' 일환으로, ①안심어린이기금 ②육아응원 특별수당 ③임신부건강진단 지원확대 ④중소기업 육아지원 촉진 등이 포함된다.

2009년 이후 일본정부는 새로운 소자화 대책의 이행을 준비하고 있다. 새로운 소자화 대책의 구체적 방안으로 육아휴직 기간의 소득보장

---

58) 신대기아동 제로작전(2008)이란, 희망하는 모든 사람이 아이를 맡기고 일할 수 있는 서비스의 인수태세를 확보하여 대기아동을 제로로 하는 것을 목표로 하는 것이다. 특히 향후 3년간을 집중 중점기간으로 대책을 진행시켜 10년 후의 목표로 보육서비스의 이용 아동(0~5세아) 100만 명을 증가시키고, 방과 후 아동클럽의 등록 아동수를 145만 명을 증가시킨다(일본 少子化白書, 2008).

을 통해 출산 전후의 취업률을 55%까지 제고하고, 취업모 0~3세 자녀의 보육서비스 이용률을 프랑스·스웨덴 수준인 44%까지 향상시킨다(일본 內閣府, 2009). 한편 2009년 1월 제4기 소자화 대책(2010~2014년)의 구체적 방안을 마련하기 위해 내각부 소자화 대책 담당대신의 주관 하에 '원점에서부터 시작하는 소자화 대책 프로젝트팀'을 구성하였다(신윤정, 2009). 동 '프로젝트팀'은 그동안의 소자화 대책이 출산율 제고에 별다른 진전이 없었다는 사실을 인정하고, 정책효과가 가시화되지 못한 원인 규명과 이를 해소하는 방안 마련에 정책중점을 두고 있다.

한편 '소자화 대책 프로젝트팀'에서는 출산·육아 당사자의 관점에서 매회 테마를 설정하고, 다양한 분야의 전문가와 국민 각 계층의 의견을 수렴함으로써 실효성 있는 정책을 마련하는데 초점을 두고 있다. 또한 지역의 현실을 반영하기 위해 전국 각지에서도 프로젝트팀을 구성하여 간담회를 개최하고 있다(일본 內閣府, 2009). 동 '프로젝트팀'의 5대 핵심논의 과제는 ①일과 생활의 균형 ②임신·출산·육아에 대한 불안 해소 ③유아기의 보육·교육의 무상화 등 교육비 경감 ④편부모 가정과 장애아 가정 등 취약가정에 대한 육아지원 ⑤지역의 육아능력 지원 ⑥육아에 대한 사회안전망 재구축 등이 포함되어 있다.

최근 후생노동성은 보육소 대기아동 해소를 위해 최저 기준을 만족시킨 인가 외 보육시설의 개설비용을 보조하고, 2008년도 제2차 보정예산에서 창설된 '안심 어린이기금'을 재원으로 충당한다. 또한 가정보육사업의 대상아동을 현행 3세에서 취학 전 아동까지 확대하여 보육수요 확대에 대응하기로 결정했다(한국 복지신문, 2009. 3.16). 한편 후생노동성 내 소자화 대책을 일원적 전개를 위해 정부는 2009년 7월 '소자화대책총괄본부'를 설치했다. 즉 기존의 예산배분과 정책의 우선순위 설정이 고령화 정책에 치중해 온 경향을 바로잡고, 균형적 정책을 추진하기 위한 것이 '총괄본부'의 설치목적이다(일본 厚生勞動省, 2009).

요컨대 1990년대 일본정부가 추진한 보육서비스 강화와 육아지원 중심의 보육정책은 출산율 제고에 성공하지 못했다.[59] 한편 2000년대 진입 후 일본의 소자화 대책은 차세대 육성법과 소자화 대책의 기본법이 제정되면서 법적 근거를 갖게 되었고, 국가역할은 더욱 강화되었다. 그러나 일본정부가 저출산 정책패러다임 변화와 함께 출범한 새로운 정책은 수상의 교체와 정부의 예산지원 부족으로 정책효과를 거두지 못했다. 이는 국가정책이 단기간에 정책효과를 거두려면, 안정적이고 일관적 정권유지와 정부의 강력한 (정책)추진의지 및 막대한 재정지원이 뒷받침되어야 한다는 것을 시사해준다. 현재 일본의 소자화 대책의 문제점은 정책의 비효율성과 국민의 낮은 정책체감도 및 양성불평등의 사회구조에 있다.

2. 아동수당제도와 휴가제도

1) 아동수당제도

　1972년 도입된 일본의 아동수당은 당시 출산율은 인구대체수준(2.1)을 유지했고, 경제호황기로 수당성격이 출산장려주의가 아니었다. 급속한 경제성장과 사회변화에서 소외된 저소득층에 대한 경제지원 성격이 강했고, 수급대상도 저소득층 셋째(이후)자녀를 대상으로 하였다(鈴木透, 2006). 그러나 1990년 1.5쇼크 이후 저출산 관심과 함께 수당액도 증가되었다. 첫째 · 둘째자녀에게 월 5천엔, 셋째자녀 이상은 월 1

---

59) 1990년대 소자화 대책이 출산율 제고에 실효성을 거두지 못한 것은 미혼화 · 만산화의 인구학적 요인과 일 · 가정 양립 곤란 등의 사회경제적 요인도 무시할 수 없지만, 이 시기는 '준비단계'로 효과적 소자화 대책이 추진되지 못한 정책적 요인과 정책의 비효율성이 주요인이라고 할 수 있다.

만엔으로 증액되었다. 다만 소득제한 한도로 부양가족수를 고려해 전년도 연간소득이 일정액 이상이면 수당 지급대상에서 제외된다(장혜경, 2008: 64). 4인 가족을 중심으로 연간소득이 453만엔 이하, 후생연금 가입자는 특례에 의해 연간소득 612만엔 이하인 경우 아동수당을 지급받을 수 있다.

2003년 5인 이상 사업장의 상용근로자 월평균 임금이 대략 34만엔으로, 소득액 기준은 대체로 높은 편이기 때문에 상위소득자를 제외한 대부분이 아동수당을 지급받았다. 아동수당 지급현황은 2003년 전국적으로 6,881천명이 지급대상자이며, 액수로는 429,840백만엔이다. 그러나 아동수당액수가 월 5,000엔 정도로 액수가 미미하여 실제 자녀양육비에 크게 부족하므로, 상징적 의미 외에는 '실효성이 없는 제도'이다(장혜경 외, 2004). 즉 이러한 한정된 아동수당으로는 실질적인 아동양육의 지원효과는 크지 않다는 평가가 지배적이다.

일본의 아동수당제도 특징은 다른 선진국과 달리 '확대가 아닌 축소'[60]의 역사를 갖고 있다. 일본에서 아동수당은 1972년 셋째자녀부터 의무교육 수료이전의 아동(15세 미만)으로 점진적 확대의 조건에서 월 3,000엔이 지급되었다. 그 후 1985년 셋째자녀에서 둘째자녀, 1991년 첫째자녀까지 범위가 확대되었다. 그러나 수당액은 저소득자 특별공제를 제외하고, 1975~1991년까지 전혀 인상되지 않았다. 또한 지급기간도 당초 의무교육에서 초등학교, 3세 미만까지 단축되었다. 한편 아동수당제도는 성 중립적 제도지만, 일본에서는 도입 당시부터 아버지가 수급자로 되어 있다(이선주 외, 2006: 65). 현행 아동수당법(제4조)에 주요 생계유지자가 수급자가 된다고 규정되어 있다. 또한 아동수당제도 소

---

60) 2000년 6월 아동수당제도의 확충은 당시의 소자화 대책을 의식한 것이지만, 재원 부족 문제로 세제에 있어서 연소부양공제는 기존의 48만엔에서 38만엔으로 축소 되었다(駒村康平, 2006).

득제한이 맞벌이보다 홑벌이 가정에게 유리한 것은 4인 가족을 표준적 가족형태로 규정했기 때문이다.

2003년 2월까지 6,880,786명의 아동들이 아동수당의 혜택을 받았다 (NIPSSR, 2005). 일본의 아동수당은 남편의 추가수입으로서 평가되지만, 그 수입효과가 매우 작아 가시적 효과를 거두려면 고액의 보조금이 필요하다(Morita, 2005). 한편 Yamagami(2005)는 합계출산율을 0.1을 상승시키기 위해서는 아동수당을 월 34,000엔씩 지급해야 한다고 주장했다. 스웨덴에서는 16세 이하 아동에게 1인당 월 950크로나(15,000엔)가 지급된다(METI, 2005 재인용). 일본에서 스웨덴 수준으로 지급하려면 아동수당 액수를 지금의 2배로 인상해야 한다(鈴木透, 2006: 308). 현재 한국학자들은 일본의 아동수당에 대해 '실효성이 적은 제도'로 평가하고 있지만, 아동수당제도는 아동양육에 대한 사회적 분담으로서의 '상징적 의미'가 매우 크다고 할 수 있다.

2) 휴가제도

일본에서 출산휴가는 출산 전 6주와 출산 후 8주로 모두 14주의 휴가가 제공되며, 부인이 출산하면 남편은 5일간의 휴가를 취득할 수 있다. 또한 취업모의 출산·육아를 위해 1991년 육아휴직법이 제정되었고, 1세미만 자녀의 부모에게 1년간의 (무급)육아휴가가 제공된다(鈴木透, 2006). 한편 육아휴직 동안 고용보험에서 통상임금의 40%를 지급받고, 건강보험법과 후생연금법에 따라 건강보험·후생연금보험의 보험료 납부를 면제받는다. 그러나 육아휴직 자격은 30인 이상 기업의 전일제 근로자로 한정되었고, 시간제 근로자는 제외[61]되었다(장혜경, 2008: 65).

---

61) 현재 일본 기혼여성의 약 50% 이상이 시간제 근로자로 일하고 있다. 따라서 육아 제도의 실효성은 (여성)시간제 근로자가 많은 일본의 현실에서 많은 대상들을 배

또한 전일 휴직이 원칙이지만 공무운영에 지장이 없는 범위에서 부분 육아휴직도 가능하다. 부분 휴직은 맞벌이 부부가 교대로 사용함으로써 가사책임을 분담할 수 있고, 장기휴직으로 인한 직무수행능력 감퇴 등 문제발생을 방지할 수 있는 이점이 있다.

1991년 제정된 육아휴직법은 1995년 6월 육아·개호휴직법으로 개정되었고, 동년 10월부터 시행되었다. 이로써 개호휴직제도가 사업주의 노력의무가 되었고, 1999년 4월부터 모든 사업주에게 의무화되었다. 1999년 4월부터 육아와 가족개호를 하는 노동자의 심야업무도 제한되었고, 2001년 육아휴직급부가 휴직 전 임금의 40%로 인상되었다. 육아휴직 취득률은 1999년 56.4%에서 2003년에는 73.1%로 높아졌다 (일본 厚生勞動省, 2004). 한편 개정된 육아휴직법은 여러 가지 '문제점'을 갖고 있고, 다음의 몇 가지로 요약할 수 있다. 첫째, 휴직 중의 생활보장이 인정되지 않는다는 것, 둘째, 휴직을 이유로 하는 불이익처우에 대한 금지규정이 없다는 것, 셋째, 종업원 30명 이하 사업소는 적용이 3년 유예된다는 것이다(정미애, 2005: 172).

1995년 육아·개호휴직법으로 개정된 후 고용주는 휴직 근로자의 사회보험분을 납부해야 하며, 근로자의 휴가기간은 근무경력으로 인정되었다. 2001년 개정된 육아·간호휴직법은 육아기 여성근로자의 시간외 노동시간 제한과 근무시간 단축, 자녀간호 휴가배치 등이 규정되었다. 2005년 개정된 육아·개호휴직법에는 휴직대상이 확대되었고, 휴가사용자 '불이익 처우' 금지로 사업주의 (휴가)노동자 해고 및 불이익처우 금지 등이 포함되었다(Soma Naoko, 2008). 2007년 4월부터 시행된 '육아 및 가족개호 근로자의 복지법률'은 육아·개호는 남녀근로자의 공통과제로, 근로자에 대한 고용주의 복지의무가 규정되어 있다.

제하는 문제점을 안고 있다. 현재 시간제 근로자 중 70% 이상을 여성들이 차지하고 있다.

1995년 개정된 육아·개호휴직법은 고용보험에서 통상임금의 25%를 지급하도록 했지만, 이 제도 역시 시간제 근로자는 제외되었다. 또한 기간계약제 노동자도 육아휴직 자격을 부여해 휴직기간 외 계약기간을 인정하였지만, 부모육아휴직(2002)을 낸 여성이 64.0%, 남성은 0.33%에 불과했다(유계숙 외, 2008: 66). 2003년 (출산)여성근로자 73.1%가 육아휴직을 했지만, 이 수치에는 출산 전 퇴직 및 1년간 휴직한 여성근로자는 배제되었다. 2003년 (휴직)임금혜택을 받은 경우는 103,478건, 이는 출산여성의 9.2%에 불과하다(NIPSSR, 2005). 한편 육아휴직이 남녀모두가 취득할 수 있지만, 이용자 대부분이 여성이라는 현실은 여성에게만 육아부담이 지워진다는 사회문제를 반영하고 있다(駒村康平, 2006: 317).

최근 일본 후생노동성은 3살 미만의 아이가 있는 종업원에 대해서는 단축근무제 도입 및 시간외근무 면제를 기업에 의무화하는 내용의 육아·개호휴직법 개정안을 국회에 제출했다. 현재 단축근무·시간외근무 면제를 실시한 기업은 각각 30%, 20%로 조사됐다. 이에 따라 '개정안'은 이들 두 가지 제도와 기업 내 탁아시설 설치·운영 등 7개 조항의 구체적 지원책 도입을 의무화하고 있고, 남성의 육아휴가[62] 취득조건을 완화하고 있다(일본 厚生勞動省, 2010). 즉 기존 법에는 노사가 합의할 경우 전업주부가 있는 가정은 예외(남성 육아휴직 불허)라는 조항이 있으며, 2007년 기준 기업의 75%가 이런 예외규정을 적용하는 것으로 나타났다. 따라서 금번 '개정안'은 이러한 예외규정을 취소하고, 이를 위반한 기업 명단을 공개할 방침을 확정했다.

---

62) 일본 후생노동성(2010)에 따르면 40세 이하의 남성 직원 30%가 '육아휴가를 얻고 싶다'고 생각하는 것으로 조사되었지만, 실제로 남성이 육아휴가를 얻는 경우는 2007년 기준 1.56%에 불과했다.

3. 가족친화적 기업 보급과 지자체 역할

1) 가족친화적 기업의 보급

일본은 1995년부터 매년 10월을 '일과 가정을 생각하는 달'로 정하고, 일과 가정의 양립에 대한 사회인식을 제고시키고 있다. 1999년 육아·가족간호휴직법이 시행됨에 따라 일·가정 양립을 위한 가족친화적 기업의 보급을 촉진시켰다(阿藤誠, 2005). 일본정부는 '가족친화적 기업'을 세 가지로 정의했다. ①육아휴직제도와 가족간호휴직제도 등과 같이 일·가정 양립지원 제도를 갖고 있고, 남성이나 관리직 관련 제도의 실질적 이용 ②탄력적 근무제와 재택근무제 등 일·가정의 양립제도의 제정 및 상술한 제도의 실제적 실행 ③제도이용이 보편화된 기업 분위기, 최고경영자와 관리자가 제도에 대한 충분한 이해와 일과 가정의 양립을 용이하게 하는 기업문화 등이다(일본 厚生勞動省, 2008).

일본의 소자화 정책 중 주목할 것은 기업을 정책동반자로 적극 동참시켰다는 점이다. 이는 취업부모들이 일과 육아의 균형을 적절하게 맞출 수 있도록, 가족친화적 기업의 보급을 위해 기업을 선두로 가족·직장문화의 변화를 도모하려는 것이다. 정부는 기업이 일·생활의 균형조치를 취하도록 격려하고, 1999년부터 가족친화적 기업을 장려했다(일본 少子化白書, 2005). 또한 차세대육성법안을 근거로 종업원이 300명 이상의 기업에게 출산율 제고를 위한 구체적 행동계획 제출을 촉구하였으며, 이 계획을 승인한 기업은 자체 홍보로고를 전시하도록 하여 기업의 적극적 협조를 이끌어냈다(유계숙 외, 2008: 70-71).

차세대 육성지원대책 추진법에 의거하여 종업원 수가 300명 이상 기업에서는 2005년 4월부터 차세대 육성지원을 위한 행동계획을 책정하고, 각 도도부현 노동국에 신고하게 되었다(阿藤誠, 2005). '행동계획 책정지침'에서는 기업의 실정에 따라 필요한 내용을 행동계획에 포함 시키는 것이 바람직하다고 하였다. '행동계획'에서 책정한 목표를 달 성하는 등 일정 요건을 만족하면 후생노동성 장관의 '인증'을 받을 수 있고, 인증을 받은 기업은 차세대 인증마크를 광고 · 상품 · 구인광고 등에 붙일 수 있다(일본 厚生勞動省, 2006). 인증마크를 통해 차세대 육성 지원 대책에 적극적이라는 사실이 대외에 알려져 기업이미지 향상과 우수한 인재 확보 및 생산성의 향상과 종업원의 의욕 향상 등의 효과 를 기대할 수 있다.

2005년 '행동계획' 실시로 양립지원과 근무방식 재고 등의 육아지 원이 적극 추진되었다. 정부는 육아지원을 추진하는 가족친화적 기업 을 매년 표창하고 있고, 2005년까지 270개 기업을 표창했다. 따라서 개별기업이 육아지원책에 대한 대응사례[63]도 증가되고 있다(일본 少子化 白書, 2005). 한편 '육아 · 가족개호 근로자의 복지법률(2007)'은 육아 · 개 호를 남녀근로자의 공통과제로 인정하고, 사업주의 노력의무를 규정하 였다. 또한 '파트타임 노동법'을 개정(2007)하여 파트타임 노동자의 고 용조건을 명문화하고, 고용보장을 합법화했다(오쿠쓰 마리, 2007).

최근에는 가족친화적 기업경영 표창제도와 함께 남성의 가사참여 권장과 의무화, 전업주부의 재취업 도전을 적극 지원하고 있다. 2008 년 3월에는 '일 · 생활 균형실현도 지표'를 발표하여 기업과 자치단체 에서 진행상황을 측정하고, 이를 정책에 반영하는 것을 목표로 하고 있다(相馬直子, 2008). 2008년 4월 일본 후생노동성은 '모델기업 10사'를 발표하였고, 일 · 생활의 균형추진 프로젝트를 국가적 차원에서 본격적

---

63) (株)리코나, NTT 커뮤니케이션즈(株)는 근무방식을 재점검하여 잔업을 금지시켰으 며, 소니(株)는 육아휴직 중 재택근무가 가능한 제도를 도입했다. 또한 존슨 앤 존 슨(株)에서는 육아 직원을 대상으로 육아휴직이 아닌 연간 20일까지 재택근무를 허락, (株)카미테는 아이가 병이 났을 때 1시간의 간호휴가와 부인 출산시 남편에 게 5일간의 특별유급휴가를 부여했다(일본 厚生勞動省, 2006).

으로 추진하고 있다.

2) 지방자치단체의 역할

일본의 지방자치단체가 자녀양육지원에 미치는 역할은 상당히 크며, 중앙정부의 중요한 정책동반자이다. 핵가족화 진전에도 불구하고 남성의 육아참여는 늘어나지 않았고, 어머니가 양육을 전담하는 상황에서 여성들의 출산·육아부담을 덜어주는 것이 필수적 문제로 되었다(일본 厚生勞動省, 2006). 한편 일본정부는 '차세대육성법' 및 '행동계획' 등을 통해 각 지자체들이 지역공동체 내의 역할을 다할 수 있도록 직접적 지원과 조치를 취하도록 규정하였으며, 가정과 지역사회가 공동으로 육아를 책임지는 사회적 분위기를 형성하였다(장혜경, 2008: 71-72). 지자체의 구체적 사업내용에는 ①화합광장 사업 ②육아지원 가정방문 사업 ③병후아 보육 및 방문형 일시보육 ④가족지원센터 ⑤소아구급의료체제 등이 포함된다.

2005년 5월 총리관저에서 '육아지원 관·민 지도층 간담회'가 개최되어 관민(官民)이 국민적 운동의 추진 의견을 교환하고, 앞으로 국민적 운동을 실시하는 정책방향을 합의했다. '지도층 간담회'에서는 일과 가정·육아를 양립할 수 있는 사회를 만들기 위해 국민적 운동을 실시하는 것이 중요하다는 인식이 관·민 지도층이 합의를 통해 형성되었다(일본 少子化白書, 2005). 일본정부가 실행하고 있는 지도층 간담회는 관·민이 함께 저출산 대책을 마련하며, 중앙정부와 지방정부 및 지자체가 협력하는 효과적 정책사례로 볼 수 있다.

2000년대 진입 후 일본에서는 소자화 대응 및 대기아동 해소라는 정책과제를 해결하기 위한 수단으로, 지역사회에서는 지자체의 역할로 가정보육모제도[64)가 추진되고 있다(相馬直子, 2005: 266). 일본의 가정보육모제도는 '질 높은 관리 시스템으로 운영되어 부모의 신뢰가 높음'은 한국정부의 모범사례로 인용되었다(한국 고령화·미래사회위원회, 2004). 일본 지자체에서 추진하는 다양한 보육제도 일환으로서 가정보육모제도는 지자체의 중요한 역할을 부각시키는 정책사례로, 여성인력을 활용하는 지자체의 긍정적 역할로 볼 수 있다.

2002년까지 1억 2,000만엔(약 12억원)을 투입하여 미혼남녀의 맞선을 주선해온 일본 지자체들은 맞선에서 성공한 커플들이 결혼으로 성공할 경우, 예산을 확보하여 장려금을 지급하는 방안을 추진하고 있다. 한국에서도 지방자치단체가 출산장려와 육아지원에 더욱 적극적[65]이다(박동석 외, 2003: 187). 이는 농촌의 젊은이들이 대도시로 진출한 결과 노동력이 부족한 현실상황에서도 기인되지만, 지역인구가 감소될 경우 중앙정부로부터 받는 예산 삭감과 시·군의 행정체제가 축소되는 등 불이익이 많기 때문으로 분석된다.

요컨대 일본의 저출산(소자화) 정책은 1990년대 보육정책 중심의 엔젤플랜이 추진되었고, 이 시기는 소자화 대책의 준비단계로 볼 수 있다. 2000년대 진입 후 소자화 관련법의 책정으로 국가의 역할이 강화되었고, 정부와 기업 및 지자체의 합의하에 다양한 소자화 대책이 범국가적 차원에서 병행·추진되었다. 특히 2005년 총인구의 감소를 전환점으로 저출산 정책패러다임이 변화되었고, 양성평등 정책과 일·가정 양립지원을 위한 기업의 근무방식 개혁 및 고령화 정책이 병행되

---

64) 가정보육모(保育마마)제도란 고도경제성장에 따른 보육시설 부족의 해결책 일환으로, 지방자치단체가 주도하는 보육제도의 일종이라고 할 수 있다. 법적 근거는 아동복지법 24조의 단서조항이다.

65) 2000년대 이후 충청북도 청원군은 100만원의 출산장려금을 지급했고, 전남도청은 출산장려로 산모도우미를 파견하고 있다. 또한 광주 북구청은 2003년 1월 '다산(多産)왕 선발대회'를 개최하여 8남매를 낳은 주부에게 푸짐한 포상을 주었으며, 경기도 연천군에서는 출생아에게 은팔찌를 선물하고 있다(박동석 외, 2003).

어 실시되고 있다. 최근 일본에서는 일·생활 균형정책이 저출산 정책인 소자화 대책과 병행되어 추진되고 있고, 2006년 이후 1.4대에 근접한 출산율을 회복하면서 일본사회는 점차 초저출산 현상에서 벗어나고 있는 추세이다.

제4절 소결

본 장에서는 한국의 1960~1990년대 출산억제정책과 2000년대 초반의 출산장려정책, 중국의 20세기 후반 계획생육정책과 21세기 초반의 정책조정 및 1990년대 이후 일본의 소자화 대책을 중심으로, 각국의 출산정책 추진과정과 국가역할의 변화를 살펴보았다.

1960년대 이후 한국의 출산정책은 출산억제정책시기(1961~1995년)와 인구자질향상정책시기(1996~2003년), 출산장려정책시기(2004~현재)로 구분된다. 1960년대 한국정부는 가족계획계획사업을 국가시책으로 채택하고, 다방면의 산아제한정책을 추진하였다. 한국정부의 정책적 노력은 1980년대 초 출산율이 인구대체수준 하락에 크게 기여했다. 한편 가족계획사업이 '정책효과'를 거두게 된 것은 국가시책의 책정, 관련 법의 제정·개정, 피임·불임시술 보급과 국가적 홍보·교육, 경제보상과 제도적 규제 등의 정책적 요인이 가장 중요했다. 또한 경제발전을 위한 출산억제(국가이익)와 국가의 경제성장으로 부유해지려는 개인 및 가족의 이해가 공유되었기에 가능했다.

그러나 이러한 국가역할이 긍정적으로만 나타난 것은 아니다. 특히 1980년대 초반 군사정권에 의해 강행된 출산억제정책은 소자녀 가치관 고착화 및 저출산 사회 진입을 앞당기는 결과를 초래했다. 1980년대 후반 한국사회는 출산율 1.6대의 저출산 사회에 진입했음에도 정부의 중시부족과 저출산 대책의 부재(정책적 요인), 1990년대 후반의 IMF 외환위기(경제적 요인) 등의 복합적 작용으로 2000년대 초 초저출산 사회에 진입했다. 한편 1989년 한국의 출산율은 1.58로 일본과 비슷한 수준이었지만, 2002년 출산율이 1.17로 초저출산 수준을 기록하면서 비로소 저출산 문제가 공론화되었다. 이는 1989년 출산율이 1.57로 저하되자 충격을 받은 일본정부가 1990년대 이후 소자화 대책을 국가차원에서 적극 추진한 정책사례와 대조된다.

2006년에 출범한 '새로마지플랜2010(기본계획)'은 저출산·고령화 문제에 대응한 최초의 범정부적 종합대책으로, 21세기 인구정책의 제도적 기반구축에 일정한 성과를 거두었다. 반면 저소득층 위주의 대상한정, 시범적 정책수준, 전달체계 비효율성 등으로 실질적 출산율 제고로 나타나지 못했다. 한편 '기본계획'의 중점과제에는 저출산 대책보다 고령화 정책이 더 많은 비중을 차지하는데, 이는 2000년대 이후 한국사회가 초저출산 시대와 고령화 사회를 동시에 맞이했기 때문이다. 한국사회는 2000년 고령화 사회(7%)에 진입, 2018년 고령사회(14%), 2026년 초고령사회(20%)에 진입하게 된다. 이것이 한국정부가 저출산·고령화의 인구정책을 동시에 출범하고, 나아가 저출산 대책보다 고령화 정책을 더욱 '중시'하는 이유이기도 하다.

요컨대 2000년대 진입 후 한국정부가 추진한 저출산·고령화 대책은 인구정책의 정책틀을 설정하고, 관련법과 제도를 제정·정비하는 등 정책기반을 구축했다는 점에서 긍정적으로 평가할 수 있다. 그러나 한국의 저출산 정책은 여전히 '복지적 틀'에서 벗어나지 못했고, 국민의 정책체감도는 매우 낮은 편이다. 그동안 정부가 보육정책과 경제지원 위주의 다양한 저출산 대책을 추진했지만, 합계출산율은 2005년 사상 최저수준(1.08)에서 2006년(1.12), 2007년(1.25)에 상승세를 보이다가 2008년(1.19)과 2009년(1.15) 2년 연속 출산율이 하락하고 있다. 이는 국가역할의 한계성과 저출산 대책의 한계점을 보여주며, 출산율 제고의 저출산 대책은 단기간에 정책효과가 나타나지 않으며, 장기적인 종합적 정책이 필요하다는 것을 시사해준다.

중국의 계획생육정책은 1950~1960년대 출산장려 및 출산억제정책의 형성, 1970~1980년대의 출산억제정책, 1990~2000년대 초반 저출산 수준 안정화와 정책조정 등의 3단계로 구분할 수 있다. 1950~1960년대 마오쩌뚱의 '정치성·편면성·비연속성'의 착오적 인구사상은 당시 중국사회의 특수성과 맞물리면서 중국의 인구정책 형성과 발전에 심원한 영향을 끼쳤다. 또한 1950~1960년대 대약진·문화대혁명 등 정치운동과 결합되면서 1970~1980년대 계획생육정책 특수성, 정책의 '지연성·압축성·강제성'을 초래하는 역사적·정책적 계기가 되었다.

1970년대 완시샤오(晩·稀·少) 계획생육정책에서는 경제보상과 제도적 규제 및 장려·처벌을 병행한 출산정책이 실시되었지만, 1980년대에는 강력한 행정수단과 경제적 처벌 위주의 독신자녀정책이 주로 농촌지역의 농민들을 대상으로 실시되었다. 1970년대 '1가족 2자녀' 위주의 계획생육정책은 출산간격과 장려·처벌을 병행한 출산정책으로, 농민들이 받아들일 수 있었기에 출산율 저하에 성공했다. 반면 1980년대 강행된 '1가족 1자녀' 위주의 독신자녀정책은 정부가 농민들의 실제상황을 고려하지 않고, 일방적으로 추진한 강제성의 인구정책으로 농민들의 반발과 거센 저항을 받게 되었다. 이는 국가역할과 정부정책이 정책효과를 거두려면, 정책당사자인 인민(국민)들의 출산선호 및 실질적 이익에 부합되어야 한다는 것을 시사해준다.

2000년대 초반 도시의 저출산화가 부각되면서 중국정부는 기존의 출산억제정책을 수정하고, 도시에서의 '둘째자녀' 출산조건을 대폭 완화하였다. 한편 다원화 정책으로 현재 1.8명 전후의 '상대적 고출산율'

을 유지하고 있는 중국의 출산정책은 국가역할에 기인한 정책조정이 효과적인 정책사례로 간주할 수 있다. 중국정부는 13억의 방대한 인구수와 불균형적 인구분포 및 지역·성향간의 상이한 인구상황과 경제발전수준을 갖고 있는 자국의 실정에 부합되는 다원화 정책으로 도시 저출산화 문제를 완화시키고 있다. 현재 중국에서는 도시 저출산화에 대한 출산율 제고의 저출산 대책보다 농촌의 인구문제66) 해결이 더욱 중요한 정책과제로 나서고 있다. 이것이 21세기 계획생육정책이 여전히 중국에서 기본국책으로 추진되고 있는 중요한 이유이다.

20세기 후반 국가의 강력한 출산억제정책으로 출산율 저하에 '성공'했다고 평가받는 한중(韓中) 출산정책은 공통점과 차이점을 갖고 있다. 즉 계획생육정책은 국가적 정책수단의 동원 및 강력한 정책추진으로 출산율 저하에 성공했다는 점에서, 가족계획사업과 '공통점'을 갖고 있다. 그러나 가족계획사업은 35년간에 걸쳐 점진적으로 진행된 반면, 1950~1960년대 출산장려정책과 정치운동 등으로 인해 압축성·강제성의 특징을 지닌 계획생육정책은 1970~1980년대 20년간 보다 강력하게 추진되었다. 또한 1980년대 중반 농촌의 '실제상황에 부합되는' 1.5정책이 추진될 수 있었던 것은 중국정부가 독신자녀정책의 강제성에 대한 농민들의 저항·불만정서가 개혁개방 성패에 미치는 영향력을 감안해 '타협(정책조정)'했기 때문이다. 한편 한국의 국가역할은 20세기 후반 가족계획사업의 정책추진에서는 강화되었지만, 21세기 저출산 정책에서는 크게 약화되었다. 반면 중국은 여전히 국가역할에 기인된 정책조정으로 출산율을 통제하고 있다.

---

66) 현재 중국 서부내륙의 낙후한 농촌지구에서는 아직도 남아선호사상이 현존해 있고, 국가의 계획생육정책에 위배되는 '다산 선호'의 생육문화가 강하게 남아있다. 농촌지구의 인구규모 증가를 억제하는 것은 21세기 중국정부의 정책과제이며, 따라서 '계획생육'은 상당기간 지속 추진될 것이다.

일본의 출산억제정책은 한국과 중국과 다른 양상을 지니고 있다. 가장 중요한 특징으로 일본은 1940년대 후반과 1970년대 초반 2차례의 베이비붐시기(세대)를 갖고 있으며, 이는 일본의 인구구조와 소자화 대책에 미친 영향력이 매우 컸다고 할 수 있다. 또한 1970년 고령화 사회, 1994년 고령사회, 2006년 초고령사회에 진입한 일본사회는 2005년부터 인구감소가 본격 시작되었으며, 심각한 고령화 사회현상은 저출산 정책효과에 절대적 영향을 미치고 있다. 이 또한 일본정부가 2005년 이후 소자화 대책으로서의 일·생활의 균형, 양성평등 및 고령화 정책을 포함한 종합적인 정책을 추진하고 있는 중요한 원인이다. 한편 1990년대 이후 출산율 제고의 소자화(저출산) 대책이 성공하지 못한 일본의 사회구조적 문제와 직장·가족 내 양성불평등 및 정책의 비효율성 등의 저출산 요인은 한국에서도 비슷한 양상으로 나타나고 있다.

제2차 세계대전 이후 일본에서는 인구증가와 인구과잉 및 실업이 사회적 문제로 대두되었고, 일본정부는 1950년대 대규모적 산아제한을 실시해 출산율 저하에 성공했다. 한편 1960년대에는 인구자질 향상정책이 추진되었고, 1970년대에는 고령화 문제가 대두되어 고령화 정책에 초점이 맞춰졌다. 그러나 1990년 1.57쇼크를 계기로 저출산은 노동력 부족을 초래하고, 사회보장 시스템의 유지를 곤란하게 하는 등 사회경제의 활력저하로 연결된다는 점을 인식했다. 1.5쇼크 이후 저출산에 대한 사회적 공감대가 형성되었고, 일본정부는 저출산 문제해결을 위한 일련의 대책을 제정·추진하기 시작했다. 그러나 1990년대 보육정책과 육아지원 중심의 엔젤플랜이 출산율 제고에 성공하지 못했다. 따라서 2000년대 진입 후 일본의 소자화 대책은 정책범위 확대와 관련법 제정 및 범국가적 차원에서의 각종 저출산 정책들이 병행되어 실시되고 있다.

오늘날 일본사회는 임신·출산을 계기로 취업여성의 70%가 퇴직하고, 여성은 취업과 출산·육아 중 양자택일을 해야 하는 상황이다. 여성의 지속적인 노동시장 참가와 결혼·출산·육아의 양립을 위해서는 취업과 출산·육아의 양자택일 구조의 해소가 필요하며, 근로방법 개선에 따른 일·가정 양립실현이 중요하다. 한편 일본의 소자화 정책 중 주목할 것은 기업을 정책동반자로 적극 동참시켰다는 점이다. 일본 정부는 기업이 일·생활의 균형조치를 취하도록 격려하고, 기업의 적극적 협조를 이끌어냈다. 또한 일본의 지자체는 지역에서의 양육지원 역할이 매우 크며 정책의 중요한 동반자이다. 일본의 중앙정부와 국가역할은 한국과 중국에 비해 약화되었지만, 기업의 적극적 협조와 지자체의 역할·소임은 소자화 대책의 중심축으로 작용하고 있다.

1990년대 이후 저출산 대응정책으로 추진된 일본 소자화 대책의 시행착오와 국가역할 및 정책한계점이 주는 시사점을 다음과 같이 요약할 수 있다. ①저출산 현상은 자녀·가족의 가치관 변화와 사회경제적 요인 등의 종합적 인소에 기인하므로, 단순히 정부정책과 국가역할에 의해 해결되는 것이 아니다. ②출산율 제고의 정책효과를 거두려면, 정부의 정책적 노력과 함께 가족친화적 기업문화의 정착 및 일·가정 양립지원에 대한 기업의 협조, 가정과 자녀양육을 분담하는 지방정부의 역할이 유기적으로 결합되어야 한다. ③저출산은 단순히 보육정책이나 정부의 재정지원에 의해 쉽게 해결되는 문제가 아니며, 여러 가지 종합적 정책들이 장기적으로 병행되어 추진되어야 정책효과로 가시화된다. ④여성의 지위 향상과 성별분업의 직장·가정문화를 근본적으로 해결하는 양성평등적 정책 및 저출산·고령화를 동시에 해결할 수 있는 종합적 인구정책이 병행되어야 한다. ⑤소자녀 가치관 의식변화(개인노력)와 지방정부의 긍정적 역할 및 기업의 적극적 협조(사회책임), 저출산 파급후과를 통감한 정부의 정책의지와 지속적 노력(국가역할)이 일치·공유될 때, 비로소 실효적 정책효과를 거둘 수 있다는 것이다.

한편 구미 선진국 '고출산 국가'의 정책사례가 주는 시사점을 요약하면 양성평등의 사회문화와 제도의 보편화, 다양한 가족 및 이민자에 대한 수용성을 높이는 등 사회문화적 기반의 확립, 일과 가정의 양립을 지원하는 사회경제적 시스템의 확립, 공보육 중심의 육아인프라 발달과 육아부담의 사회화, 유연한 노동시장 구조 등으로 출산율 회복에 성공했다고 할 수 있다. 반면 동아시아 저출산 국가들은 가족주의와 가부장적 유교문화 속에서 일·가정 양립 곤란, 자녀의 높은 양육비용 및 가족 내 가사·육아부담 공유 미흡 등으로 출산율이 급격히 하락되어 초저출산 사회에 진입했다. 따라서 기혼여성의 경제활동참여를 지원할 수 있는 공보육 중심의 육아지원, 일·가정 양립기반의 사회제도 구축, 양성평등적인 가족·사회문화의 조성, 자녀양육부담 경감 등의 사회경제 전반에 걸친 종합대책을 국가가 마련하여 장기간 실행해야 한다.

중요한 것은 외국의 정책사례를 그대로 모방·도입한다면 출산율 회복에 성공할 수 없으며, 각국의 실정에 부합되는 종합적 인구·가족 정책을 지속적으로 추진해야 한다는 것이다.

제4장 각국의 출산정책 평가

제1절 한국의 출산억제정책과 저출산 정책

1. 출산정책 평가

1) 출산억제정책(가족계획사업) 평가

한국정부는 1960년대 경제개발 5개년계획의 수립과정에서 출산억제
정책(가족계획사업)을 국가시책으로 채택하고, 가족계획사업을 범국민적
운동으로 전개했다. 정부는 각 연대별 출산 관련 슬로건[1]을 제정하고,

---

1) 한국정부가 제정한 연대별 슬로건을 보면, 각 연대별 출산정책의 목표 및 출산 현
  황을 추정할 수 있다. 예컨대 1960년대의 '덮어놓고 낳다보면 거지꼴을 못 면한
  다'는 출산억제와 경제개발정책의 맞물림, 1970년대의 '딸·아들 구별 말고 둘만
  낳아 잘 기르자'는 2자녀 갖기 운동 전개와 뿌리 깊은 남아선호사상 포기를 권유,
  1980년대의 '둘도 많다', '하나 낳아 젊게 살고 좁은 땅 넓게 살자'는 '한 자녀 갖
  기 운동' 홍보와 출산억제의 당위성을 국토 규모와 관련하여 호소, 1990년대의
  '사랑으로 낳은 자식 아들·딸로 판단 말자'는 남아선호사상과 성비의 불균형을
  경계, 2000년대의 '아빠! 혼자는 싫어요. 엄마! 저도 동생을 갖고 싶어요'는 '이상
  적인 자녀수'는 2명이상, 출산을 권유하는 국가의 뜻이 내포되었다(조혜종, 2006).
  주목되는 것은 정부주도의 강력한 출산억제정책을 추진한 중국과 대만에서도 각

출산억제를 위한 피임보급 및 각종 보상제도를 마련함과 동시에 가족법의 개정 등을 추진했다. 이러한 국가의 강력한 정책추진으로 인해 합계출산율은 1983년 인구대체수준인 2.1명을 달성하였다(김두섭, 2007; 유계숙 외, 2008). 한편 국가주도의 강력한 출산억제정책의 '성공'은 '의도하지 않은 결과'로 소자녀 가치관의 정착을 초래했고, 이는 2000년대 초저출산 사회에 진입하게 된 정책적 요인 중 하나로 지적되고 있다.

한국정부가 추진한 출산억제정책의 '성공'과 가치관 변화에 기인한 소자녀관은 매우 자연스러운 현상이다. '근대적 인구정책'인 가족계획사업이 '성공'한 원인도 사회경제발전에 따른 소자녀 가치관의 흐름과 순행하는 인구정책을 펼쳤기 때문이다(박수미, 2009: 23). 한편 국가가 추진한 가족계획사업으로 여성의 출산행위는 국가에 의해 조절되었고, 국가정책이 개인의 사생활에 개입했음에도 불구하고 가난에서 벗어나려는 가족이해와 경제성장이라는 국가이해가 공유되어 출산억제정책이 성공할 수 있었다(이재경, 2006: 6). 그러나 21세기 초저출산 시대를 맞이하여 출산율을 상승시키려는 '국가이익'과 개인의 삶의 질 및 가족이익을 우선시하는 젊은 남녀의 이해가 일치하지만은 않다. 이 또한 정부가 추진하는 출산장려정책의 '어려운 이유'이다.

한국사회에서 가족의 출산·양육지원에 대한 국가개입은 1960년대 시작된 출산억제정책과 관련된다. 1961년 경제개발 5개년계획의 실현을 위한 일환으로 출산억제정책이 추진되면서 가족에 대한 국가개입이 전격 시작되었다(이삼식 외, 2007: 147). 한편 국가정책은 경제적 관점에 의거하여 사회통제적 측면에서 인구증가 억제를 위한 가족계획사업에 정책의 초점이 맞춰졌다. 따라서 '국익증대'라는 국가이익에 따라 가족의 핵심기능인 자녀출산과 양육기능은 국가정책에 의해 인위

연대별로 '비슷한 내용'의 슬로건을 적극 이용했다는 점이다.

적으로 조정당하는 구조적 변동을 경험한다(안호용 외, 2000). 한편 가족계획사업에 의한 산아제한정책으로 인해 출산율이 급락되었고, 고출산에 따른 유년 부양비 및 가족부양비가 감소되면서 사회경제적 투자능력이 향상되었다.

그러나 가족계획사업은 국민생활 수준의 전반적 상승에 관심을 두지 않았고, 산업 생산력의 제고를 위한 기업자본 축적에 목표를 두어 소득불균형 문제의 원인이 되었다. 특히 기술향상 등 내적 요인보다 자본 및 단순 노동력에 의존하는 외적 요인에 의한 성장이었으므로, 향후 경쟁력 약화요인이 되었다(이진숙 외, 2010: 131). 한편 국가개입은 인구증가를 억제하기 위한 것으로 순수한 출산·양육지원의 관점이 부족했으며, 출산억제를 위한 국가의 정책지원은 주로 자녀의 학비·의료비 등 소득지원에 집중되었다. 또한 자녀양육과 관련하여 여성의 모성권·노동권 보호와 사회경제적 부담을 경감시키기 위한 국가의 적극적인 정책노력은 미흡[2]했다.

한편 국가가 강력하게 추진하여 출산율 하락에 성공한 가족계획사업의 정책효과에 대해 한국의 여성학자들은 '부정적 측면'을 강조하고 있다. 즉 한국의 여성들의 정부의 출산정책에 무비판적으로 가치를 수용한 결과라기보다는 사회변화에 따른 가족전략으로 저출산을 선택한 것이 시기적으로 맞아떨어졌다(황정미, 2005). 반면 가족계획사업 이전의 한국사회에서 여성의 출산권이 약했지만, 국가개입과 정책실시 이후 여성들의 재생산 관련태도나 가치관 변화가 가속화되었다(손승영 외, 2004; 김은실, 2006). 한편 국가에 의해 강력하게 추진된 가족계획사업은

---

[2] 1970년대 가족문제와 가족복지에 대한 국가의 태도는 비개입주의가 고수되었다. 이러한 국가정책은 빈곤 탈피를 열망하는 국민정서를 기반으로 경제성장의 극대화가 곧 사회복지로 연결된다는 당시 대통령의 강력한 의지와 무관하지 않고, 가족문제는 경제성장 논리에 예속되었다(강명세, 2002).

가족 스스로가 자녀출산에 대한 고민과 선택할 기회를 주지 않고, 사적 영역인 출산에 대한 개인의 합리적 선택을 무시한 채, 국가의 일방적 홍보전략에 의해 소자녀 가치관을 주입하기에만 급급했다(손승영, 2007: 217)는 것이다.

가족계획사업의 정책효과가 가시화되어 1980년대 초반 인구대체수준으로 출산율이 하락되었지만, '출산억제'라는 정책기조가 유지되어 1985년 합계출산율은 1.7명으로 하락되었다(이진숙 외, 2010). 한편 1980년대 중반 후 1.6대 저출산 사회로 진입했지만, 출산억제정책의 관성지속과 정책대응 미흡 및 사회적 관심이 부족했다. 특히 1990년대 이후 저출산에 대한 국가적 대책이 필요했지만, 저출산 문제에 대한 정책대응이 소홀했다(윤홍식, 2006). 1996년 출산억제정책이 폐지되고 인구자질·복지향상을 강조하는 인구정책으로 전환된 후에도 출산율이 지속 감소하였다. 그러나 한국정부는 장기적으로 지속된 고출산 때문인지는 모르지만, 출산장려정책 전환에 신속하지 못했다(小島宏, 2005; 鈴木透, 2006: 306).

2) 인구자질 향상정책 평가

정부의 강력한 출산억제정책이 가시적 효과를 거두면서 1980년대 중반 출산력은 선진국의 낮은 수준에 도달했고, 한국사회는 합계출산율 1.6대의 저출산 사회에 진입하였다. 1990년대 진입 후 그동안 정부가 추진해온 출산억제정책은 유명무실해졌고, 출산억제를 위한 대부분의 규제와 보상제도가 철폐되었다(김두섭, 2007: 200). 한국정부는 1996년 인구자질 향상과 복지증진을 위한 정책으로 전환하였고, 1998년 가족계획사업위원회를 가족건강과 복지위원회로 개명(改名)했다(曾毅 2006: 312). 한편 IMF 외환위기와 사회경제적 여건의 변화로 저출산 현상이 고착화되고 2000년대 초 초저출산 국가의 행렬에 진입했지만, 한국정부는 저출산 문제의 심각성을 인식하면서도 저출산 대책을 적극 추진하지 못했다.

장기적인 출산억제정책과 소자녀 가치관의 고착화 등으로 1990년대 중반부터 출산율이 본격적으로 감소되었지만, 저출산 현상은 단순히 IMF 외환위기의 영향으로만 인식되었고, 저출산의 사회적 결과3)에 대해서는 충분하게 인식되지 못했다. 2002년 출산율이 1.17명으로 하락되면서 저출산 문제가 공론화되었지만, 정부는 국민적 공감대를 얻을 수 있는 저출산 대책을 마련하지 못했다(이삼식 외, 2005). 한편 일본의 경우 1989년 합계출산율이 1.57명으로 하락되자, 이를 사회문제로 받아들여 1990년대부터 저출산 현상에 대해 국가차원에서 정책대응을 시작했다. 반면 한국의 경우 일본과 거의 비슷한 시기에 저출산 현상이 나타났지만, 국가적 정책대응은 10년이 늦은 2004년부터 본격적으로 추진되었다.

한편 인구자질향상정책은 1994년 인구개발국제회의에서 채택된 행동강령을 근거로 제정되었고, 장기간의 출산억제정책 부작용을 해결할 필요성도 존재했다. 또한 출산억제정책 관성과 외환위기 영향을 출산율 하락의 주요인으로 판단, 국가 경제위기와 고령화 문제가 동시에 도래하는 등 사회경제적 요인으로 출산장려정책 전환이 신속하지 못했다. 그러나 신인구정책의 지속과 저출산 현상에 대한 국가의 잘못된 판단 및 중시 부족 등으로 적극적인 저출산 대책을 마련하지 못한 것

---

3) 저출산 현상은 단기적으로 출생아수 감소에 의한 총인구감소를 가져오며, 중장기적으로는 심각한 노동력 부족과 인구 고령화를 초래하는 원인이 된다. 또한 저출산은 경제사회 전반에 부정적 영향을 미칠 것이며, 파급효과는 몇 가지로 나타날 것이다. ① 저출산으로 인한 인구 고령화로 경제성장 둔화의 초래 ② 생산가능인구(15~64세)의 감소를 초래 ③ 저출산으로 총인구는 감소되는 반면, 고령화 심화로 피부양자 의무가 급증함에 따른 생산가능인구의 부담 증가이다(김경철, 2008).

은 국가에게 주요책임이 있다는 것을 부인할 수 없다. 특히 동 시기 저출산 문제를 해결하기 위해 일본의 정책적 노력과는 극적인 대조를 이룬다.

2000년대 초반까지 지속된 인구자질향상정책은 '과도기 정책'으로 볼 수 있다. 한편 2000년 한국사회가 고령화 사회에 진입하면서 이 시기 인구정책은 고령화 대비책에 초점이 맞춰졌고, 한국정부의 저출산 정책 추진의지는 강력하지 못했다(유계숙 외, 2008: 126). 또한 2000년대 초반 한국사회가 초저출산 사회에 진입한 것은 1980년대 군사정권에 의해 강행된 출산억제정책과 관련되며, 1990년대 출산율 1.6대의 저출산 사회에 진입했지만 한국정부가 적극적인 저출산 대책을 마련하지 못한 것에 기인한다. 한편 1990년대 후반의 IMF 외환위기도 2000년대 초반의 초저출산 현상에 크게 기여했다고 할 수 있다.

2. 저출산 정책 평가

1) 제1차 저출산고령사회기본계획(새로마지플랜2010)

2000년대 진입 후 한국사회는 합계출산율 1.1~1.2대 초저출산 현상의 지속과 인구 고령화 현상이 심화되면서, 한국정부는 2003년 '저출산 대비 인구정책개발 및 범정부적 대책수립 연구'를 추진하여 저출산 정책방향 모색에 주력했다. 2004년에는 청와대에 구성·운영되었던 인구·고령사회대책팀을 고령화 및 미래사회위원회로 변경하고, 2005년 5월에는 출산율 제고의 저출산 정책의 기본사항들을 법률로 규정하는 저출산고령사회기본법을 제정하였다(白井京, 2005: 201). 또한 정부는 저출산 현상을 사회적 문제로 공론화하고, 2006년에는 제1차 저출산고령사회기본계획을 출범·실시하여 '일정한 성과'[4]를 거두었다.

2006년의 제1차 저출산고령사회기본계획은 2000년대 진입 후 초저출산 현상 지속과 고령화 문제가 복합적으로 얽혀져 있는 사회문제를 해결하기 위해 정부가 적극적 정책대응을 시도했다는 점에서 긍정적으로 평가5)할 수 있다. 그러나 정책시행을 위한 필요한 투자재원의 액수만 계산되었을 뿐, 재원확보·분배와 정책의 우선순위 및 우선대상 선정 등이 구체적으로 명시되지 않았다(김두섭, 2007: 203). 한편 '기본계획'에서 제안하는 다양한 저출산 대책의 핵심은 ①취업여성의 육아문제 해결 ②출산을 유도하는 경제적 지원 ③결혼과 자녀의 소중함을 일깨우는 가족문화의 조성이다. 그러나 이러한 대책들은 변화된 젠더관계와 결혼·가족의 의미를 적극적으로 고려하지 않고 있다(이재경, 2006: 5).

새로마지플랜의 출산·양육에 대한 사회적 책임의 강화는 경제적 지원과 보육환경 개선을 통해 육아의 사회화와 다출산을 유도하려는 국가의 정책적 노력이 돋보인다는 점에서 긍정적으로 평가되지만, 각종 지원책들이 정책대상이 저소득의 요보호계층을 중심으로 한정되는 경향이 높다(이삼식 외, 2007: 154). 정부의 경제지원은 저소득층의 취약계층에 한정되어 제공되고 있으며, 국가의 제한된 출산·양육지원으로 중산층을 포함한 대부분의 가정은 출산·양육의 경제적 부담을 그대로 안을 수밖에 없다. 국가의 잔여적인 접근은 가족지원을 위한 재정

---

4) 2006년 새로마지플랜이 출범된 후 합계출산율은 2006년 1.12, 2007년 1.25로 증가되었다. 이러한 출산율 상승에는 정부의 저출산 정책이 기여한 것으로 판단된다. 특히 출산·양육지원 관련 정책의 중복수혜는 2007년 둘째이상의 자녀 출산과 첫째자녀 출산을 결정하는데 매우 효과적인 것으로 판명된다(이삼식 외, 2008). 반면 2006~2007년 출산율 증가는 쌍춘년·황금돼지해 등 역력의 특수효과에서 기인된 것으로, 국가의 저출산 정책과는 무관하다는 주장(전광희, 2009)도 있다.

5) 2000년대 진입 후 한국사회에서 부각된 초저출산 현상을 해결하기 위해 2006년에 출범한 새로마지플랜은 출산행위를 결정하는 다양한 사회경제적 요인을 제시하고, 종합적 대책을 모색했다는 점에서 긍정적으로 평가할 수 있다(이삼식 외, 2007). 그러나 '기본계획'은 현상적 문제에 대한 단기적 대안 위주로, 저출산 원인에 대한 근본적 고민이나 장기적 안목에서의 정책설정이 미흡했다.

적 지출6)에서도 그대로 나타난다. 이러한 재정지원의 한정 및 정책한 계성은 국민들의 정책체감도가 낮은 원인이며, 국가정책으로서 저출산 대책이 출산율 제고에 미치는 효과적 한계성이다.

'기본계획'의 중점과제로서 가족친화적·양성평등적 사회문화 조성은 기존 저출산 정책과 구별되는 '획기적 정책'으로 평가받는 주요한 이유이다. '기본계획'은 국민들이 평균 2명 이상 자녀를 원하는 것을 전제로, 출산·양육의 장애요인 제거 및 아동·청소년의 건강한 성장을 위한 사회지원망 확충을 목표로 한다. 그러나 출산·양육의 장애요인을 제거하면 출산율을 제고할 수 있다는 문제의식은 개인의 삶과 자녀의 의미에 대한 고민이 부족하다(이재경, 2006: 6). 한편 '기본계획'은 현재 한국여성들의 희망자녀수가 '2명 이상'이므로 양육여건이 좋아지고 '자녀의 소중함'을 인식하면 '2명 이상' 출산을 전제로 하고 있지만, 이 또한 양성평등의 사회적 보편화과 가족친화적 사회문화의 조성이 선결되어야만 가능하다.

새로마지플랜에서는 가족친화적·양성평등적 사회문화 조성을 위한 정책방향을 두 가지로 설정하고 있다. ①'양립' 기업에 대해 인증제와 재정적 지원 등 인센티브를 부여한다. ②'가정의 날'·'육아데이'를 제정하고, 교육·홍보를 통해 기업들의 동참을 이끌어내는 것이다. 그러나 가족친화적·양성평등적 사회문화 조성을 위한 정책내용은 구체성과 현실적 추진계획이 부족한 문제점을 갖고 있다(윤홍식, 2006: 27). 또한 육아과정에서 남편의 가사참여가 필수로 받아들여지는 가족친화적 사회문화가 조성되지 않는다면, 아버지육아휴직할당제의 도입 실효성

---

6) OECD(2004) 발표 자료에 따르면, 한국의 가족지원과 관련된 재정지출은 GDP 대비 0.1%(2001, 일본 0.6%)에 불과하며 OECD 선진국 중 최하위 수준이다. 이는 노르딕국가의 1/20~1/30에 불과한 것으로, OECD 국가 평균에도 크게 밑도는 낮은 수준이다(이삼식 외, 2007: 158).

도 크지 않을 것이다(장혜경 외, 2007: 74). 현재 한국사회에서 기혼여성의 경제활동참여와 남성의 가족생활지원을 당연히 수용하는 가족친화적 직장문화의 조성은 매우 열악한 실정이다.

〈표 16〉 제1차 저출산고령사회기본계획의 출산 관련 주요내용

추진과제	주요내용	구체적 추진계획
출산·양육에 대한 사회적 책임 강화	자녀양육의 부담 경감	영유아 보육, 교육비 지원 중산층까지 확대 방과 후 학교 확대로 사교육비 부담 경감 자녀양육 가정에 조세, 사회보험 혜택 확대 결혼예정자, 신혼부부, 다자녀 가정의 주거안정 지원(주택 자금 대출제도 개선) 입양아동 양육수당 지원 아동수당제도 도입 검토
	다양하고 질 높은 육아 지원 인프라 확충	육아지원시설 확충 및 다양화(어린이집, 유치원) 민간 육아지원시설 서비스 개선-평가인증제 확대
	임신과 출산에 대한 지원 확대	모성 및 영유아 건강관리 체계화, 신생아 전산망 구축 불임부부 지원-시험관 아기 시술비용 지원 확대 저소득층 가정에 산모 도우미 파견
가족친화적· 양성평등적 사회문화 조성	일과 가정의 양립 환경 조성	산전후 휴가, 급여 지원 확대 육아 휴직 지원 강화 출산·육아기 이후 노동시장 복귀 지원 가족친화적 직장문화 개선
	학교와 사회교육 강화	교육과정 개정, 교과서 개편 추진 성인 대상 민간교육사업 지원 민관협력사업 등 사회교육 활성화
	가족생활 문화여건 조성	가족유형에 따른 다양한 교육프로그램 운영 가족문제 전문 상담서비스 제공 가족친화마을 인증 등 홍보 강화 가족단위 여가문화 지원
건전한 미래세대 육성	아동과 청소년의 안전한 성장환경 조성	교통안전, 수상안전, 어린이용품 안전 등 유형별 아동 안전대책 추진 지역단위 네트워크 구축-아동 학대, 학교 폭력의 예방
	아동과 청소년의 건전한 성장을 위한 사회적 지원 시스템 확립	지역아동센터, 방과 후 아카데미 확충-학습지원, 급식, 상담서비스 제공 아동권리 보호를 위한 민간 모니터링 기구 운영

자료: 김두섭, 2007: 204

한편 새로마지플랜2010이나 지자체 정책들은 경제지원 중심의 정책으로, 기본적으로 경제주의적이고 물질주의적이라는 비판에서 자유롭지 못하다(배은경, 2006). 또한 지자체의 제한된 예산으로 수행되는 저출산 대책들은 대부분 출산에 대한 인센티브 지급에 초점이 맞춰져 있으며, 정책들이 전제하고 있는 문제의식과 해결방식은 개발시대의 발전논리에서 벗어나지 못했다(손승영, 2004). 최근 젊은이들의 혼인·출산 지연이 경제위기의 영향을 받고 있지만 그동안 이러한 추세가 꾸준하게 지속되어 왔다는 점을 감안하면, 단순히 출산장려금 지원이나 일자리 창출 등의 경제적 해법으로만 저출산 문제를 해결하기 어렵다는 것이다. 여성의 일·가정 양립지원 방향 또한 고령화에 따른 노동력 확보의 필요성에 기인한 경제적 차원의 해결책으로 제시되고 있는 정도이다(손영승, 2007: 218).

요컨대 제1차 저출산고령사회기본계획(새로마지플랜2010)은 인구구조의 변화로 인한 미래사회의 문제를 다각적이고 포괄적인 시각에 기초하여 진단하고 있으며, 기존의 근시안적이고 단편적인 시각에서 벗어나 장기적이고 통합적·미래지향적 해결방안을 추구한 총체적 대안을 제시하고자 시도했다는 점에서 그 의의를 찾아볼 수 있다(이진숙 외, 2010: 196). 또한 저출산의 원인을 사회전반의 시스템이 여성의 임금노동을 전제하는 방향으로 변화하는 시점에서, 출산과 그에 따른 돌봄노동은 여전히 여성의 개인의 몫으로 남아 있는 '현실의 괴리'에서 찾았던 여성 연구자의 의식을 반영했다는 점에서 긍정적으로 평가된다(장지연, 2005). 그러나 각 지자체의 저출산 정책대응에서는 이 같은 변화가 나타나지 않고 있다는 점에 주목해야 한다.

2) 저출산 정책의 문제점과 종합평가

한국정부가 추진한 기존의 저출산 대책은 구체적으로 다음의 문제점들이 지적되고 있다.

첫째, 높은 사교육비[7] 등 자녀양육비용이 저출산의 주요인이 되고 있지만, 자녀양육비용 경감을 위한 사회적 여건이 조성되지 못했고 관련 정책이 미흡하다(남윤인순, 2007). ①가계가 부담한 교육비 중 사교육비가 치지하는 비중은 2000년 26.6%에서 2004년 30.4%로 증가되었다. ②취학 전 아동에 대한 보육비 등 부모부담이 높아졌지만, 저소득층 위주의 경제지원 정책으로 인해 그 외의 아동은 정부의 정책지원 대상에서 제외[8]되고 있다. ③주택가격 급등 등으로 안정적인 주거확보가 곤란하여 결혼 및 자녀양육에 부담요인으로 작용하고 있지만, 신혼부부 및 다자녀 가정의 주거안정 지원을 위한 정책이 미흡하다.

둘째, 가족의 자녀양육기능 약화, 여성의 사회참여 증대 등으로 육아지원 서비스에 대한 욕구가 증가되고 있지만, 육아지원관련 인프라가 양적·질적으로 미비한 실정이다(민성혜, 2007). ①한정된 공공 육아지원 인프라와 열악한 육아환경으로 인해 부모는 국공립시설을 상대적으로 선호하지만, 지자체의 재정부담 등으로 보육시설의 대폭적 확충에는 한계가 있다. ②육아지원 서비스의 수준이나 다양성이 수요자

---

7) 한국의 정부부담 공교육비는 OECD 평균수준(6.2%)이지만, 학부모부담 공교육비가 매우 높아(3.4%) GDP 대비 중 공교육비 비중은 8.2%로 세계 최고 수준이다. 또한 사교육 시장의 과열로 학부모 사교육비 부담이 점차 증가(2000년 26.6%, 2004년 30.4%)되고 있다(이삼식 외, 2005).

8) 정부의 저출산 정책은 대부분 저소득층 지원에 초점이 맞춰져 있다. 대표적 지원책인 보육료 지원에서 중산층은 배제되었고, 중산층은 보육비·사교육비 부담을 고려해 '하나만 낳아 잘 키우자'라는 생각을 하고 있다. 국가기반인 중산층이 애를 안 낳는 것은 큰 문제이다(전광희, 2009). 전반적인 출산율을 끌어올리려면 소득과 관계없이 만 5세 이상 무상보육 실현 등을 통해 중산층에게도 혜택이 돌아가도록 해야 하며, 적절한 규제를 통해 유치원 사교육비를 낮춰야 한다(백선희, 2009).

의 기대를 충족시키지 못하고 있다. ③초등학생의 경우 방과 후 시설 및 프로그램이 부족하지만 관련 해결책이 미흡하다.

셋째, 여성의 일·가정 양립이 곤란하여 결혼·출산을 포기·축소 및 연기하는 경향이 증가되었지만, 관련정책의 부재와 가족친화적·양 성평등적인 사회문화의 조성이 결여9)되어 있다(유계숙, 2007). ①노동시 장의 여성차별로 여성의 결혼과 출산 연기·포기상황을 개선하기 위 한 적극적 고용개선 조치가 추진되고 있지만, 기업의 자발적 참여 부 재로 효과가 미흡한 편이다. ②육아휴직 및 산전후 휴가제도의 도입에 도 불구하고, 낮은 육아휴직수당 및 복귀 후 불이익에 대한 불안감으 로 이용률이 저조하다. ③최근 일부 공공부문에서 탄력적 근무제가 부 분적 시행되고 있지만, 기업의 자발적 참여 유도를 위한 인센티브가 부족하다.

넷째, 만혼과 고령출산 및 불임 등이 증가되고 있지만, 임신·출산 에 대한 국가적 관리 및 지원정책이 미흡하다(이삼식 외, 2007). ①가임 기여성 및 신생아의 건강관리체계가 미흡하지만, 출생신고 체계의 미 비로 체계적인 모성·영유아 보건의료서비스의 제공이 부재하다. ②만 혼 및 고령출산으로 미숙아 출생이 증가하고 있지만, 이들에 대한 적 절한 관리가 부족하다. ③안전한 임신·출산을 위한 비용이 증가되어 임신·출산에 대한 경제적 비용부담이 가중되고 있지만, 의료보호가 저소득층에 한정되어 실시함으로써 보편적 접근이 부재하다. ④산모· 신생아의 건강관리를 위한 국가차원의 도우미 지원도 부족하다.

다섯째, 저출산 현상 지속으로 출생아수가 급감하는 현실에서 태어

---

9) 가족친화적·양성평등적 사회문화는 구미 선진국 '고출산 국가'의 고출산율 유지 의 사회적 요인으로 지적되지만, 가부장적 가족문화가 유지되는 한국사회에서는 여전히 "남성-생계부양자, 여성-가정주부"라는 성별분업 체계를 구성하고 있고, 이러한 가정구조 속에서 남성의 경제적 부양책임과 여성의 가사와 출산·육아 책 임을 전담하는 사회적 환경을 바탕으로 다양한 정책을 형성하게 된다.

난 자녀들을 안전사고와 질병 등으로부터 보호하고 인구자질 향상이 매우 중요하지만, 관련정책의 실용성이 미흡하다. ①학령기 아동·청소년을 건강하고 안전하게 양육하기 위해서는 학교보건서비스 강화와 학교폭력 예방 및 안전관리가 필수적이지만, 현행 학교보건서비스의 형식화와 학교폭력 피해자 치료 및 보호에 대한 현실적 대안 미비 등으로 실효성이 높지 않다. ②아동인구 감소에 따른 인구의 질적 제고가 필요함에도 불구하고, 빈곤아동 등 아동권리의 사각지대 해소를 통한 아동의 건강한 성장여건 조성이 미흡하다. ③가족해체의 증가 및 가족기능의 약화 등으로 아동학대 사례가 증가되고 있지만, 사회적인 보호정책이 미흡하다.

여섯째, 다양한 가족의 출산·양육에 대한 경제적 지원이 미흡하다. 최근 들어 미혼모와 이혼가족, 결손가정 및 국제결혼가정 등 다양한 가족10)이 증가되고 있다. 하지만 정부는 다양한 가족의 자녀양육부담을 경감하기 위한 특별한 정책적 조치는 없고, 정책의 범위를 일반 가정과 동일하게 적용하고 있다. 또한 다양한 가족을 위한 국공립보육시설과 서비스에 대한 접근성도 미흡한 실정이다. 현재 저소득층지역에 설치된 국공립시설은 11%에 불과하며, 상대적으로 시설·서비스수준이 낮은 민간 개인시설이 54.1%를 차지하고 있다.

일곱째, 정부교체 이후 기존 정부정책에 대한 현 정부의 집행 연속성, 2008~2009년 경기침체와 경제위기에 따른 결혼·출산 지연에 따른 정부 대책의 미흡, 고령화와 저출산이 동시에 진행되는 가운데 고

---

10) 현대사회에서 전개되고 있는 가족제도의 변화는 가치관과 사회경제적 여건의 변화에 따른 가족해체 및 다양한 가족의 출현으로 인해 가족위기론이 제기되고 있다. 그러나 법률혼만이 사회적·제도적 규범 및 정상가족으로 받아들여지고 있는 한국사회에서는 미혼모와 동거 등 다양한 가족형태는 극단적 일탈 및 병리적 현상으로 간주된다(이삼식, 2007). 이러한 다양한 가족에 대한 '거부'는 일본·한국·대만 등 동아시아 저출산 국가의 문화적 요인으로 지적되고 있다.

령화 정책비중 강화에 따른 저출산 대책의 추진 미흡, 국가역할의 한계성과 정부정책의 비효율성[11] 등이 문제점으로 지적된다.

3) 일과 가정의 양립 및 육아·보육정책 평가

(1) 일과 가정의 양립지원에 대한 정책평가

1997년 외환위기 이후 완전고용과 평생직장 개념이 사라졌고, 전형적인 핵가족 형태로서 남성생계부양자모델은 더 이상 유지될 수 없게 되었다. 여성 노동참여의 일상화 등에 따라 2인생계부양자모델이 급증하면서, 여성의 모성권과 노동권의 병행이 양육을 포함한 가족생활에서 필수적 사안이 되었다. 그러나 기업은 인구재생산에 대한 사회적 책임을 수용하지 않고 있고, 근로자의 가족을 위한 시간적 배려[12] 등이 미흡한 실정이다(이삼식 외, 2007: 130). 최근 정부는 일·가정의 양립을 위한 제도 강화로, 산전후휴가(모성휴가)·육아휴직제도 활성화를 추진하고 있다. 그러나 여성의 모성권과 노동권의 양립을 근로자의 기본적 복지욕구로 수용하는 노동시장의 인식은 부족하며, 기업은 가족에 대한 제도적 지원에 소극적 태도를 보이고 있다.

---

11) 2003년 프랑스에서는 가족지원과 육아보조금으로 564억 유로를 투입하여 합계출산율 0.1~0.2를 상승시키는 효과를 거두었다. 그러나 대부분의 유럽 '저출산 국가'에서는 각종 출산보조금과 자녀양육을 위한 경제지원 및 가족친화적 근로환경 개선 등의 노력에도 불구하고, 출산력이 회복되지 못하고 있다(김두섭, 2007: 208). 현재 저출산·고령화 문제가 심각한 한국은 출산력에 영향을 미칠 정도로 충분한 수준의 출산보조금과 육아시설 재원 확보가 어려운 실정이다. 이는 보육정책과 경제지원 중심의 저출산 정책만으로 출산율을 제고하는 데는 한계가 있다는 것을 보여준다.

12) 한국 근로자의 실제 월평균 정상근로시간은 183.7시간이며, 초과근로시간은 18.1시간에 달하고 있다(한국 노동부, 2004). 근로자 1인당 연간근로시간은 2005년 기준 2,390시간(일본 1,801시간, 세계 9위)으로, OECD 국가 중 가장 높은 수준이다(OECD, 2005; 이삼식 외, 2007).

육아휴직의 활용실태를 살펴보면, 2006년 육아휴직급여를 받는 총 인원은 12,502명으로 육아휴직급여자가 매년 증가해 왔음을 알 수 있다. 그러나 육아휴직을 신청한 남성의 절대적 이용률은 매우 낮고, 여성에 편중된 육아휴직제도의 이용률도 저조하다. 2006년 남녀 산전후휴가 이용자(48,972명)의 27.9%만이 육아휴직을 사용했고, 남성근로자의 저조한 육아휴직으로 인해 남성의 가사·육아참여가 미흡하다(이삼식 외, 2007: 162). 한편 여성중심의 일·가정의 양립 전략은 노동시장에서의 여성의 낮은 지위와 저출산 원인으로 지적된다(김혜영, 2007). 따라서 여성의 지속적인 경제활동참여와 남성의 가사참여 지원을 위해서는 현재의 육아휴직제도 사용률을 높이는 동시에 남성의 가사참여를 위한 유인책 혹은 제도 마련이 절실하다.

일·가정의 양립과 여성취업의 확대 및 여성고용의 안정성 제고를 위해서는 노동시장의 유연성, 즉 탄력근무제와 다양한 근로시간제의 확산이 필요하다(장혜경 외, 2007). 한국정부는 출산·육아기 여성들의 일과 가족생활의 병행을 위해 2007년 9월 '남녀고용평등과 일·가정 양립지원에 관한 법률' 개정을 통해 육아기 근로시간 단축제도를 도입하였다. 근로시간 단축제도는 생후 3년 미만 자녀를 둔 남녀근로자가 영아가 만3세가 되기 전 1년 이내에 근로시간을 15~30시간 이내로 단축하여 일할 수 있게 하는 제도이다. 즉 전일제 육아휴직 대신 사용할 수 있는 선택방안으로, 육아휴직 사용을 보다 용이하게 사용하도록 하는 것이다. 그러나 이 제도는 기업의 가족친화적인 직장문화 미정착 등으로 인해 현재 이용률이 매우 저조하다.

최근 정부는 일·가정 양립을 위해 산전후휴가·육아휴직제도·직장보육시설 설치 등을 제도화하고 있지만, 가족친문화적 직장문화의 미정착으로 소수의 기업만이 이를 수용하고 있다(유계숙, 2008). 현재 한국의 산전후휴가·육아휴직은 정착단계, 아버지출산휴가는 확산단계,

자녀육아기 근로시간 단축제도는 도입단계이다. 즉 산전후휴가·육아휴직 등 법적 제도화의 경우 인지도와 시행률도 높지만, 시행률이 낮은 탄력근무제는 기업의 가족친화적 직장문화 조성 및 사회경제적 여건 변화가 수반될 필요가 있다(김태홍 외, 2009: 22).

2006년 새로마지플랜2010의 다양한 정책들이 차질 없이 시행된다면, 여성의 이중부담은 상당히 줄어들 수 있다. 그러나 일·가정 양립지원 정책이 전통적 성별분업을 변화시키려는 시도가 없는 한 큰 효과를 기대하기 어렵다. 또한 자녀양육에 대한 일차적 책임을 여성에게 부과하고 가족 내 성별분업이 변화되지 않는다면, 양성평등을 지향한다고 할 수 없다(이재경, 2006: 10). 한국사회의 전통적 사회통념은 여성을 자녀양육과 가사노동, 노약자 돌봄노동의 담당자로 규정하고 있다. 그런데 자녀양육과 노인수발 등의 돌봄노동에 대한 국가의 제도적 지원체계는 매우 미약하다. 또한 기혼여성의 사회적 역할은 다중화되고 있으나, 취업여성들은 가족과 직장의 양립이라는 이중 부담에서 여전히 벗어나지 못하고 있다(이여봉 외, 2003).

출산·육아기 여성의 경력단절이 생기는 것은 출산·육아를 여성·가족의 책임으로 인식하는 사회문화, 양질의 보육시설과 서비스 부족, 직장과 가정의 양립지원 제도의 미성숙 등이 주요인으로 판단된다(이진숙 외, 2010: 165). 최근 한국정부는 여성의 역할과 가족 및 사회경제적 여건 변화에 대응하기 위해 일·가족 양립정책을 지속적으로 추진하고 있다. 그러나 일·가정의 양립이 실현되려면, 노동시장의 양성평등과 남성의 제한적 가사·육아참여로 인한 가족 내 성별분업의 근본적 변화 및 자녀양육에 대한 국가의 제도적 지원이 강화되어야 할 것이다.

(2) 육아지원 및 보육정책에 대한 평가

2000년대 진 입후 다양한 보육지원 정책들이 이뤄지면서 만 5세 미만 아동을 대상으로 하는 보육정책 규모가 현저하게 확대되고 있다. 2003년 보육부문 사업이 약 3,000억원 규모에서 2009년 약 1조 7천억원에 이르는 등 괄목할 만한 성장을 보이고 있다. 2009년 도시근로자 월평균소득 100%까지 보육료를 지원받았고, 2010년에는 맞벌이부부와 다자녀가구 보육료 지원확대 등 규모면에서 지속적으로 확대될 것으로 예상된다(최성은 외, 2009: 7). 그러나 정부의 보육정책은 목표와 방향이 불분명하게 확장되어 왔다. 또한 보육의 공공성 강화와 양질의 보육서비스 제공이 정책목표지만, 형평성 제고에서 시설 미이용 아동에게도 수당지급을 도입하는 등 '정책방향이 명확하지 못한 측면'[13]이 지적되고 있다.

여성의 노동시장참여가 지속적으로 증가되고 있지만, 여성의 노동지원에 대한 보육서비스는 여성 및 가족의 수요를 충족시키는데 많은 문제점이 있다(민성혜, 2008). 특히 보상성격이 강한 공보육이 취약계층 아동을 대상으로 제한적으로 제공되고 있고, 대부분의 보육서비스는 개인의 책임을 강조하는 시장에 의존하고 있다. 즉 보육서비스 특징은 시장의존성이 매우 강하며, 공보육은 취약계층 아동에 대한 보상교육이 제한적으로 제공되고 있다(이삼식 외, 2007: 133-134). 한편 보육정책은 취업여성의 노동지원뿐만 아닌, 아동성장 지원 성격이 강해 어느 것에도 충실하지 못하는 문제점이 있다. 또한 국제결혼가정의 아동 상당수가 보육서비스에서 소외되어 있고, 야간근무 등 다양한 근로형태에 부

---

13) 한편 이진숙 외(2010)는 정부가 보육시설을 이용하는 영아(0~2세)에 대해서는 차등보육료를 지원하지만, 시설을 이용하지 않은 영아에 대한 지원이 없어 부모의 양육부담이 크다고 지적하면서 '부모의 부담이 큰' 영아기 자녀교육에 대한 국가 차원의 지원이 강화되어야 한다고 주장하고 있다.

합하는 보육서비스는 제한적으로 공급되며 지리적으로도 시설보급의 불균형한 문제가 존재하고 있다.

여성들이 노동시장 진입을 위해서는 양질의 보육서비스가 충분히 제공되어야 하지만, 시장에서 제공하는 서비스의 수준은 수요자의 보육욕구에 비해 미흡하다. 여성을 포함한 가족의 근로형태는 다양화해지고 있지만, 시장에서 제공하고 있는 보육서비스는 수요변화에 따른 탄력적 변화가 이뤄지지 않고 있다. 또한 농·어촌과 도시의 저소득층 밀집지역에는 양질의 국공립보육서비스가 제한되어 있다(이삼식 외, 2007: 140). 전반적으로 보육공급은 국가가 개별가족을 직접적으로 고려하지 않고 보육시장만을 지원하기 때문에, 보육양극화 현상이 심화되고 있는 것이다. 결과적으로 전통적 성별분업이 강한 한국사회에서 여성의 육아책임 및 보육서비스의 시장의존은 여성으로 하여금 노동권과 모성권 중 양자택일을 할 수 밖에 없게 한다.

그동안 한국정부는 일·가정 양립을 위해 다양한 육아휴직제도 활성화를 추진했지만, 기업의 소극적 대응과 가족친문화적 직장문화의 미정착으로 이용률은 높지 않다. 또한 노동시장의 여성차별과 남성의 제한적 가사참여는 여성의 일·가정의 양립이 어려운 이유이다. 여성의 노동시장참여는 지속적으로 증가되고 있지만, 국공립보육시설의 부족과 보육서비스는 수요자 수요를 만족시키지 못하고 있다. 결과적으로 보육공급은 국가지원보다 시장의존도가 높기 때문에, 지역·계층 간 보육양극화 현상이 나타나고 있는 것이다. 즉 양성불평등에 의한 성별분업과 보육의 높은 시장의존성은 여성의 일과 가정·육아 중 양자택일하는 주요인이라고 생각된다.

요컨대 정부가 추진한 저출산 대책은 가족·여성이 전담했던 출산·양육의 책임을 국가와 사회가 분담하는 패러다임을 전환했다는 점에서 긍정적으로 평가할 수 있다. 반면 정책목표 설정의 부적절함과

광범위한 정책 사각지대의 존재, 비현실적 지원수준과 소극적인 사회
구조 개혁노력, 비효율적 전달체계 등의 문제점들을 안고 있다(이삼식,
2010). 수십 년간에 걸쳐 추진한 유럽 선진국의 정책대응에 비하면 한
국의 저출산 대책은 이제 시작에 불과하다. 정부는 비현실적 경제지원
에 집착하기보다 장기적 안목에서 실효성이 강한 저출산 대책을 지속
적으로 추진해나가야 한다. 또한 저출산 문제를 최우선 국정과제로 취
급하려는 정부의 의지와 함께 국가·기업·지자체 및 가정이 출산·
육아에 대한 이해를 공유하고 책임을 분담해야 한다.

제2절 중국의 계획생육정책

1. 중국정부의 정책 평가

2000년 3월 중국정부는 '계획생육사업 강화와 저출산 수준 안정화
결정'을 발표하고, 계획생육정책에 대한 종합평가[14]를 내렸다. 1970년
대 이후 국가와 전국인민의 공동노력으로 계획생육사업에서 '거대한
성과'를 거두었다는 것이다. 그 이유로 ①경제발전수준이 높지 않은
상황에서 인구의 급성장을 유효하게 억제했다. ②출산율이 인구대체수
준 이하로 하락되었고, 고출산·저사망·고성장에서 저출산·저사망·
저성장 '3저(三低)' 수준의 역사적 인구전환을 실현했다. ③인구문제에
대한 중국특색의 해결방법을 탐색해냈다(湯兆云, 2005: 285). 한편 향후
10~15년 동안 중국은 매년 1000만 인구가 지속 증장할 것이며, 인구

---

14) 중국정부의 정책 평가는 '성과'에 주목한 반면, 부정적 영향은 간과하는 경향이 있
다. 이는 외국학자들이 중국의 계획생육정책에 대해 성과보다는 '부정적 측면'을
강조하는 경향과 대조된다.

자질이 높지 않은 상황은 단기간에 해결되기 어려울 것이다. 또한 노동시장의 취업압력과 인구 고령화의 사회문제가 더욱 부각되어, 인구와 경제·사회·자원·환경간의 모순은 갈수록 첨예해질 것이다. 따라서 지속적인 인구규모 억제와 인구자질 향상은 중국정부가 해결해야 인구문제라고 지적했다.

2005년 국가계획생육위원회 왕귀우창(王國强) 부주임(차관)은 정부보고회의에서 계획생육정책의 성과를 더욱 구체적으로 평가했다. 첫째, 인구의 급성장을 유효하게 억제한 결과 2000년 합계출산율 1.8, 출생률 15.3‰, 자연성장율 8.7‰로 저출산 수준의 인구전환을 실현했다. 둘째, 선진국형 인구재생산 유형의 저출산·저사망·저성장의 '3저(三低)' 인구전환을 빠른 기일 내 실현했다. 셋째, 20세기말 중국의 인구를 13억 이내로 통제하는 목표를 앞당겨 달성했다. 넷째, 인구자질을 향상과 의료위생환경의 개선으로 여성의 생식건강수준을 높였고, 임산부 및 영아사망률을 큰 폭으로 줄였다. 다섯째, 20~30년의 계획생육정책을 통해 3~4억명을 감소·출산하였으며, 이는 인구의 급증이 사회경제와 환경자원에 미치는 막중한 압력을 크게 완화시켰다. 여섯째, 중국의 국정(國情)15)에 적합한 인구문제에 대한 종합적이고 유효한 해결방법을 탐색하였고, 세계인구의 안정화에 적극적인 공헌을 했다(王國强, 2005: 293)는 것이다.

최근 중국의 '한자녀 정책'에 대해 신화통신(新華通訊, 중국정부의 견해를 대표하는 언론사)이 그간의 명암을 조명했다. '한자녀 정책'은 도시와 농촌을 물론하고 '1가족 1자녀'(소수민족 제외)의 산아제한 출산정책으

---

15) 중국은 세계에서 가장 많은 인구를 가진 발전도상국으로, 지역 간 경제발전수준과 인구발전상황이 다양한 특징을 갖고 있다. 또한 도시와 농촌 간 생육문화 전환 수준 및 자녀(특히 남아)에 대한 가치관도 각이하며, 광대한 지역에 수많은 소수민족을 가진 다민족국가이다. 따라서 천편일률적 출산정책보다 중국의 국정(國情)에 알맞은 다원화 정책을 실시해야 한다는 것이 중국정부의 주장이다.

로, 1980년 9월 공식 시행되었다. 신화통신은 특집기사를 통해 중국정부의 '한자녀 정책'이 인구증가를 효과적으로 억제하여 경제·사회발전에 기여했다고 평가했다. 즉 30년간 약 4억의 인구증가를 억제함으로써 식량난과 환경오염을 완화시키는 등 삶의 질 개선을 이끌었다는 것이다. 그러나 '한자녀 정책'은 개인의 자유와 인권침해 및 남초(男超)현상 등의 부작용을 초래했고, 뿌리 깊은 남아선호사상으로 인한 낙태현상으로 남녀의 성비가 100대 83으로 벌어졌다. 최근 거액의 벌금과 교육·의료혜택 배제 등 불이익을 무릅쓰고, 아이를 더 낳기 위한 부유층의 해외 원정출산도 논란거리이다(한국 중앙일보, 2010. 9.27).

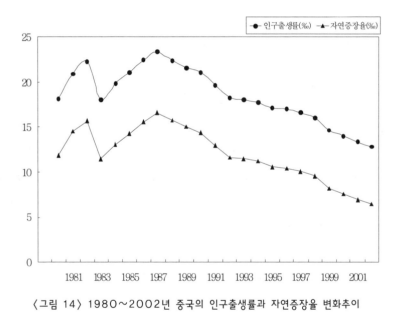

〈그림 14〉 1980~2002년 중국의 인구출생률과 자연증장율 변화추이

한편 중국정부는 1990년대의 '인구규모를 줄이고 인구자질을 높이는' 정책목표에서 21세기에는 '저출산 수준 안정화, 인구자질 향상, 인구구조 개선, 인구분포 균형화, 인력자원 개발'의 종합적 인구정책으

로 변화되었다고 주장했다(湯兆云, 2005: 303). 한편 정부는 현 단계 저출산 수준의 기초는 매우 취약하고 불안정하므로, 향후 상당기간 계획생육정책을 추진해 지속적으로 인구규모 증가억제가 필요하다고 강조했다. 즉 인구규모 증가억제와 인구과다(過多) 통제는 여전히 21세기 중국 정부가 해결해야 할 중차대한 인구문제로, 기존의 '인구증가 억제와 인구자질 향상'의 출산정책을 정부의 주도하에 유효하게 지속 추진해야 한다. 또한 추후 이익향도의 방향으로 인구정책을 조정하고, 인민 군중들로 하여금 자원적으로 소생우생(少生优生)의 출산행위를 선택하게 함으로써 현유의 저출산 수준을 안정화시킨다는 것이다.

2. 계획생육정책의 '적극적 효과'와 '소극적 효과'

1) 학자·전문가들로 구성된 연구팀의 정책평가

국가계획생육위원회는 '중국의 미래인구발전과 출산정책 연구' 과제를 1996년부터 계획하고, 1998년 8월 중국인구정보연구센터·중국인민대학 인구연구소·난카이(南開)대학 인구발전연구소를 중심으로 10여 명의 학자와 전문가들로 구성된 연구팀을 정식으로 구성했다. 연구팀은 사회경제와 인구발전 및 계획생육의 정책기초가 부동한 톈진(天津)·지린(吉林)·상하이(上海)·쓰촨(四川) 등 10개 성시에서의 전면적인 조사연구를 거쳐 2000년 1월 '중국이 미래인구발전과 출산정책연구 총보고'라는 정책연구보고서를 제출했다. '연구보고서'는 1990년대의 인구전환과 중국의 인구발전 추세 특징을 세 가지로 나누어 종합적 평가16)를 내렸다.

---

16) 본 '종합적 평가'는 국가계획생육위원회가 제정한 추진과제를 완성하기 위해 10여 명 학자와 전문가들로 구성된 연구팀이 몇 년 간 10여개 성시에서 전면적인 조사

첫째, 인구저성장 단계에 진입했다. 1998년의 합계출산율은 1.8 전후로 이중 도시는 약 1.4, 농촌은 인구대체수준인 2.1 전후이다. 장기적인 출산억제정책의 '적극적 효과'로 인해 1990년대 말 연간 인구의 자연증장률은 1% 이하로, 중국은 이미 저성장국가 대열에 진입했다.

둘째, 인구구조에 새로운 변화가 나타났다. 노동인구의 비율은 상승한 반면 소년아동 비율은 점차 감소되고 있다. 또한 노동인구의 비율은 상승추세를 보이고 있으며, 향후 20~30년간 중국 인구의 연령구조는 중국의 사회경제발전에 유리하게 작용할 것이다. 반면 2000년대 진입 이후 인구 고령화의 문제는 사회적 문제로 부각될 것이다.

셋째, 도시화가 급속히 진행되고 있다. 개혁개방 이후 대량의 농촌인구가 도시에 유입되면서 도시화는 1990년대 중국 인구변동의 중요한 특징으로 되었다. 1998년 도시화 비율은 30%로 세계 평균수준 44%보다 낮지만, 도시화 발전은 21세기에 더욱 가속화될 것이다. 이러한 도시화 발전은 중국의 사회경제발전과 도시 저출산화의 인구발전추세에 거대한 영향을 미칠 것이다.

한편 연구팀은 현행출산정책의 평가기준을 세 가지[17]로 확정하고, 계획생육정책의 '적극적 효과'와 '소극적 효과'에 대해 구체적으로 분석한 후 종합적 평가를 내렸다.

연구를 거친 후, 2000년 1월 '중국미래인구발전과 출산정책연구'라는 정책연구보고서로 제출되었다(翟振武·李建新, 2005). 따라서 연구팀이 내린 정책성과에 대한 평가는 '권위적이고 객관적인 종합평가'라고 할 수 있다.

17) 중국의 출산율 변화는 인구학적·사회경제적·정책적 요인의 종합적 작용에 기인했지만, 사회경제적 요인과 계획생육의 정책적 요인이 더욱 중요하다고 할 수 있다. 따라서 정책성과의 평가기준을 세 가지로 확정할 수 있다. ①출산수준의 변화를 반영하는 지표 ②계획생육사업 및 관리수준을 반영하는 지표 ③사회경제발전수준을 반영하는 지표 등이다(翟振武 외, 2005: 38).

2) 계획생육정책이 거둔 '적극적 효과'

첫째, 출산율의 대폭적 하락으로 인구의 급성장을 억제하고 인구의 저성장 발전목표를 달성했다. 1970년대 합계출산율 5.8에서 1990년대에 이르러 인구대체수준 이하로 하락되어 저출산·저성장 발전단계에 진입했고, 30년간의 '짧은 기간'에 중국은 서방국가가 100~200년에 걸쳐 완성한 저출산의 인구전환을 실현했다. 1972~1997년에 감소·출산된 인구는 2.5~3.3억이며, 이는 1억 인구가 증가되는 시간을 2.5~3년을 연장시켰다고 할 수 있다.

둘째, 인구와 토지·자원의 모순을 완화시켰고 지속적인 사회경제발전을 촉진했다. 계획생육정책을 통해 매년 1,500만 인구가 적게 출산되었고, 이는 거대한 인구투자를 절약하고 인구증장으로 인한 환경자원과 생활환경이 열악해지는 것을 완화시켰으며 사회경제발전을 촉진했다. 또한 현행출산정책의 지속적인 추진은 다음 세대들에게 비교적 양호한 생활환경과 사회발전에 유익한 자연환경 마련에 적극적 작용을 하게 될 것이다.

셋째, 여성들의 생식건강수준을 개선하고 부녀아동의 건강수준을 높였으며, 여성의 사회적 지위를 제고하였다. '1자녀 위주'의 계획생육과 출산간격을 '길게'하는 출산정책의 실시는 영아의 사망률을 낮추고, 피임절육의 보편화는 모영(母嬰) 사망률을 저하시켜 여성의 생식건강 상황을 개선하였다. 또한 계획생육 실행으로 여성들의 사회진출 시간과 기회를 확보하게 함으로써 여성의 교육문화 수준을 제고하고 사회활동 참여율을 증가시켰으며, 이는 여성의 사회적 지위 제고에 긍정적인 역할을 했다.

넷째, 출산율의 급속한 하락은 사회경제발전에 중요한 공헌을 했다. 연구팀은 1978~1997년의 부동한 인구성장 하에서의 경제발전모형을 설정하고, 비교를 진행함으로써 출산율 하락이 경제성장에 미친 공헌을 도출해냈다. ①출산율 하락이 GDP 성장에 공헌한 비율은 13% 이상이며, 매인당 GDP 성장에 공헌한 비율은 26~34%를 차지한다. ②출산율 하락은 국가자원의 축적에 유리한 환경을 창조했으며, 실제로 고정재산의 보존에 공헌한 비율은 15~22%에 달한다. ③출산율 하락이 노동생산성장에 공헌한 비율은 13~24%이다. ④출산율 하락이 국민생활수준 제고에 공헌한 비율은 24~40%에 달하며, 50%에 이른다는 연구결과도 있다('中國未來人口發展과 出産政策硏究' 연구팀, 2000).

3) 계획생육정책이 초래한 '소극적 효과'

첫째, 인민군중의 출산선호와 정책과의 괴리는 간부와 군중의 관계를 악화시켰고, 이는 사회안정에 악영향을 끼쳤다. 농촌지역 가임여성의 희망자녀수는 대부분 아이 둘을 낳는 것이며, 그중 적어도 남자아이 한명은 있어야 한다고 생각하고 있는 부부가 절대 다수를 차지한다. 이는 정책의 강제성을 유발했고 이러한 강력한 행정수단은 인민군중과의 관계를 악화시켰으며, 일부농촌지역의 사회불안정 요인으로 작용하였다.

둘째, 계획생육정책의 직접 체현자로서 여성이 받는 생리적·심리적 압력은 여성의 사회지위 제고에 영향을 미쳤다. 현재 대다수 가임여성들이 피임절육 조치를 취하고 있는데, 이로 인한 부작용과 이외의 임신 및 남자아이 출산에 대한 걱정 등으로 많은 여성들이 생리적·심리적 압력을 받고 있다. 특히 일부 농촌에서는 남자아이 출산을 위해 산전 성별검사 진행 후의 여아낙태[18] 현상이 심각하며, 여자영아와 아동

---

18) 1980년대 중국 농촌에서 여아낙태 현상은 ①뿌리 깊은 남아선호사상 ②1980년대 초반 강행된 정부의 독신자녀정책에서 기인된다. 이러한 여아낙태 현상으로 인해

의 사망률이 남자아이에 비해 높게 나타났다.

셋째, 계획생육정책에 대한 국제사회의 '부정적 인식'[19]으로 국제적 이미지와 대외개방정책에 부정적 영향을 미치고 있다. 현재 국외학자들이 중국의 계획생육정책에 대한 평가는 칭찬보다는 비판적 지적이 우세하다. 그들은 중국정부가 계획생육정책을 실시하는 데는 '별다른 이의'가 없지만, 주로 정부의 강제적 행정수단과 경제적 처벌 조치에 대해 이견(異見) 및 부당함을 제기하고 있다. 물론 '강제성'에 대한 국제사회의 지적이 일리가 없지 않지만, 그들의 비판적 견해가 중국의 전통문화와 국정을 충분히 이해하지 못한 것에서도 기인된다는 것을 간과해서는 안 된다. 따라서 현행출산정책을 체계화하고 사업방법과 수단을 개선하며 군중의 이익을 우선적으로 고려하는데 착안점을 두어야 한다.

넷째, 출산율 하락이 일부 사회적인 문제를 유발하고 있고, 이는 계획생육정책의 '소극적 효과'로 나타나고 있다. 우선 정책의 실행과정의 문제점과 정책조정의 부당함으로 지적되고 있는 인구문제가 성비불균형 현상이다. 그 다음은 인구구조의 문제로 인구 고령화의 문제가 사회적 문제로 부각되고 있다. 그 외, 통계진실성[20] 여부와 독신자녀

심각한 출생성비의 불균형 문제가 초래되었다. 이 또한 정부가 농촌정책을 조정하여 1.5정책을 실시하게 된 원인이기도 하다.

19) 현재 국외학자들이 중국의 계획생육정책에 대한 평가는 칭찬보다 비판적 지적이 우세하다. 계획생육정책에 대한 국제사회의 '부정적 인식'은 주로 1980년대 초반 중국정부가 추진한 독신자녀정책의 강제성에 기인한다. 이러한 강제성의 부작용으로 농촌에서는 여아낙태 만연화 및 통계진실성 문제 등이 외국 언론에 부각되었고, 따라서 계획생육정책의 문제점이 과대평가되는 점도 없지 않다.

20) 이현승·김현진(2003)은 1980년대 초반에 강행된 독진자녀정책의 강제성으로, 농촌지역에서 아이를 출산한 후 경제적 처벌을 의식하여 출산신고를 하지 않는 경우가 많은 상황에 따른 통계진실성 문제를 중국의 계획생육정책 문제점으로 지적하였다. 또한 리재인씬(李建新, 2005) 등 중국의 인구학자들도 1980년대 농촌에 만연된 '불법출산'으로 인한 인구통계의 진실성 문제를 지적했다.

교육 등 문제들이 지적되고 있다. 출생성비 불균형의 주요원인은 남존여비(男尊女卑)의 생육문화가 출산행위에 미치는 원인도 있지만, 정책과 사업상의 문제 및 성별 선택후의 인공유산 증가 등 인위적 원인에서도 기인된다. 이러한 인구문제는 미래의 인구발전 추세와 사회경제적 발전에 역기능의 작용을 하게 될 것이다('中國未來人口發展과 出産政策硏究' 연구팀, 2000).

3. 현행 출산정책의 성과와 문제점

1) 국내외 학자 및 연구기관의 종합평가

우선 중국의 인구·사회학자들이 '거시적인 측면'에서 진행한 계획생육정책에 대한 종합적 평가를 살펴보기로 한다.

지난 50~60년 동안 중국의 인구발전과 출산억제정책의 제정 및 추진과정은 우여곡절을 경험했다. 국가주도의 계획생육정책은 무(無)에서 유(有)를 창조했고, 성공과 좌절을 거쳐 1990년대 말 저출산·저사망·저성장 '3저' 수준의 역사적인 인구전환을 실현했다(王樹新 외, 2005: 17). 인구학자 왕쑤씬(王樹新)은 중국의 인구발전과 계획생육정책의 변화를 다섯 가지 단계로 구분했다. ①1950~1960년대 출산억제정책 부재로 인한 인구의 고속 증장단계 ②1970년대 완시샤오(晩·稀·少) 출산억제정책으로 출산율 수준의 대폭 하락단계 ③1980년대 초반의 독신자녀정책과 후반의 조정정책으로 농촌 출산율이 기복이 심했던 단계 ④1990년대 저출산 수준 안정화 정책으로 출산율이 인구대체수준의 유지단계 ⑤2000년대 현행출산정책의 안정화 실시로 현유의 출산수준(1.8대)의 안정화 유지단계이다.

인구학자 짜이쩐우(翟振武)는 중국정부가 1970년대 이후 20~30년간의 강력한 계획생육정책 실시로 급속한 인구증가 억제에는 성공했지만, 인구발전 전략과 출산정책은 우여곡절의 발전과정을 거쳐 왔다고 지적했다. 즉 1950~1960년대의 자유방임과 절육운동 및 대약진운동을 거쳐 출산억제정책이 형성되었지만, 1966년 문화대혁명으로 좌절당했다. 그 후 1970년대 완시샤오(晩·稀·少)정책에서 1980년대 독신자녀정책으로 전환, 1980년대 중·후반 농촌 조정정책을 통해 현재의 저출산 사회로 진입하게 되었다(翟振武 외, 2005: 8). 그는 중국사회에서 계획생육은 몇 십 년 동안의 경험·교훈과 실천을 통해 정책의 정확성이 검증되었기 때문에, 향후 15~20년 동안 현행출산정책을 확고부동하게 추진해야 한다고 주장했다. 반면 인구학자 쩡의(曾毅)는 중국이 20~30년간의 엄격한 계획생육정책을 통해 현재 합계출산율 1.7~1.8의 저출산 사회에 진입했지만, 고령화가 심화되고 있고 출생성비가 불균형하며 여아 사망률이 정상수준을 초과했다고 지적했다(曾毅, 2006: 286). 따라서 '1자녀' 정책을 '2자녀' 정책으로 조정함으로써 도시 저출산화를 완화시키고, 고령화 대비책을 마련해야 한다고 주장했다.

인구·사회학자 리재인씬(李建新)은 1970년대 중국정부가 추진한 '두자녀' 위주의 완시샤오(晩·稀·少) 계획생육정책은 인민군중의 출산욕망과 경제적 이익 및 농촌의 실제상황에 부합되는 출산정책이었기 때문에, 인구증가 억제의 목적과 정책효과를 달성할 수 있었다고 지적했다. 반면 1980년대 강행된 독신자녀정책은 농촌상황에 대한 인식이 부족했고, 국가정책의 역할을 과대평가하고 주관능동성을 확대해석하는 착오를 범했다(李建新, 2005: 252-253). 그는 독신자녀정책은 1980년대 농촌의 낙후한 사회경제발전 수준과 정책효과에 필요한 객관적인 사회환경을 홀시했고, 정책요구와 광대한 인민군중의 출산욕망과의 큰 괴리를 간과했다. 또한 정책의 강제성과 강력한 행정수단으로 농민들의 출산욕망을 억제할 수 있을 것으로 주관적으로 판단했지만, 결국 농민들의 강렬한 반발과 저항에 부딪치게 되었다고 지적했다.

한편 쵸샤오춘(喬曉春) 등 인구학자들은 정부가 1980년대 후반 농촌에서 1.5정책을 실시하고, 1990년대 출산수준 안정화와 계획생육정책을 농촌중심으로 정책방향을 전환한 것은 1990년대 인구대체수준의 출산율 안정에 크게 기여했다고 평가했다(喬曉春 외, 2000: 460). 한편 1990년대 중국정부는 저출산 수준 안정화와 계획생육정책을 지속 추진했고, 시장경제발전에 적응하기 위한 인구자질 향상과 인구구조 변화 및 인구관리영역 개혁 등을 추진했다. 또한 계획생육사업에 대한 서비스 수준을 높이고, 당정(黨政) 일인자 책임제 실시와 경제적 수단(장려 위주)으로의 전환은 전통적 행정수단 위주의 계획경제시대 출산억제 정책과 구별된다고 지적했다. 이러한 정책 전환·개혁으로 1990년대 말 인구 자연증장율은 10‰ 이하, 1.8 전후의 합계출산율을 안정적으로 유지하면서 저출산·저성장의 인구전환을 실현했다는 것이다.

한편 인구학자 뚱신(佟新)은 계획생육정책의 특징과 시스템 변화에 주목하고 있다. 그의 주장에 따르면 1980년까지의 출산억제정책은 계획경제시대 국가공권력에 의해 일방적으로 추진되는 '계획정책'의 특징이 뚜렷하다. 정부는 강력한 행정수단과 엄격한 상벌제도에 의거해 범국가적 차원에서의 강력한 출산정책으로 급속한 인구증가 억제에는 성공했지만, 관련 부작용과 사회문제 역시 적지 않았다. 그러나 1990년대 진입 후 국가정책은 시장경제시대에 걸맞게 경제수단을 적용하는 방향으로 전변되었다(佟新, 2000: 302). 최근 정부는 계획생육가정에 대해 (도시)자녀수당 지불과 휴가 연장 및 (농촌)경작지 혜택과 양로기금(養老基金) 등 장려정책을 추진하는 반면, 정책규정을 위반한 가정에 대해서는 세금부과와 사회교육비 징수 등 경제처벌을 실시하고 있다. 따라서 과거의 국가권력에 의한 정책추진에서 경제수단을 적용한 종합적 조치와 이익향도 및 사회규제를 결합한 정책시스템으로 전변되고 있다는 것이다.

다음으로 한국 등 외국의 학자와 연구기관 및 정부가 중국의 계획생육정책에 대한 '미시적인 측면'에서의 정책평가를 살펴보기로 한다.

한국의 인구학자 이희연은 중국의 계획생육정책에 대한 종합평가를 내렸다. 중국정부는 인구증가 억제를 위해 1979년 과감하게 '한자녀운동'을 실천에 옮긴 결과, 합계출산율이 1970년 5.7에서 1990년 2.4, 2000년에는 1.8로 저하되었다. 정부의 강력한 출산정책으로 중국은 국민의 소득수준에 따라 출산력의 변이가 나타나는 일반적 추세와는 달리 1인당 국민소득이 매우 낮지만 출산력은 이례적으로 나타나고 있고, 중국의 국민소득보다 10배 이상 높은 나라(북유럽 스웨덴 등)와 비슷한 수준을 보이고 있다(이희연, 2003: 558-559). 한편 이와 같은 급속한 출산율의 감소는 2030년 이후 인구의 양적문제보다 더욱 심각한 인구 고령화 문제가 사회문제로 부상하게 될 것이라고 지적했다. 즉 1960년대 다출산 시기에 출산한 대량의 인구가 2035년경에 노년층을 형성하게 됨에 따라 노인부양 문제와 저출산으로 인한 노동력의 감소는 추후 중국정부가 해결해야 할 과제가 될 것으로 전망했다.

한국의 인구학자 조혜종은 1980년대 중국정부가 독신자녀정책을 실시하면서 '1자녀 가정'에게 적용한 긍정적 유인체계에 주목했다. 즉 중국정부는 1자녀를 출산한 부부에게는 독신자녀증서를 수여하고 인센티브를 주었다. 예컨대 독신자녀는 모든 건강관리 비용을 14세까지 국가에서 무료로 제공하며, 산모에게는 60일의 유급휴가가 부여되고 불임시술을 할 경우 2주 휴가가 추가된다. 또한 25세 이후 첫 출산한 만산 산모에게는 100일간의 휴가가 제공되며, 자녀는 국가지원으로 유치원과 학교를 다닐 수 있다(조혜종, 2006: 227-228). 한편 그는 1990년대 저출산·저성장 시대에 진입한 중국의 출산정책은 많은 난관에 직면했다고 지적했다. 특히 1980년대 정부정책의 강제성으로 농촌지역의 반발이 심했지만, 국가역할로 이를 극복하고 출산억제정책의 실효성을 거두었다. 반면 중국의 출산억제정책은 성공을 거두었으나 '강제성'이 사회전반에 끼친 악영향 또한 상당하였다고 주장했다.

중국정부는 1950~1960년대 다산 장려와 만혼·산아제한 등의 출산정책을 비연속적으로 추진했지만, 이 시기 대약진운동과 문화대혁명 등 정치운동으로 인해 산아제한운동은 거듭 중단되었다. 한편 1950~1960년대 중국에는 '인구조절의 상징'인 맬서스이론[21]을 비판하는 견해가 지배적이었다. 1970년대 중국정부는 완시샤오(晚·稀·少) 계획생육정책을 추진하면서 최저 혼인연령을 법적으로 제정했고, 도시와 농촌 및 한족과 소수민족에게는 다양한 정책규정을 적용하는 융통성을 발휘하기도 했다(박상태, 2007: 310-311). 그는 1980년부터 중국정부는 '1가정 1자녀' 운동을 전개하여 도시지역에서 출생아수 감소에 큰 효과를 얻었지만, 농촌지역에서는 농민들의 반발로 추진에 제한을 받았고 성비 불균형 등 문제를 초래하면서 크게 성공하지 못했다고 지적했다. 그러나 1990년대 이후 인구대체수준에 근접한 출산율을 유지하고 있다는 점은 '대단한 성공'으로 평가할 수 있다고 주장했다.

---

21) 영국의 인구통계학자 맬서스(Malthus)의 인구이론을 요약하면, "인구증가는 언제나 식량공급을 앞지르는 경향이 있으며, 엄격하게 산아제한을 하지 않으면 인류의 운명은 나아질 가능성이 없다"는 것이다. 그는 저서 '인구론'에서 인구와 식량관계에 대해 식량은 산술급수적이지만 인구는 기하급수적으로 증가하기 때문에, 과잉 인구가 빈곤과 악덕 및 범죄를 초래하므로 인구증가 억제를 주장했다. 맬서스이론에 따르면 인구가 많을수록 국가는 더욱 가난해지므로, 인구문제는 교육과 만혼 등을 통해 해결해야 한다. 한편 마르크스는 인구문제를 사회제도와 연결시켜 자본주의사회에서의 인구문제는 계급착취와 노동계급 압박에서 기인된다고 지적했다. 따라서 사회주의·공산주의제도 하에서는 사유제와 착취제도가 소멸되었으므로, 인구과잉 문제는 존재하지 않는다고 주장했다. 이러한 마르크스 인구사상이 신중국 성립 후 1950년대 인구이론 형성과 인구정책 제정에 거대한 영향을 끼쳤다. 즉 1950년대 '인구가 많을수록 좋다'는 마오쩌둥의 인구사상은 이러한 마르크스 인구사상에 기인한 것이며, 결과적으로 1950~1960년대 중국의 인구폭증에 막대한 영향을 미쳤다.

삼성경제연구소는 '산아제한의 빛과 그림자'로 중국의 계획생육정책을 종합·평가하고 있다. 중국은 1979년부터 산아제한정책을 실시하여 인구급증을 억제하였으며, 중국정부는 '정책성과'에 만족하고 있다. 반면 '1자녀' 정책은 경제처벌과 강력한 행정수단을 강행하여 많은 부작용과 사회문제를 초래했다(삼성경제연구소, 2003: 83-84). 삼성경제연구소는 정책 '문제점'을 세 가지로 지적했다. 첫째, 1980년대 '한자녀 정책'은 농촌에서 많은 문제를 발생시켰다. 농촌지역에서 출산신고를 하지 않는 경우가 많아 통계진실성 문제와 여아낙태로 인한 성비 불균형 문제가 심각하다. 둘째, 샤오황띠(小皇帝) 등의 독신자녀 교육문제가 사회문제로 대두되었고, '4-2-1' 가정구조의 출현과 저출산·고령화로 인한 생산인구 감소는 노인부양 문제 등 사회문제를 초래할 것이다. 셋째, 도시 저출산화 심화로 출산억제정책의 부작용이 부각되자, 중국정부는 정책조정을 통해 부분지역에서 '2자녀 정책'을 실시하고 있다. 그러나 인구의 양적·질적 문제와 인구구조의 합리화 등에 대한 대비책 마련이 주요현안으로 부상하고 있다.

현재 중국사회는 노동력이 풍부한 '인구보너스기'에 진입했는데, 이는 사회경제발전에 '유리한 인소'로 작용할 것이다. 실제로 중국의 인구추이를 살펴보면 향후 20년간 중국경제의 발전에 미치는 '희망적 징조'를 발견할 수 있다. 그것은 중국이 '인구보너스'기에 진입했기 때문이다(이현숭·김현진, 2003: 80). 인구보너스란, 인구의 연령별 구성에서 생산연령인구가 차지하는 부분이 큰 형태를 말한다. 이 경우 어린이와 고령자 부양 부담은 적은 반면, 노동력은 풍부하여 고도경제성장이 가능하다. 즉 향후 10~20년간 중국은 1963~1973년에 태어난 베이비붐 세대의 영향으로, 생산연령인구가 증가된 인구구조의 황금시대를 보내게 된다는 것이다.

일본정부는 중국정부가 추진한 '한자녀 정책'은 도시에서는 원칙이 엄격히 지켜졌지만 농촌에서는 '노동력 확보'라는 유연한 운용이 이뤄졌으며, 소수민족[22]에 대해서는 별도의 제도를 적용했다고 '긍정적 평가'를 했다. 또한 강력한 출산억제정책으로 (평균)합계출산율은 1990~1995년 1.92, 2000~2005년 1.83으로 하락, 이는 30년 동안 3억명을 감소·출산한 것으로 '정책성과'에 해당된다(일본 少子化白書, 2005). 반면 '정책의 문제점'으로, ①임신중절수술 증가 ②출생성비 불균형 ③사회교육비 부과로 인한 농촌 '헤이하이즈(黑孩子)' 증가 ④소황제(小皇帝)·소공주(小公主)의 독신자녀 과보호문제 ⑤급속한 고령화 진전 등을 지적했다.

한편 일본경제신문사는 '인구폭발'은 오랫동안 지속된 중국정부의 고민이자 약점이라고 지적했다. 국책연구소인 중국사회과학원의 발표에 따르면, 1978~1998년의 경제성장(연평균 9.4%)을 분석한 결과 자본스톡 28%, 기술진보 3%, 노동부문 69%가 경장성장에 기여했다는 것이다. 실제로 최근 중국이 10% 전후의 경제성장을 달성한 원동력은 1960~1980년대의 인구폭증에 기인하며, 값싼 노동력을 노린 외국기업들이 집중적 투자가 높은 경제성장을 이룩했다(日本經濟新聞社, 2008: 205-206). 또한 중국 인구는 2030년대 15억으로 한계점[23]에 이를 전망이며, 내륙에 위치한 농촌지역의 인구도 증가세가 둔화될 것으로 지적

22) 중국정부가 1970년대 이후 본격적인 계획생육정책을 추진하는 과정에서 소수민족에 대한 출산정책도 다양한 변화를 거듭해왔다. 1970년대 완시샤오(晩·稀·少) 출산정책에는 소수민족에 대해 별도의 제한이 없었지만, 1980년대 독신자녀정책은 소수민족도 계획생육을 실시할 것을 요구하였다. 즉 1000만 이상의 소수민족은 한족과 같이 '1가구 1자녀' 정책을 실시해야 하며, 1000만 이하의 소수민족은 2~3명까지 가능하며 4명(출산)은 허용하지 않는다고 규정했다(喬曉春 외, 2000).

23) '2010 세계인구현황보고서 한국어판'에 따르면, 현재 세계인구 1위인 중국의 인구는 13억 5414만 명이다. 한편 '보고서'는 2030년에는 인도의 인구(2010년 12억 1446만)가 14억 8459만 명으로, 중국(14억 6246만 명)을 제치고 세계 1위의 인구 대국으로 올라설 것으로 전망했다.

했다. 이처럼 인구성장이 둔화된 것은 1980년대 중국정부가 강행한 '한자녀 정책'이 주요인이라고 주장했다.

1970년대 중국의 출산율 하락에는 계획생육의 정책요인이 중요하지만, 지역 간 출산율 차이는 사회경제발전과도 밀접한 연관이 있으며 (Sen, 1983), 공업화·도시화 및 사회경제적 요인이 정책적 요인과 공동으로 출산율 하락에 공헌했다(Whyte·Parish, 1984). 미국의 시대주간(時代週刊) 잡지는 중국정부의 '한자녀 정책' 문제점과 '개선 필요성'을 세 가지로 지적했다(Beech, 2001). 첫째, 장기간의 계획생육정책 실시로 인한 저출산화로, 젊은층이 감소되어 늘어나는 노년인구를 부양할 자녀가 줄어들고 있다. 둘째, 남아선호 경향으로 인한 성비 불균형은 향후 중국남성들의 결혼 어려움을 증가시킬 것이다. 셋째, 현행 계획생육정책은 인구상황과 경제발전 수준이 각이한 중국의 구체적 실정에 부합되지 않는다는 것이다.

지금까지 살펴본 국내외의 정책평가를 살펴보면 중국정부는 계획생육의 '정책성과'를 강조하는 반면, 외국의 학자 및 연구기관은 '문제점'에 대해 치중하고 있다. 한편 중국의 학자 및 연구기관의 정책성과 평가는 정부평가와 대동소이(大同小異)하지만, 현행출산정책의 조정과 발전추세 및 전망에 대해서는 상이한 주장을 펼치고 있다. 또한 외국 학자와 연구기관 정책평가는 '부정적 측면'을 강조하고, 국가역할에 기인한 정책성과보다는 '강제성'에 치중하여 '정책 문제점'을 부각시키는 경향이 강하다. 이는 지난 50~60년간 실시된 중국의 출산정책 변화에 대한 전면적이고 체계적·종합적 연구의 결여에서 기인된다고 생각한다.

2) 저출산화가 초래하는 사회학적 결과

1970~1980년대 중국정부가 추진한 계획생육정책을 통해 출산율은 신속히 하락되었고, 인구대체수준 이하인 인구비율이 1980년대 33%에서 1992년에는 82%에 도달했다(鄔滄萍, 1995). 한편 1999년의 합계출산율은 1.7~1.8로, 선진국의 출산율 평균 1.6보다 높은 수준이다. 현재 중국 도시의 합계출산율은 1.2로 초저출산 범주(1.3 이하)에 진입했고, 베이징·상하이24) 등 대도시 출산율은 1.0 이하로 하락했다(李建新, 2005: 51). 출산율 급락은 도시의 저출산화 가속화와 인구구조의 신속한 노화(老化)를 초래할 것이며, 계획생육정책에 기인한 소자화(少子化) 현상은 독신자녀 가정의 증가로 가족구조의 급속한 변화를 초래하게 된다. 이러한 가족구조 변화는 독신자녀 문제와 노인부양 문제 등 사회문제를 유발할 것이며, 저출산화로 인한 성비 불균형 문제는 향후 결혼시장의 불균형 문제를 초래하게 될 것이다.

출산율 하락으로 인한 가정구조의 가장 큰 변화는 도시의 핵가족화와 4-2-2 가정구조에서 4-2-1(독신자녀), 4-2-0(무자녀) 등 가족구조로 변화되고 있는 것이다(宋健, 2000). 최근 계획생육정책이 조정되어 독녀호(獨女戶)와 '부부 쌍방 혹은 일방이 독신자녀인 경우 두 자녀를 출산할 수 있다'는 독신자녀정책이 출범되어 4-2-2 가정이 증가추세이지만, 핵가족과 소자녀관 정착 및 가치관 변화로 도시에서는 4-2-1 독신자녀와 '무자녀의 딩크족'이 더욱 늘어나고 있다(李建新, 2005: 55). 한편 '1가구 1자녀' 정책의 산물인 4-2-1 가정구조는 여러 가지로 해석이 가능하다. 예컨대 '2'에 해당하는 한자녀 가정의 부부를 중

---

24) 2000년 상하이(上海)시의 합계출산율은 0.96이었으며, 1990년대부터 호적인구는 이미 감소되기 시작했다(日本經濟新聞社, 2008: 208). 따라서 2000년대 초반부터 상하이시는 둘째자녀에 대한 출산조건을 대폭 완화시키고 있고, 농촌지역의 인구를 유입하여 노동력 부족을 해결하고 있다.

심으로 생각해보면, 이들은 본가 및 처가 부모와 자녀의 생활비를 모두 부담해야 하는 위치에 있다. '1'에 해당하는 독신자녀들이 생산연령인구에 진입할 무렵 저출산·고령화의 진전에 따라 거꾸로 4명의 조부모와 2명의 부모를 모두 부양하는 상태에 놓이게 된다. 따라서 기존의 'one mouth six pockets(1명의 어린이를 6명의 어른이 키운다는 뜻)'가 장래에는 'one pocket six mouths(자녀 1명이 노인 6명을 부양한다는 뜻)'로 역전 상태가 될 것이다(삼성경제연구소, 2003: 84).

한편 도시의 저출산화 심화와 4-2-1 가정구조의 증가로 독신자녀 '증후군' 현상이 사회문제로 부상하게 된다. 독신자녀의 독특한 가정환경은 독신자녀들의 일련의 비정상적 심리와 성격특징을 형성하게 만든다. 예컨대 부모가 자녀에 대한 높은 기대치로 인한 심리적 부담감, 자아중심적이고 난폭하며 사심이 많은 성격특징과 타인에 대한 동정심·배려심의 결여, 사회생활의 적응력과 자립능력이 약하고 의뢰심이 강한 반면, 고독하고 우울한 심리성격이 강한 특징들이 독신자녀의 '공통적 결함'으로 나타나게 될 것이다(丁士賢, 1989; 柳玉枝, 1997: 56).

현재 1.25억의 65세 이상 노년인구를 보유한 중국사회에는 노인복지와 사회보장제도가 제도화되지 못했으며, '가정위주, 사회보조(補助)'의 노인부양 방식이 주류를 차지한다. 한편 가족 간의 유대 및 가족가치관이 강한 중국사회에서는 가족과 사회보장제도의 상호 보완적 노인부양 방식이 상당기간 지속될 것이다(張健, 2000: 57). 또한 향후 상당기간 자녀가 부모를 경제적으로 부양하는 양로방식은 중국의 노인부양에서 지식들의 역할이 중요한 위치를 차지할 것이다(郭志剛, 1999). 그리고 도시 초저출산화로 인해 4-2-1 가족구조 증가는 지속될 것이며, 독신자녀 가정 증가와 소자녀관 정착화로 노인부양 젊은 인구는 점차 감소될 전망이다. 따라서 젊은 인구층 감소는 미래 고령화 사회에서 노인부양 문제라는 사회문제를 야기할 것이다.

최근 많은 사회학자들은 도시 저출산화로 인한 성비 불균형 현상은
향후 혼인시장의 남다여소(男多女少) 불균형으로 이어질 것으로 전망하
고 있다. 인구학자 궈우쯔강(郭志剛)의 연구에 의하면 높은 출산성비는
미래의 혼인시장에서 남녀의 불균형을 초래할 것이며, 이는 많은 사회
적 문제들을 유발하게 된다. 또한 1980~1990년대 성비 불균형의 시
대에 출생한 독시자녀들이 2015~2020년에 초혼(初婚) 시장을 형성하게
되는데, 2015년 111.37, 2020년 115.98의 출산성비가 예상된다(郭志剛,
2000: 59). 이러한 높은 성비는 궁극적으로 고령화 심화와 더불어 '혼인
시장의 불균형'을 초래하게 될 것이다.

현재 중국농촌의 1.5정책지역 출생성비는 124.7로, 이는 '2자녀' 정
책지역에 비해 15.7%가 높다. 더욱 엄중한 것은 현재 인구 52.9%를
차지하는 1.5정책지역 여아 사망률이 정상 비율보다 99.9% 높고, '2자
녀' 정책지역의 1.75배가 된다는 점이다(張二力, 2005: 298). 1.5정책지역
의 높은 성비 주요인은 19.1%의 독녀호가 남자아이를 낳으려는 목적
에서 산전 성별진단 및 여아낙태를 진행하는 데서 기인된다. 그중 여
자아이를 출산한 후 호적에 올리지 않는 '도적 출산'이 성비 불균형의
23.7%를 차지하고, 산전 성별감정 및 인공유산을 통한 여아낙태가 성
비 불균형의 76.3%를 차지한다(曾毅, 2006: 300). 현재의 출산억제정책이
장기간 실시된다면 이러한 성비 불균형은 더욱 심화될 것이며, 2020
년에는 20~49세 남성인구가 같은 연령대 혼령 여성보다 3000만이 더
많게 될 것이다(張維慶, 2004: 7).

〈표 17〉 2000년 인구조사 '다원화 정책' 지역 출산성비

항 목	1자녀 정책	1.5정책	2자녀 정책	3자녀 정책	합계
총인구 비율	35.9%	52.9%	9.6%	1.6%	100.0%
출생성비 비율	111.6	124.7	109.0	108.2	119.2

자료: 郭志剛, 2005: 298

요컨대 중국정부의 지속적인 계획생육정책 실시는 도시 저출산화의 주요인이 되고 있다. 이러한 저출산화는 저출산·고령화의 인구구조 불균형을 초래하면서 가정구조 변화를 유발하며, 이는 노인부양 문제와 독신자녀 교육문제 및 성비 불균형으로 인한 혼인시장 불균형 문제 등의 사회적 결과를 초래하게 될 것이다. 이러한 저출산화로 인한 사회학적 결과를 감안해 최근 중국정부는 정책을 조정하여 부부 쌍방(혹은 일방)이 독신자녀일 경우 '2자녀' 출산이 가능한 조정정책을 실시하고 있다. 그러나 중국정부가 21세기에도 여전히 인구규모의 증가 억제를 현행출산정책의 목표로 책정하고 계획생육을 기본국책으로 확정하고 있는 한, 추후 상당기간 동안 출산율 제고의 출산장려정책이 중국대륙에서 출범되지 않을 것으로 전망된다.

제3절 일본의 소자화 대책

1. 가족정책 변화 및 저출산 정책 종합평가

1990년 이전의 일본의 가족정책은 고도성장에 따른 기업사회의 고용관행과 보완관계로, 대기업 및 남성고용자 중심의 종신고용과 연공서열(年功序列)·연공임금(年功賃金)이 제도화되었다. 이러한 제도는 '가정부양자' 남성취업자를 위한 것으로, 여성취업자는 '결혼적령기'에 퇴직하여 결혼 후 가사·육아에 전념해야 하는 성역할분업형의 가족정책으로 볼 수 있다(利谷, 1990). 또한 1980년대 중반까지 일본의 합계출산율(1.7~1.8명)은 선진국 중 비교적 높은 수준이었으므로, 정부의 관심과 중시를 불러일으키지 못했다. 따라서 1990년 이전의 가족정책은 '출산율 제고와 전혀 관련이 없는 가족정책'이라고 할 수 있다(阿藤誠,

2006: 30-31).

그러나 1990년 1.57쇼크 이후 일본정부는 출산율 하락과 출생아수 감소를 심각한 사회문제25)로 인식하고, 1990년대부터 저출산 문제의 해결을 위해 국가차원에서의 대응책을 제정·추진하기 시작했다(阿藤誠, 2006). 정부는 출산율 제고의 '소자화 대책'으로 1994~2004년 보육서비스 개선과 육아부담 사회화, 관련법 제정 및 기업 참여 등의 일과 육아의 양립지원을 위한 일련의 저출산 정책을 범국가적으로 추진했다. 그러나 2000년대 초반 합계출산율 1.3 이하인 초저출산 사회에 진입하면서 국가정책 비효율성 등의 '부정적 평가'26)가 지배적이다.

한편 2005년에 총인구가 감소되기 시작했고, 합계출산율도 사상 최저 수준인 1.26명으로 하락되면서 일본정부는 저출산 정책패러다임 변화를 시도하고 있다. 즉 기존 소자화 대책의 보육지원 중심에서 벗어나 사회경제적 대응으로서 미래성장 동력 확보에 중점을 둔 저출산 정책을 2006년부터 본격적으로 추진하고 있다(신윤정, 2008: 104). 그 결과 2006년부터 일본의 합계출산율은 1.30 이상으로 초저출산 국가에서 벗어나고 있는 추세이며, 이러한 출산율 변화에는 그동안 일본정부가 추진해온 소자화 대책과 무관하지 않다(小島宏, 2006: 263). 즉 한국·대만의 출산율이 아직 초저출산 수준에서 벗어나지 못하고 있는 상황에 비해 일본의 출산율이 안정적 상승추세를 보이는 것은 일본정부가

---

25) 한편 1989년 한국의 합계출산율은 일본과 비슷한 수준인 1.58을 기록하고 있었지만, 저출산 현상이 사회적 문제로 인식되지 못했다. 반면 한국에서 저출산 문제가 사회적 문제로 공론화되기 시작한 것은 2002년 합계출산율이 1.17의 초저출산 수준으로 급락한 이후부터이다(신윤정, 2009).

26) 일본의 저출산 정책대응(소자화 대책)에 대한 일본학자(小島宏·鈴木透 등)들의 평가는 '부정적 견해'가 우세하지만, 한국학자들의 일본 소자화 대책에 대한 평가는 찬반양론이 현존한다. 일본의 육아 및 보육정책에 대해 장혜경·정미애·김순영 등 한국의 여성학자들은 '비판의 목소리'가 높은 반면, 김두섭·전광희·신윤정 등 한국학자들은 소자화 대책을 '긍정적으로 평가'하고 있다.

추진한 저출산 정책효과에 기인한다는 것이다.

1) 1994~2004의 소자화 대책 평가

일본정부는 1.57충격 이후 1994년 '출산율 제고를 위한 가족정책'으로서의 엔젤플랜을 제정, 보육시설 확대와 다양한 보육서비스 구축을 진행했다. 또한 1999년 신엔젤플랜은 보육서비스 확충, 고용과 모자보건 상담 및 교육사업 등으로 확대되었다. 그러나 1990년대 일본의 '가족정책'이 출산율 제고에 실패한 것은 출산은 일차적으로 가족책임이며, 이는 개인의 프라이버시와 크게 관련된다는 이유로 국가개입을 자제했기 때문이다(阿藤誠, 2006). 한편 2002년 저출산 대책 '플러스 원'에서는 보육중심의 정책에서 벗어나 균형적 종합대책을 추진했다. 2003년 7월 '저출산사회대책기본법'을 제정하여 장기적인 저출산 정책추진을 의무화하고, 2004년 12월 아동·육아응원플랜을 제정·추진했다. 그러나 이러한 소자화 대책은 수상의 잦은 교체로 인한 정책의 연속성 부재 등으로 정책효과를 거두지 못했다(小島宏, 2006: 266).

일본정부가 최초로 국가차원에서 추진한 저출산 대응정책인 엔젤플랜(1995~1999년)은 '육아지원 중심'의 가족정책으로, 보육서비스 확충과 보육시설 기반 정비 등의 보육정책에 초점을 둔 저출산 정책이었다(황혜원, 2003: 153). 한편 1990년대 일본의 저출산 정책은 취업여성들에 대한 국가적 보육서비스 지원을 강화하면, 곧 출산율이 회복될 수 있을 것이라는 '단순한 시각'을 갖고 있었다. 저출산 문제가 복잡하고 다양한 사회경제적 현상에 의해 유발되는 성격을 갖고 있다는 사실에도 불구하고, 보육시설 확충[27]에만 중점을 둔 것이 엔절플랜의 가장 큰

---

27) 현재 일본정부의 보육시설 확충 방향은 ①3세 미만아에 대한 가정보육의 내실화를 포함한 다양하고 탄력적인 보육서비스 확충 ②생활권 내에서 이용할 수 있는

한계성이다(신윤정, 2009: 261). 또한 저출산 정책의 추진 당시 법적인 구속력과 강력하게 뒷받침할 만한 법적 근거가 마련되지 않았다는 것도 엔젤플랜의 '한계성'이다.

1999년에 제정된 신엔젤플랜(2000~2004년)은 제2기 소자화 대책으로 가족의 보육서비스 지원중심에서 벗어나 고용과 모자보건 및 교육·주택 등의 자녀양육을 위한 포괄적 분야로 정책범위를 확대하고, 일·가정 양립을 위한 직장문화 조성을 저출산 정책에 포함시킨 것이 특징이다. 기업의 가족친화적 문화 조성은 취업여성에 대한 양육지원으로 저출산 문제를 해결하려는 기존의 편협한 사고방식에서 벗어났다데 의의가 있다(신윤정, 2009: 262). 한편 일본정부는 취업여성의 출산·양육지원을 위해서는 '기업문화 개선의 필요성'을 인식하게 되었다.

신엔젤플랜은 2003년 7월 저출산사회대책기본법 제정으로 법적 근거를 갖추게 되었다. 동 법에 근거하여 저출산 대책을 추진하는 중심체계로서 저출산사회대책회의가 마련되어 범정부차원에서 소자화 대책을 추진하였다(阿藤誠, 2006: 32). 또한 2003년 '기본법' 제정과 함께 출범한 '차세대지원법'과 2004년 소자화사회대책대강은 저출산 문제해결을 위해 국가차원의 육아지원과 일·가정 양립을 법적으로 의무화했다는 점에서, 일본의 가족정책이 '출산율 제고를 위한 가족정책'으로 전환되었다는 것을 의미한다(일본 內閣部, 2005).

지역의 양육지원 확대 등의 다양한 육아서비스 제공 ③출산 및 육아휴가에서 이용자 중심의 지속적인 육아서비스를 제공할 수 있는 포괄적인 차세대 육성지원의 제도적인 틀 구축 등이다(신윤정 외, 2007).

2) 2005년 이후의 저출산 정책[28] 평가

일본정부는 1980년대까지 출산정책에 무관심하였으나, 1990년 1.57 쇼크 이후 출산율 제고를 위해 담당 부서를 조직하였다. 1995~ 1999 년 보육지원 중심인 '엔젤플랜'을 시행했으나 출산율 제고에는 실패하였다. 2000~2004년 보육관련 체계를 확충한 '新엔젤플랜'을 국가차원에서 추진했지만, 출산율이 지속 하락되면서 2005~2009년에는 '新新 엔젤플랜(아동·육아응원플랜)'을 추진하고 있다(최숙희 외, 2006). 新정책의 주요내용은 ①남성이 가사·육아에 소비하는 시간(현재 1일 평균 48분)을 선진국과 같은 수준(1일 2시간 정도)으로 늘린다. ②장시간 노동(주 60 시간 이상)하는 30대 남성 비율을 현재보다 23% 줄인다. ③ 남녀의 육아휴직 취득률을 각각 10%(현재 0.3%), 80%(현재 64%)로 높이는 것 등이 포함된다. 즉 남성의 낮은 가사참여율과 장시간 노동관행 및 육아휴직률 저조함이 일본사회의 '문제점'이라고 할 수 있다.

아동·육아응원플랜(2005~2009)은 제3기 일본의 저출산 대책으로, 2003년 '기본법'의 제정으로 마련된 저출산사회대책대강의 중점과제에 대한 구체적 정책내용을 포함하고 있다. 동 정책은 향후 5년간 추진해야 할 구체적 시책내용과 목표를 내건 항목수가 130개인 종합적 계획으로, 기존 신엔젤플랜의 정책범위를 더욱 확대하여 남성의 육아참여를 유도하는 등 다양한 시책을 제시한 특징이 있다(신윤정·남은우, 2008: 78). 2010년에는 아동·육아응원플랜의 정책내용을 기초로, 제4 기(2010~2015년) 새로운 기본계획이 마련된다. 따라서 일본의 저출산 정책은 인구감소와 세계적 경제위기를 감안한, 새로운 패러다임의 정

---

28) 일본은 2005년에 출생자수(106만)와 합계출산율(1.26)이 모두 사상 최저수준을 기록했고, 2006년에 초고령사회에 진입했다. 따라서 일본의 저출산 정책은 근로방식 개혁과 기업의 적극적 동참, 일·생활의 균형 및 고령화 대책 등의 '종합적 대책'으로 변화되는 양상을 보이고 있다.

책변화가 예상된다.

2005년 출생자수(106만)와 합계출산율(1.26)이 최저 수준을 기록하면서 새로운 시각에서 저출산 문제에 대응해야 한다는 문제의식 하에, 2006년에 출범한 새로운 저출산 대책은 기존 정책대응의 한계를 인식하고 사회문화적 배경의 근원적 문제에 본격적으로 접근하였다. 새로운 저출산 정책은 기존 저출산 정책의 방향성을 인구정책 대응에서 경제위기 극복을 위한 사회경제적 대응으로 변화를 시도하였다는 특징이 있다(신윤정, 2009: 262-263). 일본정부는 새로운 저출산 대책을 통해 노동력 인구의 감소를 완화하기 위하여 청년·여성·고령자의 노동시장 참여를 촉진하고, 결혼·출산·육아지원 정책을 급속한 생산연령인구와 노동력 감소를 완화하기 위한 차원에서 지원하도록 정책기조를 변경하였다. 한편 정부는 '저출산 정책'에서 사회문제로 대두되고 있는 청년실업 문제를 해결하기 위한 구체적 정책방안을 제시하고 있다.

최근 일본의 일·가정 양립정책은 취업여성들에 대한 보육지원이라는 근시안적 시각에서 벗어나 직장문화 조성과 근로방식 개혁 등의 기업문화의 변화 및 그동안 참여도가 낮았던 기업의 적극적 참여를 유도하고 있다. 또한 일·가정 양립 '헌장'·'행동지침'을 기업과 노동자의 참여하에 합의하고, 저출산 문제의 사회적 공감대를 형성했다(相馬直子, 2008). 일·가정 양립정책은 구체적으로 각 기업이 일과 육아의 양립을 위한 고용환경 정비와 대책 및 목표를 포함한 '일반 사업주 행동계획'을 책정·실시하고, '행동계획' 신고를 의무화29)하였다. 한편

---

29) 300인 이상 기업에게 의무화된 '행동계획(책정)'은 2007년 12월까지 98.3%의 높은 신고율을 보이고 있다. 한편 기업에게 의무화된 행동계획 책정은 정부가 기업에 대한 '강제적 성격'을 지니고 있다. 현재 기업의 취업여성 육아지원에 대해 '소극적으로 참여'하고 있는 한국의 기업에게도 정부의 인센티브와 함께 기업의 적극적 동참을 요구하는 '강제적 의무화'가 필요한 실정이다.

기업의 행동계획이 기준을 만족하여 인정받으면 인정마크 '쿠루민'을 광고나 상품에 부착할 수 있고, '일과 가정 양립지원 기업'임을 대외적으로 홍보할 수 있도록 했다(일본 少子化白書, 2008).

한편 2008년도 정부예산은 근로방식 개혁과 다양한 근로형태에 맞춘 보육서비스 제공 등의 육아지원책에 초점을 맞추었다. 근로방식 개혁으로 일본기업의 모델사업 전개와 '일·생활 균형추진회의'를 도도부현마다 설치하였다. 또한 일·생활 균형의 중요성 및 국민적 공감대를 얻기 위해 다양한 캠페인을 전개하고, 기업 내 근로환경 개선에 적극 참여하는 중소기업 사업주를 지지하는 정책도 실시하고 있다(신윤정 외, 2008: 84). 그러나 현재 일과 가사·육아양립이 어려운 일본의 현실에서 첫째아이 출산 후 70% 여성의 노동시장 퇴출하고 있다. 이는 가족친화적인 기업문화의 미정착으로 기업의 출산·육아여성에 대한 배려의 부족, 부부가 공동으로 가사·육아책임을 부담해야 한다는 남편들의 의식변화가 결여되어 있기 때문이다. 또한 남편의 낮은 가사참여율은 일본사회의 장시간 노동시간(정책)과 크게 관련된다.

요컨대 1990년대 이후 일본의 저출산 정책은 육아지원 중심의 보육정책에서 일·가정 양립을 위한 직장문화 조성, 기업의 참여 유도와 가족친화적 기업문화 조성 및 근로방식 개선, 일·생활 균형정책으로 변화 등의 다양한 소자화 대책을 적극 추진했지만, 종합대응 미흡과 수상의 잦은 교체 및 예산지원 부족 등 정책 비효율성으로 출산율 제고의 정책효과가 미미했다(小島宏, 2006: 266-267). 한편 2006년 이후 소자화 대책효과가 가시화되어 출산율이 점차 상승하여 초저출산 사회에서 벗어나고 있다. 또한 초고령사회에 진입한 일본에서 국가·기업·지자체가 협력하여 추진한 소자화 대책의 '정책효과 가시화'는 아직 초저출산 수준에서 벗어나지 못한 한국 등 저출산 국가에게 주는 시사점이 적지 않을 것이다.

2. 육아지원 및 보육정책 평가

1990년대 일본정부는 1.57쇼크 이후 보육서비스 개선과 육아휴직제도 제정·개정 등의 육아지원 및 보육정책을 추진했다. 1994년의 엔젤플랜은 직장과 육아의 양립을 위한 육아지원에 주안점을 두었고, 1997년에는 취업여성들을 위한 아동·탁아서비스를 제공하는 아동복지법이 개정되었다. 1999년에 책정된 신엔젤플랜에서는 양성평등과 근로여건 개선의 필요성이 제기되었고, 2004년의 아동·육아응원플랜에서는 육아지원과 근로환경 개선을 위한 기업과 지방정부의 역할이 강조되었다(鈴木透, 2006: 305-306). 한편 2006년 6월에 출범된 새로운 저출산정책에는 출생 후 3년간 아동수당 지원액을 상향조정하는 방안들이 포함되었다. 그러나 이러한 육아지원 및 보육정책이 출산율 제고에는 별다른 영향력을 끼치지 못했고, 소자화 대책의 정책효과는 미미한 것으로 나타났다(小島宏, 2006).

1) 아동수당과 아동부양수당제도

저출산 국가 한국에서는 현재까지 아동수당제도[30]가 도입되지 않고 있지만, 일본에서는 아동수당이 1971년부터 지원되고 있다. 1992년 이후 첫째·둘째자녀에게 월 5천엔, 셋째자녀에게 월 1만엔을 지원해주고 있다. 2000년 6월부터 3세 이하에서 모든 유치원생으로, 2004년 4월부터 초등학교 3학년, 2006년 4월부터는 12세 이하 초등학생까지 포

---

30) 2006년 한국의 새로마지플랜2010은 아동수당제도 도입을 고려해야 한다고 천명하였지만, 한국정부는 아직까지 아동수당제도는 도입하지 않고 있다. 참여정부 시기 여당인 열린우리당에서 둘째자녀 이후의 아동에게 월 10만원의 아동수당 지원을 제안한 적이 있었지만, 아동수당 효과에 대해 회의적이고 '막대한 예산을 필요로 한다'는 부정적 견해로 제안이 통과되지 못했다(鈴木透, 2006).

함되었다. 한편 2003년 2월까지 전체 유치원생수의 85%인 6,880,786명이 아동수당의 혜택을 받았지만, 약 15%의 아동들은 부모의 고액수입으로 수혜대상에서 제외되었다(NIPSSR, 2005). 또한 아동수당액수가 월 5000엔밖에 안되어 실제 자녀양육비에 큰 도움이 안 되므로, '실효성이 없는 제도'로서 실질적 아동양육 지원효과는 크지 않은 것으로 보인다(장혜경 외, 2004: 65). 그러나 아동수당은 아동양육에 대한 사회적 분담으로서의 '상징적 의미'와 아동수당은 남편에게 추가수입31)이 되는 점에서 평가될 수 있다(鈴木透, 2006: 308).

〈표 18〉 아동수당제도

지급대상	초등학교 3학년 수료 전의 아동(9세 도달 후 처음 연도 말까지의 아동)의 부양자
지급액(월액)	첫째 5,000엔 둘째 5,000엔 셋째 10,000엔
지급기간	초등학교 3학년 수료 전(9세 도달 후 처음 연도 말까지의 아동)
소득제한	415만 엔(4인 세대 소득의 경우) 아동수당의 소득제한에 따라 수당을 받지 못하는 피고용자 등에 관해서는, 574만 엔(4인 세대 소득의 경우)의 소득제한에 따라 아동수당과 같은 금액의 급부(특례 급부)를 행함.
비용부담	(3세 미만) (3세부터 의무교육 취학 전) 피고용자분 사업주 7/10 국가 2/10 지방 1/10 비피고용자분 국가 4/6 지방 2/6 국가 4/6 지방 2/6 특례급부분 사업주 10/10 공무원분 소속청 10/10 소속청 10/19

자료: 駒村康平, 2005: 315.

---

31) 일본의 아동수당제도를 여성의 '어머니 역할에 대한 정부지원'으로 평가하기는 어렵다. 서구에서는 일반적으로 아동수당을 양육자 어머니가 수급하지만, 일본에서는 아동수당 수급권자가 아동을 양육하는 가정의 '주된 생계부양자'이기 때문이다. 물론 편부모 가족에서는 어머니가 수급권을 갖게 되지만, 대다수 가족에서는 '주된 생계부양자'로서 아버지가 수급권을 갖고 있다(이선주 외, 2006).

일본의 아동부양수당은 1959년 국민연금제도가 창설되어 사별(死別)
모자세대에 복지연금이 지급됨에 따라 파생된 제도로, 사별모자세대
지원이 제도화됨으로써 이혼 등에 의한 생별(生別)모자세대를 지원하는
제도의 필요성이 제기되었다. 1962년 도입 당시에는 아동부양수당액
이 월 800엔(아동1인 세대)으로, 아동의 복지증진에 기여하기 어려운 유
명무실한 제도32)이었다(北明美, 2006). 그 후 아동부양수당은 편부모 어
머니들의 운동으로 일정 정도 인상되었으며, 연금제도의 일환으로 존
재했던 아동부양수당은 1985년 모자복지연금이 유족연금으로 이행하
면서 빈곤층에 대한 공적 부조의 일환이 되었다. 따라서 아동부양수당
은 빈곤계층 공적 부조이므로 수급자격에서 소득제한이 엄격하다(김순
영, 2007: 142).

최근 일본사회에서도 이혼율이 급증하면서 편부모 가정이 급증하고
있으며, 그 결과로 아동부양수당 수급세대가 증가되고 있다. 자녀가 1
인 모자세대의 월평균수입이 자녀가 2인 맞벌이 부부 월평균수입의
35%에 지나지 않으며, 모자 2인세대의 빈곤비율이 31.8%에 달한다.
남성생계부양자 중심의 생활지원체계를 구축하고 있는 일본사회에서
이혼은 곧 빈곤으로 이어질 가능성이 높다(室任眞麻子, 2006). 한편 아동
부양수당 수급세대가 급증하면서 일본정부는 지출감소를 위해 아동부
양수당제도를 개정하고 2002년 8월부터 실행했다. 또한 '개정제도'는
아동부양수당 수급이 자립할 때까지 '일시적인 것'임을 명시하고 있다.

한편 아동수당의 수급권이 '주된 생계부양자'에게 있는 만큼 편부모
가족의 어머니는 아동부양수당과 더불어 아동수당 수급권도 갖게 된

---

32) 아동수당이 셋째 이후의 자녀를 대상으로 했지만, 아동수당제도가 도입된 1972년
의 아동수당이 월 3,000엔이었던 것에 비해 아동부양수당은 2,900엔(아동 1인 경
우)에 지나지 않을 정도였다. 또한 2000년대에는 아동부양수당 삭감을 위한 제도
개정이 실시되고 있어, 일본은 '어머니 자격에 입각한' 여성의 사회권은 그나마도
후퇴하고 있다고 평가할 수 있다(김순영, 2007).

다. 아동수당은 1972년 처음 제도가 설립되었을 때는 셋째자녀 이후의 자녀에게만 적용되었지만, 1992년 개정으로 모든 자녀에게 적용되게 되었다. 지급연령 및 수당액도 점차 확대되어 2007년 4월부터는 3세 미만의 자녀는 전원 월 10000엔, 3세 이상의 자녀는 첫째·둘째자녀는 월 5000엔, 셋째자녀 이후는 월 10,000엔이 지급되며, 수급연령은 초등학교 6학년까지다(김순영, 2007: 145). 요컨대 아동수당의 수급권이 일반적으로 아버지에게 있고, 어머니가 수급권을 가지는 아동부양수당은 빈곤한 편부모 가정에게만 국한된다는 점에서 일본의 여성들이 어머니 자격에 입각하여 사회보장 수급권을 향유하는 수준이 낮다는 것이다. 그러나 아동수당은 현재 선진국에서 보편적으로 도입하고 있는 '상징성이 큰' 육아지원제도로, 초저출산 국가 한국에서도 도입할 필요가 있다고 생각한다.

2) 육아휴직제도

일본의 육아휴직제도[33]은 1991년 5월 일본의회에서 승인되어 1992년 4월부터 시행되었다. 이 법령에 따르면 여성 직장인 혹은 남편이 자녀 첫 생일까지 휴직할 수 있지만, 그 당시에는 현금혜택이 없었다. 1994년 6월의 수정안에서는 월급의 25%에 해당하는 현금혜택과 유직기간 중 사회보장 부금면제 혜택을 합법화하였다. 2001년 11월 수정

---

33) 한편 일본에서는 육아휴직이 출산율에 미치는 영향 관련 연구가 적지 않았지만 육아휴직으로 합계출산율 0.1의 수준을 높인다는 것은 거의 불가능하며, 이러한 상황은 추후 10년 안에는 진전을 보기는 어려울 것이다(鈴木透, 2006). 한국에서는 육아휴직제도가 1987년에 책정되었고, 수차의 수정을 거쳐 2004년 이후 육아휴직 급부로 월 40만원이 지급되고 있다. 한국 저출산·고령사회위원회(2006)에 의하면, 2005년도 모성휴직 어머니들의 26%만이 육아휴직을 하였다. 2004년 육아휴직을 한 숫자는 9,304명으로, 이는 연간 출산수의 1.9%에 해당하며 동 기간 일본의 9.2%보다 저조하다.

안에서는 현금혜택을 40%로 인상하고 2003년 4월부터 시행하였다(鈴木透, 2006: 309). 현 제도에서는 휴직기간 중 30%가 매월 지급되며, 그 중 10%는 직장복귀 후 지급된다. 2003년 여성취업관리기본설문조사에 의하면 2002년에 출산한 여성 직장인들의 73.1%가 육아휴직을 했지만, 출산 이전에 퇴직한 많은 여성들과 1년간 지속적으로 직장생활을 하지 않거나 복직계획이 없는 여성 직장인들은 배제되었다(Atoh, 2005). 또한 2003년 육아휴직 기간 중 현금혜택을 받은 경우는 103,478건으로, 이는 연간 출산숫자의 겨우 9.2%에 해당된다(NIPSSR, 2005).

1991년 제정된 육아휴직법은 1995년 육아휴직급부제도가 시행되어 휴직 전 임금의 25%를 고용보험에서 지급받았고, 육아휴직 중의 노동자는 건강보험 및 후생연금의 보험료를 면제받았다. 1995년 6월 육아휴직법이 육아·개호휴직법으로 개정되었고, 1999년 4월부터 모든 사업주에게 의무화되었다(김정옥, 2005: 77). 육아·개호휴직법은 배우자·자녀·부모와 배우자의 부모를 대상으로 인정하지만, 사업주에게 휴직기간 중의 임금을 지급할 의무는 없다. 또한 1999년 4월부터는 육아와 가족개호를 하는 노동자의 심야업무도 제한되었고, 2001년에는 육아휴직급부가 휴직 전 임금의 40%로 인상되었다(永瀨伸子, 2001). 한편 남녀 모두가 취득할 수 있음에도 불구하고, 실제 육아휴직 이용자의 98%가 여성으로 조사되었다. 이는 여성에게만 가사·육아부담이 지워진다는 사회적 문제를 반영하고 있다(駒村康平, 2006).

1992년에 시행된 일본의 육아휴직법의 문제점을 다음의 세 가지로 요약할 수 있다. 첫째, 휴직 중의 생활보장이 인정되지 않는다는 것이다. 둘째, 휴직을 이유로 하는 불이익취급에 대한 금지규정이 없다는 것이다. 셋째, 종업원 30명 이하의 기업은 적용이 3년 유예된다는 점이다(정미애, 2005). 또한 육아휴직 자격범위는 30인 이상 기업의 전일제 근로자에게 제한되어 있고, 시간제 근로자는 제외되어 이 제도의 실효성은 여성시간제 근로자가 많은 일본의 현실에서 많은 대상들을 배제하게 된다(장혜경, 2008: 65-66). 1995년에 개정된 육아·개호휴직법은 1세 미만의 자녀를 둔 부모에게 1년 이하의 육아휴직을 주었고, 육아휴직 외에 자녀와 가족간호를 위하여 고용보험에서 통상임금의 25%를 지급하는 3개월의 휴직을 이용하게 했다. 그러나 개정된 휴직법 역시 전일제근로자에 제한하였고 시간제근로자는 제외되었다.

현재 일본의 출산휴가 기간은 14주로 선진국의 출산휴가 15주와 비슷하지만, 휴가급여는 차이를 보이고 있다. 휴가급여가 월급의 80%인 선진국에 비해 일본은 60% 수준으로 선진국 중 낮은 수준이다. 한편 일본에서는 1997년에 부모휴가제도가 도입되었지만, 사용률은 1999년 여성이 56.4%, 남성은 2.4%로 남성의 육아참여[34]가 매우 저조하다(최숙희 외, 2006: 11). 한편 일본의 휴가제도 중 '아버지 휴가'에 대한 제도적 규정이 설정되지 않았다. 또한 휴가 중 소득보장에 대한 기간은 무급인 영어권 국가(뉴질랜드는 유급)에 비해 20주간으로 높지만, 스웨덴 등 북유럽 국가의 40주에 비해 낮은 평균적 수준에 머물고 있다(阿藤誠, 2006: 35).

3) 보육서비스

일본정부는 보육제도의 개혁과 함께 보육담당의 전문직 명칭도 보모(保姆)에서 보육사(保育士)로 변경하였다. 그 이유는 자녀양육을 담당하는 남성이 점차 증가되고 있고 육아는 부부가 함께 하는 것이므로, 가정을 대신하여 보육을 하는 보육소에도 남성보육사의 진출을 촉구할

---

34) 현재 남성이 가사·육아에 적극적으로 참여하는 스웨덴 등 북유럽 국가의 남성의 부모휴가 사용률은 전체의 30%에 달하고 있다. 반면 일본에서는 남성의 가사·육아참여를 독려하는 인센티브나 강제적인 제도가 마련되지 못했고, 남성이 가사에 동참하는 사회적 분위기가 조성되지 못하고 있다.

필요가 있다고 생각했기 때문이다(横山文野, 2004). 또한 일본 후생노동성
은 1999년 5월 대기아동 해소를 위해 보육소의 운영주체를 확대보육
소 인가와 관련된 규제를 완화하고, 2000년 3월에 민간보육소 참여를
인정하는 방침을 확정하여 보육소의 인가조건을 완화하였다.

〈표 19〉 일본의 보육서비스 이용 현황

단위: 개. 명. %

		1990년	1995년	2000년	2005년
시설수 (개소)	합계	22, 703	22, 488	22, 199	22, 624
	공립	13, 371	13, 184	12, 707	11, 752
	사립	9 332	9 304	9 492	10 872
재소아동수 (명)	합계	1, 723, 775	1, 678, 866	1, 904, 067	2, 118, 079
	공립	957, 249	912, 659	996, 083	1, 006, 544
	사립	766, 526	766, 207	907, 984	1, 111, 535
취학 전 아동 재소율(%)		19.9	21.4	24.7	28.8

자료: 일본 후생노동성, 2006.

여성의 직업과 출산·육아의 양립성은 일본정부의 일차적 정책목표
이다. 1994년 책정된 엔젤플랜은 육아와 직업의 양립지원이 가장 중
요한 목표였다. 1997년 아동복지법 개정[35]을 통해 탁아서비스는 행정
적으로 지자체의 배정 체계에서 부모들이 선호하는 탁아소를 선정하
도록 했고, 1999년 신엔젤플랜은 일·가정 양립과 함께 각종 보육정책
을 추진했다. 2004년의 어린이·육아응원 플랜은 직장과 가정의 양립
및 종합적 육아지원이 포함되었다. 이러한 정부의 정책적 노력은 최근
까지 부분적으로 성공하였다(鈴木透, 2006: 311-312). 한편 아동가족부에

---

35) 1997년 아동복지법의 개정을 계기로 기존 성별분업 사회통념과 '3세아 신화'에서
예외적 특수보육사업으로 실시되어 왔던 0세아(만1세 미만아)보육이 일반화되어,
통상보육으로 모든 보육소에서 실시하게 되었다. 이는 종래의 가정보육원칙에 비
해 획기적 보육정책 전환이다(網野武博, 1998).

따르면 대기자 명단의 아동수는 2003년도 26,383명에서 2005년도 23,338명으로 줄어든 반면, 탁아서비스는 어린 영아들의 경우 여전히 부족하다. 또한 일본학자들의 미시자료 분석결과에 따르면 보육서비스 개선이 출산율 제고에 '별다른 기여가 없었다'는 것이다.

일본의 취학 전 아동의 보육소 재소율은 1990년 19.9%에서 2005년 28.8%로 꾸준히 증가하고 있다(<표 19> 참조). 그러나 1990년대 이후 보육서비스의 민영화 경향이 뚜렷하다. 공립보육소 시설은 줄어들고 아동수는 미증한 반면, 사립보육소 동기간 시설수는 11.2%, 아동수는 40% 이상 증가했다(정미애, 2005). 2005년 사립시설의 어린이(1,111,535 명)이가 공립보육소(1,006,544명)보다 많은 것을 감안하면, 보육서비스 민영화 추세를 알 수 있다. 1990년대 이후 보육서비스와 보살핌 노동 전반에 대한 일본의 정책동향은 시장과 가족에 이양되는 추세이다. 특히 육아휴직이 끝난 후 1세아의 재소율 증가가 빠른 편이다. 또한 0세 아 비율은 사립이 공립의 3배에 가까워 2세 미만아의 재소율 증가가 주로 사립보육소의 증가, 즉 보육시설의 민영화를 통해 여성노동자의 모성역할 지원을 확장하고 있음을 알 수 있다.

일본정부는 1990년대 이후 저출산·고령화 문제가 일본사회가 당면 한 최대의 사회문제 중 하나임을 지적하고, 개별가정의 육아부담 경감 을 통해 저출산 문제를 해결하겠다고 공언하였다. 그러나 개별가정의 육아부담 경감에서 가장 핵심적인 보육문제에 대해 가계 부담이 크고 서비스 질에 대해 다양한 측면에서 의문이 제기되고 있는 보육서비스 민영화로 해결하려 하고 있다(정재훈, 2005: 142). 이런 모순된 일본정부 의 정책방향은 정부가 추진한 다양한 소자화 대책이 출산율 제고에 큰 기여를 하지 못하는 정책적 요인으로 지적되고 있는 것이다.

최근 일본에서는 모성휴가와 보육서비스를 중심으로 노동자로서의 여성사회권을 확대하는 변화가 추세이며, 그 핵심이 2005년 4월부터 전면 시행한 '차세대법'이다. 차세대법은 사기업에 대한 강제조치라는 점에서 기존 소자화 대책보다 '강력한 대책'이라고 할 수 있다. 그러나 차세대법에 근거해 기업이 종업원에게 제공하게 될 일·가정 양립지원은 정규직 여성노동자를 위한 것이지만, 여성정규직 노동자는 감소되고 있는 실정이다(김순영, 2007: 158). 한편 기업들은 가정책임을 진 여성정규직 노동자를 파트타이머로 전환시키는 방식으로 제도적 변화에 대응하고 있다. 남성들을 가정 속으로 불러들이기 위한 조치가 현실화되지 않는 상황에서, 종업원의 일·가정 양립지원 책임은 기업이 여성정규직 노동자를 회피하는 결과를 초래하고 있다.

일본의 육아·보육정책은 1990년대 이후 상당한 정도의 제도적 확충이 이뤄졌지만, 육아지원과 보육정책면에서 여전히 제도적 한계와 문제점을 갖고 있다. 즉 보육서비스는 다양한 근로형태의 변화에 대한 대응이 미흡하며, 육아휴직제도는 소득보장의 불충분으로 노동시장의 남녀불평등이 육아휴직의 '남녀불평등'으로 이어지고 있다. 또한 아동수당제도는 육아지원정책으로서의 제도적 한계를 갖고 있다(정미애, 2005: 179). 현재 스웨덴 등 북유럽 국가는 남성의 육아휴직 촉진을 위해 법정 휴가 중 4주간은 남성이 취득하도록 의무화하고 있다. 일본의 경우 2005년부터 어린이간호휴가로 5일간 휴직을 취득할 수 있게 되었다(阿藤誠, 2006: 36).

육아지원 및 보육정책은 일과 육아의 양립지원에서 보면 여전히 불충분하다. 소자화 대책의 중심인 '보육소 대기아동 제로작전'을 비롯한 보육정책에서는 출산휴가와 육아휴직 후 보육소 확보의 어려움은 여성들의 직장복귀의 장애가 되고 있다(大呎眞理, 2004). 한편 소자화 대책 '플러스 원'에서는 육아휴직취득률 목표를 남성 10%, 여성 80%로 설정하고 있다. 남성의 육아참여와 부부 공동육아를 강조하면서도 남녀의 육아휴직취득율의 목표차이는 육아로 인한 남성의 직장휴식에 대한 사회적 편견도 원인이지만, 소득이 많은 남편이 휴직했을 경우 가계수입 감소가 크기 때문에 수입이 적은 아내가 휴직하게 된다(정미애, 2005: 173). 또한 육아휴직은 제도적 개선에도 불구하고 소득보장이 불충분하기 때문에 휴직률이 낮다. 따라서 육아휴직취득율의 제고를 위해서는 남녀의 임금격차 해소와 소득보장이 병행되어야 한다.

요컨대 일본의 저출산 정책의 목적은 양성평등적 사회지향보다 저출산으로 인한 인구구조의 급격한 변화와 이에 따른 노동력 부족 및 성장 둔화라는 경제적 위기감에서 부족한 노동력을 저임금 여성노동을 활용·대체하려는 것이다. 1990년대 일본의 저출산 대책이 출산율 제고에 성공하지 못한 사례와 유럽의 '고출산 국가'의 정책사례에서 볼 수 있다시피 출산율 상승은 단순히 보육정책 중심의 저출산 정책을 통해서만 실현되는 것이 아니다. 즉 출산율 제고를 위해서는 직장과 가정에서의 양성평등과 일·가정 양립 및 종합적 대책이 병행·추진되어야만 정책효과가 가시화된다는 것을 일본의 정책사례가 보여주고 있다. 최근 일본의 소자화 대책은 이러한 방향으로 정책패러다임이 전환되고 있다는 점에서 정책효과를 기대해볼 수 있을 것이다.

3. 기존 소자화 대책의 문제점 및 종합평가

1990년대 이후 일본정부가 추진한 소자화 대책 중 '실패 요인'으로 지적되는 정책의 비효율성과 사회적·정책적 요인 및 정책 문제점을 다음 몇 가지로 종합·요약할 수 있다.

첫째, 종합대응의 미흡과 재정지원의 부족[36]이다. 1990년대 이후 일

---

36) 2002년 신엔젤플랜에 투입된 정부의 재정예산은 GDP의 0.07%에 불과했다(대한민국정부, 2006). 2006년 제정된 '새로운 저출산 정책'에서는 각 부처와 재무부 간

본의 저출산 정책은 종합대응 미흡과 단편적 정책추진으로 인해 정책효과가 미미했다. 또한 정책에 대한 재정투입의 중요성과 충실한 수준의 급여 및 보육서비스의 예산·추계액은 제시되었지만, 실제적 지출로 이어지지는 않았다. 2008년 저출산 대책의 예산총액은 1조5,715억엔으로, 전년대비 3.6%의 소폭 증가는 재정지원 한계성을 잘 보여주고 있다(신윤정, 2008: 108).

둘째, 가부장적인 유교문화의 잔존으로 성분업적 역할규범의 지속 및 양성불평등의 사회문화적 요인으로, 출산과 양육 및 가사분담이 여성에게 전담되고 있다. 남성생계부담과 여성의 가사전담 및 양성불평등의 사회문화는 일본사회에서 일과 육아의 양립을 불가능하게 만드는 주요인으로 작용한다. 박수미(2009)의 연구에 의하면 성평등 수준과 출산율은 '유의미한 관계'가 있으며, 낮은 성평등 수준은 일본과 한국의 저출산 원인이 되고 있다.

셋째, 장기적인 경기침체와 세계적인 경제적 위기에 따른 청년실업의 증가와 악화된 노동시장 여건은 청년층의 고용불안정을 유발하였으며, 이는 경력단절 및 교육받는 기간을 연장하게 하는 결과로 이어졌다. 또한 일본사회에서 장기적으로 지속된 경제불황은 장래에 대한 경제적 불확실성 및 미래 삶에 대한 비관적 태도로 이어지고 있고, 이는 일본 젊은이들의 결혼지연과 출산기피 및 일본의 초저출산 현상을 초래한 주된 원인이다.

넷째, 노동시장의 유연성 부족(첫아이 출산, 퇴직률 70%)으로 출산여성의 노동시장 재진입이 어렵고, 양성 간의 역할분담에 대한 전통적 가치관의 불변으로 인해 미혼여성의 결혼·출산기피 현상이 지속되고

의 관련예산 삭감 협상 및 각 지방정부의 재정적자로 인해 비용이 적게 소요되는 정책은 우선적으로 시행될 것이지만, 비용이 많이 드는 고비용 정책은 부분적으로만 시행될 것으로 여겨진다(小島宏, 2006).

있다(駒村康平, 2006). 또한 남녀 소득격차와 소득불안정으로 인한 육아휴직의 불충분한 이행, 휴직 후 보육소의 확보 어려움으로 재취직이 어렵다. 이러한 일과 출산·육아 중 양자택일해야 하는 사회적 환경에서는 출산율 회복은 비관적일 수밖에 없다.

다섯째, 2006년 초고령사회에 진입한 후 고령화 대책에 대한 정부의 중시와 정책비중은 강화된 반면, 저출산 대책에 투입되는 정부재원은 미약한 수준이다. 한편 정부는 출산은 개인과 가족의 권한·책임으로 국가개입을 자제하지만, 국가정책의 우선순위와 예산배분 등에서 고령화 정책에 치중하는 경향이 강하다(阿藤誠, 2006: 38). 또한 2004년 고령화 관련 예산은 일반회계 총예산의 15.1%였지만, 저출산 관련 예산규모는 2%에 불과했다(대한민국정부, 2006).

여섯째, 다양한 가족에 대한 사회적 비수용과 국제이민의 소극적 수용으로 인한 사회문화적 요인이 출산율 제고의 '실패'한 원인이다. 한편 법률혼이 보편화되고 동거와 미혼모 등 혼외출산(2004년 1.99%)이 극히 낮은 일본사회에서의 출산율 제고는 육아의 사회화와 가치관 변화, 국가정책의 효율성에 의거할 수밖에 없다. 또한 한국·대만에 비해 낮은 일본의 국제결혼의 출산율(2004년 2%)과 이민의 소극적 수용은 출산율 제고에 방해가 되는 사회적 요인이다.

일곱째, 수상의 잦은 교체로 인한 정책의 연속성 부재, 정부 재정지원의 한정 및 권장·계몽중심의 비예산사업 한계, 정부의 정책적 노력과는 무관한 사회문화적 요인 등의 국가정책 역할의 한계성에 따른 정책의 비효율성[37]이다(鈴木透, 2006; 小島宏, 2007). 한편 국가정책이 단기

---

37) 2005년에 실시된 '소자화 사회 관련 국제의식조사'의 따르면, '당신은 자신의 나라를 아이 키우기 쉬운 나라라고 생각하는가'에 대한 질문에 '그렇다'고 대답한 20~49세 남녀의 비율은 스웨덴 98%, 미국 78%, 프랑스 68%인 반면 일본은 48%에 머물렀다(일본 內閣部, 2006). 이는 일본의 1990년대 이후 출산율 제고의 소자화 대책이 구미 선진국의 가족정책보다 실효성이 떨어지며, 특히 정책의 비효율성

간에 출산율 제고의 정책효과를 거두려면, 비현적실인 막대한 경제적 지원이 필요하다. 이 또한 고령화 문제가 심각한 수준에 이르러 고비용이 필요한 일본사회의 딜레마이다.

요컨대 일본의 소자화 대책이 실패하였다고 단정하기에는 아직은 시기상조이다. 2006년 후 출산율이 1.3~1.4로 상승되어 점차 초저출산 국가행렬에서 벗어나고 있는 추세이다. 현재 일본의 저출산 정책이 출산율 제고에 가시적 정책효과를 거두지 못했다는 비판도 많지만, 중앙정부와 기업 및 지자체 간 정책동반자로서의 협력적 노력은 성실하게 진행되고 있다(전광희, 2009). 또한 출산율 제고의 정책은 과거의 출산억제정책과는 달리 국가역할에 기인한 정책효과가 단기간에 나타나지 않으며, 짧은 기간 내 획기적 정책성과를 거두기 어렵다. 아직 어느 선진국을 물론하고 출산장려정책의 '뚜렷한 성공사례가 없다'는 사실이 이를 반증해준다.

제4절 소결

본 장에서는 한국의 지난 20세기 후반의 가족계획사업과 2000년대의 저출산 대책에 대한 정책평가를 진행했고, 중국의 20세기 후반의 계획생육정책과 2000년대 초반의 정책조정 및 도시 저출산화의 사회학적 결과를 살펴보았다. 또한 1950년대 일본정부의 산아제한정책과 1990년대 이후 저출산 정책변화 및 최근의 일과 가정의 양립을 위한 보육정책 및 육아휴직제도에 대한 평가를 진행하였다. 상술한 내용을 다음과 같이 종합·요약할 수 있다.

이 일본 소자화의 중요한 원인이 된다는 것을 시사해준다(阿藤誠, 2006: 39).

1960년대 국가시책으로 채택된 출산억제의 가족계획사업이 범국민적 운동으로 장기간 추진된 결과, 한국의 합계출산율은 1983년에 인구대체수준(2.1)으로 하락했다. 반면 국가주도의 강력한 출산억제정책의 '성공'은 소자녀 가치관 정착을 초래했다. 또한 1980년대 후반 1.6대의 저출산 사회로 진입했지만 저출산에 대한 국가적 중시가 부족했고, 국가차원에서의 정책대응에 소홀했다. 1996년 인구자질·복지증진정책으로 전환된 후 IMF 외환위기 등 경제적 여건변화로 저출산 현상이 고착화되었고, 2000년대 초 초저출산 국가로 되었다. 그러나 한국정부는 종합적인 저출산 대책을 적극 추진하지 못했다. 한편 신인구정책(1996~2003년)의 장기적 지속으로 저출산 대책의 추진이 늦어진 주요책임은 한국정부에게 있으며, 이는 동 시기 저출산 사회문제 해결을 위한 일본정부의 정책적 노력과는 극적인 대조를 이룬다.

2006년에 출범된 새로마지플랜2010(기본계획)은 한국정부의 종합적 저출산·고령화 정책으로, 출산정책이 단순한 경제지원을 넘어 양성평등과 기업문화 등 사회문화의 거시적인 수준에서 변화를 모색한 것은 긍정적 측면이다. 그러나 '기본계획'은 변화된 가족·젠더관계와 결혼·출산의 의미를 충분히 고려하지 못했다. 20세기 가족계획사업에서 '출산'은 인구문제로 국가가 개인의 사생활에 개입할 수 있었지만, 탈가족화와 함께 개인주의가 성행되는 21세기에는 국가가 '사적 영역'인 출산행위를 변화시키기가 쉽지 않다. 한정된 출산·양육지원의 저출산정책으로 인해 대부분 가정에서 양육부담을 감수하고 있고, 국민들의 정책체감도는 여전히 낮은 편이다. 이 또한 정부의 저출산 대책이 출산율 제고에 미치는 정책효과의 한계성이다.

최근 한국정부는 저출산 대책의 일환으로 일·가족 양립정책을 추진하고 있지만, 출산·양육으로 인한 노동시장의 여성차별과 남성의 제한적 가사참여 등으로 일과 가정의 양립은 어려운 실정이다. 육아여성의 노동시장 진입을 위해서는 양질의 보육서비스가 보장되어야 하지만, 국가가 개별 가족을 직접적으로 고려하지 않고 시장만을 지원하고 있어 보육양극화 현상이 나타나고 있다. 또한 정부는 육아휴직제도의 활성화를 적극 추진하고 있지만, 기업의 소극적 대응과 가족친화적인 직장문화의 미정착으로 수용률은 높지 않다. 결과적으로 양성불평등의 성별분업과 보육의 높은 시장의존성은 여성의 일·가정 중 양자택일하는 주요인이다. 이러한 '양자택일'의 사회적 요인은 저출산 국가인 일본에도 적용된다. 즉 출산휴가와 육아휴직 후 보육소 확보의 어려움은 일본 여성의 직장복귀 장애가 되고 있고, 육아휴직은 소득보장의 불충분으로 인해 휴직사용률이 낮은 수준이다. 한·일 양국 공통점은 가부장적 유교문화에 기인한 성별분업의 지속, 여성의 가사전담 및 양성불평등의 직장·가정문화가 여성의 출산기피·연기의 사회문화적 요인이 되고 있다는 것이다. 따라서 한·일 양국의 저조한 육아휴직률의 제고를 위해서는 기업의 육아지원과 근로방식 개선 및 남녀 간 임금격차 해소가 전제되어야 한다.

2004년 이후 한국정부가 추진한 저출산 대책이 출산·양육의 책임을 국가와 사회가 분담하는 '육아사회화'로의 패러다임 전환을 긍정적으로 평가할 수 있다. 그러나 유럽 선진국에서 수십 년간 저출산·고령화 대응책을 추진해온 것에 비하면 한국의 저출산·고령화 정책은 이제 시작에 불과하다. 정부는 비현실적 경제지원에 집착하기보다 장기적 안목에서 실효성이 강한 종합적 저출산 대책을 지속적으로 추진하는 것이 바람직하다. 또한 저출산 문제를 최우선 국정과제로 추진하려는 정부의 강력한 의지와 국가와 사회·가정이 출산·양육에 대한 이해를 공유하고 상호 협력할 때, 종합적 정책대응으로 인한 정책효과가 가시화될 것이다.

한편 중국의 계획생육정책 평가는 중국정부의 자체평가와 국내의 학자 및 연구기관의 종합평가 및 외국학자와 연구기관들의 평가를 종합·비교하여 분석할 필요가 있다.

2000년 3월 중국정부는 계획생육정책에 대한 주요 '정책성과'로 20~30년의 계획생육정책은 경제발전수준이 높지 않은 상황에서 인구급증을 유효하게 억제했고, 저출산·저사망·저성장의 역사적 인구전환을 실현했다고 주장했다. 또한 중국 특색의 인구문제에 대한 유효한 해결방법을 탐색했으며, 세계인구 안정화에 공헌했다는 것이다. 한편 중국의 '전문가 연구팀'은 정책의 '적극적 효과'로 출산억제정책은 인구급증을 억제했으며, 인구와 토지·자원과의 모순 완화 및 중국의 사회경제발전을 촉진했다고 주장했다. 반면 계획생육정책에 대한 국제사회의 '부정적 인식'은 중국의 대외이미지와 개방정책에 악영향을 미쳤고, 출산율 급락은 인구구조 변화와 고령화 심화 등 사회문제를 유발했다고 지적했다. 또한 '소극적 효과'로 인민군중의 다산욕망과 정책의 괴리는 정책간부와 군중관계 악화 및 사회안정에 부작용을 끼쳤다는 것이다.

한편 한국·일본 등의 외국학자들은 중국은 국민소득수준에 따른 일반적인 출산력 변이와는 달리 국민소득은 매우 낮지만, 출산력은 이례적으로 유럽의 '고출산 국가' 수준과 비슷하다고 평가한 반면에 출산율 급감은 2030년 이후 인구 고령화가 사회문제로 부상할 것이라고 지적했다. 또한 중국에서는 1980년대 정책 강제성으로 농촌지역의 반발이 심하였지만, 국가의 강력한 통제와 정책조정으로 '실효적 효과'를 거두었다는 것이다. 한편 '한자녀 정책'은 도시에서는 원칙이 엄격히 지켜졌지만, 농촌에서는 '노동력 확보'라는 '유연한 운용'이 이뤄졌다고 평가했다. 반면 정책 문제점으로 임신중절수술 증가, 출생성비 불균형, 농촌 '헤이하이즈(黑孩子)' 증가, 독신자녀 과보호문제, 급속한 고령화 등을 지적했다. 이러한 외국의 정책평가는 1970~1980대 계획생육정책의 강제성을 부각시킨 반면, '강제성 원인'과 정책출범의 사회배경은 간과되었다. 또한 1980년대 농촌의 1.5정책과 2000년대 초반 정책조정에 대한 평가는 결여되었다.

계획생육정책에 대한 국내외의 평가를 종합하면 중국정부는 계획생육의 '정책성과'를 강조한 반면, 외국학자·연구기관은 '문제점'에 대해 치중하고 있다. 즉 외국의 정책평가는 정책성과보다는 문제점과 부정적 측면을 부각시키는 경향이 강하다. 한편 계획생육정책 정책평가에서 국내외 학자들이 간과한 것이 있다. 즉 '1자녀 위주'의 출산억제정책을 실시하고 있는 중국에서 출산율 제고의 저출산 대책을 추진하지 않았음에도 불구하고, 1990년대 이후 1.8 전후의 출산율을 유지한 원인 분석과 정책적 요인에 대한 평가가 결여된 것이다. 이는 중국정부가 지역 간 상이한 경제발전수준과 생육문화 및 불균형적 인구분포를 갖고 있는 현황을 감안해 도시 '1자녀 위주'와 '2자녀' 조정정책, 농촌 1.5정책과 '2자녀' 정책 보편화, 소수민족 '3자녀' 정책 등의 다원화 정책을 실시했기 때문이다. 중국의 다원화 정책은 국가역할이 여전히 출산율 증가·억제에 중요한 작용을 하고 있는 정책사례로 간주할 수 있고, 14억에 근접한 인구대국의 인구문제 해결은 특수한 국가정책의 필요성 및 '정책적 요인'의 중요성을 시사해준다.

1950년대 후반 일본에서 인구대체수준의 출산율 저하는 유럽 선진국의 장기간에 걸친 산업화에 따른 출생률·사망률이 점차 하락된 결과로 이뤄진 것과는 다르다. 즉 일본의 인구전환은 경제발전에 따른 것이 아니라, 2차 대전 후 인구와 국토 및 경제규모와의 모순을 해결하기 위해 국가개입으로 추진한 소자화 정책과 관련된다는 것이다. 일본의 산아제한정책이 '짧은' 10년 동안에 출산율 저하에 성공한 원인은 ①인구학적 요인으로, 1947~1949년의 베이비붐과 해외인구의 귀환에 따른 인구급증과 인구조절의 필요성 및 국가의 적극적 개입 ②

정책적 요인으로, 경제회복과 발전에 걸림돌이 된 인구문제를 해결하려는 국가의 의지와 피임보급을 위한 약사법 개정 및 인공임신중절 합법화 등의 산아제한정책의 성공적 추진 ③사회경제적 요인으로, 연 10% 이상의 급속한 경제성장률에 따른 고도성장과 밀접한 관련된다는 것이다.

1970년 고령화 사회에 진입한 후 일본의 인구정책은 고령화 사회의 도래에 대한 정책대응으로 변화되었고, 1990년 이전까지 저출산 문제는 공론화되지 않았다. 그러나 일본정부는 1990년 1.57쇼크를 계기로 출산율 및 출생아수의 감소를 심각한 사회문제로 인식하고, 1994년부터 보육서비스 개선과 육아지원 및 관련법 제정과 기업의 참여 등의 소자화 대책을 제정·추진하였다. 한편 정책효과가 미미하여 2000년대 초반 일본이 초저출산 사회에 진입하면서 국가정책의 비효율성 등 저출산 대책에 대한 '부정적 평가'가 우세하다. 최근 저출산 정책패러다임 변화를 시도한 일본정부는 기존 소자화 대책의 보육지원 중심에서 벗어나 사회경제적 대응으로서 미래성장 동력 확보에 중점을 둔 저출산 정책을 추진하고 있다. 따라서 2006년부터 일본의 합계출산율은 1.3~1.4 수준으로 상승해 초저출산 국가에서 벗어나고 있다. 이러한 출산율 상승은 그동안 일본정부가 꾸준하게 추진해온 소자화 대책과 무관하지 않다.

일본 소자화 대책의 주요한 문제점은 국가정책의 한계성과 재정지원 부족이다. 한편 양성불평등의 사회적 요인으로 출산·양육부담은 여성이 전담하고 있고, 장기적인 경기침체와 경제위기에 따른 청년실업 증가 및 악화된 노동시장 여건은 결혼·출산의 지연·포기의 주요 인이다. 또한 고령화 정책보다 저출산에 투입되는 정부재원은 미약하며, 수상의 잦은 교체로 인한 정책의 비연속성, 권장·계몽중심의 국가역할 한계성 등이 지적된다. 반면 한국의 저출산 정책의 문제점은 자녀양육비용 경감을 위한 관련 정책의 미흡, 여성의 일·가정 양립의 곤란, 출산·가족친화적인 사회문화가 결여되어 있는 것이다. 그 외, 다양한 가족의 출산·양육에 대한 경제지원 미흡과 정부정책의 비연속성 등이 거론된다. 한·일 양국의 공통점으로, 일·가정 양립의 불가능한 사회적 요인과 국가역할의 한계성이 지적된다. 차이점은 초고령사회 일본은 고령화가 더욱 심각한 반면, 한국은 세계 최저 수준의 저출산 현상이 고착화되고 있는 것이다.

최근 일본의 일·가정 양립 정책은 취업여성에 대한 보육지원이라는 근시안적 시각에서 벗어나 직장문화 개선과 근로방식 개혁 등 기업문화 변화에 주력하고 있다. 즉 기존 육아지원 중심의 보육정책에서 가족친화적 기업문화 조성 및 일·생활 균형정책으로 변화되고 있다. 반면 한국의 저출산 대책은 일본에 비해 10년이 늦은 2000년대 초반에 추진되었고, 일·가정 양립이 어려운 비슷한 사회문화적 구조와 저출산 요인을 갖고 있다. 일본의 경우 소자화 대책보다 고령화 정책을 더욱 치중하는 경향이 있으며, 초저출산 현상의 지속과 급속한 고령화를 맞이하고 있는 한국의 경우 저출산·고령화 대비책을 동시에 마련해야 하는 인구문제를 안고 있다. 주목할 것은 일본의 소자화 대책의 시행착오와 국가·기업·지자체가 협력하여 거둔 '정책효과'는 아직 초저출산 수준에서 벗어나지 못한 한국에게 주는 시사점은 적지 않다는 점이다.

요컨대 1990년대 이후 일본정부가 추진한 저출산 정책효과가 미미한 것은 인구학적 요인과 사회경제적 요인 외, 정부정책의 비효율성과 양성불평등의 사회문화 및 다양한 가족에 대한 비수용 등의 사회문화적 요인과 크게 관련된다는 것이다. 그러나 일본의 저출산 정책을 '실패'로 단정하는 것은 시기상조이다. 한편 출산율 제고의 저출산 정책효과는 단기간에 나타나지 않으며, 획기적 정책성과를 거두기 어렵다.

따라서 출산율 제고의 저출산 정책은 장기적인 안목에서 사회경제적 변화에 대응하여 종합적 대책을 지속적으로 추진해야만 정책효과가 가시화될 수 있다. 또한 현재 1.8 전후의 출산율을 유지하는 중국의 국가역할과 다원화 정책에 기인한 정책효과에서 인구문제 해결에서의 국가정책 중요성을 엿볼 수 있다는 것이다.

제5장 일·가정 양립과 양성평등 정책

제1절 한국의 일·가족 양립정책

최근 한국에서는 일·가족 양립정책(자녀양육의 책임을 갖는 남녀근로자의 일과 가족생활을 지원하는 정책)이 출산율 제고를 위한 중·장기적 저출산 정책대응으로 추진되고 있다. 특히 2000년대 이후 일·가족(생활) 양립(균형)정책이 저출산(소자화) 문제를 안고 있는 한국과 일본에서 출산율 제고를 위한 저출산 대응책으로 국가적 차원에서 적극적으로 추진되고 있다는 점에 주목할 필요가 있다. 또한 '양립(균형)정책'은 고령화에 대비하는 여성인력의 투자정책이며, 어린이 건강한 성장을 위한 아동정책 성격의 종합대책이다. 따라서 일·가족 양립정책은 장기적 안목에서 저출산 문제를 해결하는 중요한 정책대안으로 저출산 국가들의 중시를 받고 있으며, 이 또한 본 논문에서 이를 중요하게 다루는 이유이다.

1. '양립정책'의 사회적 배경

최근 여성의 역할과 가족기능 및 사회경제적 변화에 대한 대응책의 일환으로 일·가족 양립지원이 지속적으로 추진되고 있다. 특히 외환위기 이후 기혼여성의 경제활동참여 증가로 2인소득자 가족모델로 이전되고 있고, 사회경제적 변화로 핵가족화 및 가족 가치관이 급변하고 있다. 21세기 진입 후 저출산 문제는 사회문제로 부상했고, 최근 일·가족 양립지원이 저출산 대응책으로 주목받고 있다(홍승아 외, 2008: 283). 한국사회는 기존 남성중심적인 사회제도와 가족문화 속에서 여성의 경제활동참여 증가로 인한 가족 내 돌봄기능의 약화, 초저출산 현상 고착화 등 사회문제에 직면하고 있다. 한편 급속한 사회경제여건의 변화 속에서 여성의 경제활동참여의 지속적 증가와 맞벌이부부 가족이 더욱 늘어날 것으로 전망된다.

이진숙 외(2010)는 일·가족 양립정책의 사회경제적 배경으로, ①인구학적 변화[1] ②노동시장의 변화 ③가족구조의 변화[2] 등을 지적하고 있다. 즉 도시화·산업화 및 핵가족화에 기인한 가족의 돌봄기능(자녀

---

1) 21세기에 진입하면서 한국사회는 급격한 출산율의 감소를 경험하고 있다. 2005년에는 1.08의 세계 최저의 출산율을 기록했고, 2008년 1.19, 2009년에는 1.15로 1.1대의 초저출산율이 지속되고 있다. 이러한 저출산 고착화는 단순한 인구학적 문제가 아닌, '자녀를 낳고 키우기'가 힘든 사회경제적 상황과 자녀·가족 가치관의 변화 등에서 그 원인을 찾을 수 있다. 특히 노동시장의 불안정성과 경력단절 및 한국사회의 과도한 교육열은 출산·양육의 '사회적 부담'으로 인식되고 있으며, 결국 여성의 선택은 자녀출산 회피와 연기로 이어지고 있는 것이다.
2) 한국의 가족구조는 산업화·도시화를 거치면서 핵가족화(2000년 82%)가 급속히 진행되었고, 저출산 현상의 지속으로 가족규모 축소와 가족의 세대구성이 단순화되고 있다. 2005년 부부와 미혼자녀로 구성되는 전형적 핵가족형태가 45.7%, 1인가구와 노인가구가 상당한 비율을 차지하고 있다(이진숙 외, 2010). 이는 가족돌봄의 책임을 진 남녀근로자에게 가족부양과 노동의 양립제도와 국가적 지원이 필요하다는 것을 의미한다.

양육과 노인부양 등)의 약화, 자녀·가족에 대한 가치관의 변화와 사회경제적 여건의 변화 등에 기인한 초저출산 정착화, 노동시장에서의 여성의 차별화, 남성의 장시간 근무관행으로 인한 가사·육아의 낮은 참여율 등이 사회경제적 배경이며, 또한 결혼연기(만혼화)와 출산회피·연기(만산화) 등 사회적 요인을 제거하는 저출산 대책의 해결대안으로 부상되고 있다는 것이다. 이중 노동시장의 변화 및 여성차별화가 여성의 일·가정 양립의 어려움에 가장 큰 영향을 미치고 있는 것으로 분석되고 있다.

IMF 외환위기 이후 맞벌이부부의 2인부양자 가족체계로 빠르게 이전되고 있다. 또한 여성의 교육수준 향상과 고용기회 증가 및 남성의 실업률 증가로 인해 기혼여성의 노동시장참여가 꾸준히 증가되고 있다. 여성고용의 증가와 함께 일·가족 양립정책이 주목받는 배경에는 초저출산 현상이 존재하며, 초저출산 현상과 인구 고령화는 미래복지국가의 발전에 심각한 위협으로 작용한다(박선영 외, 2009). 한편 일·가족 양립정책이 발달된 국가들은 저출산에서 점차 벗어나고 있는 반면, '양립정책'이 미흡한 국가들은 여성취업과 출산율 하락이 상관되는 것으로 나타났다(홍승아 외, 2009: 25~26). 따라서 양립정책은 여성취업 지원과 자녀양육 지원을 포함하여 저출산 문제에도 효율적인 대응정책이 되고 있다.

2000년대 초반 초저출산 사회에 진입하면서 한국은 출산율 하락에 대한 정책대응으로 일·가족 양립정책에 대한 관심이 급증한 대표적인 사례로 볼 수 있다(홍승아 외, 2009: 24). 2006년 제1차 저출산고령사회기본계획과 제1차 건강가정기본계획의 핵심과제에는 직장·가정 양립과 가족친화적 사회 환경 조성 및 직장·가정 양립을 위해 남성의 가사참여와 여성의 경제활동참여를 지원하는 사회제도와 정책서비스가 강조되고 있다. 또한 2007년에 남녀고용평등법이 '남녀고용평등과 일·가정 양립지원에 관한 법률'로 개정되었고, 2008년에는 제4차 '남녀고용평등과 일·가정 양립 기본계획'이 수립되었다. 특히 한국의 일·가족 양립정책은 여성의 경제활동지원과 함께 초저출산 대응책으로 기능하고 있다는 점에 주목할 필요가 있다.

한편 한국사회에서는 1990년대 이후 양성평등의 사회문화 정착을 위한 법률적·제도적 노력이 나름의 성과를 거두었지만, 여전히 일과 남성중심의 사회제도와 기업관행 및 자녀양육자로서의 여성과 생계부양자로서의 남성이라는 이분법적 성역할구조가 크게 변화되지 않고 있다(김혜영, 2007: 41). 현재 일·가족 양립이 가장 어려운 근본원인이 사회·가족 내 양성불평등과 성별분업의 유지 및 출산·육아의 책임이 여전히 여성에게 전가되고 있는 가족문화와 사회시스템에 있으며, 이 또한 일·가족 양립정책이 필요한 이유이기도 하다.

본 장에서는 한국사회에서 일·가족 양립정책의 출범하게 된 사회적 배경을 분석하고, '양립정책'의 추진현황과 문제점을 살펴본다. 또한 일·가족 양립정책의 범주에 포함되는 정책으로 보육정책·휴가정책·노동시간정책·가족친화정책으로 나누어 각 정책의 현황과 문제점을 분석하고, 향후 일·가족 양립정책의 추진방향과 정책 시사점을 도출하고자 한다.

2. 일·가족 양립정책의 현황과 문제점

1) 보육정책의 추진현황과 문제점

(1) 보육정책의 추진현황

한국의 보육정책은 1991년 영유아보육법의 제정 후 본격적으로 확대·발전되었다. 보육지원은 1990년부터 국공립보육시설과 법인보육시설에 인건비 지원을 시두로 1992년부터 차등보육료가 지원되었지만, 지원규모는 보육시설 지원이 월등하였다. 최근에는 '수요자 중심'의 보육지원 정책으로 차등보육료 지원대상이 확대되었다(최성은 외, 2009: 13-14). 2009년에는 형평성 제고의 측면에서 보육시설을 이용하지 않는 영유아에 대한 양육수당3)이 처음으로 도입되었다. 그러나 보육정책의 주관부서가 보건복지부에서 2004년 여성부로 이관되었고, 2008년 다시 보건복지부 소관으로 재이관되는 등으로 일관성 있게 추진되지 못한 등 문제점이 존재한다.

보육서비스는 여성의 경제활동지원과 아동에게 적절한 보호를 제공하는 효율적 정책분야로, 보육정책은 1990년대 이후 저출산 대책의 핵심사업으로 적극 추진되어 왔다. 2000년대 이후 지방정부와 중앙정부의 총보육예산은 2000년 3,056억원에서 2003년 6,551억원, 2008년 3조 667억원으로 증가되었고, 증가한 보육예산은 보육시설 확충과 보육비 지원으로 투입되었다(김태홍 외, 2009: 17). 보육정책은 정부가 직접 보육서비스를 제공하는 방법과 재정적 지원을 제공하는 방법이 있는데, 한국의 경우는 주로 후자에 해당된다. 보육료 지원정책은 2002년부터 자산조사에 기초한 보육료 지원을 시작으로 보육료 지원 대상을 소득에 연계시켜 소득층별로 나눠 차등보육료를 지급하고 있으며, 점차 지원대상층을 확대4)시켜 나가고 있다.

2000년대 이후 저출산 정책분야에서 중점적으로 추진된 보육정책은

---

3) 한국정부는 2009년 7월부터 보육시설을 이용하지 않아 정부혜택을 받지 못한 저소득층의 가정의 영유아에 대한 지원으로, 만 0~1세 영유아에게 월 10만원의 양육수당을 지급하고 있다.
4) 2008년부터 최저 생계비 120% 이하 가구에 대해 보육비용 전액을 지원하며, 도시 근로자가구 평균소득 100% 수준의 가구는 보육비용 30% 정도의 금액을 지원하고 있다(김태홍 외, 2009).

최근 들어 일·가족 양립정책으로 추진되면서 지속성이 높고, 해당부처의 중점사업으로 추진된 결과 보육서비스는 크게 확충되었다. 보육서비스 시설수와 이용현황을 살펴보면 2009년 현재 전체 보육시설 33,499개소 중 국공립보육시설 1,826개소, 민간보육시설 14,275개소, 가정보육시설 15,525개소, 직장보육시설 350개소를 차지한다(홍승아 외, 2009: 86). 한편 민간보육시설 89%인 반면에 국공립보육시설은 5.5%로, 민간보육시설이 훨씬 많다. 또한 민간보육시설 이용률은 77.62%이지만 국공립보육시설 이용률은 10.9%로, 민간서비스 편중과 보육시장화를 확인할 수 있다.

〈표 20〉 보육시설 유형별 현황

(단위: 개소, 명)

| 구분 | 국공립 보육시설 | 법인 보육시설 | 민간보육시설 | | | 부모협동 보육시설 | 가정 보육시설 | 직장 보육시설 | 계 |
			소계	법인외	민간개인				
시설수	1,826	1,458	14,275	969	13,306	65	15,525	350	33,499
(%)	(5.45)	(4.35)	(42.62)	(2.89)	(39.72)	(0.19)	(46.34)	(1.04)	(100.00)
아동수	123,405	113,894	669,465	53,818	615,647	1,491	210,438	16,809	1,135,502
(%)	(10.87)	(10.03)	(58.96)	(4.74)	(54.22)	(0.13)	(18.53)	(1.48)	(100.00)

자료: 한국 보건복지가족부, 2009

정부는 2009년 7월부터 영유아가구에게 소득하위 50%까지 보육료 전액을 지원하고, 소득하위 60% 이하 계층에 대해서는 보육료의 60%를 지원함으로써 지원폭을 확대하고 있다. 결과적으로 보육시설의 이용률과 보육료 지원 수혜률은 점차 증가되고 있다. 2008년 현재 만 0세~만 5세의 전체 영유아수는 2,744,597명이며, 이들 중 보육시설을 이용하는 아동은 1,099,304명으로 보육시설 이용률은 40.1%이다. 또한 보육시설을 이용하는 아동 중 보육료 지원을 받는 아동수는 572,881명으로 보육료 지원 수혜률은 52.1%이다(홍승아 외, 2009: 86-87). 즉 보육시설을 이용하는 아동 중 절반이 보육료 지원의 혜택을 받고 있다는 것이다.

한편 2000년대 이후 보육정책은 보육의 '공공성 강화'와 '양질의 보육서비스' 제공을 목표로 공보육 기반조성, 부모 육아부담 경감, 다양한 보육서비스 제공, 아동중심의 보육환경 조성, 보육서비스 관리체계 강화 등을 정책과제로 제반 사업들이 추진되었다. 또한 보육정책은 보육료 부담완화를 위해 지원대상과 지원수준의 확대 방향으로 추진되었다. 보육료 지원은 2003년 3,000억원 규모에서 2009년 1조 7천억원에 이르는 '외형적 성장'을 거두었다(최성은 외, 2009: 7). 이러한 보육정책의 성과는 그동안 정부가 일·가정 양립 및 저출산 대책의 핵심적 사업으로 추진해온 정책적 노력에 기인했다고 볼 수 있다.

(2) 보육정책의 문제점

한국의 보육정책은 1991년 영유아보육법을 계기로 제도화되었으나, 2004년 개정된 영유아보육법 적용 이전에는 선별적 보육료 지원만이 이뤄졌다. 1995~1997년에는 민간보육시설의 양적 팽창을 유도한 보육정책으로, 과도한 민간시설 점유율과 지원의 비형평성 및 시설의 질적 문제가 나타났다. 1997~2002년에는 보육시설 활성화 차원에서 민간보육시설의 인가규정으로, 영세하고 부실한 민간보육시설이 양산되었다(이옥, 2009: 385). 2003년 이후 보육정책 확충과 보육서비스 질적 제고 등의 성과를 거두었지만, 국공립보육시설 설치와 보육교사 처우 개선 등 보육지표들은 미흡한 수준이었고, 정책효과로 가시화되기에는 불충분한 수준[5]에 머물렀다.

---

5) 참여정부의 보육정책이 보육현장의 기틀을 정비하는 등의 성과를 거두었으나 영유아들의 삶이 보다 나아지지 않았고, 수요자 만족도를 높이지 못했다는 평가를 받고 있다. 특히 중앙·지방정부의 보육예산이 2조 2천억원을 넘었지만, 보육현장의 서비스수준을 높이지 못했다는 것이다(유희정, 2008). 구체적인 문제점으로 ①

1990년대부터 보육시설의 확대로 시설 이용률과 보육비 지원대상층은 늘어났지만, 보육서비스에 대한 정책체감도는 상대적으로 낮은 편이다. 그 원인은 첫째, 보육서비스의 질적 보장이 충분하지 못했다. 지속적인 서비스 공급확대에도 불구하고 서비스의 질적 수준이 수요자 요구에 부응하지 못했다. 둘째, 보육서비스와 여성취업이 유기적으로 연결되지 못하고 있다. 셋째, 저소득층 대상의 보육비 지원방식으로 인해 보육서비스 이용대상자인 취업부모의 보육지원으로 정착되지 못하고 있다(김태홍 외, 2009). 따라서 취업부모의 욕구에 맞는 보육서비스 운영 및 보육서비스 다양화 전략이 필요하며, 취업부모의 근로여건에 따라 영아보육·연장보육·야간보육·주말보육 등 보육서비스의 제공이 다양하고 유연하게 운영될 필요가 있다.

최근 여성의 노동시장참여가 지속적으로 증가하고 있지만, 여성노동을 지원하는 보육서비스는 취업여성의 욕구를 충족시키지 못하고 있다. 특히 취약계층 대상의 공보육은 제한적으로 제공되고 있고, 대부분의 보육서비스는 개인의 책임을 강조하는 민간보육시장에 의존하고 있다(이삼식 외, 2007). 한편 보육서비스 공급은 지속적으로 확대되었으나, 전체아동의 절반정도만이 보육서비스를 이용하고 있다. 아동의 80~90%가 민간보육시설에 의존하고 있고, 서비스의 질적 수준은 수요자 요구에 부응하지 못하고 있다(홍승아 외, 2008: 293). 즉 보육서비스는 꾸준히 확대되었지만, 보육정책의 효과성이 높게 나타나지 않는다는 것이다.

보육정책이 발전하고 있지만 영유아들의 삶의 질이 개선되지 못했음 ②보육서비스를 이용하는 부모들의 요구가 잘 반영되지 못했음 ③보육시설의 안정적 여건이 여전히 미흡함 ④보육예산 지원이 확대되었으나 운영의 투명성 관리가 미흡 ⑤보육교사의 전문성 향상을 위한 지원 미흡 등이 지적되고 있다.

〈표 21〉 보육료 지원

(단위: 원)

구분	지원대상	지원비율	연령	정부지원시설 지원단가	정부미지원시설 지원단가
영유아(100%)	소득하위 50%이하	100%	만 0세	383,000	733,000
			만 1세	337,000	506,000
			만 2세	278,000	390,000
			만 3세	191,000	191,000
			만 4세	172,000	172,000
영유아(60%)	소득하위 60%이하	60%	만 0세	229,800	579,800
			만 1세	202,200	371,200
			만 2세	166,800	278,800
			만 3세	114,600	114,600
			만 4세	103,200	103,200
영유아(30%)	소득하위 70%이하	30%	만 0세	114,900	464,900
			만 1세	101,100	270,100
			만 2세	83,400	195,400
			만 3세	57,300	57,300
			만 4세	51,600	51,600
기본보육료 (시설보조금)	소득하위 70%초과	연령별 정액	만 0세	정부지원 시설은 정부로부터 인건비 지원을 받기 때문에, 기본보육료 지원을 하지 않음	350,000
			만 1세		169,000
			만 2세		112,000

자료: 홍승아 외, 2009: 87

최근 일·가족 양립과 그 당위성이 확대되는 추세에서 취업부모를 위한 직장보육서비스가 매우 중요하다. '일·가정 양립지원 법률' 제 21조와 영유아보육법 제14조는 상시 여성근로자 300인 또는 근로자 500인 이상 사업장은 직장보육시설 설치를 의무화하고 있지만, 직장보육시설에 대한 사업주의 의무사항과 벌칙조항은 관련법에 명시되지 않았다. 2008년 직장보육시설 설치사업장은 440개소로, 의무이행률은 49.3%에 불과하다(홍승아 외, 2009: 89). 또한 2007년부터 취업부모의 영아양육 지원으로 가정에 아이돌보미를 파견하고 있지만, 보육서비스는 영유아만을 대상으로 하는 것으로는 불충분하다는 것이다.

이옥(2009)의 연구에 의하면 2008년 이후 정부의 보육정책 방향은 보육의 공공성과 보편성을 제고시키는 정책이 아닌, 보육시장 친화정책으로 전환하고 있다. 여성의 노동시장참여지원을 위해 양질의 보육서비스가 충분히 제공돼야 하지만, 시장에서 제공하는 서비스수준은 취업부모의 보육욕구에 비해 미흡하다. 또한 국가가 개별가족을 고려하지 않고 시장만을 지원하고 있기 때문에, 계층 간 보육양극화 현상이 심화되고 있다(이삼식 외, 2007). 한편 보육정책은 보육의 공공성 강화와 양질의 보육서비스가 목표지만, '형평성 제고'로 보육시설 미이용 아동에게 양육수당을 지급하는 등 정책방향이 명확하지 못한 측면이 있다(최성은 외, 2009: 8).

요컨대 한국의 보육정책은 여성의 경제활동을 지원하는 일·가족 양립정책 성격보다는 저소득층 아동을 지원하는 빈곤정책(보육료 지원), 가족 내 아동돌봄의 책임을 사회적으로 부담하는 가족정책의 성격이 강하다(홍승아 외, 2008: 299). 따라서 보육정책은 향후 일·가족 양립정책의 성격으로 전환될 필요가 있으며, 정책의 지속성과 민간보육시설의 질적 수준 제고 및 국공립시설 양적 확충의 정책적 노력에 주력해야 할 것이다.

2) 휴가정책의 추진현황과 문제점

(1) 휴가정책6)의 추진현황

2007년 '남녀고용평등과 일·가정 양립지원에 관한 법률' 개정으로,

---

6) 현재 대부분의 OECD국가들은 출산과 양육관련 휴가를 제공하고 있다. 국가별로 명칭과 형태는 다소 다르지만, 출산휴가·배우자출산휴가·부모휴가·양육휴가·아동간병휴가 등 5가지 형태의 휴가정책이 제공되고 있다. 최근에는 휴가자격조건 완화와 휴가기간의 적정성 확보, 휴가급여수준 향상을 적극 지원하고 있다.

일·가족 양립정책은 법적 기반을 마련했다. '개정 법률'에 의하면 아동연령 3세까지 육아휴직 1년 사용기간 중에서 1회 분할 사용이 가능하다. 산전후휴가는 총 90일이 제공되며, 우선지원대상 기업에는 산전후휴가 90일에 대한 통상임금(상한 135만원) 수준으로 고용보험에서 지급하고 있다. 대기업에는 90일 중 60일 초과기간(30일)에 대한 통상임금을 지원하고 있다(김태홍 외, 2009: 19). 현재 산전후휴가 사용자 휴직 비율은 2002년 16.6%, 2003년 21.2%, 2005년 26%, 2008년 42.5% (<표 22> 참조)로, 사용률이 점차 증가되는 추세를 보이고 있다.

〈표 22〉 2002~2008 산전후휴가 및 육아휴직 사용현황

년도	산전후휴가		육아휴직			산전휴가 사용자 중 육아휴직 비율(%)
	인원(명)	지급액 (100만원)	인원(명)	지급액 (100만원)	1인당 월지급액 (만원)	
2002	22,711	22,602	3,763	3,087	30	16.6
2003	32,133	33,522	6,816	10,576	30	21.2
2004	38,541	41,610	9,303	20,803	40	24.1
2005	41,104	46,041	10,700	28,242	40	26.0
2006	48,972	90,886	13,670	34,521	40	27.9
2007	58,368	132,412	21,185	60,989	50	36.3
2008	68,526	166,631	29,145	98,431	50	42.5

자료: 홍승아 외, 2009: 93

육아휴직의 경우 만 6세 이하 취직 전 자녀(2008년 1월 출생아부터)가 있으면, 최대 1년 동안의 육아휴직 사용이 가능하다. 육아휴직 급여는 고용보험 피보험자로 단위기간 180일 이상인 근로자를 대상으로 제공되며, 사업주에게 육아휴직장려금(월 20만원)과 대체인력채용지원금(월 20~30만원)을 지원하고 있다(한국 보건복지부, 2010). 한편 정부는 2007년 관련 제도를 개정하고, 기존 전일제 휴직만이 가능했던 자격조건에서 시간제 휴직이 가능하게 함으로써 휴가사용을 활성화하고 있다. 또한

'육아기 근로시간단축제도'를 도입하여 어린자녀를 양육하는 근로자의 근로시간을 감축하고, 사업주에게는 육아·가족지원의 노력의무조항을 도입하여 일·가족 양립지원을 위한 법적 기반을 확충하였다(홍승아 외, 2009: 94). 그 외, 한국정부는 대체인력채용장려금 등을 지원함으로써 개별기업의 휴직제공을 적극 유인하고, 남성의 육아휴직 장려 및 남녀가 모두 2년간의 육아휴직 사용이 가능하도록 했다.

2007년 기업의 양립지원 제도운영 실태를 조사한 '일·가족양립지원 제도운영실태조사' 결과에 의하면 모성보호제도의 활용률은 다른 제도에 비해 비교적 높은 편이나 육아휴직은 74.7%가 활용하고 있지 않는 것으로 나타났으며, 일·가족 양립지원조치는 매우 제한적 수준으로 진행되었다(홍승아 외, 2009). 전반적으로 일과 가족의 조화로운 양립지원에 대한 기업들의 인식이 갈수록 높아지고 있는 상황이었지만, 기업들이 구체적 제도와 프로그램도입에는 매우 신중한 모습이었다. 특히 연간매출액이 많고 기업규모가 크며 여성근로자 비율이 높은 사업체일수록 일·가족 양립지원의지가 강한 것으로 나타났다(김혜원 외, 2007: 303-304).

최근 한국정부는 육아휴직 활성화를 위하여 근로시간단축제도를 실시하고 있고, 선택적·탄력적 근로시간제 도입 등 근로형태 유연화 노력을 강화하고 있다. 또한 직장문화 개선을 위하여 가족친화적 기업인증제 도입, 가족친화적 기업경영모델 개발 및 가족친화적 교육프로그램 개발·보급 등을 시행하고 있다(이삼식, 2010: 70). 그 외, 정부는 출산·육아 후 노동시장 복귀지원7)과 기타 휴가제도를 수립·추진하고

---

7) 최근 출산·육아 이후 노동시장 복귀지원으로 추진되는 정책은 ①주부 등 경력단절 여성을 대상으로 취업 상담프로그램 제공 및 취업알선 ②임신·출산·육아로 이직한 여성근로자를 채용한 사업주에게 월 60만원(처음 6개월)~30만원(나머지 6개월)의 '엄마채용장려금' 지원 ③임신·산전후휴가 중인 계약직·파견근로자를 계약기간 종료 즉시 재고용한 경우, 계약기간에 따라 '임신·출산후계속고용지원

있다. 최근에는 부부가 함께 2년 육아휴직이 가능하며 배우자출산휴가 제도 등을 신설하였으나, 실제로 여러 가지 현실적 장애들이 존재한다 (김태홍 외, 2009: 20). 요컨대 육아휴직의 남녀 공동사용과 남성의 육아 참여를 장려하는 유인책이 필요하며, 일·가족 양립이 가능한 휴가제 도를 마련해야 한다.

(2) 휴가정책의 문제점

현재 산전후휴가는 대부분 기업에서 의무적으로 제공하고 있지만, 기업규모 및 정규직 여부에 따라 사용률이 크게 다르게 나타난다. 종 업원 수 30인 이상인 기업은 70% 정도, 30인 미만 사업체는 38.8%에 불과하다. 그러나 이 수치는 고용보험에 가입된 여성근로자의 사용률 로, 비정규직 여성의 고용보험 가입률 39.2%(2007)를 감안한다면, 대다 수의 비정규직 여성근로자가 제도의 사각지대에 놓여있다(김태홍 외, 2009: 19). 또한 육아휴직의 실제 사용률은 높지 않으며, 육아휴직 비율 은 2003년 21.2%에서 2008년 42.5%로 증가되었지만 여전히 낮은 수 준이다(홍승아 외, 2009: 92). 특히 많은 수의 비정규직 여성근로자들을 포함한 전체 여성근로자를 고려한다면, 상술한 육아휴직 사용률은 매 우 낮은 수준[8]으로 평가된다.

한편 근로자를 대상으로 '휴가사용 어려움'을 조사한 결과, 산전후

금'을 월 40~60만원까지 6개월간 지급 ④기간의 정함이 없는 근로계약은 6개월 간 30만원씩 추가 지원한다(한국 보건복지부 "보도자료", 2010. 2.25).

8) 한국의 산전후휴가는 90일을 보장(60일은 사업주, 30일은 고용보험 부담지만, 중 소기업은 90일 모두 고용보험이 부담)하고 있으나 여성노동자 50% 이상이 고용보 험에 가입되지 않았고, 설사 휴가조건을 갖추었다 해도 사업장에서 고용주의 눈치 를 살펴야 하는 등 육아휴직에 불리한 조건들이 많다. 2006년 취업여성 23만 명이 출산하였으나 육아휴직자는 9,303명으로, 겨우 3.9%에 불과했다. 반면 동 시기 스 웨덴의 경우 육아휴직 이용률은 90% 이상이었다(PRESSIan: 이상이, 2010. 2.9).

휴가는 일반적으로 사용할 수 있으나 육아휴직은 신청이 매우 어렵다. 이는 휴직사용 근로자에 대한 사회적 환경과 직장 내 조직문화가 중요한 원인이며, 휴직 후 복직을 보장받기가 어려운 현실이 휴직사용을 꺼리는 중요한 요인으로 지적되었다(장혜경 외, 2007; 김안나 외, 2007). 또한 휴가사용 대상이 여전히 여성에게 편중되어 있고, 2001년 이후 휴가사용률을 살펴보면 휴가사용자 대부분이 여성이며 남성의 사용률은 2% 미만이다(홍승아 외, 2008). 특히 남성의 낮은 휴가사용률은 노동시장의 관행과 장시간근로의 기업문화 및 육아휴직 급여가 낮은 등 사회경제적 문제가 있고, 대다수 비정규직 근로자를 사각지대로 남겨두는 형평성 문제가 유발되고 있다.

일·가정 양립을 위한 사회적 환경과 기업문화 조성에서 가장 중요한 것은 사업주의 적극적 협조이며, 기업은 일·직장의 양립에 결정적인 역할을 한다. 여성이 가정과 직장을 병행해나갈 수 있는 사회적 환경은 결국 기업문화가 결정하기 때문이다(최숙희, 2010: 11). 경쟁이 치열한 직장문화 속에서 양육으로 인한 공백은 경쟁에서 도태되는 결과를 초래하며, 여성의 모성권이 확립되지 않은 사회적 환경에서 자녀양육휴가는 경력단절 혹은 노동시장 퇴출로 이어진다. 기업에서 근로자의 가족을 위한 시간적 배려는 미흡하며, 가족에 대한 제도적 지원은 소극적이다(이삼식 외, 2007). 따라서 휴가제도 활성화와 근로형태 유연화 노력이 지속되어야 하며, 기업의 적극적 역할과 자발적 참여를 위한 유인책과 강제력이 병행되어야 한다.

기존 연구결과에 의하면 육아휴직을 사용하지 않은 이유는 ①경제적 이유 ②직장복귀 어려움 ③동료의 업무량 증가 ④직장분위기 등이 공통적으로 지적되었다(장혜경 외, 2007; 홍승아 외, 2009: 95). 따라서 낮은 소득대체율의 휴직급여9)를 인상하여 소득대체기능을 보강하고, 직장분위기 문제는 전반적인 사회문화적 변화가 요구된다. 요컨대 육아휴직을 근로자의 권리와 사회적 책임으로 이해하고, 육아휴직에 대한 사회적 거부감 불식노력 및 일과 가족생활의 균형을 위한 정부와 기업·근로자의 협력과 총체적 노력이 필요하다. 한국의 산전후휴가 및 육아휴직 제도는 2000년대 이후 제도화되었으나, 실제 사용에서는 현실적 장애들이 존재한다. 따라서 실제로 사용가능한 제도로 정착시키며, 근로자의 입장과 기업의 입장에서 고려할 문제들을 점검하고 해결하려는 정책적 노력이 중요하다.

(3) 노동시간정책

2007년 '남녀고용평등과 일·가정 양립지원에 관한 법률' 개정을 통해 도입된 육아기 근로시간단축제도는 육아휴직을 보다 용이하게 사용하는 것이다. 한국의 장시간노동[10]은 남녀근로자의 노동생산성 저하와 건강 악화 및 삶의 질을 떨어뜨리고, 가족 내 자녀양육에 대한 남성의 참여를 저해하는 주요인이다(김태홍 외, 2009: 20). 남녀의 양육시간을 조사한 2005년 '전국가족실태조사' 결과에 의하면, 여성에 비해 남성의 자녀양육 시간은 극히 미미하다. 따라서 근로자의 필요에 따라 출퇴근시간 및 근무시간을 조정할 수 있는 유연성 확대, 근무 장소의 유연성 도입(재택근무 등)이 필요하다. 또한 장시간노동문화의 근본적

---

9) 현재 육아휴직 급여는 정액급여로 월 50만원이 제공된다. 그러나 이 금액은 2006년 월 통상임금의 26.7%이며, 휴가기간의 소득대체기능을 수행하기에는 크게 부족하다(홍승아 외, 2009).

10) 2004년 근로기준법 개정으로 법정 근로시간은 주 40시간으로 단축되었으나, 실제 노동시간은 연간 2,400시간대로 OECD국가 중 최장 노동시간을 기록하고 있다(김태홍 외, 2009). 반면 한국의 노동생산성은 OECD국가 중 23위를 기록했다(OECD 2007). 미국의 경제잡지 포브스(Forbers, 2008)는 한국노동자들의 노동시간이 OECD국가 중 가장 긴 이유는 한국 노동자들의 근면함보다는 장시간 근로를 일 성취의 최선의 방법이라고 생각하는 직장문화에 기인한다고 비판했다(이채정, 2009).

개선과 법정 근로시간 준수 및 정시퇴근제도 등 조직문화를 변화시키는 노력이 요구된다.

한편 육아기 근로시간단축제도는 전일제 육아휴직과 보완적으로 사용가능하도록 대상자녀(생후 3년 미만), 기간(1년) 등을 동일하게 적용한다. 또한 근로자가 육아휴직을 사용하는 대신 주 15~30시간 근무하는 근로시간 단축을 신청할 수 있다. 그러나 고용주는 근로시간 단축을 이유로 근로자의 근로조건을 불리하게 하지 못하며, 근로시간 단축을 이유로 해고 등 불이익의 처우를 금지하고 있다(한국 노동부, 2008). 중요한 점은 제도적으로 도입된 권리를 실제로 사용할 수 있는 기업의 조직문화의 변화와 적극적 협조가 동반되어야 한다는 것이다. 또한 근로자의 필요에 따라 근로시간 단축기간이 끝나면 다시 재조정이 가능하도록 하며, 사용자의 불허권리가 남용되지 않도록 제도적 장치를 보완할 필요가 있다.

2007년 한국 여성의 파트타임 종사자 비중(2005년)[11]은 12.5%(OECD 평균 25.5%)에 불과하며, 25~29세 여성의 파트타임 비중은 더욱 낮다. 한국에서 단시간근로제 운영이 활성화되지 못한 주요인은 기업이 단시간근로 고용을 기피하고 있기 때문이다. 단시간근로제는 고용형태의 다양화로 경기변동에 따른 노동력 수요에 탄력적으로 대응할 수 있고, 노동공급이 가능한 장점을 갖고 있다(장혜경 외, 2007: 92-93). 그러나 현재 상황은 비정규근로가 갖는 부정적 특징만 강조되고 있어 일자리창출을 저해하고 있다. 또한 한국의 근로시간이 선진국에 비해 장시간노동이라는 측면도 있지만, 기업의 고용환경과 탄력적 근무제에 대한 사회보험적용 배제 등 사회적 여건이 취약하다는 점에 문제의 근원이

---

11) 여성의 파트타임 비율(2005)은 체코·그리스·헝가리·슬로바키아 외, 한국(12.5%)이 가장 낮다. 네덜란드(60.9%)가 가장 높고, 스위스(45.8%), 일본(42.3%), 호주(41.7%)순이다(장혜경 외, 2007).

있다.

노동시간정책은 최근 주목받는 정책이며, 자녀양육과 취업양립이 필요한 취업부모의 경우 육아기 노동시간단축과 시간조정이 필요하다. 유럽 선진국은 유연한 노동시간제 도입과 활용으로 효과를 보고 있다. 영국(파트타임근로지침·탄력근무규제·탄력근무요청에 관한 법, 등)과 네덜란드[12](노동시간조정법 등)는 관련법을 제정하여 유연노동에 대한 근로자 권리와 고용주 의무를 법적으로 규정했다(홍승아 외, 2008: 330). 그러나 유연한 노동시간정책이 여성에게만 집중된다면, 노동시장과 가족 내 성별분업은 여전히 해결되지 못한다. 노동시간정책 국제비교결과에 의하면 탄력근무제 시행률은 영국(67.4%)·스웨덴(65.2%)·한국(35.0%) 순으로 나타났다(홍승아 외, 2009: 445). 특히 장시간노동문화를 갖고 있는 한국사회에서 탄력근무제를 일·가족 양립정책으로 개발하여 보급시킬 필요가 있다.

요컨대 한국에서 탄력근무제가 취업여성의 선택으로 되게 하려면 시간제노동자 보호와 차별금지가 법적으로 보장돼야 하지만, 시간제근로형태의 법적 보장은 매우 취약하다. 2007년 '기간제 및 단시간근로자 보호 법률'의 시행으로 단시간근로제에 대한 차별적 처우와 부당한 초과근로 요구 등의 보호조항은 설치되었으나, 여전히 단시간근로제는 노동시장 내 열악한 지위를 갖고 있다. 따라서 육아 및 가정생활을 지원하기 위해서는 근로자의 출퇴근시간과 근로시간을 조정하는 등의 다양한 탄력적 근무형태가 기업의 협조 하에 더욱 확산될 필요가 있다.

---

12) 네덜란드에서는 남성근로자 23%, 여성근로자 75%가 파트타임으로 근무하고 있을 정도로 파트타임 노동이 보편화되어 있다. 1996년 '파트타임근로차별금지법', 2000년 '근로시간조정법' 등을 제정하고, 파트타임에 대한 고용보장과 처우개선을 안정화시켰다. 또한 근로자의 근무시간 증감에 대한 요구권리 명문화와 근로자의 필요에 따른 노동시간 조정 및 차별과 불이익을 겪지 않도록 법적으로 보호하고 있다(홍승아 외, 2008).

(4) 기업의 양립지원 현황과 가족친화정책

최근 한국사회에서 일·가족 양립정책에 대한 기업의 역할과 책임이 정책아젠다로 부상하고 있다. 한편 기업이 재생산에 대한 사회적 책임을 수용하지 않고 있어, 육아기 여성은 경력단절 혹은 노동시장에서 퇴출하게 된다. 또한 근로자 가족에 대한 시간적 배려가 미흡하며, 1인당 연간근로시간은 2,390시간(2005년)으로 OECD국가 중 가장 높다(이삼식 외, 2007: 130). 노동시간의 증가는 육아·가사에 필요한 시간감소로 이어지며, 가사·육아의 정상수행이 어렵게 된다. 영세사업장의 경우, 직장보육시설 설치가 의무화되어 있지 않아 비정규직 여성의 일·가정 양립은 더욱 어렵다. 이러한 열악한 노동시장 환경13)으로 직장·양육 중 양자택일해야 하는 여성전략은 출산지연 및 소자녀 출산으로 나타난다.

한편 법적 제도화를 한 휴가제도는 인지도와 시행률이 높은 반면, 시행도가 낮은 탄력근무제는 기업문화와 사회조직문화 등의 사회경제적 변화가 동반되어야 한다. 조사결과에 의하면 기업의 일·가족 양립지원 장애요인은 ①더욱 중요한 경영문제 산재 ②제도의 효과성 부족 ③제도도입 비용지출 등 순서로 나타났다. 그러나 휴가제도를 도입한 기업은 기업의 생산성 향상(90.7%), 우수인력 확보(95.2%)에 유용하다고 응답했다(김태홍 외, 2009: 22). 대한상공회의소(2006)가 일·가족 양립제도 도입과 관련해 기업지원 희망분야의 조사결과는 ①제도도입 관련

---

13) 최근 OECD국가의 경우 기혼여성의 파트타임 근로방식이 증가되고 있고, 풀타임(종일제)과 파트타임(시간제) 노동자를 동등하게 대우(네덜란드)하며, 파트타임 고용환경의 질이 높고 노동권도 보장되어 있다. 출산율이 높은 프랑스(2008, 2.02)와 스웨덴(2008, 1.91)의 경우 파트타임 종사자 비중이 각각 23.1%와 19.7%를 차지하지만, 한국은 12.5%로 상대적으로 낮은 수준이다(신윤정, 2009). 또한 한국의 (여성)파트타임 근로자의 대부분이 비정규직이며 급여수준이 낮고, 고용환경이 선진국에 비해 비교적 열악하다는 문제점이 있다.

경비지원(46%) ②근로시간 유연화 법제 개선(16.4%) ③금융·조세 등 인센티브 제공(16.2%) ④도입·실천 관련 노하우 제공(9.2%) ⑤가족친화기업 인증 및 우수사례 홍보(6.2%) ⑦보육시설, 방과 후 시설 확충(6.0%) 등 순서로 나타났다.

2008년부터 시행된 '가족친화적 사회환경 조성촉진법'에 의하면, '가족친화적 사회환경'을 일과 가정생활의 조화로운 병행 및 아동양육·가족부양 등 책임을 사회적 분담의 제반 환경으로 정의하고 있다. 또한 가족친화제도는 탄력적 근무제와 출산·양육 지원 및 부양가족지원(가족간호휴직제 등) 등이 포함되며, '촉진법'은 일·가족 양립정책의 법적 근거를 마련했다(홍승아 외, 2008: 307). 최근 한국사회에서는 가족친화정책을 주로 기업부문의 정책으로 간주하고, 가족친화적 기업정책을 강조하고 있다. 여성가족부(2006)는 한국기업의 가족친화성 진단과 가족친화제도 현황 측정을 위한 가족친화지수를 개발하였고, 저출산고령사회위원회(2007)는 가족친화경영을 일과 가정생활을 조화롭게 수행하는 기업문화를 만들어가는 경영전략으로 소개했다. 한편 저출산고령사회위원회(2007)가 가족친화경영 관련 기업실태 조사결과, 한국의 가족친화경영수준은 '도입단계' 수준으로 평가되었다.

갈린스키 외(1991)와 프리드만·존슨(1996)은 일·가족 양립 발전단계를 ①일·가족 조화를 여성문제로 규정하는 도입단계 ②최고경영진이 적극적으로 지지하는 확산단계 ③기업문화를 전면 개혁하는 정착단계 ④기업경영 전반과 연계되는 심화단계로 나누었다. 이에 따르면 한국은 아직 도입단계 수준이다(김태홍 외, 2009: 21-22). 선행연구(유계숙, 2008)에 의하면 산전후휴가·육아휴직 등은 '정착단계'에 진입했고, 아버지 출산휴가는 '확산단계'로 나타났다. 반면 탄력적 근무제도는 대부분 시행수준이 저조하고, 육아기 근로시간단축 등은 '도입단계'에 불과하다. 현재 한국에서는 산전후휴가·육아휴직제도·직장보육시설 등을 제도화했으나 소수의 기업들이 이를 수용하는 수준이며, 일·가족 양립제도가 아직 정착되지 못했다.

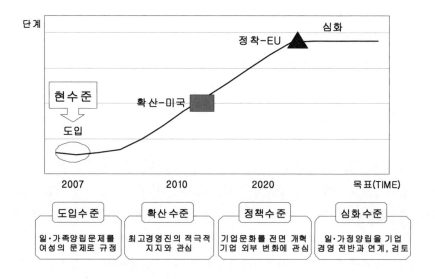

〈그림 15〉 일·가족 양립 발전단계의 4단계

요컨대 가족친화정책은 일과 가족생활의 양립을 위하여 필수적으로 요구되는 노동시장부문의 핵심적 사업이지만, 한국사회에서 기업의 가족친화정책 제공은 '미미한 수준'으로 평가할 수 있다. 한편 가족친화정책이 보편화되려면 국가의 제도적 지원과 함께 기업의 적극적 참여와 지역사회의 협력이 필요하다. 즉 기업의 자발적 참여를 적극 유도할 수 있는 제도(유인·강제)적 설정과 가족친화적 기업정책 실행노력이 필요한 실정이다. 또한 정부와 기업·지자체가 공동으로 일과 가족생활의 조화로운 양립을 지원하는 사회적 환경을 마련할 필요가 있다.

3. 정책적 함의

최근 한국사회는 여성의 경제활동참여 증가와 핵가족화로 가족 내 돌봄기능의 약화, 초저출산 현상 고착화 등 사회문제에 직면하고 있다. 따라서 직장과 가족·육아 두 영역의 조화로운 양립을 위한 정책수립과 제도 활용이 정책과제로 부상했다. 보육정책은 1990년대 이후 저출산 정책분야에서 가장 중점적으로 추진해온 정책이지만, 보육서비스는 취업여성의 욕구를 충족시키지 못하고 있다. 특히 공보육은 제한적으로 제공되고 있고, 대부분의 보육서비스는 민간보육시장에 의존하고 있다. 육아휴직제도는 2001년 이후 제도화되었으나, 실제 사용에서는 현실적 장애들이 존재한다. 즉 휴가제도에 대한 사회적 환경과 직장 내 조직문화가 주요인이며, 휴직 후 복직이 어려운 현실도 휴직사용을 꺼리는 중요한 원인이다. 또한 사용대상이 여성에게 편중되어 있다. 또한 기업이 재생산에 대한 사회적 책임을 수용하지 않고 있어, 육아기 여성은 경력단절 혹은 노동시장에서 퇴출하게 된다. 가족친화정책은 노동시장의 핵심사업이지만, 기업의 가족친화정책 제공수준은 미미하다. 따라서 정부·기업·지자체가 협력하여 일·가족 양립을 지원하는 사회환경을 마련할 필요가 있다.

기존 보육정책이 보육제도 정비와 중·장기적인 계획수립이 중점이었다면, 향후 영유아의 삶의 질을 향상시킬 수 있는 실질적 보육서비스를 제공해야 한다. 또한 국공립 및 민간개인시설에 동일한 보육서비스를 제공하고, 그간 보육의 공공성이 간과된 채 영리목적의 보육시설이 양산된 점을 감안해 보육정책 효과성을 철저히 점검할 필요가 있다. 향후 보육시장화 지양 및 공공성 보육이념을 기본으로 정책을 추진하며, 국공립보육시설 확충 및 민간시설 공공성을 강화해야 한다. 현재 한국의 육아휴직 사용률은 여전히 저조하며, 출산휴가의 1/4 수준에 불과하다. 이는 낮은 (휴가)급여수준과 기업의 분위기가 중요한 원인이며, 현재 많은 기업들이 여성인력을 기간제·비정규직으로 활용하고 있는 것과 관련된다. 한편 육아기 여성의 경력단절 개선을 위해 정규직 중심의 산전후휴가제도를 비정규직 여성에게도 적용할 수 있도록 제도개선과 보완이 필요하다. 또한 육아휴직급여의 개편과 근로시간단축제도 활성화 및 남성의 육아휴직사용률 제고를 위한 인센티브와 강제성이 수반된 유효한 휴가정책을 추진할 필요가 있다.

2007년 '법률' 개정을 통해 도입된 근로시간단축제도는 활용이 저조하며, 근로자의 필요에 따라 출퇴근시간과 근무시간을 조정할 수 있는 유연성 확대 등 탄력근무제의 활성화가 필요하다. 따라서 장시간노동문화 개선과 정시퇴근제도 등 기업의 조직문화 변화가 요구된다. 한국에서 단시간근로제가 활성화되지 못한 주요인은 기업이 단시간근로고용을 기피하고 있기 때문이다. 또한 기업의 고용환경과 탄력근무제에 대한 사회보험적용 배제 등 기업과 근로자가 단시간근로를 활용할수 있는 사회적 여건은 열악하다. 탄력근무제가 취업여성의 선택이 되려면 시간제노동 보호와 차별금지가 법적으로 보장되어야 하지만, 시간제근로의 법적 보장은 매우 취약하다. 현재 대부분 기업에서 탄력근무제 시행수준이 저조하며, 근로시간단축제도는 도입단계이다. 이러한 '저조한 시행'은 가족친화적 기업정책의 미비와 직장문화의 미정착에 기인한다. 시장의 노동시간 증가는 결국 육아·가사에 필요한 시간감소로 이어지며, 가사·육아부담이 증가된다. 최근 한국사회에서는 가족친화정책을 기업부문의 정책으로 간주하고, 가족친화적 기업정책을 강조하고 있다. 현재 장시간노동이 지배적인 노동시장에서 가족시간 확보를 위해서는 노동시장 제도와 성역할 변화 및 가사책임을 분담하는 가족문화가 동반되어야 한다.

최근 여성들의 경제활동참여 증가와 함께 취업 및 가족 가치관은 크게 변화되었다. 즉 여성들은 취업을 가정과 독립적인 생애과업으로 수용하고 있지만, 사회는 여전히 출산·양육의 책임과 부담을 여성과 개별가족에게 부과하고 있다. 따라서 여성들의 선택은 결혼기피와 출산연기로 나타나며, 출산에 따른 여성의 경력단절 및 노동시장 퇴출로 이어진다. 최근 일·가족의 양립정책이 이러한 사회문제를 해결하는 '적절한 대응책'으로 부상하고 있다. 한편 한국의 일·가족 양립정책은 이제 시작단계이며, 기존의 '일 중심'에서 일·가족 양립이라는 패러다임 전환과정에 놓여있다. 특히 남성가장의 생계부양자 역할을 강조하는 사회적 가치가 여성의 경제활동참여 증가와 핵가족화 및 2인 소득자 가정구조로 변화되면서 가족 내 돌봄기능은 한계점을 보이고 있다. 따라서 남녀의 일과 가족생활을 병립시키는 제도개선과 기업문화의 변화가 필요하며, 이 두 가지 영역을 조화롭게 균형 맞추는 사회·가족시스템의 근본적 변화가 필요하다.

일·가족 양립정책은 국가와 기업 및 개인·가족 모두에게 필요한 '상생의 전략'으로, 국가차원에서는 여성고용과 출산율 제고의 정책효과를 가져온다. 또한 기업차원에서는 우수인력 확보를 통해 기업의 경쟁력을 강화시킬 수 있고, 개인차원에서는 여성근로자의 장기 재직을 통한 경력발전과 출산·양육·노인부양·가사 등 여성이 전통적으로 담당해온 가족책임을 남녀근로자가 공동으로 부담함으로써 지속가능한 사회발전이 가능하다. 한편 정부의 보육서비스 강화와 육아휴직 활성화는 여성고용 증가와 젠더형평성을 강화시키고, 출산휴가와 육아휴직은 출산율 제고에 '긍정적 효과'가 있는 것으로 나타났다. 현재 한국의 일·가족 양립정책은 이제 시작단계이다. 따라서 여성의 경제참여율과 출산율 제고를 동시에 달성하는 정책효과를 거두려면, 국가의 정책지원과 기업의 적극적 협력 및 가족시스템 근본변화와 양성평등 현실화 등의 사회환경 변화와 사회제도가 뒷받침되어야 한다.

한편 일과 가족생활의 균형을 위해서는 남녀 모두를 정책대상으로 인정하고, 남녀근로자 모두에게 '양립정책'이 평등하게 적용되어야 한다. 이로써 남성이 자녀양육과 가사에 적극 참여하도록 제도화하고, 여성이 직장생활에 제한받지 않는 가족친화적 기업문화를 형성해야 한다. 현재 한국에서는 주당 40시간 근로제가 법제화되었으나, 세계 최장의 장시간근로문화가 개선되지 않는다면 남성의 가사·육아참여는 비현실적이다. 따라서 일·가정 양립이 실현되려면, 젠더지위와 돌봄기능 역할 및 노동시장구조의 총체적 변화가 필요하다. 즉 직장과 가족 내 양성평등을 통해 부부공동으로 자녀양육·가사를 분담하는 사회문화 및 가족시스템 변화가 동반돼야 한다. 이는 결과적으로 2인 소득자 가족과 자녀양육의 패러다임 전환 및 출산율 제고에 긍정적 영향을 미칠 것이며, 정책효과로 가시화될 것이다.

또한 일과 가족생활의 균형을 위해서는 ①일·가족 양립정책이 단순히 여성노동력의 활성화 전략으로만 인식되어서는 안 된다. 즉 '양립정책'이 여성을 대상으로 한 정책으로만 인식된다면, 가족 내 전통적 성별분업 해소 및 노동시장 내 성역할 분담 현상이 극복되지 못할 것이다. 따라서 양립정책은 '가족책임이 있는 남녀근로자'를 대상으로 추진되어야 한다. ②일과 생활의 균형·조화는 생애 전 과정에 있어서의 '일과 삶의 균형·조화'를 추구하는 방향으로, '양립정책'이 장기적으로 추진되어야 한다. ③현재 한국의 '양립정책'은 외형적으로 '상당한 골격'을 갖추었으므로, 향후 정책포커스를 제도의 실효성과 활성화에 맞춰야 한다. 또한 제도사용 활성화를 위해서는 남녀근로자가 육아휴직을 '권리'로 신청할 수 있고, 이를 적극 수용하는 가족친화적 기업정책과 직장문화 변화가 수반되어야 한다. ④일·가족 양립정책은 효과적인 저출산 대응책으로 실시되어야 하며, 여성인력활용의 투자정책 및 건강한 아동성장을 위한 복지정책 등의 '종합적 대책'으로 추진될 필요가 있다.

요컨대 일·가족 양립정책의 제도화와 함께 중요한 문제는 실질적 제도의 활성화이다. 이를 위해서는 노동시장 관행과 기업의 조직문화 및 성역할 변화 등의 전반적인 변화가 수반되어야 한다. 궁극적으로 일·가족 양립정책은 양성평등을 기반으로 남녀의 노동권과 부모권을 보장하는 방향으로 전개되어야 할 것이다. 즉 자녀의 출산·양육과정에서 여성은 경력단절을 경험하지 않고, 자녀양육에 부부공동으로 참여하도록 정책지원을 해주는 것이다. 한국의 일·가족 양립정책이 여성의 경제참여율과 출산율 제고를 동시에 높이는 정책효과를 거두려면, 국가의 정책지원과 기업의 적극적 협력 및 가족시스템의 변화 등의 사회환경 변화와 함께 양성평등의 사회제도 및 가족친화적 기업문화가 전제돼야 한다.

제2절 중국의 양성평등 정책

1. 기본국책으로서의 양성평등

중국에서 정책은 광의적·협의적 의미로 구분되며, 국가정책은 기본 국책과 일반정책 및 구체적 정책으로 구분된다. 기본국책(基本國策)은 국가가 최우선적으로 광범위하게 추진하는 시급한 국정과제로, 권위적 강제성과 보편적 제약성 및 장기적 안정성 등의 특징을 갖고 있다(魏國英, 2007: 30). 신중국건립 후 중국정부는 헌법과 상응한 일련의 남녀평등 관련 정책들을 제정·실시했다. 예컨대 남녀평등의 취업정책, 동일노동·동일임금(同工同酬), 여성노동자 유급출산휴가, 여성간부 배양·선발 등이다. 이러한 정책적 노력이 1995년 남녀평등이 기본국책으로 제기[14]될 수 있는 사회적 배경이 되었다.

1980년 이후 중국에는 여성에 관한 두 개의 기본국책이 제정되었다. 그중 하나는 1980년대 이후 기본국책으로 추진되어 온 계획생육정책 이며, 2001년에 '중화인민공화국 인구와 계획생육법'으로 입법화되었 다. 다른 하나는 1995년 베이징에서 개최된 제4차 유엔세계여성대회 에서 기본국책으로 공식 제기된 양성평등 정책이며, 2005년 8월 수정 된 '여성권익보장법'이 통과되면서 기본국책으로 입법화되었다(李群, 2008: 5). 2005년 (개정)여성권익보장법은 '남녀평등은 기본국책'이라고 법적으로 명확하게 규정했으며, 중국의 양성평등 및 남녀의 조화로운 발전 추진에 중요한 법률적·정책적 근거를 마련했다.

1950년에 제정된 '혼인법'은 봉건적 혼인제도를 폐지하고, 여성의 권익을 보장하는 혼인제도를 건립했다. 1954년 '헌법'은 양성평등 원 칙과 여성권익을 보장을 명시했고, 1982년 (수정)헌법은 '여성의 권익 보장과 남성과의 동등권리'를 재차 명문화했다(舒丹 외, 2005: 109). 한편 1995년 베이징에서 개최된 제4차 세계여성회의에서는 '베이징선언'과 '베이징행동강령'이 통과되면서 중국의 여성지위와 권익은 향상되었 고, 양성평등 정책은 국제사회 인정을 받게 되었다(李群, 2008). 1995~ 2005년 젠더평등의 중요성 확산과 함께 중국 여성의 권리의식은 신속 히 제고되었고, 양성평등 제도화로 여성정책은 더욱 발전되었다. 그 중 2005년 수정된 여성권익보장법은 양성평등 발전에 적극적인 촉진 역할을 담당하였다.

1988년에 반포된 '여직공노동보호규정'은 여직공의 임신·출산기간

---

14) 제4차 세계여성대회가 1995년 9월 베이징(北京)에서 개최되었다. 회의에서 연설한 장쩌민(江澤民) 전 국가주석은 "남녀평등의 실현정도는 사회발전정도를 측정하는 중요한 척도로서 중국정부는 여성발전을 매우 중시하며, 남녀평등을 사회발전의 기본국책으로 삼는다"고 강조했다(魏國英, 2007).

에 노동계약을 해제해서는 안 되며, 임신·출산기 여직공에게는 '3급 체력노동' 등의 중노동은 금지해야 한다고 규정했다(信春鷹, 2005: 159). 여직공이 많은 기업에서는 임산부 수유실과 탁아소·유치원 등 보육시설을 마련하도록 책정했다. 또한 여직공은 출산기간에 사회보험급여를 지급받을 수 있으며, 출산휴가(90일) 기간 월급은 정상적으로 지급받는다(李群, 2008). 1994년 기업직원생육보험시험방법에 의해 생육보험제도는 사회화된 제도로 발전하였다. 국가는 계획생육을 한 여직공에게는 우대대우를 부여하지만, 계획생육을 위반한 여직공에게는 경제처벌을 부과했다(오정수, 2006: 153). 한편 여성의 사회활동참여 증가에 따라 가족 내 역할분담 변화와 사회지위가 제고되었는데, 이는 여성교육 확대와 여성의 권리보장이 뒷받침되었기 때문에 가능했다.

1995년 베이징에서 개최된 세계여성회의는 중국의 여성발전과 젠더의식 제고에 중요한 기여를 했다(信春鷹, 2005). 한국 언론은 회의에서 채택한 "여성은 남성과 사회의 보호대상이 아니며 남성과 동등처우를 받아야 한다"는 성주류화 전략을 '주요성과'로 지적했다(한국 여성신문 343호, 1995년). 한편 베이징 세계여성회의 이후 여성학에 젠더개념이 도입되었고, 여성연합회 등 여성단체의 활약이 눈부신 발전을 가져왔다(秋山洋子, 2010: 318). 중국정부는 남녀평등을 기본국책으로 공식 제기했고, 젠더평등 법률규범화 및 여성권익 보장을 강화했다. 이러한 법적 확립은 여성의 가정 내 성역할 변화와 사회지위를 향상시켰다.

최근 10년 간 중국의 젠더평등은 상당히 발전되었으나, 양성불평등 현상은 여전히 존재하고 있다. 예컨대 시장경제 도입 후 산업구조조정에서 여성은 남성보다 더 많이 실직되었고, 여성의 재취업은 어려운 상황이다. 또한 여성은 성별 이유로 노동시장에서 기시당하고, 남녀의 임금격차 및 (여성)비정규직은 늘어나고 있다(魏國英, 2007: 42). 한편 1980년대 이후 시장경제가 도입되면서 국가와 직장에서 제공하던 공보육·

공교육은 점차 줄어들었고, 여성의 진학률이 감소되고 있다(김영진, 2004). 한편 2차례 혼인법 개정배경에는 시장경제 도입 후 부활한 매춘·축첩·이혼·중혼 등의 여성문제가 사회문제로 부상되었다.

본 절에서는 신중국 성립 후 중국의 양성평등 정책발전과 국가기제의 건립, 양성평등 원칙의 법적·제도적 확립과 젠더평등 법률규범화, 여성권익 보장을 위한 중국정부의 관련 법률 제정 및 정책의 추진과정을 살펴본다. 또한 정부가 추진한 기업에 의한 임신·출산여성 보호 정책 및 성역할 변화와 (도시)가정 내 '양성평등' 현황을 분석하고, 양성평등 정책의 성과와 문제점을 짚어본다. 그리고 중국의 양성평등 정책에 대한 평가와 함께 한국과 일본의 관련 정책과 비교하여 한국의 양성평등 정책에 주는 시사점을 도출하고자 한다.

2. 양성평등 정책의 추진 현황

1) 양성평등 추진의 국가기제(機制)15) 건립

1980년대 이후 중국정부는 개혁개방 실시와 함께 출산율 증가를 억제하는 '한자녀 위주'의 계획생육정책을 동시에 추진하였다. 따라서 양성평등을 위한 여성의 사회지위 제고와 경제활동참여 증가 및 사회적 책임·역할이 더욱 중시를 받게 되었다. 정부는 양성평등 정책일환으로 여성의 정부(업무)기구 설립과 정책의 방침·목표 확립, 기제운영

---

15) 중국정부가 양성평등 정책의 본격적 추진을 위한 국가기제 건립은 1978년 전국여성연합회 성립과 새로운 영도기구 선출, 1980년 혼인법 개정이 계기가 되었다. 1980년대 이후 중국정부는 양성평등 정책일환으로 여성의 정부기구 설립과 정책·법률의 규범화, 재정지원 보장과 여론환경의 조성, 매체 홍보와 선전·교육 강화 등의 남녀평등을 촉진하는 국가기제를 발전·강화시켰다. 이러한 여성정책의 발전 및 양성평등의 제도화는 국가역할에 기인한 정책사례로 간주할 수 있다.

과 정책·법률의 규범화, 자원투입 보장과 언론환경의 조성, 매체 홍보와 선전·교육 강화 등의 구체적 정책제도를 건립하고, 남녀평등을 촉진하는 국가기제(機制)를 건립 및 발전시켰다.

1978년 9월 제4차 전국여성대표대회를 베이징에서 개최하여 새로운 시기 여성역할을 확정하고, 여성의 '철저한 해방' 강조와 경제활동참여를 권장하였다. 또한 전국여성연합회장정(章程)을 제정하고 새로운 영도기구를 선출, 중국의 유명한 여성지도자 쑹칭링(宋慶齡)·차이창(蔡暢)·덩잉초오(鄧穎超)를 '여성연합회' 명예주석으로 선임하였다. 1983년 3월 중앙정부는 '여성연합회'의 향후 사업목표와 방침을 제정하였다(李傲, 2009: 129). 즉 여성·아동의 합법적 권익을 견결히 수호하고 소년아동의 건전한 성장을 보장하며, 여성의 경제활동참여와 함께 '물질문명·정신문명' 건설에서의 적극적 역할을 충분히 발휘할 것을 권장하였다.

중앙정부 국무원(國務院)의 비준을 거쳐 1990년 2월 국무원여성아동사업조정위원회가 정식으로 성립되었다. 1993년 8월에 국무원여성아동사업위원회(약칭, 婦兒工委)로 명칭을 바꾸었는데, 이는 여성·아동에 대한 제반 사업을 시행하는 최고급의 행정기관이다. 현재 32개의 부서와 1개의 사회단체로 구성되어 있으며, 초대주임(일인자)으로 국무위원 펑페이원(彭珮雲)이 선정, 현 주임은 국무원 부총리 우이(吳儀)이다(魏國英, 2007: 32). 따라서 전국의 지방정부는 상응한 여성·아동사업을 주관하는 정부기관을 설립했으며, 관련 비용은 지방정부의 주요책임자가 직접 책임지고 정부의 재정예산에서 조달하도록 책정했다.

1988년 12월 중국여성발전기금회가 베이징에서 성립되었다. 그 취지는 여성의 복지사업을 증진시키며, 여성사업의 발전에 조건을 창조하는 것이다. 중앙과 지방의 재정은 여성발전에 대한 자금투자를 점차 증가시키고, 여성사업 발전을 위한 재정지원을 확대했다(魏國英, 2007).

한편 1990년 여성·아동의 보건·예방과 방역에 대한 국가의 재정지원은 3.05억위안과 12.03억위안에서 2003년에는 15.79억위안과 90.54억위안으로 증가되었다. 또한 2001년부터 2004년까지 국가가 빈곤계층을 위한 어음할인대출 중 농촌의 소액신용대출 총액은 135.2억위안이며, 그 중 반수 이상 대출자가 여성이다(國務院新聞辦公室, 2005).

한편 중국정부는 언론을 통해 남녀평등의 기본국책을 적극 소개16)하였다. '인대(人大)' 부위원장을 역임한 평페이원 등 고위층 여성지도자들은 남녀평등 중요성에 대한 강연을 진행했으며, 정부지도자들도 남녀평등 의의와 여성의 역할·공헌을 높이 평가했다. 또한 신화사와 인민일보, CCTV 등 주류 매체들은 전문 프로그램을 만들어 남녀평등의 중요성을 선전하고 여성의 권익보호를 호소하였으며, 여성발전의 현황과 적극적 역할을 홍보하였다(張黎明, 2005). 한편 중앙당교(黨校)와 지방당교에서는 '젠더와 남녀평등 기본국책'이라는 특별과목을 개설하였고, 각 성의 고위급지도자 양성과목에 '남녀평등 기본국책'과 여성이론 내용을 포함시켰다.

중국정부는 중국여성발전강요(1995~2000)와 (2차)여성발전강요(2001~2010년)를 반포하였다. '강요(綱要)'는 남녀평등의 목표와 정책조치를 제정하고, 헌법에 규정된 여성의 정치·문화·사회·가정의 평등 권리를 강조하였다. 1995년 8월 유엔개발계획서가 발표한 '1995년 인력자원발전보고'는 그동안 중국정부의 양성평등 추진을 위한 정책적 노력과 여성의 활발한 사회경제활동 참여 등의 정책성과17)를 긍정적으로 평

---

16) 남녀평등에 대한 여론 조성과 매체 홍보를 통한 정책효과는 ①당정(黨政) 지도자에 대한 교육을 강화하여 정책담당층의 양성평등 인식수준 제고 ②여성들에 대한 의식교육을 진행하여 여성의 자아발전과 자아보호의 의식수준 제고 ③여성노동자에게 선전·교육을 진행해 여성의 양성평등 의식의 제고 ④전 사회적 양성평등 교육을 강화해 젠더의식 수준 제고 등이다(張黎明, 2005).

17) 1995년 9월9일 중국 신화사(新華社)는 뚱윈후(董雲虎)의 "중미(中美)양국 간 여성발

가했다(李儆, 2009: 131). 특히 1995년 베이징에서 개최된 제4차 세계여
성대회는 중국의 양성평등 정책에 대한 국제사회의 긍정이며, 이는 중
국 여성의 사회지위 향상과 양성평등 정책성과가 세계의 주목을 받게
된 계기가 되었다.

2) 양성평등 정책의 법적 확립과 발전

(1) 양성평등 원칙의 법적·제도적 확립

1949년 9월 공민의 기본적 권리를 규정한 공동강령(共同綱領)에서는
여성은 정치·경제·문화교육·사회생활 등 각 방면에서 남자와 동등
한 권리를 가지며, 남녀 혼인자유의 실시 및 여성·아동의 특수이익을
보호해야 한다고 명확히 지적했다(李儆, 2009). 한편 1950년 5월 중앙정
부는 신중국 건립 후 처음으로 되는 (여성)법률 혼인법을 반포했다. 이
로써 기존의 남존여비(男尊女卑)와 여성을 기시하는 봉건적 혼인제도를
폐지하고, 혼인자유·일부일처(一夫一妻)·남녀평등 및 여성과 자녀의 합
법적 이익을 보호하는 새로운 혼인제도를 건립했다. 또한 혼인법은 동
혼(童婚)·축첩·동양식(東養媳)을 금지한다고 규정했다.

1954년 9월 제1기 전국인민대표대회에서 통과된 첫 헌법인 중화인
민공화국헌법(憲法)에서는 신중국의 여성은 모든 방면에서 남자와 동등
한 권리를 가진다고 명확히 규정하였다. 1957년 제3차 전국여성대표
대회에서는 기존의 중화전국민주여성연합회를 중화인민공화국여성연
합회로 명칭을 바꾸었으며, 제4차 전국여성대표대회(1978. 9)에서는 전
국여성연합회장정(章程)을 통과시켰다. 그 후 중화인민공화국여성연합

전상황 비교"라는 문장을 발표하고, 양국 간 25개 방면의 구체적 '상황비교'를 통
해 여성발전의 '총체적 수준'이 중국이 미국에 비해 높다는 결론을 '유력하게 논
증했다'고 주장했다(李儆, 2009).

회는 중화전국여성연합회로 명칭이 변경되었으며, 중화전국여성연합회는 여성의 권익과 인권에 대한 보호 및 촉진에 중요한 역할을 하였다.

1981년 1월에 신혼입법(新婚姻法)이 반포됨에 따라 기존의 혼인법은 폐지되었다. 신혼인법은 새롭게 혼인가정 관계를 규범화하였고, 세 가지 원칙으로 ①혼인자유와 일부일처 및 남녀평등의 혼인제도의 실시 ②여성아동과 노인의 합법적 권익 보호 ③계획생육 실시 등을 책정하여 여성의 합법적 권익을 유효하게 보호하였다. 한편 1982년 12월 제5기 전국인민대표대회 5차회의에서 통과된 신헌법(新憲法)은 중화인민공화국 공민은 법률 앞에서는 모두 평등하며, 혼인·가정·여성·아동은 국가보호를 받는다고 규정했다. 또한 여성은 정치·경제·문화·사회 등 각 방면에서 남성과 동등한 권리를 가진다는 것을 법적으로 규범화하였다.

1985년 4월 제6기 전국인민대표대회 3차회의에서는 중화인민공화국 계승법(繼承法)을 통과시키고, 남녀평등의 계승권을 규정하였다. 1988년 7월에는 여직공노동보호규정이 반포되었고, 1990년에는 국무원여성아동사업조정위원회가 성립되었다. 한편 1991년 9월7일 중국은 남녀동공동수공약(男女同工同酬公約)에 가입하였다. 또한 1992년 1월에는 중국혼인가정연구회가 성립되었고, 천무우화(陳慕華) 부총리가 회장에 선임되었다.

1992년 4월 제7기 전국인민대표대회 5차회의에서는 여성아동권익보장법과 공회법(工會法)이 통과되었다. 특히 여성아동권익보장법은 여성이 정치·문화교육·노동·재산·인권과 혼인가정 등 각 방면에서의 여성의 권익을 보장하고, 헌법을 기초로 여성인권을 보장하는 완정한 법률시스템을 마련하게 되었다. 1993년 12월에는 중국인권연구회가 성립되었고, 1994년 6월 국무원신문판공실에서는 중국여성발전상황백서를 발표하였다. '백서'는 신중국 건립 이후 중국 여성의 발전상황과 남녀평등의 정책효과, 여성지위와 권리강화, 여성들의 사회공헌과 역할을 천명하였다. 1994년 10월 모영보건법(母嬰保健法)이 통과되었고, 1995년 6월부터 시행되었다.

1995년은 중국의 여성권익 보장의 법률규범화 및 여성단체의 활동이 가장 눈부신 한해였다. 1995년 1월부터 노동법이 시행되었고, 여성아동사업위원회는 제2기 전국여성대표대회에서 중국여성발전강요(1995~2000년)를 통과시켰다. '여성발전강요'는 여성의 자질을 제고하여 법률이 제정한 여성권익의 구체적 체현을 중국여성발전의 목표로 확정하였다(舒丹 외, 2005). 1995년 3월 전국인민대표대회 3차회의에서는 교육법이 공표되었고, 1995년 9월 제4차 세계여성회의에서는 '베이징선언'과 '베이징행동강령'[18]이 통과되었다. 이로써 중국의 여성지위와 권익향상 및 양성평등 정책은 국제사회의 주목과 인정을 받게 되었다(李群, 2008; 李傲, 2009).

2001년 5월 국무원은 중국여성발전강요(2001~2010년)를 공표하였다. '여성발전강요(綱要)'는 장기적인 발전목표에서 출발하여 남녀평등의 기본국책과 헌법에 규정된 정치 · 경제 · 문화 · 사회 · 가정생활영역에서의 여성의 권리를 관철할 것을 강조하였고, 여성의 발전목표를 6개 주요영역과 34개의 주요목표 및 100개 조항의 주요조치를 규정하고 있다(李傲, 2009: 137). 한편 2005년 수정된 여성권익보장법은 여성정책과 양성평등 발전에 적극적 촉진역할을 했으며, 여성의 사회지위 제고와 여성권익을 보장하는 법적 근거를 마련했다고 할 수 있다.

---

18) 1995년 9월 베이징에서 개최된 제4차 유엔세계여성회의는 1985년 케냐 나이로비 제3차 회의 후 10년 만에 전 세계적인 여성의제를 설정하고, 새 천년을 준비한 회의이다. '회의'에서는 21세기를 대비하여 협력 · 연대를 약속한 '베이징선언'과 12개 관심 분야별 361개 '행동강령'을 채택했다.

(2) 젠더평등 법률규범화 및 여성권익 보장

중국정부는 헌법에 양성평등 원칙을 확정하고 일련의 법률과 정책규정을 출범함으로써, 젠더평등의 법률규범화 및 여성권익 보장을 강화했다. 1982년의 신헌법(제48조)은 여성은 정치·경제·문화·사회·가정생활 등의 각 방면에서 남자와 동등한 권리를 가진다고 명시했다. 제49조는 여성권리와 합법권익 보호 및 남자와 동일시간·동등보수 실행을 규정했고, 부부쌍방의 계획생육 의무와 여성아동 학대 금지를 확정했다(李微, 2009: 129). 1980년에 반포된 신혼인법(제2조)은 남녀평등의 혼인제도와 여성권익 보호 및 계획생육 책무[19]를 규정했다. 또한 부부는 가정에서 평등한 지위(제13조), 공동한 재산권·처리권을 가진다(제17조)고 책정했다.

1988년 반포된 여직공노동보호규정(제1조)에는 여직공의 합법권익을 보호하기 위해 업무와 노동 중에 여성의 생리특징을 감안하여 노동강도를 줄이는 적절한 조처 등 여성의 건강보호 실행을 규정했고, 여성 및 여성노동이 적합한 모든 기업소에서는 여직원의 채용을 거절해서는 안 된다(제3조)고 확정하였다(李群, 2008: 72). 또한 광산 채굴 등 국가가 규정한 '4급 체력노동' 강도에 준하는 중노동에 여직공을 참여시켜서는 안 되며(제5조), 여직공의 월경(月經)기간 직장에서는 고공과 저온의 상태 및 찬물 속에서 오랫동안 일하는 등 '3급 체력노동'과 그에 준하는 강도 높은 체력노동에 참가시켜서는 안 된다(제6조)고 명확히 규정하고 있다.

---

19) 1980년대 중국정부가 강력하게 추진한 '1가구 1자녀'의 계획생육정책은 '두 가지 의미'를 갖고 있다. 즉 급속한 인구증가를 억제하는 계획생육을 실시하여 출산율 저하를 달성하는 동시에 여성의 자녀양육부담을 감소시킴으로써 여성을 가정에서 벗어나게 하여 사회진출에 따른 여성지위 제고로, 양성평등 실현을 촉진시키려는 다른 일면도 내포되어 있다.

1992년에 공표된 공회법(제17조)에서는 기업에서 여직공의 합법적 권익에 대한 법률 및 정책제도의 관련 규정을 위반하였을 때, 기업의 공회조직이나 관련 부서에 반영하여 기업의 정책위반(사항)에 대해 규정할 권리가 있다고 책정하고 있다. 1993년의 국가공무원잠행(暫行)조례 제78조에는 남성 60주세, 여성은 55주세[20]면 국가규정에 따라 퇴직할 수 있다고 규정했다(李傲, 2009: 135). 1994년 노동부와 대외경제무역부가 제정한 외상(外商)투자기업노동관리규정(제24조)은 외국투자기업은 국가가 규정한 명절·공휴일·친척방문휴가 등에 대한 직원의 정상적 이용과 여직원의 출산휴가 등의 사용을 제한해서는 안 된다고 책정했고, 여직원에 대한 국가의 특수보호규정을 준수해야 한다(제26조)고 명시했다.

1994년 12월 노동부가 공표한 노동법 위반에 대한 행정처벌법 제12조는 기업소가 국가가 규정한 '3~4급 체력노동'에 미성년자와 여직공을 참여시켜 여성의 특수보호규정을 위반하고 합법적 권익을 침해한 경우, '침해·위반'한 여직공 혹은 미성년자 수치를 기준으로 매인당 3000위안까지 벌금을 부과할 수 있도록 책정하였다(信春鷹, 2005). 또한 1994년 12월에 반포된 기업직공생육(生育)보험시행법 제2조에서는 기업에서 여직공의 합법적 권익을 보호하기 위한 조치로, 여직공의 출산휴가 등에 필요한 경제적인 보상과 의료보건비용 지급 및 기업에서 생육보험비용을 부담하도록 규정하고 있다(최금해, 2008: 123).

1995년부터 시행된 노동법 제13조는 여성은 남성과 동등한 취직권리를 가지며, 기업들이 직원채용에서 성별을 이유로 여성구직자를 거절하거나 채용기준을 높여서는 안 된다고 규정했다(舒丹 외, 2005). 또한

---

20) 한편 남성은 60주세, 여성은 55주세에 퇴직해야 한다는 정책규정(1993)은 여성의 기대수명이 보편적으로 높아졌고, (도시)저출산화와 고령화가 갈수록 심화되고 있는 작금의 중국사회에서는 또 다른 '남녀차별'로 부각되고 있다.

노동법 제7장은 여직공과 미성년자 특별보호에 대한 기업의 의무를 법적으로 규범화하고, 광산 채굴과 같은 강도 높은 노동에 여성참여를 금지하는 조항과 관련 사업주에 대한 처벌조례를 법적으로 규정하고 있다(제59~61조). 한편 1995년에 통과된 교육법 제36조는 학교와 관련 행정부문은 국가의 상관 규정에 근거하여 여성의 입학·진학·취업·출국유학 등 교육과 취로 등의 각 방면에서 남성과 동등한 처우 및 같은 권리를 부여해야 한다고 명확하게 규정하고 있다(李群, 2008: 10).

1995년 9월에 베이징에서 개최된 제4차 유엔세계여성회의는 중국의 여성정책 발전과 세계 여성운동 및 젠더의식 제고에 중요한 기여를 하였고, 이정비적 의의를 갖고 있다(信春鷹, 2005; 李群, 2008). 1995~2005년 10년간 중국 여성의 권리의식 제고와 양성평등 정책이 신속히 발전했고, 젠더평등의 중요성 확산과 함께 여성연구가 활발하게 진행되었다. 이 기간 중국정부는 혼인법·인구와계획생육법·농촌토지도급법·여성권익보장법 등 법률을 개정하고, 모자보건추진법 등 100여개의 여성권익보장 관련 법규와 정책규정을 반포 및 실시했다(國務院新聞辦公室, 2005). 그 중 대표적인 성과는 2005년에 개정된 여성권익보장법으로, 이는 중국의 여성정책과 양성평등 발전에 적극적인 촉진역할을 담당하였다.

한편 2003년부터 실시된 중화인민공화국 농촌토지도급법은 여성도 남성과 같이 농촌토지의 도급권리를 동등하게 향유한다고 규정하였다. 2004년 세계빈곤계층돕기대회에서 중국정부는 '여성의 빈곤완화와 해결정책'을 공표하고, 빈곤계층을 지원하는 프로그램 참여를 적극 지지하였다(魏國英, 2007: 33). 또한 1995년에 반포된 전국인민대표대회와 지방각급인민대표대회 선거법에는 전국인민대표대회와 지방각급인민대표대회에서 적당수의 여성대표 참여율을 보장하고, 여성비율의 지속적 확대를 책정했다. 2007년 3월 제10기 전국인민대표대회 5차회의에서는 여성의 정치권리 확보를 위해 '제11기 전국인민대표대회 대표정원과 선거문제 결정'에 향후 여성대표 비율이 22%[21] 이상이어야 한다고 규정하였다.

3) 출산정책 및 '양성평등'

(1) 기업에 의한 임신·출산여성 보호정책

1988년 7월 국무원에서 반포한 여직공노동보호규정의 제4조, 제7조부터 제11조에는 임신·출산여성 관련 규정이 책정되어 있다. 즉 기업은 여직공의 임신·출산 및 수유기(授乳期)에 월급을 낮추거나 노동계약을 해제해서는 안 된다(제4조)고 규정하였다(舒丹 외, 2005). 또한 사업주는 여직공의 임신기간에는 '3급 체력노동' 등 강도 높은 중노동에 참여시켜서는 안 되며, 정상 노동시간 외의 연장근무를 불허하며 적당히 노동량을 줄여 가벼운 노동을 시켜야 한다고 규정했다(제7조). 한편 임신 7개월 이상(7개월 포함) 여직공에게는 야근노동을 시켜서는 안 된다고 규정했다(제7조). 또한 제10조에서는 임신 7개월 이상의 임신한 직원이 노동시간 내 산전검사를 한다면, 이를 노동시간으로 인정해야 한다고 규정했다(李群, 2008: 72-73).

여직공노동보호규정의 제8조는 여직공의 출산휴가를 90일, 그중 산전휴가를 15일로 규정하였다. 또한 난산(難産) 임산부에게는 휴가 연장(15일)이 가능하며, 다태(多胎)·쌍둥이를 출산한 임산부는 영아 숫자에 따라 휴가를 15일씩 늘일 수 있다. 그리고 여직공의 임신유산 경우 의

---

21) 2008년 중국의 전국인민대표대회 여성대표의 비율은 22%, 이중 12%가 소수민족에게 할당되었다(한국 양성평등교육진흥원, 2010). 반면 한국에서의 여성 국회의원 비율은 2008년 기준으로 13.4%, 일본의 여성 국회의원 비율은 11.1%(2008)에 불과했다(박선영 외, 2009).

무부문의 증명에 의해 휴가를 제공하도록 규정했다(제8조). 한편 제9조는 1주세 미만의 영아가 있는 여직공에게는 노동시간 내 두 차례 수유(인공수유 포함) 시간을 배정해주며, 매차 시간을 30분으로 한다고 규정하였다(信春鷹, 2005). 또한 제11조는 여직공이 많은 기업에서는 관련 국가규정에 따라 기업 간 연합 혹은 자립으로 여직공 회장실과 임산부 휴게실·수유실 및 탁아소와 유치원 등 시설을 마련함으로써, 임신·출산여성의 생리위생·수유·영아 돌봄의 곤란을 해결해줘야 한다고 책정하였다(舒丹 외, 2005: 47).

1994년 노동부와 대외경제무역부가 반포한 외상투자기업관리규정에 의하면 여직원의 임신·출산·수유기 내 노동계약을 해제할 수 없고(제13조), 쌍방의 협상으로 노동계약 해제할 경우 기업소재지 지방정부의 관련 규정에 따라 임신·출산으로 퇴직한 여직공의 생활과 사회보험에 필요한 비용을 기업에서 일차성적으로 사회보험기구에 지불해야 한다(제21조). 한편 1994년 노동부가 공표한 노동법 위반에 대한 행정처벌법(제12~13조)은 기업이 임신 중이나 1주세 미만의 영아가 있는 수유기 임산부에게 국가가 규정한 '3급 이상'의 중노동과 야근을 시킨 경우 3000위안 이하의 벌금을 부과하며, 여직공의 90일 출산휴가를 이행하지 않은 기업에게는 3000위안 벌금을 부과[22]한다(제14조)고 규정했다(李徹, 2009: 136).

중국의 생육보험은 1960년대 기업에서 여직공의 출산비용을 부담하는 보험방식이 채택되었고, 1988년에 개혁방안이 공표되었다. 즉 정상 출산휴가는 90일, 난산·쌍둥이는 기존 출산휴가에 14일, 유산은 30일

[22) 1980년대 이후 중국의 기업에 의한 임신·출산여성 보호정책 특징은 100%유급 출산휴가와 함께 임신·육아여성에게 '불이익을 주는' 기업에게 경제처벌을 부과하는 등의 '강제성 규정'이다. 이는 한국·일본 등 국가의 저출산 정책이 기업이 육아지원에 대한 '강제력 결여'와 구별되는 점이다.

까지 추가되며 유급휴가제가 적용된다. 산재보험은 여직공이 분만·유산했을 경우, 출산허가통지서를 가진 자에게 출산·유산휴가급여를 지급한다(최금해, 2008: 123). 한편 생육보험제도는 결혼·임신·출산휴가·수유 등을 구실로 여직원의 임금을 삭감하지 못하며, 여직원을 해고하거나 일방적으로 노동계약과 서비스 협의를 파기해서는 안 된다고 규정하고 있다. 또한 기업에서 여직원 채용할 때 법에 따라 노동계약을 제정하고, 노동계약 중인 여직원의 결혼과 출산 등을 제약하는 내용을 포함시켜서는 안 된다고 책정하고 있다.

1994년 12월에 제정된 기업직원생육보험시험방법에 의해 생육보험제도는 한층 사회화된 제도로 발전하였다. '생육보험법'에 의하면 휴가기간 생육보조금은 본 기업의 상반년 직원의 월급평균기준으로 생육보험금이 지급된다. 여직원의 생육관련 검사비·출산비·수술비·입원비와 약값은 생육보험기금으로 지불된다. 또한 생육보험은 도시근로자에 한해 적용되며, 고용주는 급여의 0.6%~0.8%를 납부한다(오정수, 2006: 151). 또한 생육보험은 2001년에 27개 성(省)의 1,368개 도시지역에 적용되었으며, 2004년에는 4,383만 근로자와 기금수입은 32억1,000만위안에 달했다(中國統計年鑑, 2005). 한편 노동법(1994)에 의하면 여직원은 출산기간 사회보험급여를 지급받을 수 있으며, 출산휴가(90일) 기간에 월급은 정상적으로 지급된다.

한편 중국정부는 계획생육을 한 여직원에게 우대대우를 부여하지만, 계획생육을 위반하는 여직원에게는 경제처벌을 부과한다. 또한 만혼·만육(晩育)의 여직원에게 국가가 전부 혹은 일부의 학비와 의약비 등을 부담하며, 노동자·학생모집시 동등조건에서 독신자녀(부모)를 우대한다. 반면 계획생육정책을 위반한 여직원에 대해서는 지급한 의약비와 복리대우를 철수·회수하고 사회양육비를 징수한다(오정수, 2006: 154). 계획생육 휴가는 국가에서 계획생육을 한 여직원에게 부여하는 특수한 우대휴가이다. 만혼가정에게는 계획생육 휴가로 배우자휴가 7일, (여성)출산휴가 44일이 추가되며 휴가기간 월급은 정상적으로 지급된다. 또한 부부가 계획생육수술을 받는 시간과 검사기간은 모두 정상휴가로 처리하며, 계획생육 관련 수술비·의료비 등 상관 비용은 기업의 의약위생보조비 혹은 공비의료비용에서 지급하도록 규정했다.

생육보험기금은 1995년 직원생육보험기금 2억 9,000만위안에서 2002년에는 21억 8,000만위안으로 증가했다. 또한 기금지출은 1995년 1억 6,000만위안에서 2002년 12억 7,400만위안으로 증가했다(中國統計年鑑, 2003). 한편 생육보험의 문제점은 ①보험대상이 국유기업과 대규모 집체기업에 한정되어 있다. 이는 다양한 경제사업체간의 노동력 이동을 제한하며, 기업운영시스템 변화에 장애가 된다. ②법적 기반의 결여와 부적절한 급여수준이다. 통일된 생육보험의 입법 결여로, 기업의 파산 혹은 적자가 발생하면 여성노동자의 권리가 100% 보장받지 못하고 있다. ③급여대상의 범위가 좁고 사회화 수준이 낮은 것은 사회적 연대가 기능되지 못함을 의미한다(李儆, 2009: 138-140). 이에 대한 정부의 대응책으로, 중국여성발전강요(2001~2010년)는 생육보험 적용대상을 90%까지 확대하는 등의 입법대상 확대를 위해 노력하고 있다.

중국의 생육보험은 여성 근로자가 출산기간 노동력을 상실하고 수입이 중단되었을 때, 국가·기업에서 부여하는 경제적 보상제도이다. 생육보험금 지급으로 출산여성이 출산과 수유기간 수입이 보장되며, 출산으로 인한 생활난을 피면하게 된다. 또한 여성의 출산은 단순한 사적인 일이 아니며, 여성이 출산으로 인한 상실한 수입을 국가와 사회로부터 보상을 받아야 한다(오정수, 2006: 149). 또한 생육보험은 여성 건강 보호와 영아가 건강하게 자라게 하며, 인구자질을 높이고 인류사회의 발전을 촉진한다는 것이다. 반면 완전한 사회보험이 아닌 기업보험은 여직공이 많은 기업에게는 과도한 생육비용이 기업의 시장경쟁력을 하락시키기 때문에, 기업은 여성을 배척하게 되고 여성취업은 더욱 어려워진다는 문제점이 있다(최금해, 2008: 121).

(2) 성역할 변화와 (도시)가정 내의 '양성평등'

중국의 여성해방·남녀평등은 일찍 제기되었고, 사회주의 건설단계에서 본격적으로 추진되었다. 한편 가부장적 사회제도와 유교·봉건적 가족제도 폐지에 대한 정책적 노력, 신중국 성립 후 여성의 정치·경제활동 참여수요는 여성의 사회·가족 내의 성역할 변화에 기여했다. 1950년에 반포된 '혼인법'은 구시대의 중혼·축첩과 결혼금품 제공 등 폐습을 금지했고, 일부일처제와 남녀평등 혼인제도가 법적으로 책정했다(湯兆云, 2005). 한편 여성의 사회활동참여가 증가되고 남녀평등을 위한 법적 규정23)으로 여성의 가족 내 역할분담 변화와 사회지위가 제고되었는데, 이는 여성교육의 확대와 권리보장이 뒷받침되었기 때문에 가능했다(김영진, 2004: 295). 또한 2차례의 혼인법 제정·개정 및 계획생육정책 실시 등은 여성의 자녀양육부담을 축소시키고, 양성평등의 의식제고와 여성의 경제활동참여 및 사회지위 향상에 큰 기여를 했다.

양성평등의 보편화에 따른 중국 여성의 사회경제활동참여 증가는 가정의 소득증대에 공헌하였고, 이는 여성의 발언권 강화와 함께 가족 내 여성의 지위향상으로 이어졌다. 반면 여성들이 가사와 직장의 이중의 역할로 여성의 생활부담은 더 커졌다는 지적도 있다(樊愛國, 2007). 현재 여성의 소득수준이 남성의 80% 정도로 남녀차별은 여전히 존재

---

23) 1950년 토지개혁에서 여성은 남성과 균등한 토지소유권을 가졌다. 1954년 헌법은 남녀평등 조항을 설정하고, 인민대표대회나 지방정부도 여성에게 동일한 투표권을 부여했다(徐新, 2001). 건국 후 혼인제도 개혁으로 남녀가 평등하게 재산계승권 등의 권리를 보장받았고, 여성지위 향상과 사회진출 증가와 함께 '사회주의노동자' 정체성과 법적 권리를 부여받았다(한국이주여성인권센터, 2010).

하며, 각 사회영역은 여전히 남성들이 주로 관리하고 있다. 그럼에도 불구하고 양성평등 정책의 지속적 추진과 여성들의 노력으로 여성지위는 지속 향상되었다(徐新, 2001). 한편 중국의 도시가족에서 부부간의 가사분담이 비교적 잘 이뤄진 것은 부부가 함께 사회적 노동에 참가하는 사회적 환경과 가족 내 성역할의 변화, 양성평등의 의식수준 제고를 위한 가부장적 가족제도 타파를 위한 사회적 캠페인 진행 및 여성정책의 지속적 추진도 중요한 역할을 했다(김영진, 2004: 297-298).

1949년 신중국 성립이후 중국 헌법은 여성은 남성과 평등한 권리를 누린다고 명시하여 양성평등의 권리를 보장했고, 여성의 사회진출 증가에 따라 가정 내 지위도 높아졌다. 2000년 조사결과에 따르면 '가정의 재생산'에서 아내의 결정한다는 비율이 67.4%, 가정 내 투자·대출과 주택구입·신축 등에 아내가 결정과정에 참여한다는 대답은 60.7%와 70.7%를 차지했다. 여성단체들이 '가사노동 (부부)공동부담'을 적극적으로 주창하고, 양성평등 인식이 확산됨에 따라 현재 남편이 가사노동에 참여하는 가정이 95%에 달한다(樊愛國, 2007: 13). 한편 도시 취업여성의 1일 평균 가사노동은 2시간 54분으로, 여전히 남성보다 1시간 39분이 많은 것으로 조사되었다. 또한 최근 들어 많은 도시의 맞벌이 가정에서 시간제 가사도우미를 고용하고 있다.

1997년 3월15일 중국청년보(中國靑年報)의 보도에 따르면 개혁개방과 함께 여성의 역할이 중요시되고, 여성의 독립·자주의식이 높아지고 있다는 것이다. 즉 대부분의 여성들은 부부공동으로 가사를 담당해야 한다고 인식하며, 가계지출과 주택구입 등 가정문제에서 부부가 상의해서 결정해야 한다는 인식이 지배적이었다. 또한 데릴사위에 대한 남성들의 의식이 변화되고 있고, 1995년에 출생한 어린이 60%가 부모의 성을 모두 사용한 '4자 이름'을 지었다(琴喜淵, 2000). 이러한 변화는 양성평등의 기본국책 추진으로 중국의 여성지위가 향상되었음을 의미한다.24) 한편 중국 남성의 가사참여는 다른 나라에 비해 높게 나타났다. 2000년 조사결과에 의하면 (중국)도시여성의 1일 평균 가사시간은 2.9시간, 남성은 1.3시간으로, 이는 미국 남성의 0.6시간, 유럽복지국가 남성의 1.2시간에 비해 높은 수준이다(신은영, 2003: 4).

전통적으로 유교관념이 강한 구중국사회에서 남녀와 부부관계는 수평관계가 아닌 수직관계였다. 구중국에서의 혼인·가족제도에서 볼 수 있다시피 여성의 지위는 매우 낮고 종속적이었지만, 신중국 성립 후 이러한 관계에 커다란 변화가 발생했다. 물론 아직도 농촌지역과 도시 노인계층에서는 남아선호와 남성 우월적 사고방식이 존재하고 있지만, 도시의 맞벌이부부들은 양성평등적 가사분담이 보편화되고 있다(徐安琪, 1998). 즉 가정에서의 의사 결정권을 부부공동으로 결정하는 비중이 가장 높게 나타났으며, 가사노동의 분배 문제 역시 부부공동의 경향이 강하게 나타났다(이민호, 2004: 407). 한편 남편이 가정에서 비교적 많은 가사노동을 분담하고 있는 가장 중요한 원인은 중국의 도시가정 대다수가 맞벌이를 하고 있기 때문이다.

현재 중국에서 대다수 여성의 가사노동 비율이 높지만, 중요한 것은 여성들의 가사노동에 대한 인식이다. 즉 대부분의 여성들은 가정 내 '평등한 지위'에 만족하며, 불만족 비율은 3.7%(농촌 7.3%)에 불과했다(徐安琪, 1998: 33). 중국의 여성지위가 향상된 사회적·역사적 요인은 4가지로 분석할 수 있다. ①지속적 여성해방운동이다. 특히 운동방법에서 공격대상을 남성으로 정하지 않고 봉건적 문화유산과 가부장제로 제한해 진보적 남성들의 지지를 이끌어냈다. ②여성의 지속적 취업이

---

24) 2000년 현재 중국의 여성노동력은 전체 노동력의 40% 이상을 차지했고, 여성의 경제활동참여율은 80%(한국 2008년 49.9%)로 세계평균 60%보다 20%가 높은 것으로 조사되었다. 반면 남녀의 소득격차는 여성은 남성의 85% 수준(한국 2008년 64.2%)으로, 여전히 남녀 간에 소득격차가 존재하고 있는 것으로 나타났다(한국양성평등교육진흥원, 2010).

가정 내 성역할 변화에 큰 도움을 주었다. ③중국의 혼인법과 2001년 (개정)혼인법에는 양성평등 요소가 많이 포함되어 있다. ④혼인법 외, 헌법과 여성권익보장법 등은 양성평등의 법적 권리를 보장하고 있다 (이민호, 2004: 409-411).

중국의 여성학자 웨이궈잉(魏國英)은 양성평등의 정책성과로, 가족 내 성역할 변화와 가사노동의 (부부)공동분담 및 남성의 의식변화를 꼽았다(魏國英, 2007: 38). 2004년 관련 조사에 의하면 남성 83.9%가 '남성 직장중심, 여성 가사전담'에 반대했고, 77.2%는 '남성의 가사노동참여'에 동의했다(中國國家統計局, 2004). 한편 75.5% 남성들은 '정부의 고위급 지도층에 30% 이상을 여성이 담당한다'는데 동의했고, 64.3% 남성들은 '시집을 잘 가는 것이 일을 잘하는 것보다 낫다'는 생각에 동의하지 않았다. 또한 61%의 남성들은 '여성이 취직할 때 외모가 능력보다 더 중요하다'는 생각에 반대했다. 이는 중국정부의 양성평등 정책효과로, 여성의 사회경제활동과 정치참여 및 취업권리 등에 대한 남성들의 의식이 크게 변화되었음을 보여준다.

요컨대 중국 여성의 일·가정 '양립 가능'한 원인을 다음의 몇 가지로 분석·요약할 수 있다. ①가족 내 성역할 변화에 기인한 남성의 가사참여 증가 ②맞벌이부부의 사회적 환경 변화 및 여성의 사회·가족 내 역할 변화와 지위 향상 ③여성의 가사업무를 줄여줄 수 있는 가정용 세탁기 등의 가전제품 출시 ④여성정책의 지속 출범과 양성평등의 의식수준 제고를 위한 캠페인의 추진 ⑤계획생육정책의 실시로 자녀 양육에 대한 여성의 부담 감소 ⑥여성의 가사부담을 줄이기 위한 정부의 조치로, 공보육 중심의 육아부담 사회화 등의 사회적 요인이다.

3. 정책성과와 문제점

1) 정책성과

1995년 베이징 제4차 세계여성회의는 중국의 여성발전과 젠더의식 제고에 중요한 기여를 했다. 이후 10년간 여성의 권리의식 제고와 양성평등 정책 및 젠더평등의 중요성 확산과 함께 여성연구가 활발하게 진행되었다(信春鷹, 2005; 李群, 2008). 한국 여성신문(1995)은 '베이징회의'가 여성권리의 인간권리를 천명하고, 여성은 더 이상 남성·사회의 보호대상이 아니며 남성과 동등한 대우를 받아야 한다는 성 주류화 전략 채택을 베이징 세계여성회의 주요성과로 꼽았다. 또한 '여성회의'는 21세기를 대비하여 협력·연대를 약속한 '베이징선언'과 '행동강령'을 채택했다. 한편 1995년 세계여성회의 이후 중국 여성학 연구는 확대되었고, 연구내용과 사상도 다양화되었다. 또한 여성학 연구에 젠더개념이 도입되었고, 여성연합회를 비롯한 여성단체가 눈부시게 활약했다(秋山洋子, 2010: 286).

1995년 '베이징회의' 이후 가장 중요한 성과는 2005년에 개정된 여성권익보장법이며, 이는 중국의 양성평등 정책발전에 촉진역할을 담당하였다(李群, 2008). 개정된 여성권익보장법은 여성의 권익을 전면적적으로 수호하는 법률로, 여성의 합법적 권익보장을 법적으로 확립했다는데 그 중요한 의의가 있다(信春鷹, 2005). 한편 여성권익보장법은 '법적 책임'을 강조함으로써 여성권익보장에 강력한 법적 의거를 마련했다. 또한 개정법은 1992년에 제정된 여성권익보장법의 미비한 점을 다방면에서 보충·수정했고, 구체적 책임주체와 보호조치를 10가지로 확정하였다(李傲, 2009: 138-139). ①'남녀평등의 기본국책'을 명확히 규정 ②집법기구25) 확정과 정부책임 강조 ③부녀연합회의 직책 확정 ④여성정치권리 보장 확정 ⑤여성의 교육권리 보장 확정 ⑥여성의 노동과 사회보장권 확정 ⑦농촌여성의 토지도급권리 및 경제이익 보호 ⑧여성의 인신권리 보호 ⑨여성의 혼인가정권익 보호 ⑩법률책임 강화 등이다.

신중국 성립 후 중국정부는 남녀평등을 '기본국책'으로 책정하고 여성해방과 여성권익 보호를 위한 여성우대정책을 지속 추진했으며, 양성평등 실현을 위한 입법과정을 통해 젠더평등의 법률규범화와 여성권익보장을 강화했다(舒丹 외, 2005; 李群, 2008). 특히 1950년대와 1980년대 혼입법과 헌법의 반포·개정, 1988년 반포한 여직공노동보호규정, 1990년대 공표된 여성권익보장법, 노동법 및 (노동법 위반)행정처벌법, 기업직공생육보험시행법, 2000년대 반포·개정된 인구와계획생육법(2002년부터 시행), 농촌토지도급법(2003년부터 시행), 2005년 (개정)여성권익보장법 등 일련의 입법과장을 통해 여성권익을 보장하고, 양성평등의 법률체계를 마련하였다(魏國英, 2007; 李傲, 2009). 이러한 법적 확립을 통해 여성의 노동권과 정치권리 및 사회·가정에서의 성역할 변화와 사회적 지위를 향상시켰다.

신중국 성립 후 중국정부의 여성정책의 지속적 실시, 전국여성연합회 중심의 여성단체 및 사회각계의 노력으로 '남녀평등 기본국책'은 일정한 성과를 거두었다(魏國英, 2007). 주요한 정책성과는 ①법률체계의 지속적 완비이다. 2004년 전국 22개의 성·자치구·직할시가 가정폭력 방지, 여성권익을 보장하는 관련법규·정책을 반포하였다. ②조사·평가기제의 보편적 형성이다. 국무원여성아동사업위원회는 (2001~

---

25) 중국의 법률규범의 집행기구로, ①노동과 사회보장부(社會保障部) ② 국무원여성아동사업위원회 ③전국정협(政協)여성청년위원회 ④중화전국여성연합회 및 노동쟁의중재(仲裁)위원회 ⑤인사쟁의(人事爭議)중재위원회와 각급 공·검·법(公·檢·法)기관 등이 포함된다(李傲, 2009).

2010년)중국여성발전강요를 제정, 여성발전계획을 평가하는 전문기구를 설립했다. ③여성권익이 많이 실현되었다. 여성의 정치권리 상승과 취업규모의 증가 및 취업구조의 개선이다. ④교육영역의 젠더평등 실현이다. ⑤여성의 양성평등 의식이 크게 성장하였고, 남녀평등 의식과 사상이 점차 중국의 (도시)가정에 보편화되었다.

신중국 성립 후 중국정부는 '여성이 하늘의 반을 들 수 있다'는 슬로건을 제정, 여성의 사회진출을 격려했다. 특히 1980년대 개혁개방 실시와 함께 여성의 권익보장 및 사회지위가 향상되면서 사회·가족 내 성역할은 크게 변화되었다(南莉, 2007). 한편 1980~1990년대 혼인법 개정과 여성권익보장법 제정은 여성의 사회진출과 양성평등이 크게 진척될 수 있는 법적·제도적 보장이 되었다. 혼인법·여성권익보장법 등은 가족관계와 가족 내 성역할 변화에 큰 영향을 미쳤다(이민호, 2004). 박상태의 연구에 따르면, 1994년 동아시아국가 여성의 노동참여율은 중국(70%)·베트남(69%)·북한(66%)·일본(50%)·한국(41%) 순이었다. 따라서 중국 등 사회주의국가의 여성지위26)와 여성노동력 활용은 한국보다 앞서 있다(박상태, 1996: 327).

2) 정책의 문제점

최근 10년 간 중국의 성별(젠더)평등은 상당히 발전되었지만, 현실생활에서 남녀불평등의 현상은 여전히 존재하고 있다. 양성평등 정책의

---

26) 1995년 UNDP·HDR(인간개발보고서)가 발표한 여성의 지위점수(GEM)는 중국이 0.474로 23위, 일본 0.442로 27위, 북한 0.38로 50위, 한국은 0.255로 90위를 차지해 여성지위는 한국이 최후진국에 속해 있다(박상태, 1996). 최근 UNDP 인간개발 보고서(2008)에 따르면 양성평등 수준과 여성지위를 반영하는 성별권한지수(GEM)는 93개국 중 한국 64위, 일본 54위이다(박선영 외, 2009). 이는 한국의 여성지위가 아시아에서 매우 낮은 수준으로, 양성불평등 현상이 지속되고 있음을 보여준다.

문제점은 ①경제자원분배에서 남녀불평등이 존재하며, 여성의 빈곤화가 심각하다. 산업 구조조정과 시장경제 진입과정에서 여성은 남성보다 더 많이 실직되었고, 재취업은 어려운 상황이다. ②여성의 노동자원이 결핍하며, 여성은 성별 등의 원인으로 노동시장에서 차별을 받고 있다. ③남녀의 임금격차가 상존하며, (여성)비정규직이 증가27)되고 있다. ④여성의 정치 및 정책과정 참여율은 여전히 낮다. '인대(人大)' 여성대표 비율은 21~22% 수준으로, 30% 이상의 목표에 못 미치고 있다. ⑤여성의 생명권·건강권이 여전히 침해받고 있다. 농촌에는 아직까지 남아선호 사상이 강하며, 전국인구조사(2000)에 의하면 출생성비는 116.68로, 정상성비(103~107)를 크게 초과했다(魏國英, 2007: 43). 또 다른 여성정책의 문제점으로, ①가사노동 참여율이 여성이 남성보다 약 2배 높은 수준이다. ②상대적으로 처우가 낮은 서비스 분야에 여성의 취업률이 높다. ③여성의 빈부격차가 크며, 여성의 퇴직연령(55주세)도 남성(60주세)에 비해 낮은 수준이다. ⑤농촌에서 국제결혼 증가에 따른 불법 이주여성의 증가 등이 지적된다(高香, 2010: 138-139).

신중국 성립 후 반포된 혼인법과 여성권익보장법 등 일련의 법적·제도적 확립은 양성평등을 촉진하는 역할과 법적 의거로, '남녀평등 기본국책'의 정착에 큰 기여를 했다. 그러나 중국의 여성 관련 법률체계는 아직 여러 가지 문제점을 갖고 있다. ①여성권익을 보장하는 법률 중 '권리부여'보다 '보호'가 많으며, 보호조치가 양성평등 정책보장보다 많다. ②여성과 아동의 이익을 '병행한 규정'은 여성의 독립적 지위를 약화시키는 것이다. 이는 여성을 '약자'로 보는 시각으로 여성

---

27) 현재 도시 여성근로자 중 비정규직은 62.9%로, 이는 남성보다 8.4%가 높다. 비정규직 여성은 임금과 사회보장 등에서 정규직과 큰 차이가 있고, 비정규직 남성과도 차이가 존재한다. 또한 국가·기업에서 운영하는 공보육의 탁아소·유치원은 갈수록 감소되어 보육소의 시장화·사유화가 증가되었고, 탁아소·유치원 비용도 지속 증가되어 여성취업의 기회비용이 증가되었다(張永萍, 2000).

정책의 발전을 저해하고 있다. ③일부 법률조항에는 아직도 여성을 기시하는 내용과 전통적 성별분업의 관념이 내포되고 있다. ④여성권익보호의 법률조항에는 여전히 '원칙'이 '조치'보다 많으며, 구체적이고 효과적 실시방안이 결여되어 있다. ⑤여성의 권리보호에서 완전한 양성평등 전변이 아직 충분히 이뤄지지 못했다(李傲, 2009: 141-143).

여성의 노동과 사회보장 권익방면에서 일부 문제점들이 존재하고 있다. ①여성이라는 성별이유로 노동시장에서 차별·기시대상이 되며, 일부 기업에서는 노동계약시 임산부와 수유기 여성을 회피하고 있다. ②취업여성은 실업보험과 주거보조 등 사회보장과 직공복지에서 남성보다 낮은 처우를 받고 있고, 여성의 생육보험 비율은 35.5%, 유급휴가사용률은 69.9%(2002)로 나타났다. ③기업이 여직공의 건강보호와 임신·출산기간 중의 여성보호와 배려가 미흡28)하다. ④일부 기업에서는 정책규정의 (여성)생육보험에 참가하지 않고 있으며, 여직공의 출산비용과 출산휴가급여 지급을 미루고 있다. ⑤여성은 직장에서 성별이유로 진급에 지장을 받고 있다(信春鷹, 2005: 207-208). 한편 여성연합회의 관련조사(2002)에 의하면, 10% 이상의 취업여성들이 직장진급에서 성별로 인한 불이익을 받은 적이 있는 것으로 나타났다.

1994년 노동부는 기업직공생육보험시행방법을 반포하여 생육보험에 대한 제도개혁을 추진하였으나, 여러 가지 문제점이 현존하고 있다. ①모금상의 문제이다. 현재 생육보험비용을 (여직공)소재기업에서 부담하는데, 사회통주가 이뤄지지 않아 기업의 부담을 증가시키고 있다. 이는 여성취업에 악영향을 미치고 있어 생육보험제도 개혁이 필요하다. ②현재 중국에서 실시되는 직공생육보험제도는 보험대상이 도시위

---

28) 전국여성연합회(2002)가 허베이썽(河北省) 96개의 중소기업을 조사한 결과, 취업여성이 생리·임신·수유기에 기업 돌봄을 받지 못한 비율은 78.5%, 40.1%, 25.6%로 나타났다(信春鷹, 2005).

주의 기업직공이며, 보험대상 적용범위가 한정되어 있다. ③직공생육보험제도의 취지는 여성들의 취업을 격려하는 것이며, 취업해야만 생육보험을 보장받을 수 있다. ④반면 전민생육보험제도는 모든 여성에게 생육보험이 적용되므로, 생육보험 때문에 취업할 필요는 없다(최금해, 2008: 125). 따라서 기존의 기업생육보험제도에 비해 전민생육보험제도가 여성의 취직에 더 적합한 생육보험제도라고 할 수 있다.

중국여성신문(中國婦女報)의 조사결과에 의하면 매년 약 40만 가정이 해체되며, 그 중 25%가 가정폭력에 기인한다(孫曉梅, 1998). 전국여성연합회(2000)의 조사통계에 따르면, 중국의 약 30% 가정에서 폭력이 행해지고 있다(마이난, 2007: 359). 한편 개혁개방으로 '여성의 지위가 약화'되었다는 주장도 있다. 즉 사회주의가치관이 약화되면서 매춘·여성납치·포르노 등 여성가치를 떨어뜨리는 폐습이 부활되고 있다. 또한 시장경제 도입으로 국가·기업에서 제공하던 공보육·공교육이 점차 해체되고, 여성의 서비스업종 취업기회가 확대되면서 진학률이 감소되고 있다(陸建華, 2002; 김영진, 2004). 한편 중국정부가 1980년과 2001년 혼인법 개정배경에는 시장경제체제로 전환되면서 근절되었던 매매혼·축첩 등의 여성문제, 이혼과 중혼 및 가정폭력 증가 등의 사회문제를 해결하려는 정부의도가 반영되었다(秋山洋子, 2010: 291).

4. 정책적 함의

1980년대 중국정부가 본격적으로 추진한 여성정책 중 하나는 1980년 이후 기본국책으로 추진되어 온 계획생육정책으로, 2001년에 '인구와계획생육법'으로 입법화되었다. 또 다른 기본국책은 1995년 베이징 세계여성대회를 계기로 '기본국책'으로서 공식 제기된 남녀평등 정책이며, 2005년 여성권익보장법이 통과되면서 기본국책으로 입법화되었다. 2005년 (개정)여성권익보장법은 '남녀평등 기본국책'을 법적으로 확정했고, 양성평등 추진에 중요한 법적·제도적 근거를 마련했다. 한편 남녀평등 정책이 반세기 동안의 검증을 거쳐 기본국책으로 발전했다면, 1979년 헌법에 '기본국책으로 확립'되어 20년 동안 시행착오와 수정·보완을 거친 계획생육정책은 출산억제의 절박성에 기인된, 국가가 일방적으로 실시한 '강제성'의 특징을 갖고 있다.

중국정부는 1950년대 혼인법을 반포하여 봉건적 혼인제도를 폐지하고, 여성을 가정에서 '해방'시키는 한편 사회진출을 격려했다. 따라서 1980년 신혼인법이 발표되기까지는 '여성해방' 성격이 강했다고 볼 수 있다. 그러나 1980~1990년대에 반포된 (개정)혼입법과 여직공노동보호규정(1988), 여성권익보장법(1992) 등을 통해 임신·출산기 여직원 보호와 유급휴가제 및 여성권익보장은 이 시기 여성정책이 양성평등과 여성보호 성격이 '공존'함을 알 수 있다. 특히 1995년 베이징 세계여성회의 이후 추진된 혼인법 개정(2001) 및 여성권익보장법 개정(2005)에 따른 정책효과로, 여성의 사회지위 제고와 가사 공동부담 및 80% 이상의 여성노동참여율 등은 '남녀평등 기본국책'이 반세기 동안 추진되면서 '여성해방'에서 '여성보호' 및 '양성평등'이 일상에 정착되는 정책성과를 거두었다.

20세기 후반 반세기 남짓이 양성평등 정책이 국가의 기본국책으로 추진된 결과, 중국에는 맞벌이부부 보편화와 취업여성이 직장과 가사·육아를 병립할 수 있게 되었다. 중국 여성의 '직장과 가정양립이 가능'한 사회적 요인을 다음의 몇 가지로 요약할 수 있다. ①가족 내 성역할 변화에 기인한 남성의 가사참여 증가 ②맞벌이부부의 사회적 환경(변화) 및 여성의 사회·가족 내 역할 변화와 지위 향상 ③여성의 가사업무를 줄여줄 수 있는 가정용 세탁기 등의 가전제품 출시 ④여성정책의 지속 출범과 양성평등 의식수준 제고를 위한 캠페인 추진 ⑤ 계획생육정책 실시로 자녀양육에 대한 여성의 육아부담 감소 ⑥여성 교육의 확대에 따른 여성의 의식수준 제고 및 정책효과에 기인한 남성의 의식변화 ⑦여성의 가사부담을 줄이기 위한 국가의 역할로서 '공보육 중심'의 육아부담 사회화[29] 등의 요인들이 포함된다.

1995년 베이징 세계여성회의는 중국의 여성발전과 젠더의식 제고에 중요한 기여를 했다. 베이징 세계여성회의 이후 여성학 연구에 젠더개념이 도입되었고, 여성연합회를 비롯한 여성단체의 활약이 눈부신 발전을 가져왔다. 중국정부는 '남녀평등 기본국책' 책정과 젠더평등 법률규범화 및 여성권익보장을 강화했는데, 이러한 법적 확립은 여성의 성역할 변화와 사회적 지위를 향상시켰다. 한편 최근 10년 간 중국의 젠더평등은 상당히 발전되었으나, 양성불평등 현상은 여전히 존재하고 있다. 직장에서의 남녀 간의 차별과 양성불평등은 현존하며, 산업구조 조정에서 여성은 남성보다 더 많이 실직되었고, 재취업은 어려운 상황이다. 1990년대 이후 시장경제에 따른 시장화로 국가와 직장에서 제공하던 공보육·교육은 해체되고, 시장경제체제 전환 후 부활된 매춘·축첩·이혼·중혼 등의 여성문제가 사회문제로 부상하고 있다.

중국의 양성평등 정책의 발전과정을 크게 4개 단계로 나눌 수 있다. 첫째, 1930년대 혁명시기로, 중국공산당은 혼인자유와 여성해방운동 중시 및 혼인·가족제도 개혁을 진행했다. 1931년 소비에트정권 성립 후 '혼인조례'와 1934년 '중화소비에트공화국 혼인법'을 반포했다. 둘째,

---

29) 기존 중국의 유아보육은 국가가 책임지고 지원하는 국공립보육이 위주이었기 때문에, 보육시설이 완벽하고 교사들의 훈련 및 교양자질이 높았다. 또한 탁아비용이 상대적으로 저렴하였으며, 전일제 보육을 실시했기에 맞벌이부부의 경제활동참여를 보장해주는 육아사회화 기능을 담당해 왔다. 그러나 1990년대 시장경제 도입 이후 보육시장화 추세로 인해 사립유치원과 민간탁아시설이 늘어나면서 가격경쟁이 심화되고 있고, 공보육이 약화되면서 '보육양극화' 현상이 나타나고 있다.

1950년대 이후 '여성은 하늘의 반을 들 수 있다'는 슬로건 하에, '여성해방'을 추진한 시기이다. 셋째, 1980년대 이후 혼인법(개정)과 여성권익보장법 제정(1992) 등 양성평등의 법적 확립단계이다. 넷째, 1995년 베이징 세계여성회의 이후 젠더관념 도입 및 '남녀평등 기본국책' 정착단계이다. 요컨대 한국·일본이 성평등 '도입단계'라고 한다면 중국·미국은 '정착단계'로 볼 수 있고, '심화단계'인 스웨덴 등의 유럽복지국가보다 낮은 단계로 평가할 수 있다.

1987년 한국정부가 남녀고용평등법을 시행한 결과 성차별 금지와 육아휴직 도입 및 여성고용 촉진 등의 정책성과를 거두었지만, 출산·육아여성의 경력단절을 의미하는 M자형 경제참여 구조와 사회·가족 내의 성별분업은 지속되고 있다(박선영 외, 2009). 한편 한국정부는 헌법에 규정된 양성평등 원칙하에 가정법(1989), 성폭력특별법(1993), 한국여성발전기본법(1995), 성별기시금지·보상법(1998) 등을 제정했다(李傲, 2009). 또한 한국정부는 성 주류화30) 정책과 여성정책기본계획으로 제1차(1998~2002년)와 제2차(2003~2007년) 기간 양성평등의 법·제도를 구축하고, 성평등 정책기틀을 마련했다(여성가족부, 2009).

한국정부가 추진한 성평등 정책에는 ①성 주류화 전략도입과 제도화 ②남녀고용평등 관련법 제정 ③일·가정 양립지향의 각종 법·제도 정비 ④가정폭력 및 성매매 방지 등 여성인권 보호기반 강화 ⑤정책결정과정에 여성참여의 확대 ⑥가족정책의 제도적 기반 마련 ⑦2008년 제3차 '여성정책기본계획' 수립 ⑧여성인력 활용과 여성권익 보호 및 젠더평등 추진기반 강화 등이 포함된다(여성가족부, 2009). 그러

---

30) 성 주류화는 1995년 베이징에서 개최된 제4차 유엔세계여성회의의에서 채택된 여성발전의 패러다임이다. 한국사회의 성 주류화 핵심은 ①주류영역의 의사결정과정에 남녀가 동등하게 참여 ②모든 정책과 프로그램에 성평등 관점의 통합 ③정책시스템과 사회문화가 성평등 방향으로의 전환 등이다(김양희 외, 2006; 김경희, 2007).

나 실직적 남녀평등 달성도는 매우 미약하며, 그것이 성별개발지수 (GDI)와 성별권한지수(GEM) 간의 격차가 큰 것[31] 등으로 나타났다(권혜 자 외, 2010: 27). 즉 오늘날 한국사회의 양성불평등의 사회구조와 가족 시스템은 여성의 낮은 지위와 저조한 경제참여율 및 저출산의 사회문 화적 요인으로 지적되고 있는 것이다.

1990년대 일본에서는 육아・개호휴직의 제도화로 여성 '보호규정' 이 해소되었고, 1999년 양성평등 근거법 '남녀공동참획사회기본법'이 제정되어 가정협력과 '사회지원'에 의한 일・가정 양립정책이 추진되 었다. 이는 베이징행동강령의 젠더 주류화와 같은 맥락이다(오사와 외, 2000; Osawa, 2005: 302-303). 1995년 일본정부는 베이징행동강령 이행과 성 주류화 추진을 위해 내각부에 남녀공동참획을 설치했는데, 이는 양 성평등 구현을 국가정책 차원에서 취급한 것이다. 그러나 '남녀공동참 획사회기본법'은 정책추진・예산집행・고충처리 등 업무권한이 각 성 청에 위임되었고, '기본법'의 계몽법적 성격이 강해 양성평등 정책보 장의 법적 제도가 미비하고 추진기관 권한이 한정되었다(김원홍 외, 2008). 따라서 각 성청 행정업무에서 양성평등 정책은 주변화 되고 있 고, 남성중심적이고 양성불평등적 일본의 사회구조가 유지되고 있는 것이다.

한편 2006년 채택된 남녀고용기회균등법은 여성의 고용차별과 임 신・출산 등의 불이익에 대한 조치범위를 확대했다(박선영, 2007). 그러 나 경제발전수준이 높은 일본은 2007년 기준으로 성별임금격차 32%,

---

31) UNDP 인간개발보고서(2008)에 의하면 한국의 성별개발지수(GDI)는 93개국 26위 로 비교적 높은 수준이지만, 성별권한지수(GEM)는 64위로 GDI 간 격차가 비교적 크다. 또한 성병임금격차가 38%, 남녀격차와 평등정도를 나타내는 남녀격차지수 (GGI)는 2009년 134개국 중 115위(2006년 92위, 2007년 97위, 2008년 108위)를 기록했는데, 이는 한국사회의 양성불평등 현황과 여성의 '낮은 사회지위'를 보여 준다(권혜자 외, 2010).

의회여성점유율 11.1%, 성별권한지수(GEM)가 93개국 54위로, 양성평등 수준이 낮은 편이다(박선영 외, 2010). 이러한 양성평등의 낮은 수준은 여성의 지위 제고에 걸림돌이 되고 있고, 여성의 낮은 경제참여율과 저출산 요인이 되고 있다고 할 수 있다.

요컨대 신중국 성립 후 중국정부는 반세기 동안 남녀평등을 기본국책으로 지속 추진해 왔다. 그 결과 여성의 사회지위와 성역할 변화 및 높은 경제참여율을 확보했으며, 직장과 가정의 양립이 가능해졌다. 이는 국가의 책임·역할 강화와 양성평등 정책을 기본국책(최우선 국정과제)으로 책정·실시했기에 가능했다. 반면 한국·일본 등 '유교권 국가'는 가부장적 가족제도와 성별분업 유지 및 여성의 가사전담 등으로 일·가족의 양립이 여전히 어려운 상황이다. 따라서 여성가족부의 권한강화와 성 주류화 성평등 정책을 지속 추진하여 성차별을 줄이는 동시에 남성들의 의식변화를 이끌어내야 할 것이다. 또한 기업의 적극적 협조와 가족친화적 기업문화가 정착되어야 여성의 경제활동참여율과 출산율 제고를 동시에 달성할 수 있다. 한마디로 '양성평등적인 사회 실현'이 여성의 사회지위 제고와 저출산 극복의 지름길이 된다.

제3절 일본의 일·생활 균형정책

1. '균형정책'의 추진배경

일본에서는 1990년대부터 소자화 대책으로 남녀공동참획(男女共同参画),32) 일과 가정의 양립지원, 패밀리 프렌들리(가족친화경영), 차세대 육

---

32) 남녀공동참획(男女共同参画)은 1985년 제3차 세계여성회의에서 채택된 나이로비미래전략에 기인한 것이다. 일본에서는 남녀가 사회의 대등한 구성원으로서 모든 분

아지원 등의 저출산 정책을 추진했다. 최근에는 남성의 장시간노동의 기업환경을 개선하고, 재택양육의 전업주부 부담을 줄이기 위한 보육 정책으로 소자화 대책의 중심축이 이동하고 있다(相馬直子, 2008: 245). 그러나 '반(反)페미니즘'과 '반(反)젠더' 역풍이 불면서 남녀공동참획과 양성평등에 대한 사회적 분위기가 정착되지 못하고 있다. 이러한 상황에서 일본정부는 기존의 남녀공동참획과 젠더평등 대신 일·생활 균형 정책(Work Life Balance Policy)이라는 새로운 형태로 저출산 정책방향이 전환되고 있다.

1990년대 이후 일본정부는 육아지원 중심의 보육정책에서 일·가정 양립을 위한 직장문화 조성 및 가족친화적 기업문화 및 근로방식의 개선 등의 다양한 소자화 대책을 적극 추진했지만, 종합대응 미흡과 수상의 잦은 교체 및 예산지원 부족 등 정책의 비효율성으로 출산율 제고에는 정책효과가 미미했다(鈴木透, 2006). 또한 1995~2004년까지 엔젤플랜과 신엔젤플랜 등을 통해 보육서비스를 중심으로 계획적 제도정비가 이뤄졌지만, 저출산 진전에는 제동이 걸리지 않았다. 2004년에는 합계특수출생률 1.29와 출생수도 111만 1000명으로 줄어들면서 모두 사상 최저치를 기록했다. 이는 그동안 정부가 추진해온 엔젤플랜 등 소자화 대책이 저출산화의 흐름을 바꾸기에 충분하지 않았다는 것을 의미한다.

2005년 일본의 총인구가 처음으로 감소(21,266명)하고 합계출산율이 1.26명으로 사상 최저 수준을 기록하면서, 그동안 추진해온 일본의 저출산 정책패러다임은 전환되기 시작했다. 따라서 기존 보육지원 중심

아에서 함께 참여한다는 뜻으로, 1991년부터 사용되었다. 1995년 일본정부는 베이징행동강령 이행과 양성평등 및 성주류화 추진을 위해 내각부에 남녀공동참획회의를 설치, 이는 양성평등 구현이 국가의 중요정책으로 설정되었다는 것을 의미한다(김원홍 외, 2008).

의 엔젤플랜에서 벗어나 미래성장 동력확보에 중점을 둔 새로운 저출산 정책이 2006년에 발표되었고, 2007년에는 포괄적인 차세대 육성지원 구조구축과 근로방법의 개선에 따른 일·가정 양립실현이 중점전략으로 추진되고 있다(신윤정, 2008: 104). 또한 일본정부는 2008년 7월 '5가지 안심플랜'을 발표하였고, 2009년 1월 '원점에서 시작하는 소자화 대책 프로젝트팀'을 구성하여 일과 생활 균형중심의 저출산 정책을 지속 추진하고 있다.

최근 일본의 보육정책은 점차 재택보육 경제지원으로 전개되고 있고, 보육시설 민영화 등 보육시장화 추세로 전환되고 있다(홍승아 외, 2008). 또한 2006년 남녀고용기회균등법 등 법률이 정비되면서, 여성의 육아부담을 줄이려면 남성의 육아참여가 효과적이라는 인식이 널리 확산되었다. 2007년에 시행된 '육아 및 가족개호 근로자의 복지 법률'은 '육아·개호'를 남녀근로자의 공통과제로 인정하고, 사업주의 노력의무를 규정하였다(오쿠쓰 마리, 2007: 5). 또한 2007년 '파트타임 노동법'33)을 개정하여 파트타임 노동자의 고용조건 등을 명문화하고, 고용보장을 합법화하고 있다. 최근에는 가족친화적 기업경영 표창제도와 함께 남성의 가사참여 권장과 의무화, 전업주부의 재취업 도전을 적극 지원하고 있다.

일본정부는 2008년을 '워크 라이프 밸런스 원년'으로 정하고, '일·생활 균형'이라는 새로운 정책기틀 속에서 남성의 노동방식과 기업의 육아지원이라는 노동정책 개혁의 2가지 과제를 본격적으로 추진하고 있다. 한편 일·생활 균형헌장(憲章)은 맞벌이세대가 증가하고 있으나,

---

33) 1993년에 제정된 일본 '파트타임 노동법'이 2007년 5월 개정되어 2008년 4월1일부터 시행되고 있다. 개정된 '파트타임 노동법' 주요내용은 ①근로조건의 명시화 ②파트타임근로자의 근로형태에 따른 처우 결정 ③정규직 전환 추진 ④고충처리, 분쟁해결 지원 ④국회의 부대결의 등이 포함된다(한국노동연구원, 2007).

워크스타일과 남녀 간의 성역할분담 의식은 시대의 변화를 따르지 못하고 있다(김태홍 외, 2009: 13). 또한 일본정부는 일·가족 양립의 구체적 목표수치를 정하고, 기업의 일·생활 균형정책 도입을 촉진함으로써 근로방식 개혁에 주력하고 있다. '균형정책'의 주요내용으로 남녀 모두가 육아휴직이 가능한 직장환경 조성과 남성의 가족생활참여 확보, 장시간노동의 워크스타일 변화 및 다양한 근로방식의 선택가능성 제고 등이 포함되어 있다. 한편 2008년 4월 남녀공동참획추진본부는 일과 생활의 균형실현을 위한 정책을 정부와 기업차원에서 본격적으로 추진하고 있다(上川陽子, 2008). 한편 일본은 경제지위에 비해 가족정책 지원수준은 유럽의 복지국가에 훨씬 못 미치며, 일·가정 양립을 위한 기업의 정책지원은 미흡한 수준이다. 이는 정책에 대한 국민의 이해와 관심 및 효과적 예산투입의 부족, 양성불평등의 사회제도와 가족시스템에 기인한다(신윤정, 2009: 260). 그럼에도 불구하고 저출산·고령화의 사회문제와 비슷한 사회문화적 배경을 갖고 있는 한국에게 있어 일본의 저출산 정책이행의 시행착오 및 정책효과가 주는 시사점은 매우 크다고 하겠다.

본 절에서는 최근 일본정부가 추진하고 있는 일·생활 균형정책의 전개와 사회적 배경을 살펴보고, 그동안의 일·가정 양립을 위한 보육·휴가·노동시장 등의 정책추진 현황과 정책효과를 분석하기로 한다. 또한 최근 일과 생활의 균형을 위한 정부의 정책적 노력과 최신 정책경향을 짚어본다. 그리고 육아여성의 재도전을 응원하는 일본정부의 정책지원과 기업의 자발적 참여를 유도하는 정책효과를 분석하고, 저출산 정책이행의 시행착오와 문제점을 살펴본 후 시사점과 정책적 함의를 도출하고자 한다.

2. 일·생활 균형정책 현황과 정책변화

1) 일·생활 균형정책의 '원년'

일본정부는 2008년을 일·생활 균형정책의 원년으로 확정하고 여러 가지 시책을 전개하였다. 2008년 1월 내각부에 일·생활 균형추진실이 설립되었고, 동 시기 설치된 사회보장국민회의에서는 취업과 결혼·출산의 '양자택일구조' 해결을 통해 희망과 현실의 괴리[34]를 해소하고, 일·생활 균형 및 육아지원의 사회기반 확대를 병립·추진하기로 상정했다(신윤정, 2009: 263). 2008년 3월에는 '일·생활 균형실현도' 지표를 발표하여 기업과 자치단체에서 진행상황을 측정하고, 이를 정책에 반영하는 것을 목표로 하고 있다. 2008년 4월 후생노동성은 '모델기업 10사'를 발표하여 본격적으로 일·생활의 균형추진 프로젝트를 시작하였으며, 효과적인 추진을 위해 일·생활 균형추진위원회를 설치하였다.

일본의 일·생활 균형정책은 기존의 정책보다 정책영역과 정책대상이 확대되었다. 기존의 가족친화정책은 자녀양육세대가 중점대상이었지만, 일·생활 균형정책은 자녀양육세대와 정규(비정규)노동자·청년세대·고령자 등으로 정책대상이 확대된다. 한편 내각부는 2007년 2월 일·생활 균형 전문조사회를 설치하고, 2007년 7월 '일·생활 균형추진 기본방향보고'를 공표했다(相馬直子, 2008: 248). 또한 2008년 6월부터 일과 생활의 균형추진을 위한 국민운동으로 "돌아가자! 저팬"[35] 캠페

---

34) 생활 속에서 일과 가사·개인생활의 양립을 희망하는 기혼여성 비율이 46%로 가장 많지만, 현실에서는 개인생활을 제외한 '일·가사 우선' 비율이 40%, '일 우선' 비율이 18%를 차지하고 있어 희망과 현실의 사이에서 커다란 괴리가 존재한다(上川陽子, 2008). 한편 남성도 일과 가정생활을 양립을 희망하는 사람이 많다는 점에서, '양립' 가능한 사회환경 정비는 남녀 모두에게 중요하다.

인을 전개하였고, 2009년도부터 '일·생활의 균형추진 어드바이저' 자격제도를 신설하여 5년 동안 5,000명 어드바이저 육성을 구상하고 있다. 그러나 '일·생활 균형'의 명칭과 내용에 대한 인지도는 아직 낮은 편36)이다.

2007년 12월 '관민 TOP회의'에서 일·생활 균형정책 '헌장'과 '행동지침'이 책정되었다. 헌장(憲章)은 정책의 큰 방향성을 제시하는 것이며, 행동지침은 기업 및 노동자가 실천할 수 있는 효과적 대책 및 국가와 지자체의 정책방침을 제시했다. 또한 2009년 4월 '일과 생활의 균형추진회의'는 긴급선언을 발표하고, 일과 생활의 균형추진은 '미래에 대한 투자'라는 점을 강조하였다(김은숙, 2009: 2-3). 2007년 일·생활

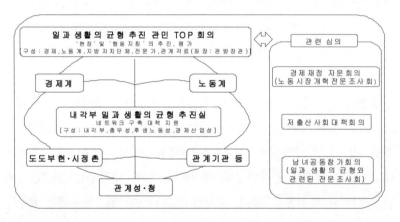

〈그림 16〉 '일과 생활의 균형' 추진을 위한 일본정부의 대응 시스템

---

35) 현재 국민운동으로 추진되고 있는 "돌아가자! 저팬" 캠페인은 '카에루(돌아가자)' 라는 키워드 아래, 국가차원의 캠페인이 실시되고 있다. 한편 '카에루'에는 현상을 바꾸는 것은 어려운 일이지만, "유머를 잃지 말고, 밝고, 좌절하지 않고, 모두 함께 지혜를 짜낸다"는 의미가 담겨져 있다.

36) 일본 내각부 조사결과(2008)에 따르면 균형정책의 '명칭과 내용을 알고 있다'는 9.8%, '명칭은 알고 있지만 내용은 모른다'는 26.6%, '명칭도 내용도 모른다'는 60.1%로 나타났다.

의 균형정책의 헌장과 행동지침 책정은 기존에는 다양한 근로방식의 선택과 시행이 주로 각 기업체의 자체계획에 의존하여 왔다면, 향후에는 헌장과 행동지침을 의거로 정부와 경제계·노동계·학계·지자체가 합의하여 워크스타일을 결정하는 계기를 마련했다는 점에 의의가 있다고 할 수 있다.

〈표 23〉 일·생활 균형 목표수치

	목록	현재(2008)	2012	2017
1.	① 고용률	남자(20~30세) 90.3%	93~94%	93~94%
		여자(25~44세) 64.9%	67~70%	69~72%
		전체(60~64세) 52.6%	56~57%	60~61%
		전체(65~69세) 34.6%	375	38~39%
	② 노동생산성 성장률	1.6%	2.4%(2011)	-
	③ 임시고용 노동자수	1,870,000	보다 적은 1,628,000	보다 적은 1,447,000
2.	④ 관리와 노동기회 교섭률	41.5%	60%	전부
	⑤ 주당 60시간 이상 근로 예상 비율	10.8%	5분의 4 감소	절반 감소
3.	⑥ 재택근무자 비율	10.4%	20%(2010)	-
	⑦ 노동자가 단기간 근무시간 선택이 가능한 회사 비율	보다 적은 8.6%	10%	25%
	⑧ 자기개발 활동을 하고 있는 노동자 비율	46.2%(정규직) 23.4%(비정규직)	60%(정규직) 40%(비정규직)	70%(정규직) 50%(비정규직)
	⑨ 첫째 아이 출산 전과 후, 재취업의 여성의 비율	38.0%	45%	55%
	⑩ 보육시설의 비율	육아(3세 이하) 20.3% 방과 후 프로그램 (1~3학년)19.0%	29% 40%	38% 60%
	⑪ 육아휴가를 취득하고 있는 부모의 비율	여자 72.3% 남자 0.50%	여자 80% 남자 5%	여자 80% 남자 10%

자료: 일본 内閣部, 2008

일본 내각부의 '일·생활 균형실형도' 지표(목표수치) 특징은 개인차원과 환경측면이 구분되어 만들어졌다는 점이다. 즉 '균형실현도' 지표가 사회환경과 개인차원으로 구분되어 있어 연도별 추이를 통해 일과 생활의 균형변화를 측정할 수 있도록 한 설정방식은 많은 시사점을 주고 있다(홍승아 외, 2008: 213). 한편 일본정부는 '행동지침'을 제정하여 '균형정책' 실행 제고를 위해 각 정부기관의 정책추진 상황을 점검하고, 관련 평가를 진행할 수 있도록 '일·생활 균형실현도' 목표수치[37]를 설정했다. 즉 목표수치를 활용함으로써 전체의 진척상황을 파악하여 평가한 후, 정부정책에 반영할 수 있게 했다(上川陽子, 2008).

2) 일·생활 균형정책의 추진현황

(1) 보육정책 변화와 워크스타일 개혁

1947년 아동복지법으로 공보육 토대를 구축한 일본은 1980년 인가보육소와 아동수가 60%를 공보육이 차지했다. 그러나 1990년대 이후 보육소의 신설·증설보다는 각종 규제완화로 보육수요에 대처했고, 2000년 보육소 설치주체 제한이 철폐되어 민간기업도 보육시장에 진출했다. 1990년대 중반이후 공립보육소 민간위탁이 가속화되었고, 정부는 공적비용 경감과 '보육시장 충실화'의 명분으로 보육시장화·영리(營利)화를 주장[38]하고 있다(유희정, 2006). 일본의 보육시설 제도특징

---

37) '균형-실현도' 목표수치 ⑪ 조항에는 남성의 육아휴가 취득률을 2008년의 0.5%에서 2017년에는 10%로 증가하는 것을 목표수치로 설정하고 있다는 점에 주목할 필요가 있다. 즉 향후에는 남성의 가사참여 증가로 인해 가족의 연결고리가 더욱 깊어지고, 자녀들에 대한 '식생활 교육'이 늘어난다는 것이다. 그러나 노동시장의 장시간근무관행이 지속되고 있고, 남성의 가사참여율이 매우 저조한 일본의 현실에서 '10% 목표' 달성은 쉽지만은 않을 전망이다.

38) 그러나 민간위탁은 현재의 보육문제 해결방편이 될 수 있지만, 경비절감이 주요목적인 공립보육소의 민간위탁은 보육의 질을 결정짓는 '인적수준 저하'가 큰 문제이다. 또한 민간보육시설에서는 비용문제로 정규직원 채용보다는 인건비가 저렴한 비정규직, 파트타임 보육사를 채용해 영유아기 보육을 담당시키고 있다. 결국 이

은 부동한 보육수요에 부응하는 다양한 보육서비스를 제공한다는 것
이다. 보육시설은 종일제보육을 기반으로 미취업모 자녀를 위한 시간
제보육 등 다양한 서비스를 제공한다. 특히 야간보육수요가 높고 보육
시설이용의 약 21%를 차지한다(서문희, 2009: 43).

일본 보육시설39)에는 공립과 사립시설 및 미인가보육시설 등이 있
다. 보육료는 아동연령에 따라 책정하며, 맞벌이부부와 시설이용 일반
화 및 임금소득자와 자영업자의 형평성을 고려하여 책정된다. 최근에
는 가족육아지원과 일시보육이 확대되고 있다(신윤정 외, 2007). 또한 신
엔젤플랜(2000~2004년)은 보다 포괄적 분야로 범위를 확대하고 육아지
원의 직장문화 조성을 정책에 포함시켰다. 최근 '차세대 육성지원'은
서비스 수준의 미흡한 한계를 인식하고, 효과적 재정투입의 필요성을
강조하고 있다. 2008년 11월 사회보장국민회의 최종보고는 양립지원
의 보육서비스와 다양한 주체의 협력, '미래 투자'에 대한 정부·공공
단체·사업주·국민의 역할분담과 합의형성 등을 주요내용으로 제출
하였다(신윤정, 2009: 268).

후쿠다 정부는 2008년 2월 신대기아동 제로작전을 발표했고, 행동
지침에서는 향후 10년(2017년) 후 달성할 목표수치를 설정하였다. 즉 3
세미만 아동의 보육서비스 보급률을 현재의 20%에서 38%로, 방과 후
아동클럽(초등학생 1~3학년) 보급률을 19%에서 60%로 증가시키기로 했
다(相馬直子, 2008: 256). 특히 '대기아동 제로작전'에서는 보육서비스 확
충과 제공수단 다양화, 초등학교 취학 후까지 시책대응 확대와 방과

는 '보육사 전문성이 낮아지는 결과'로 이어지고 있는 것이다.
39) 일본의 보육시설은 국가차원의 인가보육시설과 미인가 시설, 지방정부가 인정하는
   보육시설이 있다. 인가보육시설(2008)은 현재 22,764개소로 공립시설 52.0%, 민간
   시설 48.0%이다(서문희, 2009). 한편 일본의 민간시설은 대부분 법인보육시설이며,
   민간시설이 공립시설보다 많다.

후 교육장소 확보 및 지역의 보육서비스 강화 등을 주요 목표로 설정하고 있다. 또한 여성의 취업률이 높아짐에 따라 필요한 보육서비스의 중장기적 수요를 예상하여 그 절대량을 계획적으로 확대하고, 아이들의 건전한 육성을 위한 양질의 보육서비스 확보 등을 정책목표로 제정하였다.

지금까지의 보육정책은 맞벌이가정을 주요대상으로 한 일·가정 양립지원에 편중되었는데, 재택육아의 전업주부가 많은 점을 감안하면 구조적으로 불균형하다. 따라서 기존 보육시설 중심에서 재택육아지원과 워크스타일 개선으로 정책기조가 변화되고 있고, 2005년 이후 보육정책은 보육서비스 지원중심에서 벗어나 재택육아지원 방식으로 전개되고 있다(홍승아 외, 2008: 258). 실제로 최근 일본에서는 민영화 등 시장화의 방향으로 개혁이 진행되고 있고, 도시의 지자체(시정촌)에서도 보육서비스 지원에서 재택육아지원으로 보육정책이 전환되고 있다. 즉 맞벌이세대를 대상으로 한 보육정책에서 재택육아지원과 남성의 육아참여 촉진 및 기업의 양립지원으로 정책중심이 점차 옮겨지고 있다.

한편 일·생활 균형실현을 위한 기업의 워크스타일 개혁이 강조되고 있다. 주요내용은 ①'희망자 모두'에게 육아휴직이 가능한 직장환경 마련(육아휴직률 남성 10%, 여성 80%) ②남성의 가족생활시간 확보 ③ 워크스타일 개혁과 다양한 인재의 효과적 육성·활용으로 노동생산성 상승, 육아기 남녀의 장시간노동 단축 ④워크스타일 다양한 변화 및 선택가능성 확대 ⑤육아기 이혼율 감소와 원활한 재취직이 가능한 사회환경 정비 등이다(일본 內閣部, 2008). 또한 일본정부는 직장문화 개선과 워크스타일 재고 및 '자녀양육 공동참여'를 위해, ①기업의 육아지원 추진계획 ②육아휴직제도 사용률 제고 ③남성의 육아참여 촉진 ④ 일과 생활의 균형실현에 적합한 워크스타일 개혁 ⑤임신·출산 후 재취업이 가능한 직장문화 마련 등을 향후 일·생활 균형실현의 추진목표로 설정하고 있다.

(2) 육아휴직정책

육아휴직법(1991)은 1995년 개정으로 육아휴직 의무화 및 휴직급여 (휴직 전 25%)가 고용보험에서 지급되었지만, 2001년부터 임금 40%(기본급여 30%, 직장복귀급여금 10%)로 인상되었다. 2001년 (개정)육아·간호휴직법은 육아기 여성근로자의 연장근무 제한과 근무시간 단축(의무) 및 자녀간호 휴가배치(노력의무) 등이 규정되었다. 또한 저출산 대책 '플러스 원'은 육아휴직 취득률 목표수치를 여성 80%, 남성 10%로 설정했다(일본 內閣部, 2004). 한편 개정된 육아·개호휴직법에는 ①대상의 확대로, 고용지속이 전망되는 기간고용자는 휴직기간을 1.5세까지 연장할 수 있다. ②자녀간호휴가로, 취학 전 자녀양육 노동자는 1년 5일 휴가를 취득할 수 있다. ③휴가사용자 불이익 처우 금지로, 사업주는 휴가노동자 해고 및 불이익 처우 금지 등이 포함되어 있다(相馬直子, 2008: 261).

한편 육아휴직 목표수치로 '여성 80%, 남성 10%'로 제정된 것은 현행 육아휴직정책의 문제점을 설명해준다. 즉 육아휴직이 주로 소득이 낮은 여성에게 집중(2008, 72.3%)된 것은 남녀 간 높은 임금차별과 양성불평등 사회구조, 가족친화적 기업문화의 미정착에 기인한다. 또한 이는 출산·육아로 인한 여성의 경력단절로 이어진다. 반면 남성의 저조한 육아휴직률(2008, 0.5%)은 주로 장시간근무의 직장문화에 기인하며, 이는 육아책임이 일방적으로 여성에게 전가되는 성별분업 지속과 여성의 낮은 지위 및 '일·생활 균형'의 어려운 이유로 지적된다.

육아휴직 신청자격은 1세 미만 영아양육근로자로 공공부문은 전일 육아휴직이 원칙이지만, 공무지장이 없는 범위에서 부분휴업도 가능하다. 전일육아휴직은 자녀 1세까지 신청기간이 한정되며, 휴직기간 고용은 보장되며 불이익 처우가 금지된다. 급여는 전일육아휴직은 원칙적으로 무급이며, 교직원·간호사·보모 등 특종 여직원에게는 유급휴직급여가 지급된다(신윤정 외, 2007). 한편 부분휴직은 결여된 시간만큼 급여액을 감액하여 지급되며, 민간부문은 고용보험에서 휴직 전 25% 임금급여가 지급된다. 또한 건강보험법과 후생연금보험법에 따라 보험료 납부가 면제되며, 출산 전후 6주와 8주의 산전후휴가가 제공된다.

2007년 4월부터 시행된 '육아 및 가족개호 근로자의 복지법률'은 육아·개호는 남녀근로자의 공통과제로, 근로자에 대한 고용주의 복지의무가 규정되어 있다. 주요내용은 ①육아휴직제도 ②개호휴직제도 ③자녀간호휴가제도 ④불이익 처우 금지 ⑤연장근무 제한제도 ⑥심야업무 제한제도 ⑦근로시간 단축조치 등이 포함된다. 육아휴직은 자녀가 1세 미만에 신청할 수 있고, 휴직조건은 1세 미만 자녀양육의 남녀 노동자에 한정되며 일용직은 제외된다(오쿠쓰 마리, 2007). 한편 자녀 1인당 1회가 가능한 육아휴직(자녀 1세까지)은 휴직개시 1개월 전, 1~1.5세까지는 휴직이용 2주 전까지 신청해야 한다. 또한 개호휴직은 대상가족 1인당 1회 이용할 수 있으며, 통산 93일 이내 신청기간의 개호휴직을 이용할 수 있다.

한편 육아·개호지원을 통한 일·생활 균형정책은 여성노동력 확보와 소자화 대책으로 추진되고 있고, 근로자에게 있어 육아·개호휴직 등의 기업의 육아지원은 직장생활 지속에 절실한 문제가 되었다. 따라서 근로자의 육아·개호를 지원하는 사업주에 대한 격려로, 육아·개호휴직자 직장복귀프로그램실시 장려금40) 등의 조성금제도가 마련되

---

40) '육아·개호유직자 직장복귀프로그램실시 장려금'은 육아휴직 또는 개호유직을 이용하는 근로자의 직장적응성과 직업능력의 저하를 방지하고, 회복을 도모하는 조치(직장복귀프로그램)를 계획적으로 실시하는 사업주에게 정부가 지급하는 것이다.

었다(오쿠쓰 마리, 2007: 9). 최근에는 저출산·고령화 심화로 여성인력 활용, 출산·육아부담이 가중한 여성근로자에 대한 직장의 배려가 강화되고 있다. 2005년 육아·개호휴직법과 2006년 남녀고용기회균등법, 2007년 '육아·개호 근로자의 복지법률' 등이 정비되면서, 남성의 육아참여 중요성 인지 및 육아·개호를 남녀모두에게 실시하는 방향으로 정책이 추진되고 있다.

2002년 (출산)여성근로자 73.1%가 육아휴직을 했지만, 이 수치에는 출산 전 퇴직 및 1년간 휴직한 여성근로자는 배제되었다. 2003년 (휴직)임금혜택을 받은 경우는 103,478건, 이는 출산여성의 9.2%이다 (NIPSSR, 2005). 일본의 육아휴직은 법적 실효성이 약하여 이용하기 어렵고, 특히 북유럽과 같은 남성 휴가에 대한 법적 규정이 결여된 제도적 한계가 있다(阿藤誠, 2006: 38). 한편 휴직기간 중 기존 임금의 30%를 지급받지만, 고용보험에 가입된 부모에게만 적용되므로 모든 비정규직이 이러한 혜택을 받지 못한다. 즉 일본의 휴가급여는 정규직 여부에 따라 차별적으로 제공된다(이채정, 2009). 또한 남성의 휴가사용률이 저조한 것은 (남성)육아참여를 독려하는 제도가 마련되지 못했기 때문이다(최숙희, 2009).

(3) 노동시간과 파트타임 노동정책

1990년대 이후 일본에서는 파트타임 근로자가 대폭 늘어났으며, 기업에서도 그 역할이 점차 중요해지고 있다. 파트타임 근로자의 복지증진을 도모하기 위해 1993년 6월 '단시간 근로자 고용관리의 개선 법률(파트타임 노동법)'이 제정되었다. '개선 법률'로 파트타임 노동지침이

'장려금' 실시의 목적은 육아·개호휴직 후 근로자가 원활하게 직장에 복귀하고, 기업에서 근로자의 능력을 효과적으로 발휘하도록 하는 것이다.

제정되었고, 2004년 1월부터 새로운 '파트타임 노동지침'이 적용되고 있다(일본 厚生勞動省, 2006). 또한 개정된 '파트타임 노동지침'에서는 파트타임 근로자와 정규직간의 균등을 고려한 처우가 구체적으로 제시되었고, 사용자의 강구조치가 추가되었다. 즉 3세미만의 자녀양육과 개호가 필요한 파트타임 근로자와 초등학교 취학 전 자녀양육의 파트타임 근로자에 대해 육아·개호휴직제도 및 근무시간 단축조치를 강구하도록 규정하고 있다.

2000년대 이후 고용과 취업형태의 다양화 등 노동시장의 변화가 함께 근무형태가 매우 다양해졌다. 노동시장에서 단시간 근로자 등 비정규 고용비율이 높아졌고, 탄력적 근로제와 재택근무제가 기업에서 다양하게 도입되었다. 이러한 근무형태의 다양화에 따라 개정된 2006년 '노동시간 설정개선 특별조치법'으로 기존의 조성금 제도는 폐지되었고, 2007년에는 '중소기업 노동시간 적정화 촉진 조성금'이 창설되었다(오쿠쓰 마리, 2007: 7). 한편 2005년 육아·개호휴직법의 개정으로 파트타임 근로자도 육아·개호휴직이 가능하게 되었다. 이에 따라 계약직으로 고용기간이 정해지지 않은 파트타임 근로자, 고용기간은 정해졌지만 실제로는 고용기간이 보장되지 않는 단시간 근로자도 육아·개호휴직을 취득할 수 있게 되었다.

2005년 개정된 육아·개호휴직제도에서는 노동시간에 대해 다음과 같이 규정하고 있다. ①연장근무에 대한 제한제도이다. 사업주는 육아·개호를 신청한 노동자에게 1개월 24시간, 1년에 150시간을 초과한 시간외 노동을 시켜서는 안 된다. 신청자격은 초등학교 취학 전의 자녀양육과 가족간호가 필요한 노동자이다. ②심야노동에 대한 제한제도이다. 사업주는 육아·개호노동자에게 심야시간(오후 10시부터 오전 5시까지)에 노동을 시켜서는 안 된다. 신청자격은 초등학교 취학 전의 자녀양육과 가족간호가 필요한 노동자이다. ③근무시간 단축조치이다.

사업주는 3세미만의 자녀양육과 가족간호가 필요한 노동자에게 근무시간 단축조치를 실시해야 하며, 육아·개호휴직제도와 구체적 근무시간 단축조치를 강구해야 한다.

2004년 기준 파트타임 근로자[41]는 1,237만으로 전체 고용자 23.6%, 여성근로자는 857만으로 70%에 달했다. 2007년 파트타임 노동법 주요내용은 ①고용조건 문서화 ②근로형태에 따른 처우 결정 ③파트타임 노동자 정규직 전환 추진 ④파트타임 노동자 분쟁 해결 ⑤모자세대 (상용)고용사업주 장려금 지급 등이다(Soma Naoko, 2008). 그러나 개정의 핵심내용인 '정규직과의 임금·복리후생 차별금지'에 명시된 정규직 대우 파트타임 근로자는 전체의 4~5%(日本經濟新聞, 2007. 7.4)로, '범위 한정적'으로 평가된다. 또한 비정규직 '차별금지'와 '정규직 전환' 등은 실효성이 적을 것으로 예상된다(오학수. 2008: 107).

현재 일과 가사·육아양립이 어려운 일본의 현실에서 출산여성의 70%가 노동시장의 퇴출, 여성의 비정규직 증가, 정규·비정규직간의 처우 격차 등의 사회문제가 발생하고 있다. 또한 일본 남성이 가사참여 시간은 매우 짧고, 일본의 출생률도 낮다. 이는 남성의 장시간노동이 주요인이며, 실제 자녀육아기 남성 20%가 주 60시간 이상 일하고 있다(上川陽子, 2008: 38). 한편 일본의 직장문화 속에는 가사·육아책임을 부부공동으로 부담해야 한다는 의식이 결여되어 있다. 남편들이 1,784시간(2006)의 장시간노동을 수행하면서 가족의 돌봄 책임을 공유한다는 것은 매우 어렵다(이채정, 2009: 125). 요컨대 남성의 낮은 가사참여율은 장시간노동시간(정책)에서 기인되며, 남성의 장시간근무는 가족책임을 공유할 가능성을 낮아지게 한다.

---

41) 2007년 개정된 '파트타임 노동법'은 파트타임 노동자(단시간 근로자)에 대해 "1주간의 규정노동시간이 동일한 사업소에 고용되는 노동자(정사원)에 비해 근무시간이 짧은 노동자"로 정의했다.

3) 일·생활 균형정책의 최근경향

(1) 정부의 기업지원과 남성의 가사참여 촉진

2007년 일본 일·가정 양립정책은 기업의 직장문화 조성과 근로방식 개혁 등의 직장문화를 개선하는 기업차원으로 확대되었다. 특히 2006년 새로운 저출산 정책에서는 그동안 양립지원에 참여도가 낮았던 기업참여를 적극 유도하고 있다. 또한 일·가정 양립 '헌장' 및 '행동지침'이 기업과 노동자가 함께 합의를 달성했다는 것은 노사정의 이해관계를 떠나서 저출산 문제에 대한 사회적 공감대가 형성되었다는 점에서 큰 의의가 있다(신윤정, 2008: 110). 한편 집단적 몰입과 헌신을 강조하는 일본의 기업문화에서 '양립지원'의 정책효과는 예측하기 어렵지만, 정부의 정책적 노력과 기업의 적극적 참여로 인한 '정책성과'가 기대된다.

남성의 육아지원과 여성의 재취업 지원에 대한 정부의 기업지원 촉진 시책이 1990년대 후반부터 도입되었고, 최근에는 더욱 강화되고 있다(相馬直子, 2008: 268). 일본정부의 기업지원 주요내용은 첫째, '균등추진' 기업표창과 '패밀리프렌들리'[42] 기업표창을 1999년부터 실시했다. 둘째, 1999년부터 육아·간호고용안정조성금 지급을 추진하고, 일·가정 양립지원의 사업주에게 조성금을 지급했다. 셋째, 기업의 양립지원 추진을 위한 연수로서 양립지원 기업경영자와 일·가정 양립 추진자회의와 연구를 추진했다. 넷째, 지자체의 기업참여를 독려하기 위한 다양한 시책이 시행되었고, 기업의 양립지원 정책도입에 인센티

---

42) '패밀리프렌들리' 기업이란, "일과 육아·간호가 양립할 수 있는 제도준비 및 다양하고 유연한 워크스타일을 노동자가 선택할 수 있는 기업"을 지칭한다. 구체적으로 육아·간호휴직제도와 유연성 있는 워크스타일, 일·가정 양립이 가능하도록 제공되는 관련 제도와 기업문화 등으로 구성된다.

브를 제공하고 있다. 다섯째, 정부는 2006년부터 중소기업육아지원조
성금을 창설하여 양립지원을 강화하고 있다.

2002년 저출산 대책 '플러스 원'이 출범 후 기업의 워크스타일 개혁
과 재택육아지원에 초점이 맞춰졌다. 그러나 남성의 워크스타일에 대
한 지자체의 본격적 정책추진이 이뤄지지 않아 여성을 구상화한 시책
이 많았으며, 실제로 '집에서 고립된 육아여성'이 보육정책의 중점대
상이 되었다. 최근에는 남성대상의 지원정책43)이 늘어나고 있다. 일부
지자체에서는 2007년 남녀공동참획계획을 책정하였고, '육아를 꿈꾸는
환경 만들기'와 여성의 재도전 지원 및 기업의 남녀공동참획 촉진 지
원 등을 추진하고 있다(일본 厚生勞動省, 2008). 또한 일본 후생노동성은
남성의 육아참여를 위해 일·생활 균형추진협의회를 설치하였고, 기업
의 육아지원과 일·생활 균형을 희망하는 남성근로자의 요구에 부응
하는 대응책을 적극 실시하고 있다.

최근 일본정부는 남성의 육아휴직 취득 촉진을 위해 일·생활 균형
헌장과 행동지침을 개정했다. 정노사(정부·노동자·사용자) 대표로 구성
된 일·생활 균형추진관민회의는 2007년 12월에 책정된 헌장(근로형태
개선의 정부·기업의 기본적 생각)과 구체적 행동을 명기한 행동지침을 개
정, 남성의 육아휴직 취득 촉진 등을 새롭게 첨부했다(일본 內閣部, 2010).
(개정)헌장은 decent work(일하는 보람을 느끼는 일) 실현과 관민일체가 되
어 '새로운 공공(公共)'의 활동에 대한 참여기회 확대 등을 통해 지역사
회를 활성화시키는 것이다. (개정)행동지침은 기업과 노동자가 남성의
육아휴직 취득 촉진을 위한 환경정비, 정부가 남성이 자녀양육에 참가

---

43) 최근 일본정부는 '육아에 적극적인 남성을 의미'하는 이쿠(育)맨(외모나 스타일이
좋은 남성이라는 유행어에서 유래되어, '육아에 적극 참여하는 젊은 아빠'의 이미
지를 강조)이라는 신조어를 사회전체에 널리 홍보하고 있고, 남성의 적극적인 육
아참여와 육아휴직 취득을 지원하기 위한 '이쿠(育)man project' 발족식을 후생노
동성내에서 개최하였다(한국 복지신문 2010. 6.28).

할 수 있도록 제도적으로 지원하는 것이다. 한편 정부는 2020년 목표 수치로, 남성의 육아휴직 취득률을 13%로 제시했다.

일본정부는 2007년 4월부터 육아휴직 취득자에 대해 경제지원을 실시한 사업주를 대상으로 중소기업육아지원조성금과 양립지원레벨업조성금44)을 지원하고 있다. 지자체에서도 남성의 육아참여를 촉진하기 위한 부친 서클, 부친을 위한 육아살롱, 육아아빠 응원사업 등을 운영하고 있다. 또한 정부는 2007년 5월 '국가공무원의 육아유직 법률'을 개정하고, 취학 전의 자녀양육 공무원에게 단시간 근무제를 실시하고 있다(한국 여성가족부, 2008). 한편 기업에 있어 일·생활 균형정책 추진은 장기적 성장·발전으로 연결되는 '미래에 대한 투자'이며, 기업경쟁력의 중요한 보장이 된다. 또한 정부가 육아지원에 대한 기업·사업주에 대한 정책적 지원은 기업의 육아여성에 대한 배려로 이어지며, 여성의 경력단절을 미봉할 수 있는 '중요한 대안'이 될 것이다.

최근 일본정부는 기업에 대한 제도·경제적 지원을 통해 노동시장 개혁과 일·가정 양립 및 탄력근무제 도입·확대를 추진하고 있다. 요컨대 일·생활 균형실현은 정부·기업의 '양립지원'이 뒷받침되어야만 가능하며, 이는 여성의 일과 가사·육아를 양립할 수 있는 중요한 보장이 된다. 또한 정부·기업의 지원 하에서만 '일·가족생활 균형'이 가능하다는 것을 시사해준다.

(2) 전업주부(육아여성)의 재도전 지원

최근 일본정부는 저출산·고령화의 대비책으로 여성인력 활용 및

---

44) '양립지원레벨업조성금'은 일본정부가 '육아휴직 지원을 실시한 사업주'에 대한 경제지원 방식이다. 즉 대체요원의 확보, 휴직 중 능력 증진, 육아기의 유연한 근로방식 지원, 사업소 내 탁아시설 설치 및 운영, 베이비시터 등 보조, 직장풍토 개혁, 남성노동자 육아참여 등에 대한 경제지원이다.

육아여성의 재취업 도전을 지원하고 있으며, 2005년에는 '재도전 지원 책 검토회의'와 '재도전 지원계획'이 제정하였다. 또한 저출산·고령화에 대한 효과적 대응 및 남녀공동참획사회 실현을 목표로, 기업의 워크스타일 개선과 육아여성의 재취업이 강조되고 있다. 현재 여성취업 희망자(25~54세)는 264만으로, 대부분이 양육중이나 양육을 마친 여성이다(일본 內閣部, 2008). 한편 육아여성의 재취업과 창업 등 재도전은 남녀의 개성과 능력을 충분이 발휘할 수 있는 남녀공동참획사회 실현에 있어 중요한 일이다. 또한 저출산·고령화가 가속화되어 본격적 인구감소가 예상되는 가운데, 미래의 경제기반이 되는 여성인력 활용 및 전업주부의 재도전 지원은 중요한 의의가 있다.

일본정부는 2015년까지 여성노동력 25만 증가를 목표로 설정하여 남녀공동참획추진본부에 '재도전 지원 정책검토회의'를 설치하고, 제2차 남녀공동참획기본계획(2005)의 중점사항으로 경력단절 여성의 재취업 지원을 범정부적으로 추진하고 있다. 또한 2006년 12월 '재도전 지원 종합계획'을 발표, '경력단절 여성의 재도전'을 단계별로 지원하고 있다(한국 여성가족부, 2008). 한편 재취직을 희망하는 육아여성을 대상으로 세미나 실시 및 정보를 제공하고, '재도전 지원 프로그램'을 통해 직업상담 등 재취직을 위한 계획적인 대책을 실시할 수 있도록 지원하고 있다. 또한 인터넷을 통한 '여성의 활기찬 응원네비' 및 'e-learning 프로그램' 지원, 2006년부터 '재도전 지원 지역모델' 등의 지원을 실시하고 있다(신윤정, 2008: 112).

전업주부의 '재도전 지원' 구체방법으로 'Mother's Hello Work'[45]

---

45) 'Hello-Work'란, Hello-Work의 일본식 신조어로 공공직업안정소의 닉네임이다. 후생노동성이 공모하여 1990년부터 사용되었고, 구직자의 직업상담, 구인정보 제공, 취직알선 등의 서비스를 제공하고 있는 정부기관이다. 'Mother's Hello Work'는 전업주부를 대상으로 한 공공직업안정소로, 육아여성을 대상으로 구직자 직업상담 및 취업알선 등의 취업지원을 실시한다. 2006년 4월 자녀양육과 취직을 병행하려

설치하고, 취업을 희망하는 여성에게 직업상담·취업알선 등의 취업지원을 실시한다. 또한 육아여성 편의를 위해 영아센터와 수유실을 설치하고, 미설치 지역에는 Mother's Salon 또는 Mother's Corner를 설치하여 동일한 서비스와 취업지원을 제공하고 있다. 또한 재취업 지원을 위한 기업 활동을 적극 지원하고, 2007년부터 지방 36개현에 Mother's 살롱 및 코너를 설치·운영하고 있다(한국 여성가족부, 2008). 대상자로, ①자녀양육과 조기취직을 희망하는 자 ②직업과 자녀양육의 양립을 위해 전직(轉職)을 희망하는 재직자가 포함된다. 업무내용으로, ①'취직 실현 플랜'을 통한 개인별 취직지원 ②담당자 지정을 통한 일관된 취직지원 ③취직지원 세미나, 컴퓨터 강습 지원 ④보육서비스 관련 정보제공 ⑤자녀와 함께 오는 구직자 배려 시설 등이 포함된다.

한편 정부는 '재도전 여성'이 직면하게 되는 문제점이나 필요한 시책에 대해 활동단계별로 조절하여 진행하고 있다. 제1단계는 재도전을 위한 준비단계(정보수집, 기술향상)이다. 제2단계는 재도전을 위한 준비활동과 재도전의 실현단계(구직활동에서 재취업 및 창업의 실현까지)이다. '구직활동과 창업준비활동이 어렵다'는 현실적 상황에서 구직활동에서 재취업까지의 진행과정을 지원하는 단계이다(相馬直子, 2008: 275). 구체적 시책으로, ①지역 네트워크 구축 등을 통한 재도전 지원 ②학습과 능력개발 지원 ③재취업지원 ④창업지원 ⑤국가의 종합적 정보제공과 홍보 등이 계획되어 있다. 한편 2006년도부터 '일·생활 균형'으로 정책기조가 변화되면서, 기존의 '남녀공동참획' 및 '양립지원'의 제반 정책이 점차 변용되고 있다.

는 여성의 재취업 지원을 강화하기 위해 도쿄 등 전국 12개소에 설치했다.

4) '균형정책'의 정책효과와 문제점

2002년 '플러스 원'에서는 일·육아양립을 위해 육아휴직률 목표수치(여성 80%, 남성 10%)를 설정했다. 2002년 육아휴가사용률은 61.4%(1999년 53.5%)로 여성의 휴가사용률은 1999년보다 7% 상승했지만, 남성의 휴가사용률은 0.33%(2002)로 매우 저조했다. 남녀의 '사용격차'는 6.7%로, 휴직제도가 여성 위주로 실시되었다(일본 厚生勞動省, 2008). 2007년 '고용균등기본조사'에 의하면 ①육아휴직사용률이 남녀 모두 상승하였으나, 남성의 휴가사용률은 여전히 매우 낮다. 여성의 휴가사용률은 2007년에 89.7%(2005년 72.3%), 남성은 1.56%(2005 0.5%)로 여성은 17.4%, 남성은 약 3배 상승했지만, 남성의 휴가사용률은 매우 저조하다. ②근무시간 단축조치를 도입한 직장비율은 50% 상승했고, 사용기간도 장기화되고 있다.

한편 일과 생활의 균형정책이 추진된 후 육아를 위한 근무시간 단축조치를 도입하고 있는 사업소는 49.5%(2007)로, 2005년 41.6%에 비해 약 8%가 상승되었다. 최근 일본에서는 육아휴직과 탄력근무제가 점차 제도화되고 있다(일본 內閣部, 2009). 한편 관련 제도를 도입한 사업소 중에서 휴가제도의 사용기간이 '3세까지'가 56.5%로 가장 많았고, '초등학교 취학초기까지'는 30.0%, '초등학교 입학에서 초등학교 3학년까지'는 3.4%, '초등학교 4학년에서 초등학교 졸업까지'는 2.8%로, 휴가제도 이용기간이 장기화되고 있는 추세이다(홍승아 외, 2008).

2006년 남녀고용기회균등법은 사업주가 임신·출산 육아여성에 대한 모친건강관리조치를 의무화시켰다. 사업소 모친건강관리제도 규정 상황(2007)은 '임산부가 건강진단시간 확보 규정'이 있는 사업소 비율은 30.6%, '임신 중 통근완화조치 규정'은 29.2%, '임산부가 휴양·보식 휴식조치 규정'은 25.0%이었다(일본 厚生勞動省, 2008). 또한 '임신·출산 중 여성노동자가 건강검사 조치 규정'이 있는 사업소의 비율은 32.9%에 달했다. 즉 모친건강관리제도 규정상황은 '균등법' 개정 전후를 비교하면 크게 진전되었지만, 2007년과 2004년 조사비교에서는 큰 변화는 보이지 않았고, 각 제도의 규정 설치비율은 약 30%이다(相馬直子, 2008: 277).

2007년부터 3세미만의 아동수당 지원을 5,000엔에서 1만엔으로 인상되었고, 2007년 10월부터 휴직급여를 휴직 전 40%에서 50%로 인상되었다(일본 內閣部, 2008). 한편 다양한 근로방법 지원으로 보육시설이 2006년 6,000개에서 2008년에 7,000개로 확충되었고, 시설 아동수는 2008년 4만5,000명 증원되었다. 또한 가정보육지원으로 가정보육사가 돌보는 아동수를 2007년 1,300명에서 2008년 2,500명으로 확대되었고, 보육료부담 경감을 위해 양부모수당은 2007년 월 3만4,000엔에서 2008년부터 월 7만2,000엔으로 인상되었다(신윤정·남은우, 2008: 84). 한편 일본정부는 방과 후 아동플랜의 활발한 추진을 위해 방과 후 교실을 전국에 1만 5,000개의 초등학교에서 확대·실시하였다.

최근 일본정부는 효과적인 소자화 대책 실시와 일·생활의 균형실현을 위해서는 기업의 근로방식 개선과 육아지원 및 남성의 가사·육아참여의 중요성을 인식하고, 저조한 남성의 육아휴직사용률을 개선하기 위해 육아휴직 중 아버지휴가 60일 사용을 의무화하도록 책정하였다. 한편 정규직 육아여성의 노동시간을 6시간으로 한정하고, 연장근무를 제한하였다. 또한 여성노동자의 연장근무시 50%의 근무수당을 지급하도록 규정했다(Nagase Nobuko, 2010: 122-123). 반면 여성의 비정규직이 증가되고 있는 현실은 간과되었고, 비정규직 여성근로자에 관한 정부의 정책적 지원과 기업의 지원·혜택은 정규직 여성근로자에 비해 여전히 미흡한 실정이다.

요컨대 2006년 이후 일본의 저출산 정책패러다임의 전환되면서 단순한 소자화 대책만이 아닌, 양성평등 정책과 고령화 대책 및 일·생활 균형정책을 정부와 기업차원에서 본격적으로 추진하고 있다. 그러나 일본의 소자화 대책과 일·생활 균형정책에는 여러 가지 문제점이 현존하고 있다. 주요한 문제점은 ①일·가정 양립이 어려운 원인으로 인해 출산여성 70%가 퇴직하며, 정규·비정규직 간 처우 및 남녀 간 임금 격차, 여성의 경력단절 등의 문제가 발생하고 있다. ②일본 남성의 가사·육아참여율은 매우 저조하다. 이는 노동시장의 장시간노동관행이 주요인이며, 실제 자녀육아기 남성 20%가 주 60시간 이상 일하고 있다. ③가족친화적 기업문화의 미정착으로 인해 기업의 취업여성에 대한 육아지원은 여전히 미흡하다. ④양성불평등의 사회구조로 인해 일본 남성은 가사·육아에 대한 부부공동의 부담의식이 결여되어 있다. ⑤남성의 장시간근무관행은 가족책임을 공유할 가능성을 낮아지게 한다. 남편들이 연장근무와 장시간노동을 수행하면서 가족의 돌봄책임을 공유한다는 것은 매우 어렵다. ⑥장기적 경제불황으로 맞벌이 세대가 증가하고 있으나, 워크스타일 개선과 양성 간의 성역할 분담의식은 시대변화를 따르지 못하고 있다. ⑦일본은 경제지위에 비해 가족정책 지원수준은 유럽의 복지국가에 훨씬 못 미치며, 일·가정 양립을 위한 정부의 정책지원은 여전히 미흡한 수준이다.

3. 정책적 함의

2000년대 이후 일본의 보육정책은 공보육 중심에서 가정보육지원 등 다양한 방식으로 전개되고 있으며, 보육시설 민영화·시장화로 전환되고 있다. 특히 2005년 이후 보육정책은 기존의 보육서비스 지원에서 전업주부지원 방식으로 전개되고 있다. 즉 남성의 장시간노동의 기업환경을 개선하고, 재택양육의 전업주부 부담을 줄이기 위한 보육지원으로 소자화 대책의 중심축이 이동하고 있다. 최근 일본정부는 일·생활 균형정책과 기존의 소자화 대책을 병행하여 추진하고 있다. 2000년대 일본 저출산 정책의 특징은 두 가지로 구분할 수 있다. 첫째, 1990년대 보육지원중심의 엔젤플랜에서 탈피해 새로운 저출산 정책 및 일·가정 양립정책을 병행·추진하여 인구문제에 대응하고 있다. 둘째, 2005년 이후 소자화 대책을 고령화 대비책과 기업차원의 일·생활 균형지원 등 종합적 대책으로서 추진하고 있다.

2005년 개정된 육아·개호휴직법과 2006년 남녀고용기회균등법 등 법률이 정비되면서, 여성의 육아부담을 줄이려면 남성의 육아참여가 효과적이라는 인식이 널리 확산되었다. 2007년에 시행된 '육아 및 가족개호 근로자의 복지 법률'과 2008년부터 시행된 '파트타임 노동법'은 파트타임 노동자의 고용조건 등을 명문화함으로써, 이들의 고용보장을 합법화하고 있다. 또한 근로자의 육아·개호를 지원하는 사업주에 대한 격려로, 육아·개호비용조성금 등의 조성금제도가 마련되고 있다. 최근에는 저출산·고령화의 심화로 여성인력의 활용과 출산·육아부담이 가중한 여성근로자에 대한 직장의 배려조치가 강화되고 있고, 남성의 육아참여 중요성 인지와 함께 육아·개호를 남녀 모두에게 실시하는 정책이 추진되고 있다.

그러나 현재 일과 육아양립이 어려운 일본에서는 첫째아이 출산 후 70% 여성의 노동시장 퇴출, 여성의 비정규직 증가, 정규·비정규 간 처우 격차 등 사회문제가 발생하고 있다. 이러한 현상은 일본의 장시간노동관행과 자녀양육기의 남성 20%가 주 60시간 이상 일하는 등 기업문화에서 비롯된다. 또한 일본의 직장문화는 가사·육아책임을 남편과 아내가 공동으로 부담해야 한다는 의식이 결여되어 있고, 이는 육아로 인한 여성의 경력단절로 이어진다. 한편 일본의 육아휴직이 주로 여성에게 집중되어 있는 문제점은 정규·비정규 간 처우 차별과 남녀 간 임금 격차, 양성불평등의 사회구조 및 가족친화적 기업문화의 미정착에 기인한다. 최근 일본정부는 저출산·고령화의 대비책으로 여성인력 활용과 육아여성의 재취업 도전을 적극 지원하고 있고, 남성의 육아참여를 지원하는 기업에 대해 인센티브를 실시하고 있다.

남성의 육아지원과 여성의 재취업에 대한 기업지원을 촉진하는 시책이 1990년대 후반부터 도입되기 시작하였고, 최근에는 더욱 강화되고 있다. 정부는 가족친화적 기업경영 표창제도와 남성의 가사참여 권장과 의무화, 전업주부의 재취업 도전을 적극 지원하고 있다. 2005년 이후 일본의 저출산 정책은 기존의 취업여성에 대한 보육지원 중심의 '근시안적 시각'에서 벗어나 기업의 직장문화 조성, 근로방식 개혁 등 가족친화적 직장문화 개선의 기업차원으로 확대되고 있다. 2006년 이후 일과 가정의 양립정책으로 그동안 양립지원 참여도가 낮았던 기업 참여를 적극 유도하고 있다. 특히 일·가정 양립의 '헌장' 및 '행동지침'이 기업과 노동자가 함께 참여하여 합의했다는 점은 노사정의 이해관계를 떠나서 저출산 문제에 대한 사회적 공감대가 형성되었다는 점에서 큰 의의가 있다고 할 수 있다.

최근 한국정부는 여성인력의 활용과 경력단절 육아여성의 재취업을 위해 퍼플잡(단시간 근로제) 확대를 추진하고 있다. 그러나 한국의 여성 활동가들은 '일본의 사례'46)를 이유로, 여성의 비정규직 양산과 정규직과의 차별이 심화되는 현실에서 정부의 '단시간 근로제 확산'을 비판하고 있다. 즉 일본 여성의 비정규직 핵심문제에는 '정규직 남편, 파

---

46) 일본에서는 2007년 '육아·가족개호 근로자의 복지 법률'과 2008년 '파트타임 노동법'은 파트타임 노동자의 고용조건 등을 명문화함으로써, 이들의 고용보장을 합법화하고 있다(김태홍 외, 2009). 현재 비정규직 양산과 파트타임 근로자 처우 불공평 및 남녀 간 임금차별 등 문제가 존재하고 있으나, 일본의 단시간 근로제 활성화와 정책적 노력은 한국에게 주는 시사점은 적지 않을 것이다.

트타이머 아내'의 성별분업과 '가사·육아를 병행하는 파견노동자'라는 여성차별이 내포되어 있다는 것이다. 따라서 단시간 근로제는 '동등처우와 차별금지를 전제'로 실시되어야 하며, 자칫 여성의 일자리가 '비정규적 파트타임, 저임금직종에 고착화'될 수 있다는 일각의 견해에 유념할 필요가 있다.

한편 일본은 경제지위에 비해 가족정책(특히 소자화 대책) 재정지원은 유럽의 복지국가에 훨씬 못 미치며, 기업의 양립지원은 미흡한 수준이다. 이러한 일본정부의 효과적 예산투입 부족과 '취약한 재정지원' 원인을 세 가지로 분석할 수 있다. ①일본정부는 자녀양육의 일차적 책임을 가족에게 부과하고 있으며, 특히 출산·육아를 전업주부(여성)의 '당연한 부담'으로 간주하고 있다. ②보육정책 변화로, 최근 일본정부는 공적 비용 경감을 위한 공립보육소 민간위탁의 가속화 및 보육시장의 민영화·영리화를 추진하고 있다. ③인구문제 시책의 전환으로, 2006년 초고령사회에 진입한 일본은 소자화 대책보다 고령화 대비책에 보다 많은 정부의 재정예산을 투입하고 있다. 따라서 최근 여성인력 활용을 위한 여성의 재도전 지원도 저출산 대책보다 고령화 대비책의 성격이 훨씬 더 강한 것으로 볼 수 있다.

일·생활 균형실현과 출산율 회복은 1~2가지 국가정책에 의해 단기간에 이뤄질 수 있는 '단순한 문제'가 아니다. 최근 출산율 회복에 성공[47]했다는 유럽의 '고출산 국가' 프랑스(2008, 2.02)와 스웨덴(2008, 1.91)의 경우도 많은 사회제도 변혁과 종합적 대책을 수십 년 동안 추

---

47) 프랑스와 스웨덴의 출산율 회복에 '성공한 요인'으로, ①공보육 중심의 발달한 보육정책과 막대한 재정지원 ②직장과 가족 내 양성평등 확립, 일·가족 양립을 위한 사회제도 개혁 ③여성의 '일하기 편한' 근로방식 개선, 육아휴직제도 사용 보편화 ④가족친화적 기업환경 마련, 남성의 육아참여 의무화 ⑤출산율 회복에 대한 정부의지, 국가역할 강화 ⑥ 혼외출산 사회적 인정 및 미혼모 지원 등이다. 이 중 ①, ②, ⑥의 내용은 한국·일본 등 동아시아 저출산 국가와 구별되는 점이다.

진한 결과, 인구대체수준에 근접한 출산율을 회복했다. 한편 일본의 소자화 대책 특징은 기업을 정책동반자로 끌어들였다는 점이다. 기업의 육아지원에 대한 활발한 동참과 적극적 협력을 통해서만 일과 가정의 양립이 실현될 수 있으며, 이를 위해서는 기업제도 의무화와 정부의 인센티브를 병행하여 실시해야 한다는 것을 일본의 저출산 정책이 시사해주고 있다.

요컨대 일본정부는 1990년대 이후 많은 시행착오를 거치면서 소자화 대책과 일·가정 양립정책을 병행·추진해왔다. 최근에는 일·생활 균형을 새로운 정책목표로 제시하고, 저출산·고령화의 종합대책으로 추진하고 있다. 한편 2005년(1.26)까지 한국·대만과 같이 초저출산 국가였던 일본이 2006년 이후 초저출산 사회에서 벗어나고 있다는 현실(2008, 1.37)에 주목할 필요가 있다. 일본의 소자화 대책과 일·가정 양립정책을 '무조건 비판·부정'하기보다는 한국보다 10년 먼저 저출산 대책을 추진하여 얻은 정책효과·시행착오에 대한 연구를 통해 '이제 막 걸음마를 타고 있는' 한국의 저출산 정책에 타산지석으로 삼을 필요가 있을 것이다.

제4절 소결

본 장에서는 한국의 일·가족 양립정책, 일본의 일·생활 균형정책, 중국의 양성평등 정책에 대해 구체적으로 살펴보았다. 한·일·중의 일과 가정 양립에 바탕을 둔, 일과 가족(생활)의 양립(균형)정책과 양성평등 정책을 다음과 같이 종합하여 비교분석할 수 있다.

한·일 양국의 보육정책과 육아휴직제도 등 일과 가정(생활)의 양립(균형)정책은 공통점과 차이점을 갖고 있다. 최근 한·일 양국은 여성의 경제활동참여 증가와 핵가족화로 가족 내 돌봄기능의 약화, 초저출산 현상 고착화 등 사회문제에 직면하고 있다. 따라서 일과 가족·육아의 조화로운 양립을 위한 정책과 제도 활용이 정책과제로 부상했다. 한편 한국의 보육정책은 1990년대 이후 저출산 정책분야에서 가장 중점적으로 추진해온 정책이지만, 보육서비스는 취업여성의 욕구를 충족시키지 못하고 있다. 특히 공보육은 제한적으로 제공되고 있고, 대부분의 보육서비스는 민간보육시장에 의존하고 있다. 반면 1990년대 보육정책 중심의 소자화 대책이 정책효과를 거두지 못하면서 2000년대 일본의 보육정책은 공보육 중심에서 가정보육지원 등 다양한 방식으로 전개되고 있고, 보육시설 민영화·시장화로 전환되고 있다. 최근 기존의 '보육한계'가 지적되면서 재택육아지원과 워크스타일 개선으로 정책기조가 변화되고 있다.

한국의 육아휴직제도는 2001년 이후 제도화되었으나, 실제 사용에서는 현실적 장애들이 존재한다. 이는 휴가사용에 대한 사회환경과 직장 내 조직문화가 주요인이며, 휴직 후 복직이 어려운 현실도 휴직사용을 꺼리는 중요한 원인이다. 또한 사용대상이 여성에게 편중되어 있고, 남성의 낮은 사용률은 노동시장 관행과 장시간근로 기업문화 및 육아휴직 급여가 낮은 등 경제적 요인에 기인한다. 현재 휴가제도는 소수의 기업만이 수용하는 수준이며, 육아기 근로시간단축제도는 도입단계이다. 한편 2000년대 이후 일본여성의 육아휴직 사용률은 점차 높아지고 있지만, 남성의 사용률은 매우 저조하다. 육아휴직이 주로 여성에게 집중된 것은 정규·비정규의 높은 임금차별과 양성불평등 사회구조 및 가족친화적 기업문화의 미정착에 기인한다. 2005년 육아·개호휴직법과 2006년 남녀고용기회균등법 등 법률이 정비되면서, 여성의 육아부담을 줄이려면 남성의 육아참여가 효과적이라는 인식이 확산되었다. 최근 출산·육아부담이 가중한 여성근로자에 대한 직장의 배려조치가 강화되고, 육아·개호를 남녀 모두에게 실시하고 있다.

최근 한국과 일본 여성들의 경제활동참여 증가와 함께 취업 및 가족 가치관은 크게 변화되었다. 즉 여성들은 취업을 가정과 독립적인 생애과업으로 수용하지만, 사회는 여전히 출산·양육의 책임과 부담을 여성과 개별가족에게 부과하고 있다. 이러한 현실에서 여성들의 선택은 결혼기피와 출산연기로 이어지며, 이는 결국 저출산 사회문제 초래와 함께 여성의 경력단절 및 노동시장 퇴출로 이어진다. 최근 한국사회는 기존의 '일 중심'에서 일과 가족양립이라는 패러다임 전환과정에 놓여있다. 특히 여성의 경제참여 증가와 핵가족화 및 맞벌이 가정구조로 변화되면서 가족 내 돌봄기능은 한계를 보이고 있다. 현재 한국에서는 주당 40시간 근로제가 법제화되었으나, 장시간근로문화가 개선되지 않는다면 남성의 자녀양육참여는 비현실적이다. 최근 일과 육아양립이 어려운 일본에서는 출산여성 70%가 노동시장 퇴출, 여성의 비정규직 증가, 정규·비정규 간 처우 격차 등 사회문제가 발생하고 있다. 이러한 현상은 장시간노동관행과 자녀양육기의 남성 20%가 주당60시간 이상 일하는 기업문화에서 비롯된다. 최근 일본정부는 육아여성의 재취업 지원과 함께 남성의 육아참여를 지원하는 기업에게 인센티브를 실시하고 있다.

신중국 성립 후 중국정부는 남녀평등을 기본국책으로 추진했다. 그 결과 여성의 사회지위와 성역할 변화 및 높은 경제참여율을 확보했으며, 직장과 가정의 양립이 가능해졌다. 이는 국가의 책임·역할 강화와 양성평등을 기본국책으로 책정·실시했기 때문이다. '양립' 가능한 요인은 ①가족 내 성역할 변화에 기인한 남성의 가사참여 증가 ②맞벌이부부의 사회환경 변화 및 여성의 성역할 변화와 지위 향상 ③여성의 가사업무를 줄이는 가정용 세탁기 등의 가전제품 출시 ④여성정책의 출범과 양성평등 의식수준 제고를 위한 캠페인 추진 ⑤계획생육정책 실시로 자녀양육에 대한 여성부담 감소 ⑥여성교육 확대에 따른 여성의 의식수준 제고 및 정책효과에 기인한 남성의 의식변화 ⑦여성의 가사부담을 줄이기 위한 국가역할로, '공보육 중심'의 육아부담 사회화 등이다. 반면 중국의 양성평등 정책은 여러 가지 문제점을 갖고 있다.

일본학자 아키야마 요코(秋山洋子)는 중국의 혼인법·여성권익보장법에 대해 '남녀평등인가, 여성보호인가'라는 의문을 제기했다. 신중국 성립 후 혼인법은 2차례 개정, 1992년의 여성권익보장법은 1차례 개정이 있었다. 1950년의 혼인법은 봉건적 혼인제도 폐지와 새로운 혼인제도 실행 및 일부다처제와 매매혼을 금지했다. 중국정부는 여성을 가정에서 '해방'시키는 동시에 사회진출을 격려했으며, 신혼인법(1980)이 발표되기까지는 '여성해방' 성격이 강했다. 그러나 개혁개방 실시 이후 1980~1990년대 반포된 (개정)혼입법과 여직공노동보호규정(1988), 여성권익보장법(1992)과 노동법(1994) 등을 통해 진행된 데릴사위제 명문화와 부모 성을 모두 사용한 4자 이름, 임신·출산여성 보호와 유급휴가제 실시 및 여성권익보장의 제반 법령은 이 시기 여성정책이 양성평등과 여성보호 성격이 '공존'함을 알 수 있다. 한편 1995년 베이징 세계여성회의 이후 추진된 젠더평등의 법적·제도적 확립과 혼인법 개정(2001), 여성권익보장법 개정(2005)에 따른 성역할 변화 및 가사(부부)공동부담 및 80% 이상의 여성노동참여율 등은 '남녀평등 기본국책'이 반세기 동안 추진된 정책효과로 볼 수 있다. 즉 1950년대 이후 중국의 양성평등정책은 '여성해방'에서 '여성보호' 및 '양성평등'으로 전환되는 정책성과를 거두게 되었다.

1987년 한국정부가 '남녀고용평등법'을 제정·시행한 결과 성차별 금지와 육아휴직(도입) 및 여성고용 촉진 등의 성과를 거두었지만, 출산·육아여성의 경력단절을 의미하는 M자형 경제참여 구조와 사회·

가족 내의 성별분업은 지속되고 있다. 그동안 한국정부는 여성정책기본 계획 등으로 양성평등의 법·제도를 구축하여 성평등 기틀을 마련했지만, 실적적 남녀평등 달성도는 매우 낮은 수준이다. 한편 1990년대 일본에서는 육아·개호휴직의 제도화와 남녀공동참획사회기본법(1999)의 제정 및 2000년대 일·생활 균형정책이 추진되고 있다. 또한 2006년 출범된 (개정)남녀고용기회균등법은 여성의 고용차별과 임신·출산 등의 불이익에 대한 조치범위를 확대하였다. 그러나 2007년 기준으로 성별 임금격차 32%, 의회여성점유율 11.1%, 성별권한지수(GEM)가 93개국 54위로 일본의 양성평등 수준은 여전히 매우 낮은 수준이다.

한편 신중국 성립 후 반세기 동안 양성평등 정책이 추진된 결과, 성역할 변화와 높은 경제참여율 확보 및 직장과 가정의 양립이 가능해졌다. 이는 국가의 책임·역할 강화와 양성평등 정책을 기본국책으로 책정·실시했기 때문이다. 반면 한국·일본 등 '유교권의 국가'는 가부장적 가족제도와 성별분업 유지 및 여성의 가사전담 등으로 일·가족의 양립이 여전히 어려운 상황이다. 따라서 성 주류화 여성정책과 남녀공동참획 등의 양성평등 정책을 지속 추진하여 성차별을 줄이는 동시에 남성들의 의식변화를 이끌어내야 한다. 또한 정부는 기업의 육아지원에 대한 정책적 지원과 인센티브 부여 및 기업제도 의무화 등을 통해 출산·가족친화적 기업문화를 정착시켜야만, 여성의 경제참여율과 출산율 제고를 동시에 달성할 수 있을 것이다.

제6장 결론

제1절 연구결과 요약

본 연구에서는 다음의 몇 가지 내용을 중점적으로 취급했다. 첫째, 한·중·일 3국의 출산율 변화와 영향 요인 및 한·일 양국의 저출산 요인과 중국의 '저출산 대책이 없는 이유'를 분석했다. 둘째, 각국의 출산정책 추진과정과 정책효과 및 국가역할 변화를 살펴보았다. 셋째, 한·중·일 삼국의 출산억제정책과 정책조정 및 출산장려정책(저출산 정책), 일·가정 양립을 위한 보육정책·육아휴직제도에 대한 평가를 진행했다. 넷째, 한국의 일·가족 양립정책과 일본의 일·생활 균형정 책 및 중국의 양성평등 정책에 대해 구체적으로 살펴보았다. 다섯째, 한·일·중 삼국의 일과 가정 양립에 바탕을 둔, 일·가족(생활) 양립 (균형)정책과 양성평등 정책을 상호 비교했다. 상술한 연구결과를 요약 하면 다음과 같다.

한·중·일 삼국의 출산율 변동추이를 살펴보면, 정부의 출산정책과 사회경제적 환경 변화 및 국가역할과 밀접하게 연관된다. 한국의 출산 율 변화는 크게 3단계로 나눌 수 있다, 1단계(1960~1983년)는 정부가 추진한 강력한 출산억제정책으로 출산율이 인구대체수준으로 급락한 시기이다. 2단계(1983~1997)는 저출산 현상이 정착화된 시기로, 출산율은 1.5~1.8 사이에서 유지되었다. 3단계는 1998년 이후 저출산 현상이 고착화되는 시기로, 2001년 이후 초저출산율이 지속되고 있다. 일본의 합계특수출생률은 제1차 베이비붐시기에는 4.3수준이었지만, 1950년대 산아제한정책으로 1957년 인구대체수준(2.04)으로 하락했다. 그 후 제2차 베이비붐시기까지 2.1대를 유지하다가 1970년대 중반 2.0 이하로 하락, 1990년대 1.5 수준에서 2000년대 초반 초저출산 사회에 진입하였다. 한편 2000년대 한국의 출산율 급락은 1990년대 후반의 경제위기와 큰 관련이 있고, 일본의 출산율 변화는 급속한 고령화와 밀접히 연관된다.

한편 1950~1960년대 중국의 인구급증은 1950년대 출산장려정책과 3년 대약진운동·자연재해, 1960년대 문화대혁명으로 인한 출산억제정책 부재와 크게 관련된다. 그 결과 1966~1971년 합계출산율은 5.3~6.5, 1969년 중국의 인구는 8억을 돌파했다. 그러나 1970년대 계획생육정책의 성공적 추진으로 합계출산율은 1980년 2.24로 급락했다. 1980년대 후반 농촌 정책조정의 추진결과, 1990년 합계출산율은 2.17로 도·농 출산수준 격차는 1.0 정도로 줄어들었다. 또한 1990년대 출산정책의 안정화와 소생우육(少生優育)의 정책전환으로, 1990년대 말에 합계출산율은 1.8 정도를 안정적으로 유지하면서 저출산·저성장의 인구전환을 실현했다. 1970년대 이후 중국의 출산율 급격한 저하는 사회경제발전과 가치관 변화에서도 기인되지만, 피임조치와 인공임신중절 및 경제적 처벌을 동반한 강력한 출산억제정책과 국가역할이 주요 인이다.

1950년대 이후 한·중·일 삼국의 출산율 변화에 미친 영향 요인(저출산 요인 포함)은 몇 가지 공통점이 존재한다. 3국의 공통점으로, ①출산억제를 위한 강력한 산아제한정책 ②인공임신중절의 합법화와 피임 보급 ③제도적 규제와 보상제도, 국가적 홍보와 계몽·교육 ④도시화·핵가족화에 따른 가족구조와 자녀의 효용성 및 가족 가치관의 변화 ⑥국가역할의 변화와 정부정책의 효율성 등을 꼽을 수 있다. 한편 출산율 변화에 미친 한·일 양국과 중국의 국가역할은 차이점이 있다. 즉 3국의 20세기 출산억제정책에서는 국가역할이 강화된 반면, 21세기 출산장려정책에서 국가역할은 크게 약화되었다. 반면 2000년대 이후 다원화 정책의 실시로, 1.8 정도의 출산수준을 유지하고 있는 중국의 국가역할은 크게 변화되지 않았다. 이는 상이한 사회제도의 정책시스템과 출산수준 차이 및 국가정책과 권력구조의 특징에서 기인된다.

한국의 출산정책은 출산억제정책(1961~1995), 인구자질향상정책(1996~2003), 출산장려정책(2004~)으로 구분할 수 있다. 1960년대 한국정부는 가족계획계획사업을 국가시책으로 채택하고, 다방면의 산아제한정책을 추진하였다. 정부의 정책적 노력은 1980년대 초반 출산율이 인구대체 수준 하락에 크게 기여했다. 한편 가족계획사업이 '정책효과'를 거두게 된 것은 국가의 강력한 출산정책의 추진 등의 정책적 요인이 가장 중요했다. 2006년 참여정부가 출범한 새로마지플랜2010(기본계획)은 저출산·고령화 문제에 대응한 최초의 범정부적 종합대책으로서 제도적 기반구축에 일정한 성과를 거두었지만, 저소득층 위주의 대상 한정과 시범적 정책수준 및 전달체계 비효율성 등으로 출산율 제고에는 미흡했다. 즉 한국의 저출산 정책은 여전히 '복지적인 제도의 틀'에서 벗어나지 못했으며, 정책실행과 달성도가 낮은 수준이다.

중국의 계획생육정책은 1950~1960년대의 출산장려정책과 출산억제정책, 1970~1980년대의 출산억제정책, 1990~2000년대 초반 저출산 수준 안정화와 정책조정 등의 3단계로 구분할 수 있다. 1950~1960년대 마오쩌뚱의 '정치성·편면성·비연속성'의 착오적 인구사상

은 동 시기 대약진·문화대혁명 등 정치운동과 결합되면서 1970~
1980년대 중국의 계획생육정책 특수성, '지연성·압축성·강제성'을
초래한 주요인이다. 한편 1970년대의 완시샤오(晚·稀·少) 계획생육정
책은 경제보상과 제도적 규제 및 장려·처벌을 병행한 출산정책으로
인민군중의 인정을 받아 정책효과를 거두었지만, 1980년대 강행된 강
력한 행정수단과 경제처벌 위주의 독신자녀정책은 정부가 농민들의
실제상황과 출산욕망을 고려하지 않았기 때문에 농민들의 반발과 거
센 저항을 받게 되었다. 이는 국가역할과 정부정책이 정책효과를 거두
려면, 정책당사자인 인민(국민)들의 이해와 출산선호 및 실질적 이익에
부합되어야 한다는 것을 시사해준다.

　일본의 출산정책은 한국과 중국과 다른 양상을 지니고 있다. 가장
중요한 특징으로 일본은 1940년대 후반과 1970년대 초반 2차례의 베
이비붐시기(세대)를 갖고 있으며, 이는 일본의 인구구조와 소자화 대책
에 미친 영향력이 매우 컸다고 할 수 있다. 또한 1970년 고령화 사회
에 진입했고 1994년 고령사회, 2006년에 초고령사회에 진입한 일본사
회는 2005년부터 인구감소가 본격적으로 시작되었으며, 심각한 고령
화 사회문제는 소자화 대책의 제정과 저출산 정책효과에 절대적 영향
을 미치고 있다. 이 또한 일본이 2005년 이후 소자화 대책과 일·생활
균형, 양성평등 및 고령화 정책을 포함한 종합적 인구정책을 추진하고
있는 중요한 원인이다. 한편 출산율 제고의 소자화 대책이 정책효과로
가시화되지 못하고 있는 일본의 사회구조적 문제와 정책의 비효율성
및 직장·가족 내 양성불평등 등의 저출산의 사회적 요인은 초저출산
국가인 한국에도 적용된다. 이는 한국과 일본이 비슷한 사회구조와 양
성불평등의 직장·가족문화 및 다양한 가족에 대한 비수용 등의 사회
문화적 요인을 갖고 있기 때문으로 볼 수 있다.

　최근 한·일 양국의 대다수 취업여성들은 임신·출산을 계기로 경

력단절을 경험하며, 직장과 출산·육아 중 양자택일을 해야 하는 상황에 처해 있다. 여성의 지속적인 노동시장 참가와 국민이 희망하는 결혼·출산·육아를 가능하게 하기 위해서는 취업과 출산·육아의 양자택일 구조의 해소가 필요하며, 근로방법의 개선에 따른 일·가정 양립실현이 무엇보다 중요하다. 한편 일본의 소자화 정책 중 주목할 것은 기업을 '정책동반자'로 적극 동참시켰다는 점이다. 일본정부는 기업이 일·생활의 균형조치를 취하도록 격려하고, 기업의 적극적 협조를 이끌어내는 정책적 노력을 진행했다. 또한 일본의 지자체는 지역의 자녀양육지원 역할이 상당히 크며 정책의 중요한 정책동반자이다. 일본의 중앙정부의 권한과 국가역할은 한국과 중국에 비해 약화되었지만, 기업의 협조와 지자체의 역할은 저출산 정책에서 매우 중요한 작용을 하고 있다.

1960년대 국가시책으로 채택된 가족계획사업의 범국민적 운동의 전개와 정책효과로, 합계출산율은 1983년에 인구대체수준(2.1)을 달성하였다. 반면 국가주도의 강력한 출산억제정책의 '성공'은 소자녀 가치관의 정착을 초래했고, 이는 오늘날 저출산의 '정책적 요인'이 되고 있다. 또한 1980년대 후반 1.6대의 저출산 사회로 진입했지만, 저출산에 대한 정부의 중시 부족 및 국가차원의 정책대응에 소홀했다. 1996년 인구자질향상정책으로 전환된 후 IMF 외환위기 등 경제적 여건변화로 저출산 현상이 고착화되고 2000년대 초 초저출산 국가로 되었지만, 한국정부는 종합적 저출산 대책을 적극 추진하지 못했다. 한편 '인구자질 향상'을 목표로 하는 신인구정책의 장기적 지속과 저출산 대책이 적극 추진되지 못한 것은 국가에게 주요책임이 있으며, 특히 동 시기 저출산 문제 해결을 위한 일본의 정책적 노력과는 극적인 대조를 이룬다.

최근 한국정부는 저출산 대책의 일환으로 일·가족 양립정책을 추진하고 있지만, 출산·양육으로 인한 노동시장의 여성차별과 남성의 제한적 가사참여 등으로 일·가정 양립은 어려운 실정이다. 결과적으로 성별분업의 유지와 양성불평등 및 보육의 높은 시장의존성은 여성의 일·가정 중 양자택일하는 주요인이다. 한편 저출산 정책이 출산·양육의 책임을 국가와 사회가 분담하는 '육아사회화'로의 패러다임 전환은 긍정적으로 평가할 수 있지만, 여러 가지로 정책 한계점을 보이고 있다. 정부는 비현실적 경제지원에 집착하기보다 장기적 안목에서 종합적이고 실효성이 강한 저출산 대책을 지속적으로 추진해야 한다. 또한 저출산 문제를 최우선 국정과제로 취급하려는 정부의 강력한 의지와 국가·사회·가정이 출산·양육에 대한 이해를 공유하고 협력할 때, 출산율 제고의 정책효과가 가시화될 것이다.

한편 중국의 계획생육정책 평가는 중국정부의 평가와 중국학자들의 종합평가 및 외국학자들의 평가를 종합·비교하여 분석할 필요가 있다. 국외학자의 평가를 요약하면 중국은 국민소득수준에 따른 일반적인 출산력 변이와는 달리 국민소득이 매우 낮지만, 출산력은 이례적으로 유럽의 '고출산 국가' 수준과 비슷하다. 또한 중국에서는 1980년대 독신자녀정책의 강제성으로 농촌지역의 반발이 심하였지만, 국가의 강력한 통제로 출산억제정책은 '실효성 효과'를 거두었다. 한편 '외국의 평가'는 1970~1980대 중국의 출산억제정책의 강제성은 지적되었지만, 출산정책의 강제성 원인과 1950~1960년대 사회배경과 '정책적 계기'에 대한 분석 및 1980년 후반 농촌 조정정책인 1.5정책 평가는 결여되어 있다. 기존 계획생육정책에 대한 국내외의 평가를 종합하면 중국정부는 '정책성과'를 강조한 반면, 외국학자들은 '문제점'에 대해 치중하고 있다. 그러나 중국의 계획생육정책에 대한 평가에서 국내외의 학자들이 간과한 것이 있다. 즉 '1자녀 위주'의 출산억제정책을 실시하고 있는 중국에서 출산율 제고의 저출산 대책을 추진하지 않았음에도 불구하고, 1990년대 이후 출산율이 1.8대의 '고출산'을 유지하는 원인과 정책배경 평가가 결여되어 있다는 점이다.

일본의 소자화 정책은 1990년대 저출산 정책과 2000년대 일·가정 양립정책을 중점적으로 평가하였다. 일본은 1990년 1.57쇼크를 계기로 출산율 및 출생아수의 감소를 심각한 사회문제로 인식하고, 1994년부터 보육서비스 개선과 육아지원 및 관련법 제정과 기업참여의 유도 등의 소자화 대책을 추진하였다. 그러나 미흡한 정책효과에 따른 2000년대 초반의 초저출산 현상 및 국가정책의 비효율성 등으로 부정적 정책평가가 우세하다. 최근 일본정부는 저출산 정책패러다임 변화를 시도하여 기존 소자화 대책의 보육지원 중심에서 벗어나 사회경제적 대응으로서 미래성장 동력 확보에 중점을 둔 저출산 정책을 추진하고 있다. 따라서 2006년부터 일본의 합계출산율은 1.3~1.4 수준으로 초저출산 국가에서 벗어나고 있으며, 이러한 출산율 상승은 정부가 그동안 추진해온 소자화 대책과 무관하지 않다.

일본 소자화 대책의 문제점을 요약하면, 국가역할의 한계성과 재정지원 부족이다. 젠더불평등의 사회적 요인으로 출산·양육부담은 여성이 전담하고 있고, 장기적 경기침체와 경제위기에 따른 청년실업의 증가 및 악화된 노동시장 여건은 결혼·출산의 지연·포기의 주요인이다. 또한 고령화 정책보다 저출산에 투입되는 정부재원은 미약하며, 수상의 잦은 교체로 인한 정책의 비연속성, 권장·계몽중심의 국가역할 한계성 등이 지적된다. 한편 한국의 문제점은 자녀양육비용 경감을 위한 관련 정책이 미흡하고, 여성의 일·가정 양립의 곤란 및 출산·가족친화적 직장·가정문화가 결여이다. 또한 다양한 가족의 출산·양육에 대한 경제지원 미흡과 정부정책의 비연속성 등이 거론된다. 요컨대 한·일 양국의 공통점으로 일·가정 양립의 불가능한 사회적 요인과 국가역할의 한계성이 지적되며, 차이점은 일본은 고령화가 더욱 심각한 반면에 한국은 초저출산 현상이 더욱 심각하다는 것이다.

한·일 양국의 보육정책과 육아휴직 제도를 비롯한 일과 가정(생활)의 양립(균형)정책은 공통점과 차이점을 갖고 있다. 최근 한·일 양국은 여성의 경제활동참여 증가와 핵가족화로 가족 내 돌봄기능의 약화, 초저출산 현상의 고착화 등 사회문제에 직면하고 있다. 한국의 보육정책은 1990년대 이후 저출산 정책분야에서 가장 중점적으로 추진해온 정책이지만, 보육서비스는 취업여성의 욕구를 충족시키지 못하고 있다. 반면 1990년대 보육정책 중심의 소자화 대책이 정책효과를 거두지 못하면서 2000년대 이후 일본의 보육정책은 공보육 중심에서 가정보육 지원 등 다양한 방식으로 전개되고 있고, 보육시설 민영화·시장화로 전환되고 있다. 한국의 육아휴직제도는 2001년 이후 제도화되었으나, 실제 사용에서는 현실적 장애들이 존재한다. 이는 휴가제도 사용에 대한 사회적 환경과 직장 내의 조직문화가 주요인이며, 휴직 후 복직이 어려운 현실도 휴직사용을 꺼리는 중요한 원인이다. 한편 2000년대 이후 일본여성의 육아휴직 사용률은 점차 높아지고 있지만, 남성의 사용률은 매우 저조한 수준이다. 육아휴직이 주로 여성에게 집중된 문제점은 정규·비정규간 처우와 남녀 간의 높은 임금차별, 양성불평등 사회구조 및 가족친화적 기업문화의 미정착에 기인한다.

신중국 성립 후 중국정부는 반세기 동안 남녀평등을 기본국책으로 추진했다. 그 결과 여성의 사회지위와 성역할 변화 및 높은 경제참여율을 확보했으며, 취업여성의 직장과 가정의 양립이 가능해졌다. 이는 국가역할 강화와 양성평등을 기본국책으로 책정·실시했기 때문이다. 그 '양립가능' 요인에는 가족 내 성역할 변화에 기인한 남성의 가사참여 증가, 맞벌이부부의 사회적 환경(변화) 및 여성의 사회·가족 내 역할 변화와 지위 향상, 여성정책의 제도화와 양성평등 의식수준 제고를 위한 캠페인 추진, 계획생육정책 실시로 자녀양육에 대한 여성부담 감소, 여성교육의 확대에 따른 여성의 의식수준 제고 및 정책효과에 기인한 남성의 의식변화, 여성의 가사부담을 줄이기 위한 국가의 역할로서 '공보육 중심'의 육아부담 사회화 등이 포함된다. 반면 중국의 양성평등은 여러 가지 문제점을 갖고 있다.

국가역할에 기인되는 여성지위 향상과 양성평등은 일·가정 양립 및 출산정책이 효과를 거둘 수 있는 전제조건이다. 그동안 한국정부는 남녀평등의 관련법과 정책제도를 구축하여 성평등 기틀을 마련했지만, 실질적인 남녀평등 달성도는 여전히 낮은 수준이다. 한편 1990년대 이후 일본정부는 육아·개호휴직의 제도화와 남녀공동참획사회기본법 (1999) 제정 및 2000년대 진입 후 일·가정 양립정책을 추진하고 있지만, 정책효과는 미미하고 직장·가정 내 양성평등 수준은 매우 낮은 수준이다. 반면 반세기 동안 남녀평등을 기본국책으로 추진해온 중국에서는 성역할 변화와 여성의 높은 경제참여율 및 직장과 가정의 양립이 가능해졌다. 현재 한국·일본 등 '유교권의 국가'는 가부장적 가족제도와 성별분업 유지 및 여성의 가사전담 등으로 일·가정 양립이 여전히 어려운 상황이다. 국가는 양성평등 정책을 지속 추진하여 성차별을 줄이는 동시에 남성의 의식변화를 이끌어내야 한다. 또한 양성평등과 일·가족 양립 및 출산율 제고를 위한 국가의 책임·역할은 더욱 강화되어야 한다.

요컨대 본 연구를 통해 도출한 시사점을 요약하면 출산율 제고의 저출산 정책효과는 단기간에 나타나지 않으며, 획기적 정책성과를 거두기 어렵다는 것이다. 어느 선진국을 물론하고 단기간에 출산율을 제고시킨 뚜렷한 성공사례가 없다는 것이 이를 반증한다. 저출산 정책은 국가의 중요한 국정과제로 지속적으로 추진되어야 정책효과를 거둘 수 있다. 또한 저출산의 정책적 요인으로 간주되는 정책의 '비효율성'을 정책의 실효성과 '국가역할 강화'[1]로 역전시킨다면, 이는 저출산

문제의 중요한 정책대안이 될 것이다. 따라서 국가는 출산·가족친화적 사회적 환경 조성과 일·가정 양립 및 사회·가족 내 양성평등을 위한 정책적 노력을 지속해야 한다. 한편 최근의 저출산 현상은 사회 경제적 환경과 가치관 변화 등 여러 가지 요인에 기인한다는 점과 국가역할 한계성을 간과해서는 안 된다.

본 연구는 몇 가지 한계를 갖고 있다. 첫째, 각국의 출산정책에 관한 선행연구 검토가 체계적이지 못한 한계가 있다. 한·중·일 삼국의 출산정책 비교연구에 관한 문헌자료의 한정으로, 삼국 간의 출산정책 비교에 대한 선행연구가 충분하게 이뤄지지 못했다. 둘째, 한·중·일 삼국의 인구발전 특징은 (도시)저출산화와 고령화가 거의 동시에 급속히 진행되고 있으며, 일본과 한국·대만 등 동아시아국가는 저출산·고령화에 대한 국가적 정책대응을 동시에 추진하고 있다. 본 연구의 특성상 고령화 정책연구가 거의 진행되지 못한 상태이다. 셋째, 각국의 출산정책에 대한 심층적 분석과 평가 및 체계적 비교분석이 결여되어 있다. 넷째, 동아시아 국가정책과 유럽의 정책사례를 전면적으로 비교하지 못한 제약이 있으며, 한국의 경우 북한 사례와의 비교연구가 일정한 시사점을 가질 수 있으나 관련 연구가 결여되어 있다. 이러한 한계점에 대한 보완은 추후 연구과제로 남겨두고자 한다.

---

1) '국가역할 강화'로, 국가는 정책의 제정 및 사회제도 보강을 통해 여성의 사회진출 보장과 양육기능을 강화하고, 국공립 보육시설을 확충하여 가족·사회·국가가 공동으로 양육을 책임지는 '육아사회화'를 실현해야 한다. 또한 남성의 가사·육아 분담을 위한 기업제도 의무화와 기업지원을 통해 여성의 육아지원을 강화하고, 직장·가족 내 젠더평등을 위한 정책적 노력을 더욱 강화할 필요가 있다. 이러한 정책적 노력과 국가역할에 대한 강화는 궁극적으로 여성의 경제참여율 증가와 출산율 제고 및 양성평등의 사회 도래를 앞당기게 될 것이다.

제2절 국가별 출산정책 의미와 한계

20세기 후반 한국정부가 추진한 가족계획사업이 '정책효과'를 거두게 된 것은 국가시책의 책정, 관련법 제정·개정, 피임·불임시술 보급과 국가적 홍보·교육, 경제보상과 제도적 규제 등의 정책적 요인이 가장 중요했다. 또한 국가가 '개인영역'인 출산에 간섭했음에도 불구하고, 경제발전을 위한 출산억제와 국가의 경제성장으로 부유해지려는 개인·가족의 이해가 공유되었기에 가능했다. 한편 2006년 종합적 저출산·고령화 정책으로서 출범된 제1차 '기본계획'은 출산정책이 단순히 경제지원을 넘어 양성평등과 가족문화 등 사회문화의 거시적 수준에서 변화를 모색한 것은 긍정적이지만, 변화된 젠더관계와 결혼·가족의 의미를 충분히 고려하지 못했다. 20세기 가족계획사업에서 출산행위는 인구문제로서 국가가 개입할 수 있었지만, 21세기는 정부가 '국가이익'에서 출발해 개인의 '사적 영역'인 출산행위를 변화시키기가 쉽지 않다. 이 또한 국가정책으로서의 저출산 대책의 한계성이다.

그동안 한국정부가 보육정책과 경제지원 위주의 다양한 저출산 대책을 추진했음에도 불구하고, 합계출산율은 2005년 사상 최저수준(1.08)에서 2006년(1.12), 2007년(1.25)에 상승세를 보이다가 2008년(1.19)과 2009년(1.15) 2년 연속 출산율이 하락하고 있다. 이는 국가역할의 한계와 저출산 대책의 한계성을 보여주며, 출산율 제고의 저출산 대책은 단기간에 정책효과가 나타나지 않으며, 장기적인 종합적 정책이 필요하다는 것을 시사해준다.

1970년대 '1가족 2자녀' 위주의 중국의 계획생육정책은 출산간격과 장려·처벌을 병행한 출산정책으로, 농민들의 이익에 부합되고 강제성이 상대적으로 약했기 때문에 출산율 저하에 성공할 수 있었다. 반면

1980년대 강행된 '1자녀' 위주의 독신자녀정책은 정부가 농민들의 실제상황과 출산선호를 고려하지 않고 일방적으로 추진했기 때문에, 농민들의 거센 저항을 받게 되었다. 이는 국가역할 강화와 출산정책이 정책효과를 거두려면, 정책당사자인 인민(국민)들의 이해와 출산선호 및 실질적 이익에 부합되어야 한다는 것을 시사해준다. 한편 1980년대 후반의 1.5정책은 국가의 강경정책과 농민들의 다산욕망이 '타협'한 결과로 이뤄졌으며, 이는 개혁개방 초기 농민들에 대한 중국정부의 '정책적 배려'로 평가된다. 이 또한 정부정책은 국가역할에 의해 수시로 조정된다는 것을 의미한다.

한편 다원화 정책으로 1.8명 전후의 '상대적 고출산율'을 유지하고 있는 중국의 출산정책은 국가역할 및 정책조정으로 '고출산율'을 유지하는 특별한 정책사례로 간주할 수 있다. 2000년대 초반 도시의 저출산화가 부각되면서 중국정부는 기존의 출산억제정책을 수정하고, 도시에서의 '둘째자녀' 출산조건을 대폭 완화하였다. 중국정부는 13억의 방대한 인구수와 불균형적 인구분포 및 지역·성향간의 상이한 출산수준을 갖고 있는 자국의 실정에 부합되는 정책조정으로 도시의 저출산화 문제를 완화시키고 있다. 현재 중국에서는 도시 저출산화에 대한 저출산 대책보다 농촌의 인구문제 해결과 인구규모를 억제하는 것이 더욱 중요한 정책과제이다. 이것이 계획생육정책이 여전히 중국에서 기본국책으로 추진되는 중요한 이유이다. 중국의 출산정책은 정책조정으로도 출산율을 '고출산 수준'으로 통제할 수 있고, 국가역할이 출산율 변화에 미치는 중요한 영향 요인이라는 것을 시사해주고 있다.

일본정부는 1950년대 대규모적 산아제한을 실시해 출산율 저하에 성공했고, 1960년대에는 인구자질 향상정책을 추진해왔다. 1970년대 중반부터는 고령화 문제가 대두되어 고령화 정책에 초점이 맞추어졌다. 그러나 1990년 1.57쇼크를 계기로 저출산에 대한 사회적 공감대가 형성되었고, 저출산 문제해결을 위한 일련의 소자화 대책을 제정·추진하기 시작했다. 최근 일본정부는 기존 육아지원 중심의 보육정책에서 가족친화적 기업문화 및 근로방식 개선, 일·생활 균형으로 정책패턴이 전환되고 있다. 한편 한국의 저출산 대책은 일본에 비해 10년이 늦은 2000년대 초반에 추진되었고, 일·가정 양립이 어려운 비슷한 사회문화적 구조와 저출산 요인을 갖고 있다. 또한 초저출산 현상의 지속과 급속한 고령화를 맞이하고 있는 한국의 경우, 저출산·고령화 대비책을 동시에 마련해야 하는 인구·사회문제를 안고 있다. 요컨대 일본의 소자화 대책 추진과정의 시행착오와 국가·기업·지자체가 협력하여 거둔 '정책효과'는 아직 초저출산 국가인 한국에게 주는 시사점은 적지 않을 것이다.

1990년대 이후 일본 소자화 대책의 시행착오와 정책 한계점이 주는 시사점을 몇 가지로 요약할 수 있다. 첫째, 저출산 현상은 자녀·가족 가치관 변화와 사회경제적 요인 등의 종합적 요인에 기인하므로, 단순히 정부정책과 국가역할에 의해 해결되는 것이 아니다. 둘째, 출산율 제고의 정책효과를 거두려면 정부의 정책적 노력과 가족친화적 기업문화의 정착 및 일·가정 양립지원에 대한 기업의 협조, 가정과 자녀 양육을 분담하는 지방정부 역할이 유기적으로 결합되어야 한다. 셋째, 저출산은 단순히 보육정책이나 정부의 재정지원에 의해 쉽게 해결되는 것이 아니며, 효과적인 종합대책이 장기적으로 병행되어 추진되어야 정책효과로 가시화된다. 넷째, 여성지위 향상과 성별분업의 직장·가정문화를 근본적으로 해결하는 양성평등 정책 및 저출산·고령화를 동시에 해결할 수 있는 종합적 인구정책이 병행·추진되어야 한다. 다섯째, 소자녀 가치관의 변화와 지방정부 역할 및 기업의 협조, 정부의 정책의지와 지속적 노력이 일치·공유될 때, 비로소 정책효과를 거둘 수 있다.

최근 한·일 양국 여성의 경제활동참여 증가와 함께 일·가족 가치관은 크게 변화되었다. 즉 여성들은 취업을 가정과 독립적인 생애과업으로 수용하지만, 사회는 여전히 출산·양육의 책임과 부담을 여성과 개별가족에게 부과하고 있다. 이러한 현실에서 여성들의 선택은 결혼기피와 출산연기로 이어지며, 이는 결국 저출산 문제 초래 및 여성의 경력단절과 노동시장 퇴출로 이어진다. 일본의 소자화 대책은 '미래를 위한 투자'로서 재정지원 확대의 필요성과 사회구조 개선 및 국민적 합의 도출이 매우 중요하다는 것을 보여준다. 또한 육아지원에 대한 기업의 동참과 적극적 협력을 통해서만 일·가정 양립이 실현될 수 있으며, 이를 위해서는 기업제도 의무화와 정부의 인센티브를 병행하여 실시해야 한다는 것을 일본의 정책사례가 시사해주고 있다. 현재 비슷한 사회문화적 배경을 갖고 있는 한국으로서는 일본의 정책이행 중의 시행착오와 정책성과를 타산지석으로 삼을 필요가 있다.

한편 중국정부는 반세기 동안 남녀평등을 기본국책으로 추진한 결과 여성의 사회지위 제고와 성역할 변화 및 높은 경제참여율을 확보했으며, 직장과 가정 양립을 실현했다. 이는 국가의 책임·역할 강화와 양성평등 정책을 기본국책으로 책정하고 장기간 실시했기 때문이다. 반면 한국·일본 등 동아시아 저출산 국가는 가부장적 가족제도와 성별분업 유지 및 여성의 가사전담 등으로 일·가족의 양립이 여전히 어렵다. 따라서 여성의 사회지위 향상과 성 주류화 여성정책과 남녀공동참획 등의 성평등 정책을 지속 추진하여 성차별을 줄이고, 직장과 가족 내 양성평등에 대한 남성의 의식변화를 이끌어내야 할 것이다. 또한 기업의 적극적 협조와 가족친화적 기업문화가 정착되어야만, 여성의 경제활동참여율과 출산율 제고를 동시에 달성할 수 있다. 요컨대 정책의 실효성과 국가역할을 강화하고, '양성평등적 사회' 실현이 여성의 경제참여율 제고 및 저출산 극복의 지름길이 될 것이다.

제3절 정책적 함의와 제언

저출산 현상은 더 이상 개인의 문제만이 아닌 국가와 사회·가족이 공동으로 해결해야 할 정책과제로, 정부와 기업·지자체가 참여하는 전 방위적 종합대책을 지속 추진해야 한다. 2000년대 초반 한국·일본·대만 등 동아시아국가가 선후하여 초저출산 국가에 진입하게 된 주요인에는 자녀양육의 고비용과 소자녀 가치관 확산, 성별분업 지속과 양성불평등의 가부장적 문화 등으로 인한 일·가정 양립의 곤란 등이 포함된다. 현재 한국과 일본 등 동아시아국가는 가부장적 가족제도와 유교문화 잔존으로, 성별분업 지속과 출산·양육의 책임이 여전히 여성에게 전가되고 있다. 또한 남성중심적 사회제도와 기업관행 및 가족친화적 직장문화의 미정착 등으로 일·가정 양립이 어려운 실정이다. 출산율 제고의 저출산 정책효과가 가시화되게 하려면 출산문제를 단순한 '인구문제'로 취급해서는 안 되며, 직장·가족 내 성별분업을 사라지게 하는 양성평등을 기본국책으로 추진해야 한다.

현재 한국사회에는 유교문화의 영향 잔존으로 남성은 직장, 여성은 가사·육아에 전념하는 성변분업과 장시간근무의 기업관행이 유지되고 있다. 이는 남성의 소극적인 가사·육아참여로 이어지며, 여성의 일·가정 양립을 어렵게 하고 있다. 사회제도와 고용시장 및 직장·가족 내 양성평등이 여성의 높은 경제참여율과 상대적 '고출산율'에 크게 기여한다는 것은 스웨덴 등 구미 선진국에서 입증된 바 있다. 또한 반세기 동안 남녀평등을 기본국책으로 추진해온 중국의 경우, 직장과 가정에서의 양성평등 실시는 일·가정 양립과 여성의 높은 경제참여율 및 1.8 전후의 출산율 유지에 크게 기여하였다. 반면 '남성중심적 사회'에서 여전히 양성평등을 이루지 못하고 있는 한국·일본 등 동아시아 '유교국가'에서는 상대적으로 낮은 여성의 경제활동참여와 (초)저출산율을 기록하고 있다. 즉 출산율 제고를 위한 일·가정 양립 및 사회전반에서의 양성평등 실현은 사회제도·문화의 근본적 변화를 의미하며, 이는 정부의 장기적인 정책적 노력과 남성들의 의식변화를 전제로 한다.

기존의 가족계획사업이나 최근의 저출산 대책 등의 한국의 출산(인구)정책은 국가발전 등의 '국가이익'을 전제로 '여성의 몸'을 정책대상으로 도구화하고 있고, 출산이라는 '사적 영역'에 국가가 '강압적 개입'을 했다는 여성학자들의 비판이 제기되고 있다. 즉 여성들은 노동시장에서의 성차별 제거와 자녀양육에서 부부공동으로 부담하는 양성평등(정책)을 지향하고 있지만, 국가는 가사·육아책임을 여성에게만 부과하고 있고, 남성의 가사참여와 남성중심의 사회제도와 기업관행 변화에 대한 '여성들의 요구'를 무시하고 있다. 이것이 현 정부정책이 출산당사자 여성들의 적극적인 호응을 받지 못하고, 국민들의 정책체감도가 낮은 주요인이라고 할 수 있다. 또한 기존 한국의 출산정책이 '성 중립적'이지 않고 '남성중심'으로 추진되어 왔기 때문에, 출산과 직접적으로 관련된 여성들의 삶을 조명하고 여성의 입장에서 정책을 실시하는데 실패했다는 것이다. 이 또한 출산율 제고의 국가정책 비효율성의 직접적 원인이기도 하다. 따라서 국가는 성평등 수준 제고를 취지로, 여성의 출산권·양육권·노동권에 대한 근본적인 인식 전환에 따른 일·가족 양립정책과 여성주의 관점을 충분히 고려한 출산정책을 마련할 필요가 있을 것이다. 그것이 출산율 제고의 '국가이익'과 여성의 '사적 이익'이 공유될 수 있고, 출산율 반등의 지름길이 될 것이다.

요컨대 국가역할의 한계성을 극복하고 출산·가족친화적 기업문화의 조성을 위해서는 국가와 기업·지자체가 출산·양육을 적절하게 분담하는 근본적 패러다임의 전환이 요구되며, 국가의 주도적 역할이 강화되어야 한다. 또한 국가는 출산당사자인 여성의 입장에서 젠더관점으로 출산정책을 제정·실시해야 하며, 양성평등 지향의 중장기적 종합정책을 지속 추진해야 한다. 이러한 '정책적 함의'를 배경으로, 출산율 제고를 위한 구체적 정책대응을 다음의 몇 가지로 제언한다.

첫째, 경제위기에 적극 대응하는 출산·양육지원시스템을 구축할 필요가 있다. 최근 글로벌 경제위기로 인한 실업증가와 젊은이들의 취업 어려움은 출산에 부정적 영향을 끼치고 있다. 현재 만혼과 만산화가 만연되고 있고 여성의 자아가치 실현욕망이 강해지고 있는 상황을 감안하면 저출산의 장기화가 예측되며, 특히 경제위기로 인한 고용불안과 청년실업의 장기화는 결혼과 출산에 부정적 영향을 미칠 것으로 전망된다. 따라서 정부는 일자리 창출을 통해 결혼을 회피하는 주요인인 고용불안 및 소득불안정을 해소하는데 주력해야 한다. 경기침체로 실업대상이 된 여성연령층은 가족책임을 부담하는 30세 초반이며, 여성청년층 실직자의 상당수는 비정규직으로 전락된다. 경기침체로 인한 고용위기는 맞벌이부부와 저소득층 가족의 경제적 고통을 가중시키며, 이는 결과적으로 출산 거부감을 강화시킨다. 특히 경제위기가 발생하면 결혼·출산 모두가 위축되는 경향이 강하며, 이에 대한 적절한 대책이 미흡할 경우 저출산이 가치관으로 고착화될 수 있다. 따라서 경제위기와 경기침체로 인한 신빈곤층의 양산 및 그에 따른 출산·양육 위축을 예방하고, 경제위기에 적극 대처할 수 있는 출산·양육지원시스템을 구축할 필요가 있다.

둘째, 현재 자녀출산과 양육의 가장 큰 문제는 자녀양육비용 부담이 지나치게 크다는 점이다. 최근 자녀의 양육부담 경감을 위한 정부의 출산지원책들은 저소득의 요보호계층을 중심으로 적용되는 경향이 높고, 취약계층과 농어촌 및 저소득층 밀집지역의 보육서비스는 매우 미흡하다. 한국의 보육정책은 빈곤여성의 노동권과 모성권을 지원하는 복지성격이 강하며, 빈곤아동의 건강한 성장을 지원하는 초기아동교육의 보육성격이 강하다. 현재 저소득층 지역에 설치된 보육시설 중 국공립시설은 11%에 불과하고, 민간개인시설은 54.1%를 차지하고 있다. 따라서 보육서비스를 일·가정 양립을 위한 정책방향으로 전환하고, 이를 위해 국공립보육시설을 중심으로 포괄적인 서비스를 제공하는 국가지원의 보육기능을 강화해야 한다. 그리고 방과 후 학교를 대폭 확대하여 사교육비 줄이는 정책대안으로 활용하며, 출산장려책으로서 일본 등 OECD국가에서 보편적으로 실시하고 있는 아동수당제도2)를 시급히 도입할 필요가 있다. 프랑스의 가족수당과 보육정책 및 1980년대 싱가포르의 출산장려정책은 출산율 제고에 성공한 정책사례로, 참고적 가치가 크다고 할 수 있다.

셋째, 현재 출산·육아를 위한 가족친화적 기업문화 부재가 일·가정 양립이 어려운 주요인으로 지적된다. 일·가정 양립을 근로자의 기본적 복지욕구로 수용하는 노동시장 인식이 부족하며, 근로시간(한국인의 연간 근로시간은 세계 최장)이 지나치게 길어 가정생활을 희생하는 경향이 높다. 또한 성분업적 가족문화의 영향으로 가족 내 가사·육아 부담이 여성에게 전가되고, 연장근무 보편화의 근로방식 등의 기업문화도 일·가정 양립이 어려운 요인이다. 일·가정 양립을 위해 육아휴직제도 활성화와 근로형태 유연화 등 정책적 노력이 우선되어야 하며, 이를 위해서는 ①여성의 자아성취 실현 및 일과 육아의 양립이 가능한 방안으로, 가족친화적 고용문화 창출과 기업의 고용차별 철폐 및

---

2) 현재 한국에서는 '막대한 재정예산이 소요된다'는 이유로, 아동수당제도가 도입되지 않고 있다. 그러나 저출산으로 인한 고령화 진척과 노동력 공급부족 및 인구구조의 불균형 등으로 '막대한' 사회적 비용을 초래하게 될 저출산의 파급후과에 비한다면, 출산·양육부담 경감에 '상징적 의의'가 매우 큰 아동수당 재정지출은 비교가 안 된다.

자녀출산·양육 후 재취업 지원을 강화해야 한다. ②가사·육아에 대한 부부 공동분담을 위해 기존 근무관행을 개선하고, 근로자가 필요한 시기에 육아휴직을 할 수 있도록 선택의 폭을 넓혀야 한다. ③근로형태 유연화를 위해 단기근로제도와 시간제상용직제 도입 및 부문휴직제 활성화 등 탄력적 근로방식을 실시해야 한다. ④일·가정 양립의 사각지대에 놓여 있는 비정규직에 대한 정책적 배려와 남성의 휴직제도를 활성화해야 한다. 이러한 정책적 노력들은 궁극적으로 출산율과 여성경제참여율이 동시에 제고되는 정책효과를 기대할 수 있다.

넷째, 저출산 대책을 출산·양육에 유리한 사회적 여건을 제공하기 위한 인구·사회정책으로 재설정하고, 향후 저소득층 중심의 복지적 접근방식에서 벗어나 정책지원 대상을 출산율을 제고시킬 수 있는 모든 계층까지 확대할 필요가 있다. 보육서비스와 출산·양육 등 경제적 지원을 단계적으로 확대하고, 둘째자녀 이상의 다자녀 가정에 대한 재정지원을 적극 확대할 필요가 있다. 다자녀 가정의 재정지원의 확대를 위해서는 ①셋째 이상 다산에 대한 부정적 인식을 불식시키기 위한 사회적 캠페인을 적극 추진해야 한다. 일본의 합계출산율이 1.3~1.4를 유지할 수 있는 원인으로, 2000년대 이후 셋째자녀 이상의 출생아 수가 14%대를 유지하고 있다는 점에 주목할 필요가 있다. ②혼인과 출산에 대한 다양성을 수용하는 가치관 변화가 필요하며, 미혼모 등 다양한 가족에 대한 사회적 인식전환이 이뤄져야만 출산율 회복이 가능해질 것이다. ③혼인과 출산이 28~34세에 집중되는 현상을 완화하고, 30세 전후에 집중적으로 이뤄지는 만혼과 만산화의 혼인·출산행태가 변화되어야 한다. ④젊은 연령의 결혼부부에 대한 다양한 인센티브 제공과 만혼부부의 철저한 모성건강관리가 필요하다. 요컨대 다자녀 가정 혜택과 신혼부부 주거지원 등을 통해 정책에 대한 국민체감도를 높이고, 원활한 재원조달을 위한 사회적 합의를 도출해야 한다.

다섯째, 다문화사회[3]에 걸 맞는 다문화정책을 실시하는 동시에 개방적 이민정책을 실시해야 한다. 즉 국제결혼 이주여성의 인권과 생활·노동권을 보장하고, 그들이 한국사회에 쉽게 적응하도록 정책지원을 강화하여 이주여성의 출산율을 높임으로써 저출산화 완화에 기여하도록 사회적 여건을 마련해야 한다. 2010년 현재 한국의 국제결혼률은 10%를 상회하고 있으며, 127개국 국제결혼 이주여성이 약 16만에 달한다. 현재 대부분의 국제결혼 이주여성들은 자녀출산을 희망하면서도 경제적 문제와 문화적 갈등 및 사회적 여건의 미비 등으로, 출산의욕이 좌절되고 있고 출산율이 저조하다. 한편 아시아 NIES지역에 속하는 대만과 미국 등 OECD국가에서는 이민자의 상대적 고출산력이 전체 출산율 제고에 기여[4]하고 있다. 미국의 경우 이민여성의 출산율은 평균 2.86명(2007)로, 출신국가의 출산율(2.32)과 본국 출산율(2.1)보다 높게 나타났다. 반면 2006년 한국의 국제결혼여성 출산율은 도시 0.7

---

3) 다문화사회란, "문화·인종·민족의 다양성을 인정 및 존중하며, 함께 어울려 사는 사회"를 말한다. 다문화가족에는 이미 민족·문화·이주·가정·젠더가 상호작용하고 있다. 현재 외국인 100만 시대와 다문화시대에 진입한 한국사회에서는 외국인 노동자에 대한 사회적 기시와 이주여성 차별이 사회문제로 부각되고 있고, 이는 사회통합의 불안정 요소로 작용하고 있다.

4) 최근 대만여성들의 만혼·불혼·불육(不育) 현상으로, 대만의 국제결혼률은 전체 결혼률의 20%를 상회한다. 한편 중국본토와 동남아 각국에서 이주해온 '외국신부'의 출산율은 전체 출산율의 15% 전후로 대만의 저출산화 완화에 큰 기여를 하고 있지만, 대부분의 '외국신부'들은 차별과 기시의 대상이 되고 있다. 또한 21세기 대만사회는 다인종·다문화 사회에 진입하고 있지만, '외국신부'들에 대한 사회적 편견이 매우 강하다. 이러한 현상은 최근 외국인 100만 시대를 맞이해 다문화사회에 진입한 한국사회에도 존재하고 있다. 21세기 진입 후 저출산 현상이 고착화되면서 국제결혼의 이민 유입 및 고급인재의 유치가 불가피해진 것이 대만·한국사회의 현황이다. 현재 고급인재의 대량 유치 및 흑인·히스패닉계(미국에 거주하고 있는 라틴 아메리카 출신자) 이민 유입 등 성공적 이민정책을 추진하여 출산율 안정화에 기여하고, 인구대체수준(2.1 좌우)의 '높은 출산율'을 유지하고 있는 미국의 정책사례는 한국·일본 등 동아시아 국가들에게 참고적 가치가 크다고 할 수 있다.

명과 농촌 1.0명으로 매우 낮은 수준이다. 요컨대 이주민에 대한 사회적 포용과 인식전환 및 제도적 보완이 요구되며, 이들이 한국사회에 정착할 수 있도록 정책적 지원이 강화되어야 한다. 이는 결과적으로 저출산이 고착화되어가는 한국사회에서 이주여성의 출산율 제고는 초저출산화 완화에 기여하게 될 것이다.

여섯째, 다양한 가족에 대한 인식전환과 국가지원을 강화해야 한다. 한국과 일본 등 동아시아 '결혼사회'에서 보편화된 법률혼은 엄연한 사회적 규범이지만, 다양한 가족형태와 혼외출산에 대한 사회적 편견은 출산율 제고의 장애요인으로 작용하고 있다. 빨라진 가임시기와 초혼연령(상승)의 격차가 벌어지면서 혼전임신은 증가되고 있지만, 동거와 미혼모 등 다양한 가족에 대한 사회적 수용성이 낮은 관계로 낙태건수가 연간 출생아수에 근접하고 있다. 현재 법률혼이 보편적 가치 및 사회적·도덕적 규범으로 인정받고 있는 동아시아국가에서의 출산은 결혼은 전제로 한다. 유럽의 '고출산 국가'에서는 동거 등의 사실혼이 보편화되어 혼외출산이 40~50%에 달하지만, 한국과 일본의 혼외출산율은 2%를 초과하지 않는다. 법률혼에 의한 출산이 보편화된 한국사회에서는 미혼모와 혼외출산에 대한 사회적 편견으로, 미혼모의 자식들의 해외입양과 낙태현상이 만연되고 있다. 다양한 가족에 대한 인식전환과 낙태현상 근절 및 건강한 아기 출산을 위해서는 ①인공임신중절 최소화와 혼외임신·혼외출산에 대한 사회책임 및 미혼모 지원을 강화해야 한다. ②고령출산이 갈수록 많아지고 있는 실정에서 30대 결혼여성을 대상으로 산전후 관리를 철저히 해야 한다. ③여성들의 평균 초혼연령이 상승함에 따른 불임예방과 불임치료 지원 등을 강화하고, 출산건강을 강조하는 의료정책을 적극적으로 추진할 필요가 있다.

일곱째, 현재 한국에서는 가부장적 가족제도와 유교문화 잔존으로, 성별분업 지속과 출산·양육의 책임이 여전히 여성에게 전가되고 있다. 또한 남편의 낮은 가사참여율과 남성중심적 사회제도 및 가족친화적 직장문화의 미정착 등으로 일과 가정의 양립이 어려운 실정이다. 따라서 양성평등과 일·가정 양립이 실현되었을 때, 비로소 국가·사회·가족이 함께 자녀양육을 책임지는 육아사회화와 가사·육아에 대한 부부의 공동분담이 가능해진다. 한편 중국의 양성평등 정책은 여성의 높은 경제활동참여율과 1.8 정도의 출산율 유지에 기여했고, 여성의 출산·양육과 직장 양립을 가능하게 만든 주요인이다. 유럽의 '고출산 국가' 스웨덴에서는 양성평등 실현으로, 남성의 가사·육아참여율과 여성의 경제활동참여율 및 출산율 모두가 상대적으로 높은 효과가 나타나고 있다. 따라서 한국에서 출산율과 여성의 경제참여율을 동시에 높이는 정책효과를 얻으려면, 양성평등 정책이 우선적으로 실시되는 전제하에 성별분업과 출산·양육이 여성에게 전가되는 가족시스템의 근본변화가 이뤄져야 한다. 요컨대 가부장적 사회제도와 성별분업 해체 및 부부공동의 가사·육아분담 등의 가족문화의 변화가 있어야만, 출산율 1.6명의 단기적 목표 실현이 가능해질 것이다.

여덟째, IMF 외환위기 이후 한국사회는 평생직장의 개념이 붕괴되었으며, 신자유주의 노동시장 재편에 따른 고용불안정·소득불확실성으로 여성의 노동시장 진출과 2인소득자 가족모델 증가로 가족기능이 크게 약화되었다. 그동안 한국사회에 뿌리 깊은 가족이데올로기는 양육에 대한 국가책임을 축소시켰으며, 국가개입이 최소화되어 양육에 대한 국가역할이 약화되고 있다. 한편 보육시장화 경향으로 보육수준은 수요자 요구를 만족시키지 못하고, 국가가 지향하는 공보육은 매우 부족하다. 또한 가족친화적 기업문화의 미정착으로 기업의 육아지원은 미흡하며, 가족의 노동재생산 지원을 위한 기업의 역할은 소극적이다. 국가가 일·가정 양립정책을 제도화하고 있지만, 관건은 시장의 실천 역할로 기업의 육아지원을 위한 노력과 의지가 매우 중요하다. 따라서 국가의 제도 의무화와 이행 감시 및 시민단체의 참여와 압력이 필요하다. 최근 일본의 중앙정부와 기업·지자체가 상호 협력하는 소자화 정책을 벤치마킹할 필요가 있다. 즉 국가의 제도화와 시민단체의 지지 및 기업의 적극적 협력이 동시에 이뤄질 때, 자녀양육에 대한 '육아사회화'가 실현될 수 있을 것이다.

아홉째, 2000년대 이후 한국사회의 초저출산 현상은 출산억제정책의 성공에 따른 소자녀 가치관의 고착화, 결혼·자녀에 대한 가치관 변화 및 사회경제적 여건의 변화가 종합적으로 작용한 결과이다. 따라서 효과적이고 종합적인 저출산 대책이 장기적으로 병행되어 실시되어야 한다. 또한 다양한 가족과 혼외출산에 대한 사회적 인식전환과 함께 사회·가족 내 양성평등의 문화정착을 위한 제도적 노력이 필요하며, 낙태문화를 변화시키기 위한 사회교육 강화와 개방적 이민정책 및 국제결혼 이주여성의 출산율 제고를 위한 국가적 노력이 지속되어야 한다. 최근 내각제의 일본에서 수상의 잦은 교체와 '권력약화'가 정책의 비효율성을 유발했다면, 대통령제의 한국에서는 정부의 정책추진 의지 약화와 기업의 소극적 대응이 정부정책의 비효율성에 기여했다고 할 수 있다. 즉 효과적 정책대응을 위해서는 국가역할 강화가 더욱 필요한 시점이다.

열 번째, 현재 한국사회에서 갈수록 고착화되어가는 초저출산 현상에서 벗어나려면 국가의 대폭적 재정지원과 다산에 대한 파격적 인센티브를 실시할 필요가 있다. 예컨대 국민연금 및 실업급여 소득대체율을 자녀수에 비례하여 대폭 인상하는 사회보험개혁을 추진해야 한다. 한편 기존 저소득층 위주의 출산·양육지원을 출산율 회복에 '큰 기여'를 할 수 있는 맞벌이가정과 중산층까지 확대하고, 교육비 소득공제를 세액공제로 전환하여 상속세율을 자녀수에 따라 대폭 인하하는 등 다자녀 가구에 대한 세제혜택을 강화할 필요가 있다. 또한 다자녀

가구 자녀들의 공보육·공교육 기회를 늘이고, 고등학교까지 무상교육을 실시하는 제도 도입을 고려할 필요가 있다. 그리고 결혼촉진을 위해서는 소득공제 중 결혼공제항목을 추가 신설하고, 신혼부부 대상의 주택보급을 중산층까지 확대하는 과감한 조치가 필요하다. 아울러 출산이 우대받는 사회적 환경을 조성하고, 다자녀 가구에 대한 생활편의와 아동친화적 양육환경을 마련해야 할 것이다.

요컨대 한국·일본 등 동아시아 저출산 국가가 구미 선진국 '고출산 국가'의 '성공적 정책사례' 도입에만 의존한다면, 출산율 제고의 기대는 환상에 지나지 않는다. 현재로서는 법률혼의 보편적 가치화로 다양한 가족과 혼외출산을 거부하는 동아시아국가에서 정부가 젊은이들의 동거를 장려하고, 미혼모의 숫자를 증가시켜 혼외출산을 유도한다는 것은 현실적으로 불가능하다. 따라서 가부장적 사회제도와 성별분업 해체 및 부부공동의 가사·육아분담 등 가족시스템의 근본적 변화가 없이는 출산율을 인구대체수준으로 회복한다는 것은 거의 불가능하다. 특히 저출산 정책효과가 가시화되려면 효과적인 종합대책이 장기간 추진되어야 한다는 점을 감안하면, 사회·가족 내 양성평등 실현과 남성들의 적극적인 가사참여 및 출산·양육에 대한 책임을 사회전체가 분담하는 '육아사회화'가 보편화되었을 때, 출산율은 자연적으로 회복될 것이다. 한편 이는 중·장기적인 종합적·실효적 정책대응으로서 사회구조적 근본변화를 동반한, 출산율 회복의 '효과적 정책대안'이 될 것이다.

^{부록}참고문헌

1. 한국어 문헌

강명세, 「한국 복지국가의 형성, 확대와 재편」, 『국가전략』 8(1), 2002.

강성원 외, 「저출산 극복을 위한 긴급제언」, 『CEO Information』 제752호, 2010.

강신규 역, 일본경제신문사, 『인구가 세계를 바꾼다』, 가나북스, 2008.

고마무라고헤이 지음, 김승희·김은숙 옮김, 『일본의 복지정책』, 한울아카데미, 2006.

곽희경, 「우리나라의 일·가정 양립정책의 현주소와 비전」, 『젠더리뷰』 겨울호, 2008.

권용혁 외, 『한·중·일 3국 가족의 의사소통 구조 비교』, 이학사, 2004.

권이혁, 『인구·보건·환경』, 서울대학교출판부, 2004.

권태환·김두섭, 『인구의 이해(개정판)』, 서울대학교출판부, 2002.

권태환, 「출산력변천의 과정과 의미」, 권태환 외, 『한국 출산력 변천의 이해』, 일신사, 1997.

권태환·전광희·조성남, 「미혼여성성, 피임 그리고 인공유산: 수출공단지역의 사례연구」, 『한국인구학』 제19권 제1호, 1996.

권태환·김태헌·최진호, 『한국의 인구와 가족』, 일신사, 1995.

금희연, 『중국인의 라이프스타일』, 그린, 2000.

김두섭, 「출생성비의 불균형과 지역별 격차」, 권태환 외, 『한국 출산력 변천의 이해』, 일신사, 1997.

김두섭, 「제2차 출산력 변천과 인과구조」, 『인구와 사회』 제1권 제1호, 2005.

김두섭, 『IMF 경제위기와 한국 출산력의 변화』, 집문당, 2007.

김미경 외, 『일과 가족사이: 고학력여성의 선택과 한계』, 조은글터, 2004.

김성희 옮김(陸學藝, 편저), 『21세기 중국사회의 전망』, 주류성, 1992.

김순영, 「일본의 사회보장제도에서의 여성지위: 여성사회권의 세 가지 권리자격을
　　　중심으로」, 『페미니즘연구』 제7권 제1호, 2007.

김승권, 「우리나라 부인의 피임실패임신과 인공임신중절에 관한 연구」, 『보건사회
　　　논집』 제12권 제1호, 1992.

김승권, 「출산력 저하와 가족정책의 방향」, 『보건복지포럼』 제10권, 1997.

김승권, 「최근 한국사회의 출산율 변화원인과 향후 전망」, 『한국인구학』 제27권
　　　제2호, 2004.

김승권 외, 『저출산의 사회경제적 영향과 장단기 정책방안』, 한국보건사회연구원,
　　　2002.

김승권 외, 『가족복지 종합계획 수립 및 프로그램 개발에 관한 연구』, 한국보건사
　　　회연구원, 2003.

김승권, 「한국의 고령출산 실태와 정책적 함의」, 김승권 외, 『초저출산 국가의 출
　　　산동향과 정책대응에 대한 한일 비교연구』, 한국보건사회연구원, 2006.

김용성, 『성별 임금격차에 관한 연구』, 한국개발연구원, 2007.

김용태, 『일본의 모든 것』, 아름다운사람들, 2007.

김용수 외, 「2009년 출생아수 감소세」, 『보도참고자료』, 한국보건복지부, 2010.

김용학 외, 『동아시아의 사회적 포섭과 배제』, 연세대학교출판부, 2008.

김은미 외, 『다문화 사회, 한국』, 나남, 2009.

김은숙, 「일본의 일·생활 균형실현을 위한 정책 추진사례와 및 시사점」, PIE 제7
　　　호, 2009.

김정아 외, 「일과 가족 양립지원제도 도입, 어떻게 볼 것인가? 문제점과 향후 과
　　　제」, 『노동리뷰』, 2007.

김정옥, 「저출산·고령화 시대의 가족정책의 방향과 과제」, 『사회과학논총』 제4
　　　집, 2005.

김태성, 『두 개의 예외적인 복지체제 비교연구: 한국 복지국가 모형의 탐색』, 서
　　　울대학교출판부, 2007.

김태헌, 「저출산수준과 강한 남아 선호관이 사회에 미치는 영향」, 『한국인구학』,
　　　1993.

김태헌, 「인구전망과 사회적 영향」, 권태환 외, 『한국 출산력 변화의 이해』, 일신

사, 1997.

김태헌, 「한일 양국의 혼인력과 출산력 변화의 특징」, 김승권 외, 『초저출산 국가의 출산동향과 정책대응에 대한 한일 비교연구』, 한국보건사회연구원, 2006.

김태헌 외, 『출산력 저하의 원인: 출산행태와 출산력 차이』, 고령화 및 미래사회위원회, 2005.

김태홍 외, 『지속가능한 발전과 일가족양립 정책연구』, 한국여성정책연구원, 2009.

김한곤, 『한국 출산력 변화의 원인과 전망』, 영남대학교출판부, 1993.

김한곤, 「선별적 인공유산의 결정인자에 관한 비교연구」, 『한국인구학』 제20권 제1호, 1997.

김현지·주경미, 「출산정책: 장래와 억제를 넘어서」, 『현상과 인식』, 가을호, 2004.

김현철 외, 『변화하는 가족과 청소년기 사회화과정: 국제비교』, 한국청소년정책연구원, 2007.

김혜경, 「가족정책과 젠더관점의 결합을 위한 연구」, 『여성연구』 65집 2권, 2003.

김혜영, 「일과 가족생활의 조화로운 양립은 가능해지는가」, 『젠더리뷰』 봄호, 2007.

김혜원 외, 『가족친화적 고용정책의 기업 수용성 연구』, 한국노동연구원, 2007.

난리(南莉), 「경제적 전환기의 여성지위와 정체성」, 계명대학교여성학연구소, 『여성들의 삶의 관점에서 본 한·중지역 여성정책』, 계명대학교출판부, 2008.

대통령자문양극화·민생대책위원회, 『국민과 함께 보는 참여정부 사회정책 돋보기』, (주)엠디아이, 2008.

대한민국정부, 『제1차 저출산고령사회기본계획』, 2006.

루이자브로 사토(佐藤龍三郎), 「최근 일본의 피임실천과 인공임신중절 추이」, 김승권 외, 『초저출산 국가의 출산동향과 정책대응에 대한 한일 비교연구』, 한국보건사회연구원, 2006.

류연규, 「복지국가의 탈가족화와 출산율」, 『젠더리뷰』 여름호, 2006.

마쓰타니아키히코(松谷昭彦) 지음(김지효 옮김), 『고령화·저출산 시대의 경제공식』, 명진출판, 2005.

마이난, 「중국에서의 가정폭력으로 인한 이혼」, 계명대학교여성학연구소, 『여성들의 삶의 관점에서 본 한·중지역 여성정책』, 계명대학교출판부, 2008.

MELINDA LIU, 「1자녀 '소황제' 중국 발목 잡나」, 『뉴스위크 한국판』, 2008.

박경숙, 「비교 사회적 시각에서 본 저출산의 원인」, 『동아시아: 비교와 전망』, 2005.

박경숙·김영혜, 「한국 여성의 생애 유형: 저출산과 M자형 취업곡선에의 함의」, 『한국인구학』 제26권 제2호, 2005.

박병현 외, 『동아시아 사회복지 연구』, 공동체, 2007.

박병현, 『사회복지와 문화: 문화로 해석한 사회복지의 발달』, 집문당, 2008.

박상태, 김두섭·박상태·은기수 編, 「인구정책」, 『한국의 인구』, 통계청, 2002.

박상태, 『인구사상과 인구정책』, 서강대학교출판부, 2007.

박선영, 「일본의 남녀고용기회균등법 개정 내용과 의의」, 『국제리뷰』 07-01, 2007.

박선영 외, 『남녀고용평등법 20년의 성과와 과제』, 한국여성정책연구원, 2009.

박세경, 「저출산시대의 자녀양육비 부담과 정책과제」, 『보건복지포럼』 통권 111호, 2006.

박수미, 「가족 내 성평등과 저출산」, 『보건복지포럼』 통권 102호, 2005.

박수미, 「일하는 엄마와 저출산」, 『젠더리뷰』 여름호, 2006.

박수미, 「한국사회 초저출산 현상에 대한 단상」, 『젠더리뷰』 가을호, 2009.

박수미, 「성평등 사회 실현이 저출산 극복의 지름길」, 『젠더리뷰』 겨울호, 2009.

박승희 외, 『스웨덴 사회복지의 실제』, 양서원, 2007.

박승희 외, 『여성노동자의 저출산 원인과 여성친화적 노동시장 정책』, 한국노동연구원, 2008.

박종서, 『한국노동시장의 구조적 특성과 출산수준에 관한 연구』, 한국학중앙연구원 한국대학원 사회학과 박사학위논문, 2009.

배이화, 「'일본 21세기 비전'의 사회정책」, 『국제사회보장동향』, 한국보건사회연구원, 2008.

배은경, 『한국사회 출산조절의 역사적 과정과 젠더-1970년대까지의 경험을 중심으로』, 서울대학교 사회학 박사학위논문, 2004.

변화순, 김두섭·박상태·은기수 編, 「혼인상태」, 『한국의 인구』, 통계청, 2002.

서문희, 「최근 보육 제도 및 정책의 변화와 과제」, 『보건복지포럼』 통권 제97호, 2004.

서문희, 「외국의 보육정책」, 『국제사회보장동향』, 한국보건사회연구원, 2009.

서문희, 「일본의 일하는 여성 보육지원」, 『국제사회보장동향』, 2009.

소마 나오꼬, 「'가정보육모'제도와 보육자의 의식변화에 관한 젠더연구」, 『여성연구』, 2005.

손승영 외, 『출산의욕 고취를 위한 성인지적 관점의 사회적 대처방안』, 보건복지부, 2004.

손승영, 「한국사회 저출산 원인과 가족친화적 정책대안」, 『가족과 문화』 제17권 제2호, 2005.

손승영, 「한국사회 저출산의 단계별 분석과 젠더논의」, 『한국 사회와 역사를 위한 담론 201』 제1권 제1호, 2007.

손종국·유영옥, 『북한학』, 學文社, 1996.

스즈키 토루(鈴木透), 「한일양국의 초저출산 원인과 국가정책의 비효율성」, 김승권 외, 『초저출산 국가의 출산동향과 정책대응에 대한 한일 비교연구』, 한국보건사회연구원, 2006.

신윤정, 『선진 외국(스웨덴·프랑스·일본)의 저출산 대응정책 현황 파악 및 사례연구』, 해외출장보고서, 한국보건사회연구원, 2007.

신윤정, 『양육지원 정책 향후 발전 방향: 국제비교를 중심으로』, 한국보건사회연구원, 2007.

신윤정·남은우, 「2008년 일본 소자화백서의 주요내용」, 『국제사회보장동향』, 2008.

신윤정, 「일본의 "새로운 저출산 정책 현황" 및 시사점」, 『보건복지포럼』, 2008.

신윤정, 「스웨덴의 양육지원 정책 현황」, 『국제사회보장동향』, 2008.

신윤정, 「OECD 국가의 저출산 현황 및 정책 동향」, 『보건복지 이슈·포커스』 제9호, 2009.

양옥경, 『가족과 사회복지』, 이화여자대학교출판부, 2006.

양옥경 외, 『가족복지의 정책과 실천』, 공동체, 2008.

여성가족부, 『일본의 경력단절여성을 위한 재취업 지원정책』, 연수보고서, 2008.

오영희 외, 『저출산고령사회대책의 추진실태와 효율화방안』, 한국보건사회연구원, 2008.

오영희 외, 『2009년도 저출산 대응을 위한 다학제적 연구』, 한국보건사회연구원, 2009.

오정수, 『중국의 사회보장』, 집문당, 2006.

오학수, 「일본 파트타임근로자의 노동법 개정 배경과 내용」, 『국제노동브리프』, 한국노동연구원, 2008.

유계숙, 「기업의 일·가정 양립지원제도 도입 및 활용의 결정적 요인 분석」, 『노동리뷰』, 한국노동연구원, 2007.

유계숙 외, 『가족정책론』, ∑시그마프레스, 2008.

유희정 편역, 『일본 보육정책 동향』, 육아정책개발센터, 2006.

윤단우·위선호, 『결혼파업, 30대 여자들이 결혼하지 않는 이유』, 모요사, 2010.

윤홍식, 「'저출산·고령사회 기본계획: 2006-2010'의 평가와 전망」, 『젠더리뷰』 여름호, 2006.

윤홍식, 「육아휴직 아버지할당제 도입의 원칙과 방향」, 『노동리뷰』 제23호, 2006.

은기수, 「결혼연령 및 결혼코호트와 첫 출산간격의 관계: 최근의 낮은 출산력수준에 미치는 함의를 중심으로」, 『한국사회학』 제35권 제6호, 2001.

은기수, 「미혼에서 결혼으로 이행-최근 우리나라에서 저출산이 갖는 의미」, 『보건복지포럼』 통권 102호, 2005.

이민자, 『중국 호구제도와 인구이동』, 플리테이아, 2007.

이삼식, 「저출산 원인구조와 정책방향」, 『보건복지포럼』 통권 제111호, 2006.

이삼식 외, 『저출산 및 인구고령화 대응연구: 출산·양육 분담체계 구축에 관한 연구』, 한국보건사회연구원, 2007.

이삼식 외, 『출산·양육 친화적 가족문화 및 직장문화 조성과제와 역할분담』, 한국보건사회연구원, 2007.

이삼식, 「2010년도 저출산 대응정책의 과제와 전망」, 『보건복지포럼』, 2010.

이삼식 외, 『인구고령화의 전개와 인구대책』, 한국보건사회연구원, 2004.

이삼식 외, 『저출산 원인 및 종합대책 연구』, 한국보건사회연구원, 2005.

이삼식 외, 『2008년도 전국 결혼 및 출산 동향조사』, 한국보건사회연구원, 2005.

이삼식 외, 『최근 출산율 증가원인 분석 및 중기출산율 예측』, 한국보건사회연구원, 2008.

이삼식 외, 『저출산 대응 정책의 효과성 평가모형에 관한 연구』, 한국보건사회연구원, 2008.

이삼식 외, 『2008년도 저출산고령사회정책 성과평가』, 한국보건사회연구원, 2009.

이삼식 외, 『저출산의 파급효과와 정책방안』, 한국보건사회연구원, 2009.

이상화 외, 『지구화시대의 현장 여성주의』, 이화여자대학교출판부, 2007.

이선주 외, 『아동수당제도의 국제비교 및 도입방안에 관한 연구』, 한국여성개발원, 2006.

이성용, 「남아선호와 출산력간의 관계」, 『한국인구학』 제26권 제1호, 2003.

이성용, 「경제위기와 저출산」, 『한국인구학』 제29권 제3호, 2006.

이성용, 「한국의 피임과 인공임신중절의 변화」, 김승권 외, 『초저출산 국가의 출산동향과 정책대응에 대한 한일 비교연구』, 한국보건사회연구원, 2006.

이재경, 「공사영역의 변화와 '가족'을 넘어서는 가족정책」, 『한국 여성정책의 뉴패러다임 정립』, 여성가족부, 2004.

이재경, 「저출산에 대한 여성주의적 비평」, 『젠더리뷰』 여름호, 2006.

이재경 외, 「저출산 젠더 분석과 정책대안 연구」, 『고령화 및 미래사회위원회 연구보고서』, 2005.

이재완 외, 『세계의 아동수당제도』, 양서원, 2006.

이재은 외, 『비교방법론』, 대영문화사, 2002.

이정심 외, 『동아시아여성들의 일과 가정의 양립』, 여성가족부 일본연수보고서, 2008.

이진숙 외, 『가족복지정책의 발전과정 속에 나타난 쟁점들과 대응」, 『사회복지연구』 제30호, 2006.

이진숙 외, 『가족정책론』, 학지사, 2010.

이채정, 「스웨덴, 일본, 한국의 일가족양립지원정책 비교」, 『현대사회와 문화』 제28호, 2009.

이혜경·다케가와쇼고, 『한국과 일본의 복지국가레짐 비교연구』, 연세대학교 출판부, 2007.

이현승·김현진, 『늙어가는 대한민국: 저출산 공령화의 시한폭탄』, 삼성경제연구소, 2007.

이희연, 『인구학: 인구의 지리학적 이해』, 法文社, 2007.

일본 중국여성사연구회, 이양자·김문희 옮김, 『사료로 보는 중국여성사 100년』, 2010.

장수정, 「여성의 몸과 주체를 둘러싼 정책적 담론의 형성」, 『아시아여성연구』 제44집 2호, 2005.

장지연, 「여성의 경제활동과 저출산」, 『보건복지포럼』 통권 제102호, 2005.

장지연, 「출산 및 양육과 관련된 휴가제도의 국제비교」, 『국제노동브리프』 3(3), 2005.

장지연 외, 『글로벌화와 아시아 여성: 노동과 삶』, 한울, 2007.

저우윈(周芸), 「중국 노년여성의 양로와 사회정책」, 계명대학교여성학연구소, 『여성들의 삶의 관점에서 본 한·중지역 여성정책』, 계명대학교출판부, 2008.

장혜경,「저출산의 현황과 원인 및 대책, 그리고 전망」, 한국여성개발원, 2004

장혜경 외,『저출산시대 여성과 국가 대응전략』, 한국여성개발원, 2004.

장혜경 외,『가족 내 돌봄노동 실태조사』, 한국여성개발원, 2006.

장혜경 외,『일가족양립정책의 활성화 방안 연구』, 한국여성정책연구원, 2007.

저출산고령사회위원회,『일과 가정의 양립을 위한 가족친화경영 확산방안』, 2007.

전광희 외,「장래인구추계를 위한 출산사망예측모형의 개발 연구」, 한국인구학회, 2005.

전광희,「출산력 변화의 메커니즘」, 권태환 외,『한국 출산력 변천의 이해』, 일신사, 1997.

전광희,『출산력, 한국의 인구』, 통계청, 2002.

전광희,「한국의 저출산: 추이와 전망」,『사회과학연구』제13권, 2002.

전광희,「초저출산 인구체제 국가의 특성에 관한 비교연구」, 김승권 외,『초저출산 국가의 출산동향과 정책대응에 대한 한일 비교연구』, 한국보건사회연구원, 2006.

전광희,「우리나라의 저출산 현상: 왜 문제이며 해법은 있는가?」,『젠더리뷰』겨울호, 한국여성정책연구원, 2009.

정미애,「젠더 시각에서 본 일본의 사회복지정책의 변화: 1990년대 이후의 저출산·고령화 대책을 중심으로」,『國際政治論叢』제45집 2호, 2005.

정재일,『通으로 보는 중국현대 30년사』, 가림, 2010.

웨이궈잉(魏國英),「중국 남녀평등 기본국책의 실시와 전망」, 계명대학교여성학연구소,『여성들의 삶의 관점에서 본 한·중지역 여성정책』, 계명대학교출판부, 2008.

조혜종,『새 인구론: 인구의 공간적·사회적 접근』, 푸른길, 2006.

진성욱,『중국문화, 중국의 어제와 오늘』, 세종,2008.

최금해,『중국의 사회보장』, 나눔의 집, 2008.

최명민 외,『문화적 다양성과 사회복지』, 학지사, 2009.

최숙희·김정우,「외환위기 이후 저출산의 원인 분석」,『Issue Paper』, 2005.

최숙희·김정우,「저출산 대책 무엇이 핵심인가?」,『CEO Information』제557호, 2006.

최숙희·김정우,「획기적인 출산율 제고방안」,『Issue Paper』, 2006.

최숙희,「퍼플잡 추진을 위한 과제」,『젠더리뷰』여름호, 2010.

최숙희,「실효성 있는 저출산 대책 모색」, 저출산 정책 심포지엄 자료집, 2010.

최성은 외, 『보육지원정책의 적정성 및 효과성 분석』, 한국여성정책연구원, 2009.

최은영, 「한국보육정책의 공공성 평가: 공급과 재정부담을 중심으로」, 『보건복지포럼』 제97호, 2004.

최은영, 「취업여성의 일-가정양립 지원정책 방향」, 『보건복지포럼』 제111호, 2006.

츠위화(김현정 옮김), 『일본여성: 性과 사랑, 삶의 역사』, 2008.

코지마 히로시(小島宏), 「일본 가족정책 및 이민정책의 동향과 함의」, 김승권 외, 『초저출산 국가의 출산동향과 정책대응에 대한 한일 비교연구』, 한국보건사회연구원, 2006.

한국가족문화원, 『21세기 한국가족: 문제와 대안』, 경문사, 2005.

한국법제연구원, 『사회구조의 변화에 대응한 각국의 자녀양육관련 법제와 과제』, 2007.

한선영, 『저출산 원인과 대책 연구』, 경원대학교 대학원 행정학과 석사논문, 2005.

홍문식, 「출산력 억제정책의 영향과 변천에 관한 고찰」, 『한국인구학』 제21권 제2호, 1998.

홍석준 외, 『동아시아의 문화와 문화적 정체성』, 한울, 2009.

홍승아, 「일・가족 양립정책의 방향과 과제」, 『젠더리뷰』 겨울호, 2008.

홍승아 외, 『일가족양립정책의 국제비교연구 및 한국의 정책과제』, 한국여성정책연구원, 2008.

홍승아 외, 『일가족양립정책의 국가별 심층사례연구』, 한국여성정책연구원, 2008.

홍승아 외, 『일가족양립정책의 국제비교연구: 정책이용실태 및 일가족양립현실』, 한국여성정책연구원, 2009.

홍승아, 「유연근무제의 도입과 발전과제」, 『젠더리뷰』 여름호, 2010.

황수경 외, 『파트타임 등 일・가정 양립형 일자리 확대를 위한 정책대안 연구』, 한국노동연구원, 2008.

황수정, 「일・생활 양립형 고용형태로서의 상용단시간근로 확대」, 『젠더리뷰』 여름호, 2010.

황정미, 「'저출산'과 한국 모성의 젠더정치」, 『한국여성학』 제21권 3호, 2005.

황혜원, 「영국・프랑스・일본의 출산 경향 분석」, 『사회과학논총』 제26집 2호, 2003.

2. 중국어 문헌

北京市人口和計划生育委員會, 『人口与發展, 首都人口与發展論壇文輯』, 清華大學出版社, 2006.

北京大學法學院婦女法律研究与服務中心, 『中國婦女勞動權益保護理論与實踐: 從法律援助和公益訴訟的視角』, 中國人民公安大學出版社, 2006.

北京市人口和計划生育委員會, 『人口与發展, 首都人口与發展論壇文輯, 第三輯』, 清華大學出版社, 2007.

蔡昉, 「人口轉變, 人口紅利, 經濟成長可持續性」, 『人口研究』, 2004年 第2期.

蔡昉, 『人口轉變的社會經濟后果』社會科學文獻出版社, 2006.

蔡翔 主編, 『中國婦女百科全書』, 安徽人民出版社, 1995.

陳友華, 「關于超低生育率的几个問題」, 『市場与人口分析』, 2005年 第4期.

陳友華, 「穩定低生育水平: 經驗觀察与理論思考」, 『中國人口科學』, 2005年 增刊.

陳衛, 「改革開放30年与中國的人口轉變」, 『人口研究』, 2008年 第6期.

陳衛, 「發展-計划生育-生育率"的動態關系: 中國省級數据再觀察」, 『人口研究』, 2005年 第1期.

陳衛, 「中國的低生育率」, 『人口研究』, 1995年 增刊.

陳衛·吳麗麗, 「中國人口遷移与生育率關系研究」, 『人口研究』, 2006年 第6期.

陳衛·翟振武, 「1990年代中國出生性別比：究竟有多高?」, 『人口研究』, 2007年 第6期.

陳衛, 『中國的人工流産-趨勢、模擬与影響因素』, 科學技術文獻出版社, 2005.

楚軍紅. 「我國農村生育率与出生性別比關系探討」, 『市場与人口分析』, 2000年 第6期.

寸迎新, 『關注僑鄉婦女儿童』, 社會科學文獻出版社, 2006.

丁弘文, 「出生嬰性別比偏高: 是統計失眞還是事實偏高」, 『人口研究』, 2003年 第5期.

佟新, 『人口社會學』, 北京大學出版社, 2008.

費孝通, 『生育制度』, 商務印書館, 2004.

風笑天, 「中國獨生子女研究: 回顧与前瞻」, 『社會學』, 2003年 第1期.

風笑天·張青松, 二十年城鄉居民生育意愿變遷研究. 市場与人口分析, 2002年 第5期.

風笑天主編. 『中國獨生子女：從"小皇帝"到"新公民"』, 知識出版社, 2004.

高峻・高爾生, 「中國育齡婦女不孕率及其影響因素分析」, 『中國衛生統計』, 2005年 第1期.

顧宝昌・羅伊, 「中國大陸、中國台湾省和韓國出生嬰儿性別比失調的比較分析」, 『人口研究』, 1996年 第1期.

郭立 主編, 『統籌人口問題 构建和諧社會(上・下)』, 中國大地出版社, 2005.

郭志剛, 「近年生育率顯著"回升"的由來」, 『中國人口科學』, 2009年 第2期.

郭志剛, 「關于中國1990年代低生育水平再討論」, 『人口研究』, 2004年 第4期.

郭志剛, 「對中國1990年代生育水平的研究与討論」, 『人口研究』, 2004年 第2期.

郭志剛, 「中國1990年代生育水平的研究与討論」, 『人口研究』, 2004年 第2期.

郭志剛, 「關于中國1990年代的生育水平的再討論」, 『人口研究』, 2004年 第4期.

郭志剛, 「從近年來的時期生育行爲看終身生育水平」, 『人口研究』, 2000年 第1期.

郭志剛・顧宝昌, 「從政策生育率看中國生育政策的多樣性」, 『人口研究』, 2003年 第5期.

國家統計局, 『2004 中國人口』, 中國統計出版社, 2005.

國家人口和計划生育委員會編, 『中國人口和計划生育史』, 中國人口出版社, 2007.

國家人口發展戰略研究課題組, 『國家人口發展戰略研究總報告』, 中國人口出版社, 2001.

國家統計局人口和就業統計司編, 『2005 中國人口』, 中國統計出版社, 2006.

國家人口和計划生育委員會宣教司, 『全國生育文化理論与實踐硏討會論文集(上・下)』, 中國人口出版社, 2003.

國務院第五次全國人口普查辦公室, 『世紀之交的中國人口(全國卷)』, 中國統計出版社, 2006.

黃小花, 『中國人口与社會保障』, 經濟管理出版社, 2006.

江新興, 『近代日本家族制度研究』, 旅游教育出版社, 2008.

『中華人民共和國婦女權益保障法』, 人民出版社, 2005.

『中華人民共和國人口与計划生育法』, 中國法制出版社, 2002.

『北京市人口与計划生育條例』, 北京市計划生育委員會, 2003.

李宏貴, 「面向新世紀的重大決策」, 『人口与計划生育』, 2000年 第4期.

李建民・原新, 『持續的挑戰: 21世紀中國人口形勢、問題与對策』, 科學出版社, 2000.

李建民, 「生育理性和生育決策与我國低生育率水平穩定机制的轉變」, 『人口研究』, 2004年 第1期.

李建新, 「可持續發展与中國農村政策」, 『人口与經濟』, 1996年 第4期.

李建新,「不同生育政策源地選擇与中國未來人口」,『人口研究』, 1997年 第1期.

李建新,「論生育政策与中國人口老齡化」,『人口研究』, 2000年 第2期.

李建新,「文明冲突中的中國文明与人口」,『人口研究』, 2004年 第1期.

李建新,『轉型期中國人口問題』, 社會科學文獻出版社, 2005.

李建新,「風險社會与人口結构安全」,『中國研究』, 2005年 第1期.

李競能 主編,『人口理論教程』, 中國人民大學出版社, 2005.

李傲,『性別平等的法律保障』, 中國社會科學出版社, 2009.

李小平,「論中國人口的百年戰略与對策」,『戰略与管理』, 2004年 第3期.

梁中堂,「中國人口控制狀況与生育政策趨向研究」, 1996年 增刊

林嘉,『勞動法和社會保障法』, 中國人民大學出版社, 2009.

劉金塘・林富德,「從穩定低市盈率到穩定人口: 新世紀人口台式模擬」,『人口研究』, 2000年 第4期.

劉金塘・林富德,「21世紀中國人口發展前景」,『人口學刊』, 2001年 第3期.

劉爽,「對中國生育"男孩偏好"社會動因的再思考」,『人口研究』, 2006年 第3期.

劉爽,「生育轉變過程中家庭子女性別結构的變化」,『市場与人口分析』, 2002年 第3期.

劉爽,「中國育齡夫婦的生育"性別偏好"」,『人口研究』, 2005年 第3期.

劉鴻雁・柳玉芝,「獨生子女及其未來婚姻結构」,『中國人口科學』, 1996年 第3期.

陸杰華・肖周燕,「2006年中國人口學研究的回顧与評述」,『人口与經濟』, 2008年 第3期.

胡鞍鋼,『中國人口發展報告 社會与發展: 中國社會發展地區差异研究』, 1999.

馬芒,『關于人口問題的觀察与思考』, 安徽大學出版社, 2007.

馬小紅,「"双獨政策"影響下北京市人口生育水平變動分析」,『人口研究』, 2004年 第2期.

彭佩云,『中國計划生育大全』. 北京 : 中國人口出版社, 1997.

全國人民代表大會,『婦女權益保障法釋義』, 國家行政學院出版社, 2005.

喬曉春,「中國生育率下降過程中的新人口問題及其對策研究」,『人口研究』, 1995年 增刊.

喬曉春,「中國生育率下降后果研究: 理論假設与研究思路」,『人口研究』, 1995年 增刊.

喬曉春,「關于21世紀中國生育研究思考」,『人口研究』, 1999年 第2期.

喬曉春,「性別偏好, 性別選擇与出生性別比」, 中國人口科學, 2004年 第2期.

喬曉春 主編, 『人口學教程』, 人民出版社, 2000.

穆光宗,「'一胎化政策'的反思」,『人口研究』, 2000年 第4期.

穆光宗,「獨生子女家庭, 本質上的風險家庭」,『人口研究』, 2004年 第1期.

孫光德‧董克用,『社會保障概論』, 中國人民大學出版社, 2008.

孫莹,『貧困的傳遞与遏制: 城市低保家庭第二代問題研究』, 社會科學文獻出版社, 2005.

宋健,『中國農村人口的收入与養老』, 中國人民大學出版社, 2006.

陶和謙,『老人, 婦女, 儿童合法權益保護』, 西苑出版社, 2000.

湯兆云,『当代中國人口政策研究』, 知識産權出版社, 2005.

台湾 內政部,『人口政策白書』, 2008.

田雪愿 主編,『中國人口發展戰略研究』, 社會科學文獻出版社, 2007.

王大可 主編,『新世紀新階段中國婦女儿童工作實踐与研究(上‧下)』, 人民日報出版社, 2006.

汪琼枝,『婦女權益保障法條文釋義』, 人民法院出版社, 2006.

王國强,「對新時期人口与計划生育工作中几个重要問題的研究思考」,『人口研究』, 1999年 第3期.

王丰‧郭志剛,「21世紀中國人口負增長慣性初探」,『人口研究』, 2008年 第6期.

王樹新,『中國養老保障研究』, 華齡出版社, 2004.

王樹新,『人口社會學』, 中國勞動社會保障出版社, 2005.

王燕‧黃玫,「中國出生性別比异常的特征分析」,『人口研究』, 2004年 第6期.

邬滄萍‧穆光宗,「低生育与研究」,『中國社會科學』, 1995年 第1期.

邬滄萍,『人口學學科体系研究』, 中國人民大學出版社, 2006.

信春鷹 主編,『中華人民共和國婦女權力保障法釋義』, 法律出版社, 2005.

嚴梅福,「中國農村婚姻模式在生育率下降中的作用」,『中國人口科學』, 1996年 第6期.

楊魁孚‧梁濟民, 張凡編寫,『中國人口与計划生育大事要覽』, 中國人口從出版社, 2001

楊書章‧郭震威,「中國獨生子女現狀及其對未來人口發展的影響」,『市場与人口分析』, 2004年 第4期.

楊書章‧王广州,「生育控制下的生育下降与性別失衡」,『市場与人口分析』, 2006年 第4期.

楊菊華,「生育政策的地區差异与儿童性別比關系研究」,『人口研究』, 2006年 第

3期.

楊書章·唐孟軍,「穩定低生育面臨机遇和挑戰」,『人口研究』, 2000年 第4期.

姚新武·尹華編.『中國常用人口數据集』, 中國人口出版社, 1994.

叶文振,『孩子需求論 中國孩子成分效用』, 夏旦大學出版社, 1998.

于學軍,「15時期中國人口發展前沿性研究」,『中國人口科學』, 2001年 第1期.

于學軍,「中國人口轉變与'戰略机遇期'」,『中國人口科學』, 2003年 第1期.

于學軍·王广州,「中國的生育水平到底有多低」,『中國2000年人口普查國際研討會論文』, 2004.

于學軍,「對第五次全國人口普查數据中總量和結构的估計」,『人口研究』, 2002年 第4期.

袁建華,「從可持續發展的角度談21世紀我國人口發展的前景」,『人口研究』, 2000年 第4期.

張二力·陳建利,「現行生育政策下的模擬終身生育水平」,『中國人口科學』, 1999年 第4期.

張广宇·原新,「對1990年代出生漏報和生育水平估計問題的思考」,『人口研究』, 2004年 第4期.

張維慶 主編,『2006年全國人口和計划生育調查數据集』, 中國人口出版社, 2008.

張笑宇,『中國人口經濟論』, 人民出版社, 2007.

張秀平,『母嬰保健』, 人民軍医出版社, 2007.

張維慶,「關注人口安全促進協調發展」,『市場人口与分析』, 2003年 第5期.

翟振武,「20世紀50年代中國人口政策的回顧与再評价」,『中國人口科學』, 2001年 第1期.

翟振武·陳衛,「1990年代中國生育水平研究」,『人口研究』, 2007年 第1期.

翟振武 主編,『中國人口: 太多還是太少』, 社會科學文獻出版社, 2005.

曾毅,「逐步提高平均生育年齡對我國人口發展的影響」,『人口与經濟』, 1991年 第2期.

曾毅,「継續提倡晩育, 逐步放寬二孩政策」,『中國人口科學』, 2004年 第1期.

曾毅 主編,『21世紀中國人口与經濟發展』, 社會科學文獻出版社, 2006.

鄭眞眞,「中國育齡婦女的生育意愿研究」,『中國人口科學』, 2005年 第4期.

鄭眞眞·解振明,『人口流動与農村婦女發展』, 社會科學文獻出版社, 2004.

朱楚珠,「關愛女孩 保護女孩」,『人口研究』, 2003年 第5期.

朱向東,『世紀之交的中國人口』, 中國統計出版社, 2006.

左學金 主編,『中國人口城市化和城鄉統籌發展』, 學林出版社, 2007.

3. 일본어 문헌

赤川 學,『子供が減って何が惡いか!』筑摩書房, 2005.

阿藤誠,「先進諸國の出生率の動向と家族政策」, 阿藤誠編著,「先進諸國の人口問題—少子化と家族政策」, 東京大學出版會, 1996.

阿藤誠,「日本の超少産化現象と価値觀変動任仮說」,『人口問題研究』, 第53卷 第1号, 1997.

阿藤誠, 「未婚女性の伝統的家族意識——シングル化との關連で」, 每日新聞社人口問題調査會編,『家族の未來:ジェンダーを超えて-—第24回全國家族計畫世論調査』, 1998.

阿藤誠,『現代人口學—少子高齡社會の基礎知識』, 日本評論社, 2000.

阿藤誠,「日本の家族政策」, 日本人口學會編,『人口大事典』, 培風館, 2000.

阿藤誠,「少子化對策—何が求められているか」, 每日新聞社人口問題調査會編,『日本の人口—戰後50年の軌跡』, 每日新聞社, 2000.

阿藤誠,『現代人口學』, 日本評論社, 2000.

阿藤誠,「家族觀の変化と超少子化」, 每日新聞社人口問題調査會編,『超少子化時代の家族意識—第1回人口・家族・世代世論調査報告書』, 每日新聞社, 2005.

岩澤美帆, 「1990年代における女子のパートナーシップ変容—非婚同居型から非婚非同居型へ」,『人口問題研究』, 第55卷 第2号, 1999.

岩澤美帆, 「近年の期間TFRの変動における結婚行動及び夫婦の出生行動の変化の寄与について」,『人口問題研究』, 第58卷 第3号, 2002.

岩澤美帆, 「結婚・家族形成の変容と少子化」, 大淵寬ほか編,『少子化の人口學』, 原書房, 2004.

岩澤美帆, 「日本における同棲の現狀」, 每日新聞社人口問題調査會編,『超少子化時代の家族意識—第一回人口・家族・世代世論調査報告書』, 每日新聞社, 2005.

大谷憲司,「アメリカ公衆國における出生率動向とその要因」, 阿藤誠編著,『先進諸國の人口問題—少子化と家族政策』, 東京大學出版社, 1996.

大淵寛,『少子化時代の日本経濟』, 日本放送出版會, 1997.

大淵寛ほか編,『少子化の人口學』, 原書房, 2004.

駒村康平,「企業內福祉の社會保障代行, 補完機能の日本的特性」, 藤田至孝・
　　　塩野谷祐一編,『企業內福祉と社會保障』, 東京大學出版社, 1997.

駒村康平・澁谷孝人・浦田房良,『年金と家計の経濟分析』, 東洋経濟新報社, 2000.

小杉礼子,『フリーターとニート』, 勁草書房, 2005.

小塩隆士,『社會保障の経濟學』, 日本評論社, 1997.

鈴木透,『超少子化-危機に立つ日本社會』, 集英社新書, 2000.

鈴木透,「近年の結婚力と出生力の低下について」,『季刊家族経濟研究』47, 2002.

勝又幸子,「國際比較からみた日本の家族政策」,『季刊社會保障研究』 第39卷
　　　第1号, 2003.

金子隆一,「少子化の人口學的メカニズム」, 大淵寛ほか編,『少子化の人口學』,
　　　原書房, 2004.

清水浩昭編,『日本人と少子化』, 人間の科學社, 2004.

橋本宏子,「社會保障法と家族」, 利谷信義編,『現代家族法學』, 法律文化社,
　　　1999.

福田亘孝,「子育て支援政策の國際比較：日本とヨーロッパ」,『人口問題研究』,
　　　第59卷 第1号, 2003.

日本経濟新聞社編,『少子に挑む』, 2005

日本 経濟企畫廳,『平成4年版國民生活白書—少子社會の到來, その影響と對応』,
　　　1992.

日本 経濟企畫廳,『平成6年國民生活白書』, 大藏省印刷局, 1994.

日本 厚生勞働省,『「平成15年度女性雇用管理基本調査」, 結果槪要』, 2004.

日本 厚生勞働省 社會保障審議會 人口構造の変化に關する特別部會, "出生
　　　等に對する希望を反映した人口試算", 2007.

日本 內閣府,「少子化社會に關する國際意識調査」報告書, 2006.

日本 內閣府,『少子化白書』, 2005.

日本 內閣府,『少子化白書』, 2008.

日本 國立社會保障・人口問題研究所,『日本の將來人口推計：平成9年1月推
　　　計』, 研究資料291号, 1997.

日本 國立社會保障・人口問題研究所,『平成12年度保障給付費』, 2002.

日本 國立社會保障・人口問題研究所,『日本の將來推計人口(平成14年1月推計)』,

2002.

日本　國立社會保障・人口問題研究所,『わが國夫婦の結婚過程と出生力(第12
　　回出生動向基本調査第一報告書)』, 2003.

日本　國立社會保障・人口問題研究所,『第12回出生動向基本調査：わが國獨身
　　層の結婚觀と家族觀』, 2004.

日本 國立社會保障・人口問題研究所,『人口統計資料集(2005年版)』, 2005.

廣嶋淸志, “出生率低下をどのようことらえろか？－年齡別有配偶出生率の問題
　　性”,『理論と方法』, 30(2), 2001.

ネイヤー・ゲルダ,「西歐諸國における家族政策と低出生率」,『海外社會保障研
　　究』, 2003.

百瀬孝,『日本福祉制度史』, ミベルウア書房, 1997.

藤正・古川俊之,『Welcome・人口減少社會』, 文春新書, 1999.

廣井良典ほか編著,『社會保障論』, ミネルヴア書房, 2001.

八代尙宏,『少子・高齡化の経濟分析』, 東洋経濟新報, 1999.

利谷信義編,『現代家族法學』, 法律文化社, 1999.

山田昌宏,『パラサイト・シングルの時代』, 筑摩書房, 1999.

4. 영어 문헌

Atoh Makoto, “Traditional family values of unmarried women: In relation to the
　　phenomenal rise in the proportion never married” in *Summary of the
　　Twenty-fourth National Survey on Family Planning*, Tokyo: The Mainichi
　　Shimbun, 1998.

Atoh Makoto, *Gendai Jinnkou-gaku*, Tokyo: Nihon Hyoron-sha (in apanese), 2000.

Kojima Hiroshi, “International Marriages.” *Statistics*, 1989a(in Japanese).

Kojima Hiroshi, “International Migration from the Philippines to Japan.” Japan
　　Institute of Labour (ed.), *Internationalization of Labour Market and Its Effects
　　on Japanese Economy and Society*, Tokyo, Japan Institute of Labour, 1996(in
　　Japanese).

Kojima Hiroshi, “Determinants of Fertility Change and Policy Impacts in
　　Developed Countries.” Institute for Social Development (ed.), *Contemporary*

Families and Social Security. Tokyo: University of Tokyo Press, 1994(in Japanese).

Kojima Hiroshi, "Pronatalist and Family Policies and Their Effects in France." Makoto Atoh (ed.), *Population Issues in Developed Countries: Fertility Decline and Family Policy*, Tokyo: University of Tokyo Press, 1996(in Japanese).

Kojima Hiroshi, "Fertility Trends and Family Policies in French-Speaking Societies." *Jinko Mondai Kenkyu(Journal of Population roblems)*, Vol.59, No.2, 2003(in Japanese).

Kojima, Hiroshi, "Aging Societies with Fewer Children in Asia and Changes in Social Structure." Economic and Social Research Institute, Cabinet Office, Government of Japan(ed), 2004.

Kojima Hiroshi (ed.), *Final Report of the FY2002-2004 Project on "Low Fertility and Family Policy in Korea, Taiwan and Singapore"*(supported by a Scientific Grant, Ministry of Health, Labour and elfare), 2005 (in Japanese).

Kojima Hiroshi, "Shoshika Taisaku at Local Level, Total Fertility Rates and Proportions Never-Married." Shigesato Takahashi (ed.), *Final Report of the FY2002-2004. Project on "Studies on the New Phase of Fertility Decline and Family and Labor Policy Responses"*(supported by a Scientific Grant, Ministry of Health, Labour and elfare), 2005(in Japanese).

Kojima Hiroshi, "Low Fertility and Policy Responses in Asian NIEs: An Introduction Focusing on the Review of Possible Policy Effects." *Jinko Mondai Kenkyu(Journal of Population Problems)*, 2005(in Japanese).

Kojima Hiroshi, "Return Migration of Japanese Managers and Their Health." *Korean Journal of Industrial Relations*, 2005.

Kojima Hiroshi, "A Comparative Analysis of Fertility-Related Attitudes in Japan, Korea and Taiwan." *F-GENS Journal*, Ochanomizu University, 2006.

Kojima Hiroshi, "Foreign Workers and Health Insurance in Japan: The Case of Japanese Brazilians." *The Japanese Journal of Population*, 2006.

Kojima Hiroshi, "Variations in Demographic Characteristics of Foreign 'Muslim' Population in Japan: A Preliminary Estimation." *The Japanese Journal of Population*, 2006.

Kojima Hiroshi, "Population decline and its demographic correlates in Japan."

European Policy Centre (ed), *The Second EU-Japan Think Tank Roundtable, Global Governance*, Brussels, 2005, Conference papers, European Policy Centre (EPC Issue Paper), 2006.

Kojima, Hiroshi, "A Comparative Analysis of Cross-Border Marriages in Japan and Taiwan." Paper presented at the International Conference on Cross-Border Marriages with Asian Characteristics? Transnational Marriages between Southeast and Northeast Asia, October 20-21, 2006, Academia Sinica, Taipei, Taiwan, 2006.

McDonald, P. "The Costs of Children: A Review of Methods and Results." *Family Matters* 27: 1-16. 2000.

McDonald, P. "Gender Equity in Theories of Fertility Transition," *Population and Development Review* 26(3): 427-446. 2000.

McDonald, P. "Theory Pertaining to Low Fertity." *International Perspectives on Low Fertility Trends, Theoriesand Policies* March. 21-23. Tokyo. 2001.

McDonald, P. "Sustaining Fertility throuhg Public Policy: The Range of Op-tions," *Population*(English Edition). 57(3): 417-446. 2002.

McDonald, P. "Family Policy," *Encyclope-dia of Population*, Vol.1, London: Macmillan Reference, 371-374. 2004.

Sato Ryuzaburo & Miho Iwasawa, "Contraceptive use and induced abortion in Japan: How is it so unique among the developed countries?" *Japanese Journal of Population*, 2006.

Sleebos, J. E. *Low Fertility Rates in OECD Countries: Facts and Policy Responses*, OECD, 2003.

Suzuki Toru, "Fertility Decline and Policy Developments in Japan," *Japanese Journal of Population*, 2006.

Suzuki Toru, "Why is Fertility in Korea Lower than in Japan?" *Journal of Population Problems*, 2005.

Suzuki Toru "Lowest-Low Fertility in Korea and Japan." *Journal of Population Problems*, 2003.

차미리사연구소·한구여성정책연구원, 국제학술회의 논문자료집; "*Global Partnership and Asian Women: In Search of Sharing, Volunteering and Companioning Partnership*", October 29. 2010.

❖ 김범송(JIN FANSONG), 중국동포학자, 1966년생

중국 베이징(北京)에서 대학 졸업(1990)

한국 한양대학교, 한국외국어대학교에서 유학

現 한국학중앙연구원 사회학 박사

    한국외국어대학교 초빙교수

    (社)동북아공동체연구회 국제이사.

    중국 中央民族大學校 한국문화연구소 객원교수

    중국 흑룡강신문 논설위원

    재외동포신문 해외 편집위원

저서: 칼럼집『재주부리는 곰과 돈버는 왕서방』, 중국: 연변인민출판사 상해지사(2007)

      『가장 마음에 걸린다』, 한국: 글누림(2009)

      『그래도 희망은 대한민국』, 한국: 글누림(2009)

논문:「중국의 한류 열풍과 혐한류에 대한 담론」외 다수

* 한국『호서문학』우수신인작품상(2006), 중국『흑룡강신문』우수칼럼상(2007).

* 중국『흑룡강신문』·『길림신문』·『연변일보』, 한국『세계일보』·『경향신문』·『재외동포신문』

  ·『호서문학』·『통일한국』·『OK time』에 200여 편의 글 게재

❙ 동아시아 인구정책 비교연구
  -한·중·일 출산정책을 중심으로-

초판 인쇄 | 2010년 12월 01일
초판 발행 | 2010년 12월 08일

저 자 | 김범송
발행인 | 이대현
편 집 | 박선주
펴낸곳 | 도서출판 역락
      서울 서초구 반포4동 577-25 문창빌딩 2층
      전화 02-3409-2058(영업부), 3409-2060(편집부)
      팩시밀리 02-3409-2059
      이메일 youkrack@hanmail.net
      등록 1999년 4월 19일 제303-2002-000014호

정 가 | 30,000원
ISBN | 978-89-5556-861-5 93330
*파본은 교환해 드립니다.